产业技术创新生态体系：

面向高质量发展的体系构建与实践探索

Industrial Technology Innovation Ecosystem:
System Construction and Practice
Exploration for High-Quality Development

李强 邢蕊 黄昊 著

中国财经出版传媒集团

经济科学出版社
Economic Science Press

图书在版编目（CIP）数据

产业技术创新生态体系：面向高质量发展的体系构建与实践探索/李强，邢蕊，黄昊著 . —北京：经济科学出版社，2022.1

ISBN 978 - 7 - 5218 - 3410 - 9

Ⅰ. ①产⋯　Ⅱ. ①李⋯②邢⋯③黄⋯　Ⅲ. ①技术革新 - 研究 - 江苏②技术革新 - 研究 - 广东　Ⅳ. ①F124.3

中国版本图书馆 CIP 数据核字（2022）第 022039 号

责任编辑：刘　莎
责任校对：李　建
责任印制：王世伟

产业技术创新生态体系：面向高质量发展的体系构建与实践探索

李　强　邢　蕊　黄　昊　著

经济科学出版社出版、发行　新华书店经销

社址：北京市海淀区阜成路甲 28 号　邮编：100142

总编部电话：010 - 88191217　发行部电话：010 - 88191522

网址：www. esp. com. cn

电子邮箱：esp@ esp. com. cn

天猫网店：经济科学出版社旗舰店

网址：http://jjkxcbs. tmall. com

北京季蜂印刷有限公司印装

710 × 1000　16 开　28.5 印张　530000 字

2022 年 1 月第 1 版　2022 年 1 月第 1 次印刷

ISBN 978 - 7 - 5218 - 3410 - 9　定价：98.00 元

（图书出现印装问题，本社负责调换。电话：010 - 88191510）

（版权所有　侵权必究　打击盗版　举报热线：010 - 88191661

QQ：2242791300　营销中心电话：010 - 88191537

电子邮箱：dbts@ esp. com. cn）

序1

在"两个一百年"奋斗目标的历史交汇点上，《产业技术创新生态体系：面向高质量发展的体系构建与实践探索》一书的出版具有鲜明的时代特色，是对贯彻新发展理念，推动高质量发展实现路径的有益探索和理论诠释。

本书的最大特色是理论与实践的有机融合，书中内容兼具理论研究深度与实践应用价值，既能够为产业技术创新相关领域学者的理论研究做参考，又能够为奋战在科技创新第一线的企业家、科学家、创新平台搭建者以及各级政府提供经验借鉴。这一点不仅体现在内容安排上，分为了理论篇和实践篇，二者之间一脉相承，遥相呼应；三位作者的组合也是一种理论与实践的结合。其中，李强博士是大连理工大学江苏研究院的院长，长期扎根于创新创业实践，培育了一批高新技术企业并转化很多大学的科技成果，对我国产业技术创新生态体系建设具有深刻而独到的认识，在推进产业技术创新生态发展方面做出了积极探索。邢蕊和黄昊是大连理工大学创新与创业研究所的两位年轻的副教授，深耕于创新创业研究领域，在创业认知、创业资源整合以及高新技术产业化等方面积累了扎实的理论基础，善于思考，富有见解。

《产业技术创新生态体系：面向高质量发展的体系构建与实践探索》一书融合了实践者的观察与研究者的思考，使读者既能够在理论篇系统深入的机理分析中透视规律，又能够在实践篇找到理论应用的真实场景进而获得实践经验的借鉴。书中诸多观点具有较强的理论创新性，例如将生态位理论应用于分析主体之间的竞合关系，从多主体交互赋能视角明晰了产业技术创新生态体系的运行机制等。

值得一提的是，《产业技术创新生态体系：面向高质量发展的体系构建与实践探索》一书是一种基于实践的科学探索，该书一个重要贡献是从产业创新生态视角对江苏省经济持续高速增长背后的深层次原因进行了理论诠释，并在实践篇给出了可参照的学习范本，从顶层设计上为区域政府落实国家创新驱动发展战略提供了行动指引。

科技向善引领未来，创新创业成就大业。

《产业技术创新生态体系：面向高质量发展的体系构建与实践探索》一书识别和剖析我国产业技术创新生态体系建设进入的新阶段，有助于激活创新要素市场，助力中国经济高质量发展。

王国红　教授

大连理工大学创新与创业研究所　所长

2021 年 12 月 1 日

序2

从科学研究到技术创新是一个复杂的过程。技术创新不是科学发明或新的想法，其过程包括基础研发、应用开发、产业转化和商业化的全过程。这是一个将创意推向市场的过程，先是将可以实现的科技创意转化为技术发明或者技术方案，之后再将其转化成一种可以生产的、成本经济的、被消费者接纳的并能给消费者带来福利的产品或者服务。创意可以来自任何人，首先由科学家、工程师或者具备相关技能的人将创意转化为发明或技术，其次由企业家将发明和技术变成产品，当然还需要金融家投资于科学发明和技术的产业转化，最后需要市场的风口和商业运营来被消费者接纳。技术创新的过程也是创意创造价值的过程。

实现技术创新，最初的创意最好来自产业界或者对产业和消费者的需求有深刻洞察的企业家或具备企业家精神的科学家，在创意的驱动下科学家和工程师负责发明，发明的转化来自企业家、科学家、工程师和金融家的共同努力。这是一个漫长的、复杂的、迭代的和不断演化的过程。在这个过程中，各个参与主体的合作是复杂的、坦诚的、相互信任的、精细的、专业的、要有充分法律保障的，也是区别于传统意义上的，这种合作一般又是脆弱的。整个技术创新的过程是高风险的、高投入的、高失败的，当然也是高收益的。

正因为技术创新的不确定性，政府要推动更多的企业开展技术创新才能够提高技术创新的成功率。政府首先要建设好创新环境，提供机会让人人都可以是创新的参与者，让创新的合作无处不在，使得大量的创新参与者共同参与合作的迭代和演化，帮助创新者降低创新成本和市场信息等风险，提供更多的公共服务，保障创新的参与者不被生活的困难所干扰，更为重要的是要做好知识产权保护。政府虽然决定不了创新，但政府的作为可以让创新不断涌现，激发创新。政府支持技术创新需要提供一个生态的环境，建立一个有机的体系。这个体系能够引导创新要素的流动，推动创新要素积聚到企业，让产业需求驱动企业家和科学家与工程师协同工作。

如果缺少体系、缺少生态化的环境，有时候政府对技术创新的支持可能是破坏性的。我们合作的很多企业家都认为，公平的环境对创新的涌现非常重要，单向地对某个主体的支持，会产生很大的不公平。我们在实践中也发现，有些地方政府单纯对某个创新主体的直接点对点的支持，比如说建立某个重大创新平台、给予大量的政策和资金等，其他企业就会逐渐失去创新投入的积极性。因为这个平台获得的是低成本的政府资金支持，在某种程度上会让周围企业开展创新的成本变得很高。这可能是政府主导的不恰当的技术创新投入而产生的企业投资创新的"挤出效应"。

地方政府应如何建立一个产业技术创新生态体系来支持企业创新？这个体系具备什么样的特点？支撑企业技术创新的各个主体、系统如何相互作用，又如何演化？大学和产业界的合作应该如何进行？大学的研究院如何与政府协同，参与企业技术创新能力的培育过程，进而成为这个体系的一个重要环节？作为一个从事高校科技成果转化的一线工作者，我带着这些基本问题，进行了十几年的探索、思考和实践。十几年里，我管理过大学科技园、大学的知识产权、大学的研究院，在中石油乌鲁木齐石化工厂做过科研，并参与和负责了一个成果转化的工厂，合作过几百家企业，并在政府挂职过两年，参与过政府科技园区的管理，筹备建设了中国第一个家知识产权保护中心，发起成立了区域的专精特新"小巨人"企业创新联盟。我的本硕博专业经历过高分子材料学、化工工艺的计算机模拟与优化还有产业经济学。也正是多学科和多经历的实践背景，使我逐渐形成了一些对技术创新的模糊认识。通过与大连理工大学创新与创业研究所的两位年轻学者——邢蕊副教授和黄昊副教授的交流与合作，我们想建立一个政府支持的产业技术创新生态体系的分析框架，为政府推动产业技术创新提供政策建议，并最终形成了今天的这本书稿。

本书筹划虽然有两年的时间，但受制于新冠肺炎疫情，原来想做的大量调研和访谈都未能成行，还有很多遗憾。也正是基于对创新规律的认识，我们还是让书稿付梓，尽快拿出一个可以迭代的版本，来和同行交流，以便获得更加深入的认识。

对产业技术创新生态体系的认识没有止境，我们的思考、研究和实践也不会停止。

李 强

常州科教城

2021 年 11 月 29 日

前言

习近平总书记在党的十九大报告中指出："我国经济已由高速增长阶段转向高质量发展阶段"。党的十九届六中全会通过的《中共中央关于党的百年奋斗重大成就和历史经验的决议》对高质量发展作了进一步强调，指出实现高质量发展是我国经济社会发展历史、实践和理论的统一。高质量发展格局下，创新模式面临全面渗透、交叉融合、多方协同等新要求。建设和发展产业技术创新生态体系促进创新成果持续进发突破，实现创新链、产业链、资金链精准对接，使创新成果更快转化为现实生产力，是推动我国经济高质量发展的重要动力。高质量发展必须把培育有核心竞争力的优秀企业，作为各类经济政策的重要出发点，真正打牢高标准市场体系的微观基础。

本书以促进我国经济高质量发展为根本目标，立足于产业技术创新生态体系在创新要素集聚、流通以及共享等方面的重要作用，以江苏省产业技术研究院、大连理工大学江苏研究院等组织在创新实践中的先进经验为指导，基于协同创新理论、共生理论以及创新生态系统相关理论和文献研究，对高质量发展条件下的产业技术创新生态体系建设问题开展深入研究。

在内容安排上，全书分为理论篇和实践篇两篇，共有八个部分。其中，理论篇侧重于从概念、关系以及机理层面揭示产业技术创新生态体系建设的关键问题；实践篇重点阐明了江苏省和广东省产业技术创新生态体系的构成要素、参与主体和运行机制，并拓展介绍了以色列工业园等五家国际知名产业园区的创新实践。理论篇与实践篇一脉形成，相互呼应。理论篇的研究结论和观点的形成根植于创新实践，实践篇的体系构成与运行机制提炼则基于理论框架的提出。为方便阅读，现将各部分内容简要介绍如下。

理论篇包括五个部分。第一部分在回顾中国产业技术创新生态体系发展历程的基础上，明晰了当前我国产业技术创新生态体系的发展现状及存在问题，分析了高质量发展条件下我国产业技术创新生态体系建设的宏观环境以及面临的机遇和挑战。第二部分，在解析高质量发展的内涵、特征和维度的基础上，明确了高质量发展条件下产业技术创新生态体系的构成要素、特征以及功能。第三部分重点从多主体交互赋能视角讨论了产业技术创新生态体系多主体参与机制和资源交互作用，阐明了多主体之间交互赋能的实现过程。第四部分揭示了产业技术创新生态体系的竞合机制，阐述了多主体间共生体系的形成、发展及治理问题，在此基础上构建了产业技术创新生态体系的知识共享动力学模型，并进一步在价值共创视角下提出了产业技术创新生态体系价值创造与获取的耦合机制。第五部分在前文研究的基础之上，针对高质量发展条件下产业技术创新生态体系构建的要素、要件及要求等，建立产业技术创新生态体系的政策保障体系，以提升产业技术创新生态体系的韧性，具体包括评价指标体系、政策保障体系以及政府治理体系的设计等方面。

实践篇包括三个部分。本书认为产业技术创新生态体系体现在省级层面较为适合，在体系之下又包括若干创新生态系统。实践篇的结构也是按照这个逻辑展开，首先从省级层面介绍产业技术创新生态体系的构成与运行机制，然后再介绍体系中代表性的创新生态系统的构成与运行机制。第一部分介绍了江苏省产业技术创新生态体系的实践探索，其中创新生态系统选取江苏省产业技术研究院、苏州工业园区和大连理工大学江苏研究院作为代表，分别解析了上述三个创新生态系统的构成要件、要素与运行机制，并提炼出可借鉴的成功经验。第二部分介绍了广东省产业技术创新生态体系的实践探索，选取了深圳清华大学研究院作为创新生态系统的代表展开分析，并提炼出可借鉴的成功经验。第三部分为拓展性介绍，以期拓展国际化视野。受限于研究资料的可得性，仅对以色列工业园、日本筑波科学城、印度班加罗尔软件园、新加坡裕廊工业园和韩国大德科学城五家产业园区的建设现状、特点及经验进行了简要介绍。

本书的撰写得到了王国红教授及其研究团队的大力支持，王国红教授在研究框架和研究内容上给予了大量指导，研究团队成员参与了调研、基础资料搜集与整理、文献梳理及理论分析等工作，他们是秦兰博士，博士生李晓莉、刘雪梅、王瑜、岳翔宇，硕士生陈浩、刘明政、张翔宇、李鑫鑫等，感谢他们的倾心投入。

在调研中我们得到了江苏省产业技术研究院、苏州工业园、深圳清华大学研究院以及南京科润工业技术有限公司等企事业单位的积极支持，书中诸多研究观点和实践经验的形成也正是源于对这些优秀组织管理实践的挖掘，感谢他们在建设我国产业技术创新生态体系中做出的积极探索与贡献，向他们开拓创新、勇立潮头的精神致敬！

希望本书能够为地方政府引导促进区域经济高质量发展、打造产业创新良好生态的政策制定提供理论依据，为企业开展创新要素整合、在更高水平竞争中参与价值创造、实现互利共赢提供决策参考，为助力中国经济高质量发展尽绵薄之力。

目录

理论篇

产业技术创新生态体系的理论研究

▶ 第 1 部分 ◀

我国产业技术创新生态体系的发展现状与发展环境研究

| 1 |

中国产业技术创新生态体系发展历程回顾

自 20 世纪 50 年代引进苏联工业技术以来，中国产业技术创新已走过 70 年的发展历程，历经经济特区、经济技术开发区、高新技术开发区、科技企业孵化器、大学科技园等过程，到现在打造双创支撑平台，逐步构建了创新创业生态。创新模式也从最初政府主导的产业集群模式转变为科技创业服务平台主导的产业创新生态模式。研究之初，对这一实践历程的回顾，不仅有助于我们更好地了解我国产业技术创新生态构建过程中存在的困难与挑战，也为构建高质量发展条件下的产业技术创新生态体系提供了参考。

1.1 20 世纪 80 年代——中国经济特区和经济开发区的设立

（1）经济特区和经济技术开发区概述。

经济特区是指实行特殊经济政策和经济体制的地区，通过创造良好的投资环境，鼓励外商投资，引进先进技术和科学管理方法，以达促进特区所在国经济技术发展的目的。中国的经济特区诞生于 20 世纪 70 年代末、80 年代初，成长于 20 世纪 90 年代。目前共有 7 个经济特区，分别是广东省的深圳经济特区、珠海经济特区、厦门汕头经济特区、海南经济特区、喀什经济特区、霍尔果斯经济特区。经济特区的特别之处在于运行市场机制，实行与内地有区别的特殊的经济制度、灵活的经济措施和特殊的经济管理体制。经济特区以减免关税等优惠措施为手段，在土地出让、对外贸易等多个方面采取"特事特办"的原则，利用国外先进的资金、技术、人才和管理经验来加快国内现代化产业的发展和振兴本国经济。相比于世界多数经济特区选定在相对成熟的工业城市，中国发展经济特区首先选定了毗邻中国香港和中国澳门（简称"港澳"）的广东、福建区域进行开放，是为了通过借鉴港澳的经验，鼓励华侨、华裔回国办工厂等，将经济特区建设为具有相当水平的对外生产加工基地，即以制造加工业为主的生产基地。此时期中国大部分制造企业仍处于供应链下游生产环节。

为进一步吸引外资，引进和培育工业产业，替代先进材料和零部件的进口，充分发挥沿海港口城市的优势，1984~1988 年国务院批准在沿海 12 个城市建立了 14 个国家级经济技术开发区。经济技术开发区的设立是经济特区成功经验的进一步推广和尝试，主要分为两种类型，一种是经济开发区，另一种是高新技术开发区。经济开发区是基于出口加工区概念框架发展起来的，主要利用国内劳动力、土地资源的价格优势引进外资、技术，开展对外加工装配，以出口创汇作为发展重点，其理论支撑主要来自国际分工和产业理论，主要从事科技创新链后端的生产加工活动，运行思路以产业发展为主导，成效的考核也以国内生产总值（GDP）增速、税收等指标为主。高新技术开发区是为发展高新技术而设置的特定区域，大多集中在智力资源相对密集的大型城市，依托高校、科研院所、企业等共同合作、协同攻关，在最短的时间内快速吸收国内外先进技术知识，快速借鉴国内外先进管理经验，从而最大限度的快速将科研成果转化为现实生产力。20 世纪 80 年代主要设立以出口加工区为主的经济技术开发区。经济技术开发区的设立有力地带动了中国区域经济的发展，进一步夯实了国内的工业产业基础，对高新技术产业的发展同样有着重要的推动作用。截至 2020 年，中国共设立 218 个国家级经济技术开发区，其中东部沿海地区 107 个，中部地区 63 个，西部地区 48 个。

（2）经济特区和经济技术开发区对产业技术创新生态体系发展的贡献及问题。

20 世纪 70 年代末，我国与世界主要发达国家差距巨大，经济总量远远落后，技术上也存在代际差距。设立经济特区及经济技术开发区，是我国在工业基础薄弱的背景下，为快速发展经济并实现技术赶超而做出的重大决策[1]。由于我国在全球市场中，拥有素质较高、成本低的大量人力资源优势，且拥有全球购买力最大的市场和稳定的经济政治社会环境，因此吸引了一大批外商在中国建厂。我国通过税收减免、以市场换技术等方式，促进了国内技术进步，并且以技术驱动了区域经济发展甚至带动了全国经济发展。以深圳经济特区为代表，1979～2019 年深圳市本地生产总值从 1.96 亿元增长到 26 927.09 亿元，经济总量超越了新加坡、中国香港，位居亚洲第五位，人均 GDP 从 606 元增长到 203 489 万元[2]。截至 2019 年，全国 218 家国家级经济技术开发区实现地区生产总值 10.8 万亿元，同比增长 8.3%，增幅高于同期全国平均水平（6.1%）2.2 个百分点，占同期国内生产总值比重为 10.9%[3]，各类工业产业基础设施得到完善发展，为产业技术创新奠定了坚实的基础。

经济特区和国家级经济技术开发区作为改革开放政策的"试金石"，为中国经济和工业产业发展做出了卓越贡献。这一时期的经济特区及经济技术开发区主要以吸引外资和引进、模仿、学习国外技术为主，一定程度上奠定了中国工业产业的基础。然而，由于外资建厂很多是将本国污染严重、技术含量低的产业转移到中国，利用中国廉价劳动力进行生产制造，因此依靠这种方式，中国企业难以获取到产业核心技术，并且长期处于产业低端制造环节，在获得一定增量增长后，难以进一步驱动经济的长远发展，还会以损害生态环境的代价换取工业发展，给中国生态环境造成严重的破坏。

1.2 20 世纪 90 年代——高新技术产业开发区的设立热潮

（1）高新技术产业开发区概述。

高新技术产业园区最早是在邓小平同志"发展高科技，实现产业化"的伟大号召下设立的，1985 年在政府颁布的《中共中央、国务院关于科技体制改革的决定》一文中，曾明确指出"要在有条件的城市试办新技术园区"。1988 年，经国务院批准，我国建立了第一个高新技术产业开发区，位于北京中关村。高新技术产业开发区的构建逻辑遵循熊彼特的创新理论，关注科技创新链前端的知识生产，将大学、研究所等科研机构纳入其中，增强产、学、研之间的互动[4]。其目的是将众多创新主体聚焦在一起，充分发挥资源的集聚效应，从而加速高新技术产业发展，快速成长为与国际比肩的一流产业研发基地、集聚区。

20 世纪 90 年代是高新技术产业园区快速发展的时期，我国大批的国家高新技术产业开发区是 20 世纪 80 年代末、90 年代经国务院批准成立的。在最初尝试设立深圳科技工业园区、北京新技术产业开发试验区后，1991 年国务院颁布了 12 号文件《国家高新技术产业开发区高新技术企业认定条件和办法》，文件中批准了武汉东湖、南京浦口、沈阳市南湖、福州市等 21 个国家高新技术产业开发区，设立在经济技术开发区、经济特区内的上海漕河泾新兴技术开发区、大连市高新技术产业园区、深圳科技工业园、厦门火炬高技术产业开发区、海南国际科技工业园 6 个高新技术开发区也被确定为国家高新技术产业开发区。

1992 年，国务院又批准在苏州市、无锡市、常州市、佛山市、惠州市、珠海市、青岛市、潍坊市、淄博市、昆明市、贵阳市、南昌市、太原市、南宁市、乌鲁木齐市、包头市、襄樊市、株洲市、洛阳市、大庆市、宝鸡市、吉林市、绵阳市、保定市、鞍山市等 25 个城市建立国家高新技术产业开发区。1997 年，国务院增设杨凌农业高新技术产业示范区，致力于解决中国西北干旱地区的农业发展问题。

进入 21 世纪后，在历届国家领导人对高新技术产业发展的重视下，又新增设包括宁波市、湘潭市、泰州市在内的 115 家高新技术产业开发区。截至 2020 年，中国共设立 168 个国家高新技术产业开发区。

（2）高新技术产业开发区对产业技术创新生态体系发展的贡献及问题。

根据政策，我国高新技术产业园区在生产要素聚集阶段[5]，采取投资运营的模式，走的是"以地为资，以地养区"的发展道路[6]，由政府引导投资，通过土地及税收优惠等政策，聚集一大批有发展潜力的企业入驻园区，企业获得成长后实现资产增值并收回投资。初期阶段，我国所批准设立的几个高新技术园区以技术密集型高科技产业为主，并且当地政府均投入大量的人力和物力完善园区周边基础配套设施。

经过二十余年的发展，高新技术产业园区已成为我国实现工业化、推进科技产业化、实现经济由要素增长向创新驱动的内生性增长的重要战略实践[7]，初步构建起围绕知识创造、生产、使用（消费）、配置和价值实现的产业技术创新生态体系。在高新技术产业园区中，产业并非单个企业的累加，而是协调一致的整体。创新生态系统在理顺产业内部各企业间关系、促进资源优化配置、加强企业间联系与交流、促进技术和信息的流动等方面，发挥了整体效力，实现了"1 + 1 > 2"的效果，成为推动国民经济发展的新生力量。

高新技术产业开发区在发展过程中也日益呈现出一些问题。首先，我国高新技术产业开发区存在明显的发展不均衡现象，存在"超一流"的高新技术产业开发区与大部分发展较为普通的高新技术产业开发区，如其他省市的高新技术产业园区的发展相较于北京中关村高新技术产业开发区存在明显的差距；其次，我国高新技术产业开发区在前期依靠政府土地、税收优惠吸引企业入驻园区后，无法提供后续的发展保障，只能自发形成创新链后端的产业集聚效应，高科技知识转化为商业价值的动力机制不足，导致高新技术企业后续发展乏力；最后，由于国家对高新技术产业的扶持，导致各地都纷纷效仿设立高新技术产业开发区，选择电子信息、生物医药、新能源、新材料作为主要产业发展，产业类型和结构同质化严重[6]，未考虑产业是否与当地经济、资源禀赋相匹配的问题。

（3）高新技术产业开发区与经济特区、经济技术开发区的区别。

高新技术产业开发区与经济特区、经济技术开发区之间的区别主要体现在国家政策制定、发展定位和园区辐射功能方面。

①国家政策制定。对比高新技术产业开发区、经济特区与经济技术开发区的国家政策可以发现，经济特区给予区域内企业的自主管辖权较大，属于"特事特办"，具有较大的自主权，主管部门为经济特区所在地政府。而经济技术开发区以及高新技术产业开发区，则不具备相应的权力，只在税收减免上享有一定的优惠力度，以吸引企业前来办厂、发展高新产业。而经济技术开发区与高新技术产业开发区的区别在于，经济技术开发区政策优惠适用的企业多为外资企业，主管部门为国务院商务部，而高新技术产业开发区政策优惠适用于高新技术企业及开发高新技术产品或生产出口的企业，主管部门主要为国务院科学技术部。通过对国家政策的比较，梳理得到高新技术产业开发区、经济特区与经济技术开发区的政策比较如表 1 - 1 所示[8]。

表 1-1　高新技术产业开发区、经济特区与经济技术开发区的政策比较

类别	主管部门	政策差别	相关文件
高新技术产业开发区	国务院科学技术部	高新技术企业按15%的税率征收所得税，其中出口产品产值达到当年总产值的70%以上的，按10%税率征收所得税 高新技术产业开发区内的企业为开发高新技术产品或生产出口需进口的原材料和零部件，经有关机关核准，免征进口关税和进口环节增值税 高新技术企业生产的出口产品，除国家限制出口或者有规定的产品以外，免征出口关税	《关于批准国家高新技术产业开发区和有关政策法规的通知》 《国家高新技术产业开发区税收政策的规定》
经济特区	特区政府	经济特区的管理，在坚持四项基本原则和不损害主权的条件下，可以采取与内地不同的体制和政策。特区主要是实行市场调节。为了吸引侨商、外商投资，所得税、土地使用费和工资可略低于港澳。所得税率初步定为15% 经济特区生产的产品出口免征关税。经济特区内使用的生产设备和原材料进口，免征关税和进口产品税或增值税	广东、福建两省会议纪要 中共中央、国务院批转《广东、福建两省和经济特区工作会议纪要》的通知 中共中央、国务院关于批转《加快海南岛开发建设问题讨论纪要》的通知 《国务院关于厦门经济特区实施方案的批复》
经济技术开发区	国务院商务部	国家对经济技术开发区实行必要的监管措施，经济技术开发区要在规划和建设中提供必要的监管条件 经济技术开发区要大力引进我国急需的先进技术，集中举办中外合资、合作、外商独资企业和中外合资科研机构。经济技术开发区内，中外合资、合作及外商独资办的生产性企业，其企业所得税按15%的税率征收 经济技术开发区企业进口自用的建筑材料、生产设备、原材料、零配件、元器件、交通工具和办公用品，免征关税和进口税。开发区企业生产的产品出口时免征关税	中共中央、国务院关于批转《沿海部分城市座谈会纪要》的通知 大连经济技术开发区若干优惠待遇的规定 大连市经济技术开发区条例（1987） 宁波经济技术开发区条例（1988） 天津市经济技术开发区管理条例（1985） 山东省经济技术开发区管理条例（1987） 广州经济技术开发区条例（1986）

②发展定位。高新技术产业开发区的发展定位是培育高新技术产业，

由于我国高新技术产业基础薄弱，采取政策扶持的方式将科研、教育和生产等要素聚集在一起，高新技术产业开发区是最大限度地促使科技成果转化为现实生产力而设置的特定区域。经济特区的发展定位是充分发挥区位优势，利用其区位优势，以优惠的政策和运行市场经济体制，吸引外资前来投资建厂，从而带动区域经济发展，并形成一定的工业产业基础。经济技术开发区的发展定位是充分利用本地资源优势，进一步增加区域经济总量，扩大出口贸易，增加外汇收入，积累建设资金；开发国内紧缺工业产品，进一步引进、吸收先进技术和现代管理经验，以满足全国生产建设需要，其产业以制造加工业为主。

③园区辐射功能。高新技术开发区对我国经济发展和国家创新体系的建设做出了重要贡献。如图 1-1 所示，国家高新技术开发区上市公司营业收入占国家 GDP 比重连续 3 年超过 10%，高新技术开发区对其所在城市的经济贡献越来越大，许多高新技术开发区已成为区域或地方经济的支柱。高新技术开发区通过集约式发展和加强创新能力建设，正在引领中国走向创新驱动发展的道路。

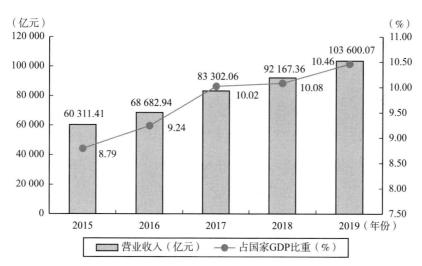

图 1-1　国家高新技术开发区上市公司 5 年营业收入数据趋势分析

资料来源：国家高新技术开发区上市公司创新能力评价报告. 2020.

　　经济特区的不同之处在于运行市场经济体制，是中国为了探索从计划经济走向市场经济的转型模式，是为了寻找从普遍贫穷到共同富裕的发展道路。经济特区的经济贡献不仅包括区域性经济的增长，而且还是市场经济的试验场，诸多经济政策的雏形在此产生，对全国性市场经济的运行具有重要的意义。经济特区对内地发展的示范、辐射和带动作用是不可低估的。20 世纪 80 年代，深圳市先后与中央 27 个部委，全国 28 个省市、自治区加强合作，采用多种形式办起了 3 900 多家内联企业[9]。这些企业不仅为繁荣特区经济做出了重要贡献，更为深远的意义在于，这些企业是经济改革从深圳向内地辐射的桥梁、纽带。

经济技术开发区具有集聚和扩散、学习和创新等功能。通过集聚效应和扩散效应，经济技术开发区能够将各种社会组织手中的各类资源集聚在一起协同发挥作用，并且能够通过区内与区外企业的关联，带动区外企业的发展，从而带动区域经济的发展[10]。此外，经济技术开发区能够提高区域产业结构的层次，能够吸引国外资金、先进技术，从而带动老城区工业企业的技术改造、产业结构调整和第三产业的发展，进而提高了区域产业技术创新能力。

（4）高新技术产业开发区与经济特区、经济技术开发区的联系。

经济技术开发区和高新技术产业开发区是经济特区在全国范围内的推广和实践，均旨在提高区域经济发展，高新技术产业开发区是经济技术开发区的一种类型，不仅是发挥区域资源优势带动经济发展，更是为了促进产业结构转型，提升我国产业技术创新能力，三者本质是层层递进的关系，均是我国改革开放为提升国家经济发展实力、科技实力而逐步进行的一次伟大实践，经济特区为经济技术开发区的设立提供经验和奠定工业发展基础，而高新技术产业开发区又在经济技术开发区的基础上进一步改革和完善，面向国家战略的更高层次需求——产业结构转型与创新驱动发展。

1.3 21 世纪初——孵化器、国家大学科技园的设立

由于高新技术产业开发区仅塑造了产学研合作的雏形，而政府职能也仅为投资引导，因此集聚在园区的众多企业后续发展动力不足，缺乏专业的高技术服务和运营机构对其进行有效的帮助和指引。随着国家对技术创

新的重视，人们日渐意识到在实施创新源头与高技术产业间需要某种组织机构嫁接桥梁，因此大学科技园与科技企业孵化器应运而生。

（1）科技孵化器。

1999年，中共中央、国务院在颁布的《中共中央、国务院关于加强技术创新，发展高科技，实现产业化的决定》文件中指出，要促进企业成为技术创新的主体，全面提高企业技术创新能力。国有企业要把建立健全技术创新机制作为建立现代企业制度的重要内容，大中型企业要建立健全企业技术中心，加速形成有利于技术创新和科技成果迅速转化的有效运行机制。随后，2006年科技部颁布的《中国科技企业孵化器"十一五"发展规划纲要》文件，进一步肯定了科技企业孵化器（也称高新技术创业服务中心）是培育自主创新企业和企业家的平台，已成为提高科技自主创新能力的关键环节，是创新成果产业化的重要载体、是促进科技型中小企业发展的强大支撑力量、是现代高新技术服务业的重要内容，是国家科技创新体系重要的组成部分。随着这一系列政策的颁布，我国科技企业孵化器得到了迅速发展，截至2019年我国已累计认定的国家级科技企业孵化器有986家。我国科技孵化器历年数量情况如图1-2所示。

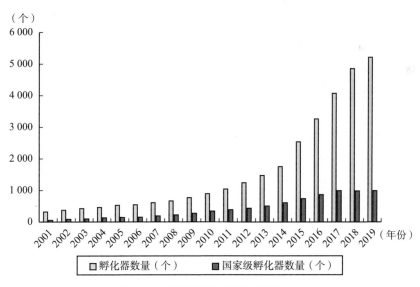

图1-2 科技孵化器历年数量情况

资料来源：中国创业孵化发展报告. 2020.

国家级科技企业孵化器是为高科技企业提供物理空间、共享设施和专业化服务的科技创业服务平台，它的主要宗旨是培养创新创业人才、促进科技成果转化、培育高科技企业。国家级科技企业孵化器原则上具有独立法人资格、具备完善的运营管理体系和孵化服务机制、可自主支配的孵化场地面积不低于 10 000 平方米、配备自有种子资金或合作的孵化资金规模不低于 500 万元人民币、拥有职业化的服务队伍，专业孵化服务人员和创业导师以及在孵企业不少于 50 家等①。有关科技企业孵化器政策的研究已受到部分学者的关注，并通过一定的政策文本分析，将科技企业孵化器在 2000 ~ 2010 年划分为两个阶段，第一个阶段为平稳起步阶段（2000 ~ 2005年），第二个阶段为深入探索阶段（2006 ~ 2010 年）。第一个阶段政府制定有关科技企业孵化器的政策主要是通过财政补贴、税收优惠等大力支持科技企业孵化器；第二个阶段政府制定有关科技企业孵化器的政策趋向更加具体，对不同级别的科技企业孵化器分别给予高、中、低多个档位的资金支持和政策优惠，并支持和鼓励企业和其他机构等多元创新主体创建形式多样的科技企业孵化器[11]。

（2）国家大学科技园。

1999 年，中共中央、国务院在颁布的《中共中央、国务院关于加强技术创新，发展高科技，实现产业化的决定》文件中指出，高等学校要充分发挥自身人才、技术、信息等方面的优势，支持发展高等学校科技园区，培育一批知识和智力密集、具有市场竞争优势的高新技术企业和企业集团，使产学研更加紧密地结合。此后，科技部、教育部又相继颁布了《国家大学科技园管理试行办法》《科技部、教育部关于进一步推进国家大学科技园建设与发展的意见》，旨在进一步推动大学科技园的发展。随着这些政策的相继颁布，在地方政府支持下，全国大学纷纷开始筹建大学科技园，截至 2019 年我国已累计认定国家大学科技园 117 家。

国家大学科技园以具有较强科研实力的大学为依托，并结合其他社会优势资源，促进高校科技成果转化、高新技术企业孵化，是产学研合作、加速产业技术创新的重要平台。国家大学科技园原则上具备一流的大学科研团队、独立法人资格，具有创业、投融资、企业管理等经验的孵化管理

---

① 国家级科技企业孵化器认定管理办法（国科发高〔2010〕680 号）.

人员、总面积不低于15 000平方米的活动场地、50家以上的在孵企业、天使投资和风险投资、融资担保等金融机构、专业化的创业导师队伍等，并能够为入驻企业提供研发中试、检验检测、信息数据、专业咨询和培训等服务①。目前有关国家大学科技园相关政策的研究已初见成效，通过对政策文本的整理，吴江等学者将2000~2010年划分为国家大学科技园政策涌现期，国家积极主动推动国家大学科技园政策共计26项，包含2项税收政策、7项发展规划类政策，17项国家大学科技园管理法规政策[12]。政策中规定，在一定期限内对国家大学科技园免征房产税、城镇土地使用税等税收优惠，并对符合相应条件的科技园，自2008年1月1日起按照税法及其有关规定享受企业所得税优惠政策。

（3）科技企业孵化器、国家大学科技园对产业技术创新生态体系发展的贡献及问题。

科技企业孵化器、国家大学科技园是我国为进一步提升产业自主创新能力、加速科技成果转化，建设创新型国家的又一次伟大实践。经济特区、经济技术开发区、高新技术产业开发区，进一步聚焦了产学研合作面临的困难和挑战，从企业创新视角，推行科技企业孵化器，培育新创高新技术企业，促进企业技术创新与商业化。在孵企业和团队知识产权数量增加较快，创新能力不断提升。从知识源头入手，推出的国家大学科技园，鼓励科研人员创新创业，加速科技成果转化，能更好地驱动区域经济发展。科技企业孵化器和国家级大学科技园对发展众创空间，促进大众创业、万众创新起到了积极的引领作用。2019年众创空间内大学生创业、留学归国人员创业、科技人员创业、大企业高管离职创业、外籍人士创业等团队和企业数量共计24万个，同比增长21.5%，其中大学生创业团队和企业数量为12.7万个，同比增长20%，创新创业呈现高质量发展态势②。可以说，在该阶段，我国产业技术创新生态已经显现雏形，围绕产学研合作，通过科技企业孵化器、国家大学科技园等技术创新孵化平台，将大学、科研院所等知识创新源头与科技企业紧密结合在一起，有力地推动了我国高新技术产业的发展，奠定了产学研合作的基础。

---

① 国家大学科技园认定和管理办法（国科发高字〔2006〕487号）.
② 中国创业孵化发展报告2020.

科技企业孵化器和国家大学科技园的定位均是高新技术产业的孵化基地，二者在促进我国科技成果转化为现实生产力、提升我国产业技术创新竞争力方面做出了重要贡献。在其发展过程中，做出贡献的同时也面临一些问题：一是科技企业孵化器与国家大学科技园是在政府政策的推动下发展的，其前期储备资金主要源于政府资助和土地政策优惠，能够为高科技新技术企业提供的帮助也多限于提供办公空间、商务办公和物业保障等基础服务[13-14]。而新兴产业发展，高新技术企业的创新还需要技术创新平台提供相应的检测、中试以及商业化方案等，而这些服务国家大学科技园及现有高科技企业孵化器难以供给；二是高科技企业孵化器和国家大学科技园在融资、营利和运营方面还存在不足[13,15]，大多数孵化企业难以获得孵化资金，在与孵化器相关的产业下游市场发展阶段，孵化器及国家大学科技园提供财政金融政策和扶持力度还不够，基础设施滞后，服务水平不高，难以支撑孵化企业的后续发展；三是高科技企业孵化器与国家大学科技园的产权与治理结构有问题，既不完全属于政府管理，也不完全隶属于高校，大多数科技孵化企业与国家大学科技园未以"企业"的属性运营，而是仅作为地方政府或高校扶持中小型高新技术企业发展的手段[14,16]；四是科技成果产权不明，尤其是国家大学科技园存在大量校办企业，如何进行利益分割，处理科技成果的产权纠纷等问题也是制约企业长久发展的重要原因[14]；五是全国的科技企业孵化器和大学科技园存在发展不均衡的问题[13]，对孵化器和大学科技园的筛选机制和培训还有待完善。

1.4　21世纪10年代——新型产学研合作模式

通过对上述发展历程的回顾与梳理发现，科技企业孵化器与大学科技园存在后续发展乏力的问题，单纯依靠科技企业孵化器、大学科技园的力量难以有效支撑创新型初创企业的发展和产业创新生态体系的构建。创新与创业密不可分，2014年9月14日李克强总理在夏季达沃斯论坛上首次提出"大众创业、万众创新"的倡议，此后在众多政府公文中频频出现这一关键词，标志着国家正在将创新的主体转移至企业，即以创新型的创业来驱动创新发展。在2016年国务院颁布的《关于建设大众创业万众创新示范基地的实施意见》中明确指出,以促进创新型初创企业发展为抓手,以构建双创支撑平台为载体,有序推进双创示范基地建设。其中,区域示范基地要构建创业创新生态,加强创业培训、技术服务、信息和中介服务、知识产权交易、国际合作等支撑平台建设,深入实施"互联网+"行动,加快发展物联网、大数据、云计算等平台,促进各类孵化器等创业培育孵化机构转型升级,打通政产学研用协同创新的通道。

在这一时期,构建双创支撑平台、创新创业生态成为政府工作报告的重要内容。政府通过创新创业政策扶持,以及完善相应的平台、生态保障措施,致力于解决产学研合作中面临的诸多问题,各级地方政府在双创政策支持下,纷纷开启双创支撑平台、创新创业生态体系的构建工作,并取得了诸多实践成果。其中,以江苏省产业技术研究院为代表的省级创新生态系统及一些出色的大学研究院为代表的新型产学研合作模式还在不断地探索与实践。

1.5 产业技术创新生态体系的迭代演化过程

我国产业技术创新生态体系总体上历经了经济特区、经济技术开发区、高新技术产业开发区的设立,科技企业孵化器、大学科技园的兴办,再到目前以打造双创支撑平台为主的双创示范基地建设的过程,使中国从一个工业基础薄弱的国家逐步转变成为世界第一工厂,产业技术创新生态体系已初见雏形。我国产业技术创新生态体系的发展历程回顾如图1-3所示。

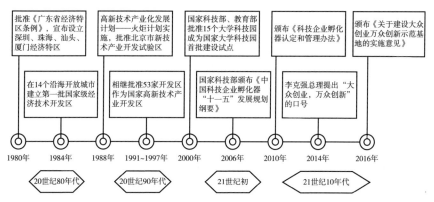

图1-3 我国产业技术创新生态体系发展历程

经济特区是我国改革开放的重要前沿阵地，是我国市场经济的试验场，它是在我国工业基础十分薄弱、与发达国家工业技术差距巨大的条件下，为了快速发展经济和进行技术追赶和学习而设立的。经济特区首选毗邻港澳地区、采取"特事特办"原则，以土地、税收等优惠政策及廉价劳动力吸引外商来中国建厂，有力地带动了区域经济的发展，并形成了一定的产业基础，由于中国幅员辽阔，经济特区少而不足以奠定全国性的产业基础，因此在经济特区设立成功经验的鼓舞下，国家进一步在全国各地设立经济技术开发区，以促进地区经济发展，奠定地区工业产业基础。经济技术开发区首选东部沿海城市，国家实行必要的监管措施，同样采取土地、税收等优惠政策及廉价劳动力来吸引外资建厂。这一阶段，国家的战略发展重心是进行经济建设和改革开放，我国与发达国家工业技术存在代际差距，且亟须结束国内经济建设的混乱状态，仅凭自身发展过于缓慢，因此通过建立经济特区和经济技术开发区引进外资、技术带动国内经济发展，并快速提升工业产业制造能力，成为该阶段产业技术发展的重要举措。

随着经济特区、经济技术开发区的建立，一系列的问题也随之而来。发达国家通常是将本国污染严重的、处于价值链低端制造环节的产业转移至中国，使中国经济及工业的飞速发展是以牺牲环境生态为代价换取的，且难以通过技术模仿和学习获取到发达国家的高端核心技术，因此只有自主掌握核心技术，才能实现中国产业的良性发展，真正造福人民福祉。为此，国家于 1988 年开始推行高新技术产业化发展——火炬计划，在 1991～1997 年相继批准 53 家开发区作为国家高新技术产业开发区，旨在进一步提升我国产业自主创新能力，加快培育高新技术产业。

高新技术产业开发区由政府引导投资，通过土地及税收优惠等政策，聚集了一大批有发展潜力的高新技术企业入驻园区，关注科技创新链前端的知识生产，并将大学、研究所等科研机构也纳入其中[4]。通过汇聚知识研发、加工制造、使用（消费）、配置和价值实现的产业技术创新生态要素，形成高新技术产业集群效应，成功培育出一大批高新技术产业，如北京中关村、苏州工业园区等。这一阶段，国家的发展战略是科教兴国，1992 年江泽民在中国共产党第十四次全国代表大会上提出，经济建设要从过去主要依靠廉价资源和廉价劳动力逐步转换到主要依靠科技进步和劳动者素质上来，因此发展高新技术产业开发区在当时背景下是推动我国产业技术进步和带动区域经济发展的重要战略举措。

然而，高新技术产业园区本身受区位、政府政策影响显著，存在明显的发展不均衡现象，如区位优势显著的北京市、苏州市、上海市和广州市等地，对产业技术创新生态要素汇聚具有较强吸引力，而地处西北地区的产业园区则很难自发汇集众多创新要素，尽管发展初期存在众多高新技术企业入驻，但是难以形成产业集群效应，从而导致企业后续发展乏力。因此，国家开始推行科技企业孵化器和大学科技园，旨在通过专业的高技术服务和运营机构对其进行有效的帮助和指引。

2000 年，国家科技部、教育部批准 15 个大学科技园成为国家大学科技园首批建设试点。2006 年，国家科技部颁布《中国科技企业孵化器"十一五"发展规划纲要》。科技企业孵化器和大学科技园作为科技创业服务平台，具备一定的自有种子基金或合作孵化资金、天使融资机构、专业的创业咨询人员、服务人员，它们从企业创新视角，推行科技企业孵化器，培育新创高新技术企业孵化平台，以促进企业技术创新和商业化。并从知识源头入手，鼓励科研人员创新创业，加速科技成果转化。通过促进产学研合作来构建由科技创业平台主导的产业技术创新生态模式，能够解决以往由政府主导建设的产业集群型生态模式面临的低端供给和后续发展不足的问题，从而更好地促进了中国高新产业的发展，驱动了区域经济的发展。

在这一阶段，《国民经济和社会发展第十个五年计划纲要》（2001 ~ 2005 年）进一步提出经济发展动力主要来自三大内在因素，即结构调整、改革开放和科技进步，中国共产党第十七次全国代表大会（2007 年）提出的科学发展观更强调进一步转变经济体制，从体制上解决产业结构趋同、增长方式粗放、低水平扩张的问题。因而，在当时背景下，进行产业结构调整、经济模式转变成为产业发展的重点，而从政府主导的产业集群型生态模式转变为由科技创业平台主导的产业技术创新型生态模式也成为产业发展、转型升级的必然选择。

经由科技企业孵化器、大学科技园的兴办，我国产业技术创新生态已经显现雏形，围绕产学研合作，通过科技企业孵化器、大学科技园等技术创新孵化平台，将高校及科研院所等知识创新源头与科技企业紧密结合在一起，有力地推动了我国高新技术产业的发展，奠定了产学研合作的基础。然而，在现有生态体制运行下，我国高新技术企业仍面临关键核心技术获取困难、研发难度较大的问题，技术创新链前端专利供给质量不高，难以有高层次的技术创新突破。对于从技术到企业技术研发再到企业产品成功商业化的过程，还缺乏一整套成熟的流程管理体系，企业在任一过程依旧面临重重困难，而创新孵化平台载体多、小而分散，如果单纯依靠二者的力量还难以有效支撑创新型初创企业的发展，以及产业创新生态体系的构建。

在这一阶段，国家实施创新驱动发展战略（中国共产党第十八次全国代表大会，2012 年），明确提出提高自主创新能力，构建以企业为主体、市场为导向、产学研相结合的技术创新体系。并于 2014 年提出"大众创业，万众创新"的倡议，2016 年国务院颁布《关于建设大众创业万众创新示范基地的实施意见》进一步明确要以构建双创支撑平台为主，促进各类孵化器等创业培育孵化机构转型升级，打通政产学研用协同创新的通道，因此现阶段对新型产学研合作模式的归纳和提炼，将有助于我们更好地明晰产业技术创新生态体系的构建过程和运行机制，并优化现有产业技术创新生态体系，为政府管理者、科技企业孵化平台运营者等提供一定的管理启示，从而更好地助力高新技术企业的发展，实现中国经济、产业的高质量发展。

综上所述，我国产业技术创新生态体系的建立经历了四个阶段，每个阶段都有其自身的特色和发展的时代背景，肩负着特定时期促进我国经济社会发展的历史使命，并在推动创新发展方面发挥了重要的作用。随着时代的进步和社会经济的发展，每一阶段在进入新的发展时期时都会呈现出一定的不足之处，也正是这种不足推动着下一阶段新的产业技术创新生态体系的建立，我国产业技术创新生态体系就是在这种动态迭代演化中逐步建立和发展起来的。我国产业技术创新生态体系发展的迭代演化过程如图 1-4 所示。

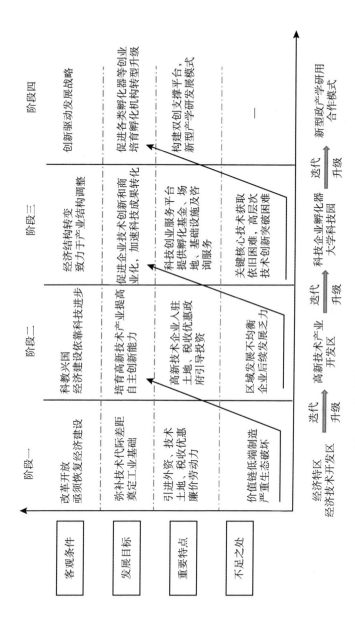

图1-4 我国产业技术创新生态体系发展的迭代演化过程

｜ 2 ｜
我国产业技术创新生态体系的发展现状及
存在问题

2.1 我国产业技术创新生态体系的发展现状

目前，我国产业技术创新生态已初步形成，并取得了一定成就，主要如下：

（1）中国已从工业基础设施不健全的国家发展为世界第一制造大国。中国是世界上唯一拥有联合国产业分类中所列全部工业门类的国家，具备完整的产业链和工业基础设施。强大的工业制造能力，意味着中国作为后发者具有较强的技术追赶优势，其生产的工业产品的制造时间、制造成本将远低于竞争对手，能够迎合产品中低端市场的需求，企业生存空间大。

（2）中国工业经济规模已位居世界第一。2020 年占世界比重达到 25.38%。我国工业增加值已由 1978 年的 1 622 亿美元到 2020 年的 55 700 亿美元，按可比价计算，增长约为 1978 年的 34 倍。这证明了我国产业技术创新生态的产出绩效是卓有成效的，有力地推动了中国工业产业的发展。各国工业增加值占世界比重如表 2 -1 所示。

表 2 -1　　　　　　　　各国工业增加值占世界比重

排名	国家/地区	年份	工业增加值（亿美元）	占世界比重（%）
1	中国	2020	55 700.00	25.3800

排名	国家/地区	年份	工业增加值（亿美元）	占世界比重（%）
2	美国	2018	38 400.00	16.5446
3	日本	2018	14 400.00	6.2042
4	德国	2019	10 300.00	4.4433
5	印度	2019	7 109.04	3.0636
6	俄罗斯	2019	5 467.87	2.3563
7	韩国	2019	5 406.60	2.3299
8	英国	2019	4 928.50	2.1239
9	法国	2019	4 653.10	2.0052
10	印尼	2019	4 359.11	1.8785

（3）中国高新技术产业发展迅速，高新技术企业数量逐年增长，2020年全国高科技企业数量达到27.5万个，共实现营业收入51.3万亿元，占GDP比重的50.5%，高于工业增加值占GDP比重的37.2%，表明经过我国对高新技术产业的培育，高新技术产业已成为驱动国民经济发展的重要力量，高新技术产业营业收入高于工业增加值，表明我国产业结构优化升级也取得了一定的成就。我国高新技术企业2001～2020年历年数量和营业收入情况如图2-1所示。

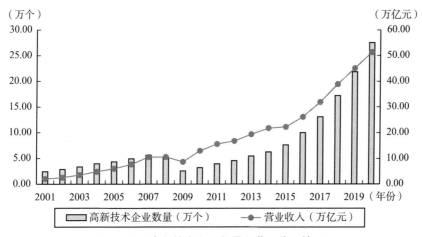

图2-1　高新技术企业数量和营业收入情况

资料来源：科学技术部火炬高技术产业开发中心．全国高新技术企业主要经济指标．

（4）中国已在研究人员、科技出版物和国内专利申请的绝对数量上，位居全球第一①。随着产业发展历程由政府主导的产业集群模式向以科技服务创业平台主导的创新生态模式转变，中国开始重视知识链前端的生产过程，对科技教育、研发的投入稳步提升，专利申请数量也在2019年首次超过美国并在2020年继续领跑。我国2010~2020历年年研发投入及专利申请数量情况如图2-2所示。

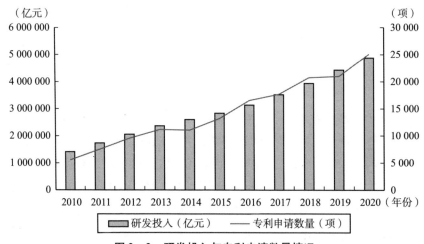

图2-2　研发投入与专利申请数量情况

资料来源：国家统计局、国家知识产权局.

（5）新业态新模式发展动能持续增强。随着我国产业技术发展，历经高新技术产业园区、科技企业孵化器等对电子信息技术产业的扶持，以阿里巴巴、腾讯、小米、美团、字节跳动等公司为代表的一大批互联网企业通过数字化商业模式创新迅速崛起。2020年全国网上零售额增长10.9%，截至2020年12月中国独角兽企业数量为251家，位居全球第一，其中全球估值超过100亿美元的超级独角兽中国有12家，字节跳动以1 800亿美元估值位居第一。

———————

① 德勤咨询. 中国创新崛起——中国创新生态发展报告2019. 2019.

2.2 我国产业技术创新生态体系存在的主要问题

（1）我国在高端制造、战略新兴产业关键核心技术领域研发能力不足。发达国家在成熟工业化基础上形成了雄厚的技术积累，垄断了众多领域，他们借助完善的产业创新支撑体系及分工协同的产业链、创新链、供应链，掌握了产业发展的主导权[17]。近年来，中国企业虽然凭借吸引外资、快速模仿等方式发展起来，但是在电子设备和精密仪器制造、医药制造等众多高端制造领域，中国仍处于发展的初步阶段，未掌握核心技术，对外技术依存度高。我国战略性新兴产业从小到大，由弱到强，但是仍然与发达国家存在较大差距，突出表现为：产业尚有大量核心瓶颈环节有待突破，核心基础零部件、先进工艺、关键基础材料支撑薄弱，自主创新能力有待进一步提升。随着美国对中国企业的制裁，断供核心元件产品，将严重制约中国高新技术企业的发展。2015～2019年我国高新技术产业新产品出口销售收入情况如图2－3所示。

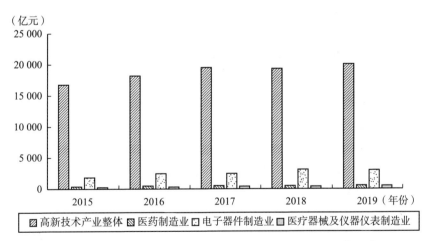

图2－3　2015～2019年我国高新技术产业新产品出口销售收入情况

资料来源：国家统计局.

（2）产学研模式中技术知识供给质量不高，从而限制了高新技术产业创新生态的演化和发展。尽管我国在专利申请的绝对数量上位居世界第一，但是存在"多而不优"的现象，专利实际使用情况不高，国内有效专利许可率呈逐年下降趋势，且国内发明专利平均维持年限明显低于国外在华企业，我国产业技术发展存在片面追求专利数量，而忽视专利质量的状态。2015～2020 年我国有效专利许可率情况如图 2 - 4 所示。

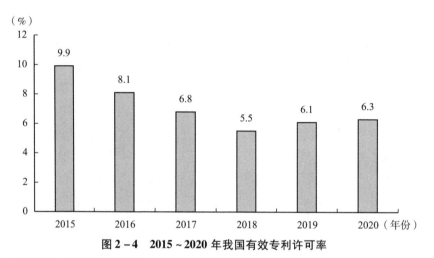

图 2 - 4 2015～2020 年我国有效专利许可率

资料来源：国家知识产权局．

（3）我国现有的创新载体众多，创新资源较为分散。虽然有比较完整的体系，但是其整体性较弱，分散性比较强，区域产业创新生态发展十分不均衡，表现在以北京市、上海市、广州市、深圳市为代表的一线大城市创新主体集聚效应明显，而在西北地区、中部地区及东北地区的产业创新生态则发展较为缓慢[17]。这表明单纯依靠区位优势的产业集群效应无法自发构建整体性发展均衡的产业技术创新生态体系。而创新载体众多且小而分散，也难以为科技创业企业提供从知识创造、研发中试和商业化等一系列服务支撑，致使科技成果转化率相较于发达国家还相对较低。

（4）存在功利性的产业创新扶持[16]。盲目扶持企业追求短期绩效以获取政府资金和金融资本支持，忽视了产业技术创新生态战略布局，难以培育具有创新性的技术和项目，孵化有价值潜力的高新技术企业，从而无法真实地提高中国产业技术创新能力。

| 3 |

产业技术创新生态体系发展的宏观环境分析

新一轮科技革命和产业变革的兴起，推动全球产业链正在发生深刻调整。新形势下，为加快融入全球分工体系及产业链、创新链、价值链，稳固和提升我国产业链在全球的竞争力，构建产业技术创新生态体系越来越受到各界关注。为对产业技术创新生态体系发展的宏观环境进行分析，本章基于 PEST 方法的分析框架来展开。PEST 分析方法是分析企业外部宏观环境的常用工具，本章将其应用拓展到对产业技术创新生态体系这一系统的分析，从政治（political）、经济（economic）、社会（social）和技术（technological）这四个方面展开，对影响产业技术创新生态体系构建的主要外部宏观环境因素进行分析。

3.1 政策环境分析

3.1.1 顶层设计引领扶持产业技术创新生态体系建设

近年来，为构建现代产业新体系，强化创新驱动，助推产业高质量发展，国务院及各部委推出一系列政策文件，不断强化公共创新体系建设，支持企业创新能力建设。国务院及地方政府从财税政策、投融资政策、研究开发政策、人才政策、知识产权政策、市场政策等各方面提供政策扶持，持续完善激励措施，鼓励建立以市场为导向，以行业龙头骨干企业和创新型企业为主体，联合高校、科研院所，建立利益共享、风险共担的产业技术创新联盟。第一部分文后的附表 1、附表 2 分别为国务院及各部委近年发布的关于产业技术创新生态体系建设的主要政策文件，旨在推动产业技术创新生态体系的构建，完善产学研联合攻关与成果共享、扩散机制，加快行业共性技术成果的推广应用，促进大中小企业协同创新。

3.1.2　地方政策持续跟进保障产业技术创新生态体系建设

我国各省、市地方政府从产业扶持、关键共性技术研发、科技成果转化、技术创新中心建设等各个方面，积极出台配套政策支持产业技术创新生态体系的建设。江苏省、广东省、四川省、浙江省及北京市、上海市、广州市等围绕产业体系、协同创新、体制机制等方面，纷纷出台促进产业技术创新生态体系建设的政策文件，鼓励和支持产业技术创新生态体系建设，推动产业技术创新生态体系建设落地，产业技术创新生态体系建设卓有成效。

江苏省建设产业技术创新服务平台，支持建立新型研发机构，加强以企业为主体的产学研合作。第一部分文后的附表 6 为江苏省关于产业技术创新生态体系建设的主要文件。

浙江省不断完善产业技术创新体制机制，围绕做强产业链，在纯电动汽车、装备制造、新材料等领域，建设了 184 家省级重点企业研究院，鼓励新型研发机构建设，中国科学院宁波材料技术与工程研究所、浙江清华长三角研究院等创新载体有效支撑了区域创新体系建设①。此外，浙江省还大力构建产业链协同研发体系、建立产业技术创新联盟，鼓励产学研用协同创新。第一部分文后的附表 3 为浙江省关于产业技术创新生态体系建设的主要文件。

广东省深化与中国香港和澳门的产业合作共建、产业共育，创新产业技术创新联盟实体化运营的体制机制。第一部分文后的附表 4 为广东省关于产业技术创新生态体系建设的主要文件。

四川省建设全产业链协同创新，推进产业金融体系建设，建立协同创新共同体。第一部分文后的附表 5 为四川省关于产业技术创新生态体系建

---

① 浙江省科技创新"十三五"规划.

设的主要文件。

3.1.3 多模式推进产业技术创新生态体系建设

政策措施从促进产学研深度融合，构建以企业主导、政产学研用相结合的产业技术创新联盟，建立新型研发机构等产业技术创新组织，搭建风险共担、开放共享的合作创新平台，鼓励以企业为创新主体，科研机构、高校、政府等共同参与的协同创新，全方位促进产业技术创新生态体系建设。

（1）鼓励产业链上下游建立技术联盟。

国家出台一系列政策，以鼓励产业链上下游建立技术联盟。为推动产业内共性技术研究，完善国家制造业创新体系，2015 年国务院印发《中国制造2025》，提出加强顶层设计，加快建立以创新中心为核心载体、以公共服务平台和工程数据中心为重要支撑的制造业创新网络，建立市场化的创新方向选择机制和鼓励创新的风险分担、利益共享机制。鼓励充分利用现有科技资源，围绕制造业重大共性需求，形成一批制造业创新中心（工业技术研究基地），开展关键共性重大技术研究和产业化应用示范。为强化产业内协作，2016 年国务院印发《关于深化泛珠三角区域合作的指导意见》，指出共同培育先进产业集群，加强产业协作，整合延伸产业链条，推进产业链上下游深度合作，培育形成优势互补、分工合理、布局优化的先进产业集群；构建区域协同创新体系，加强深港创新圈等区域科技创新合作，加快构建以企业为主体、市场为导向、产学研相结合的区域协同创新体系。

2020 年国务院办公厅印发《关于推广第三批支持创新相关改革举措的通知》，指出集中科技骨干力量打造前沿技术产业链股份制联盟，面向重大战略新兴产业，政府推动领域内科技主体与产业主体以股份为纽带，建立股份制战略技术联盟、成立法人实体，推动全产业链上不同环节技术优势单位强强联合、交互持股，打造技术创新合作网络和利益共同体。2020年工业和信息化部印发《关于工业大数据发展的指导意见》，指出要着力构建工业数据创新生态，支持产学研合作建设工业大数据创新平台，围绕重大共性需求和行业痛点开展协同创新，加快技术成果转化，推动产业基础高级化和产业链现代化。

（2）鼓励产学研深度融合，建立创新共同体。

为促进产学研协共同创新，国家各部委与地方政府等相继出台相关政策。2017年国务院办公厅印发《关于深化产教融合的若干意见》，指出以企业为主体推进协同创新和成果转化，支持企业、学校、科研院所围绕产业关键技术、核心工艺和共性问题开展协同创新，加快基础研究成果向产业技术转化。引导高校将企业生产一线实际需求作为工程技术研究选题的重要来源。完善财政科技计划管理，高校、科研机构牵头申请的应用型、工程技术研究项目，原则上应有行业企业参与并制订成果转化方案。不断加强企业技术中心和高校技术创新平台建设，鼓励企业和高校共建产业技术实验室、中试和工程化基地。此外，鼓励利用产业投资基金支持高校创新成果和核心技术产业化。2018年浙江省人民政府印发《关于全面加快科技创新推动高质量发展的若干意见》，提出创新引领，融合联动，构建"产学研用金、才政介美云"十联动创新创业生态系统。

2019年科技部印发《关于新时期支持科技型中小企业加快创新发展的若干政策措施》，提出鼓励开展产学研协同创新，研究出台新时期强化产学研一体化创新的政策措施，引导科技型中小企业通过组建产业技术创新战略联盟、共设研发基金、共建实验室、研发众包等方式，共享创新资源、开展协同创新；加大科技资源集聚共享，支持国家高新区打造科技资源支撑型、高端人才引领型等特色载体，引导科技型中小企业集聚和开展专业化分工协作。推动科研机构、高等学校、大型企业搭建科技资源开放共享网络管理平台，促进科研仪器、实验设施等向科技型中小企业开放共享。

为推动构建由企业、高校、科研院所等创新主体组成的创新共同体，2020年国务院办公厅印发《关于支持国家级新区深化改革创新加快推动高质量发展的指导意见》，指出鼓励由优秀创新型企业牵头，与高校、科研院所和产业链上下游企业联合组建创新共同体，建设制造业创新中心，围绕优势产业、主导产业，瞄准国际前沿技术强化攻关，力争在重大"卡脖子"技术和产品上取得突破。2020年科技部印发《关于推进国家技术创新中心建设的总体方案》，指出要深化改革，协同创新，强化技术创新与体制机制创新相结合，优化成果转化、人才激励等政策措施，构建风险共担、收益共享、多元主体的协同创新共同体。

（3）鼓励建设新型产业技术创新组织。

近年来，国家出台了一系列政策促进建设国家工程研究中心、新型研发机构、现代产业学院等新型产业技术创新组织以推动产业技术创新生态体系建设。

为提高企业的技术开发和工程化集成能力，2008 年发展改革委等部门印发《关于促进自主创新成果产业化若干政策的通知》，指出按照建立以企业为主体、市场为导向、产学研相结合的技术创新体系的总要求，支持企业与高等院校、科研机构以产学研结合等形式，共建国家工程（技术）研究中心、国家工程实验室、国家重点实验室等产业技术开发平台。此外，2019 年科技部印发《关于促进新型研发机构发展的指导意见》，指出要结合产业发展实际需求，构建产业技术创新战略联盟，探索长效稳定的产学研结合机制，组织开展产业技术研发创新、制订行业技术标准。

为集聚创新资源，2020 年国务院印发《关于促进国家高新技术产业开发区高质量发展的若干意见》，指出国家高新区要面向国家战略和产业发展需求，通过支持设立分支机构、联合共建等方式，积极引入境内外高等学校、科研院所等创新资源。支持国家高新区以骨干企业为主体，联合高等学校、科研院所建设市场化运行的高水平实验设施、创新基地，积极培育新型研发机构等产业技术创新组织。2020 年科技部印发《关于推进国家技术创新中心建设的总体方案（暂行）》，指出将国家技术创新中心定位于实现从科学到技术的转化，促进重大基础研究成果产业化，以关键技术研发为核心使命，旨在为区域和产业发展提供源头技术供给，为科技型中小企业孵化、培育和发展提供创新服务，为支撑产业向中高端迈进、实现高质量发展发挥战略引领作用。此外，关于建设现代产业学院，2020 年教育部、工业和信息化部印发了《现代产业学院建设指南（试行）》，决定在特色鲜明、与产业紧密联系的高校建设若干与地方政府、行业企业等多主体共建共管共享的现代产业学院。

3.1.4 多产业针对性政策加速产业技术创新生态体系落地

国家及地方政府针对各相关产业发布了有针对性的产业技术创新生态

体系的政策，已涉及新能源汽车、新材料、建造等多个产业。

在新能源汽车产业，2012 年国务院印发《节能与新能源汽车产业发展规划（2012～2020 年）》，提出要加快建立节能与新能源汽车研发体系，引导企业加大节能与新能源汽车研发投入，鼓励建立跨行业的节能与新能源汽车技术发展联盟，加快建设共性技术平台。

针对新材料产业，2018 年工业和信息化部与财政部印发《国家新材料产业资源共享平台建设方案》，提出协同共建、开放共享，形成政产学研用统筹推进机制，政府、企业、行业和社会共同参与、共享共治，以满足产业链各环节资源共享需求为目标，破除体制障碍，消除利益藩篱，打破信息壁垒，实现资源开放最大化、共享最大化。

2019 年 10 月，习近平总书记在中央政治局第十八次集体学习时强调，"区块链技术的集成应用在新的技术革新和产业变革中起着重要作用。我们要把区块链作为核心技术自主创新的重要突破口，明确主攻方向，加大投入力度，着力攻克一批关键核心技术，加快推动区块链技术和产业创新发展"。2021 年 6 月，工业和信息化部和国家互联网信息办公室联合印发的《关于加快推动区块链技术应用和产业发展的指导意见》也明确指出，到 2025 年区块链产业综合实力达到世界先进水平，产业初具规模。提出了培育"名品、名企、名园"。这为我国切实提高运用和管理区块链技术能力，进一步发挥区块链技术在建设网络强国、发展数字经济、助力经济社会发展等方面的重要作用，指明了方向，提供了遵循。

2020 年住房和城乡建设部等 13 部门联合印发《关于推动智能建造与建筑工业化协同发展的指导意见》，提出培育产业体系，探索适用于智能建造与建筑工业化协同发展的新型组织方式、流程和管理模式。加快培育具有智能建造系统解决方案能力的工程总承包企业，统筹建造活动全产业链，推动企业以多种形式紧密合作、协同创新，逐步形成以工程总承包企业为核心、相关领先企业深度参与的开放型产业体系。鼓励企业建立工程总承包项目多方协同智能建造工作平台，强化智能建造上下游协同工作，形成涵盖设计、生产、施工、技术服务的产业链。

我国产业技术创新生态体系建设的政策支持情况如图 3－1 所示。

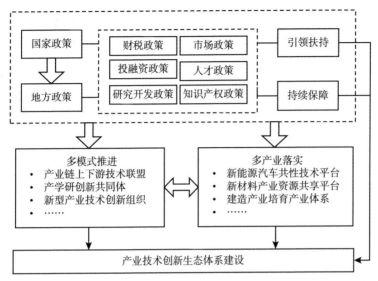

图3-1　我国产业技术创新生态体系建设的政策支持情况

3.2　经济环境分析

3.2.1　我国经济已由高速发展转向高质量发展

当前，我国经济已经由高速发展转向高质量发展阶段，已经从主要依靠增加物质资源消耗实现的粗放型高速增长，转变为主要依靠技术进步、改善管理和提高劳动者素质实现的集约型增长。中国共产党第十九次全国代表大会的报告（简称"党的十九大报告"）指出，我国经济已由高速增长阶段转向高质量发展阶段，要加快建设现代化经济体系。这就要求我们要不断改革投入方式，打造深化科技体制改革试验区，增强创新供给，全面加强创新环境建设，形成有利于创新的生产关系和生态系统，增强创新生态吸引力。

习近平总书记强调，实现高质量发展，必须实现依靠创新驱动的内涵型增长。以新产业、新业态、新模式为代表的"三新"经济正在加速成长，据国家统计局报告，2020年我国"三新"经济增加值为169 254亿元，比上年增长 4.5%（未扣除价格因素），比同期 GDP 现价增速高 1.5 个百分点；相当于 GDP 的比重为 17.08%，比上年提高 0.7 个百分点。分三次产业看，"三新"经济中，第一产业增加值为 7 423 亿元，比上年增长 11.0%，占比为 4.39%；第二产业增加值为 73 487 亿元，比上年增长 4.3%，占比为 43.42%；第三产业增加值为 88 345 亿元，比上年增长 4.2%，占比为 52.20%。"三新"经济为我国经济注入了新活力，也对企业创新模式提出了新要求，创新主体间的联结多样且紧密，创新要素集聚且共享，要驱动以开放协作为特点的产业技术创新生态体系的建设与发展。

3.2.2　我国产业结构升级任重道远

当前，以创新驱动的国际竞争愈加激烈，我国产业结构转型升级任重道远。随着第三次工业革命的深入，战略性新兴产业愈加成为未来科技创新和产业发展的制高点，这些新挑战倒逼着我国经济发展方式要加快向创新驱动型转换。然而长期以来，我国产业发展方式粗放，科技创新能力与发达国家相比还存在差距，许多产业现代化发展程度不高，关键核心技术仍然受制于人。

我国传统产业具备基础设施完善、流程化与专业化等优势，其规模化生产为产业集聚提供了基础条件。然而，我国传统产业也存在大而不强的问题，产品多处于价值链低端，产业结构的合理性也有待提高，产业技术创新能力不足，这都限制了产业结构的转型升级[18]。并且，产业集群中尚未形成可持续发展良好的创新生态体系，未能实现开放共享与协同创新的功能，企业之间及企业与高校、科研院所等其他组织尚未形成良好的协作创新关系。构建资源共享、风险共担、利益共赢的产业技术创新共同体能够有助于打通企业与产业的边界，集聚优势资源，强强联合，实现全产业链、资金链、创新链的有机整合。

在此背景下，国家日益强调大力培育发展新兴产业，新兴产业已成为新旧动能转换和产业转型升级的关键，以创新驱动为特征的新技术、新产品、新业态、新模式的发展已成为产业转型升级的工作重点。当前的数字经济、平台经济、智能经济更加体现出开放共享的新特点。传统产业迫切需要新技术、新工艺、新材料、新设备的应用，并且与数字化、智能化实现深度融合，促进产业向智能化、高端化、绿色化发展。新兴产业已成为经济增长的内生动力，企业需要不断探索建设新兴产业发展联盟和产业技术创新战略联盟，推进产业技术创新生态体系建设，以科技创新催生新发展动能。

3.3　社会环境分析

3.3.1　消费者需求结构升级加快

随着我国居民收入水平的不断提高，消费者正由传统模仿式、排浪型、生存型消费模式向新型的个性化、多样化、发展型模式转变。消费者对高品质农产品、高端制造品和高质量服务的需求更加突出，然而国内企业的现有产品供给还不能很好满足需求结构的这一变化，我国大多数传统企业还停留在满足消费者普遍性需求的层次上，满足这些升级转换后的个性化需求的能力还不足，导致越来越多的优质农产品需求、高端制造品需求、高品质服务需求等高端需求转向海外市场。2019 年商务部发布的《主要消费品供需状况统计调查分析报告》显示，消费者进口消费品需求旺盛，79.6% 的消费者购买过进口消费品，其中 41.7% 的消费者购买进口消费品占同类消费品比重超过 10%，此外，消费者增加购买进口消费品的意愿较强，24.1% 的消费者表示将在未来半年中增加购买进口消费品。消费者越来越关注产品的安全、设计和品质，对高品质及高附加值产品的需求日益提高，然而当前由于国内产品的技术水平、设计创意及商业模式等方面存在的短板，使得国内消费者需求未能得到充分满足。2020 年，习近平总书记在京主持召开企业家座谈会并发表重要讲话，强调在当前保护主义上升、世界经济低迷、全球市场萎缩的外部环境下，要充分发挥国内超大规模市场优势，逐步形成以国内大循环为主体，国内国际双循环相互促进的新发展格局。以国内大循环为主体，就是通过发挥内需潜力，在国内建立高端价值链，为核心技术创造更大的国内市场，通过供给侧改革，以创新驱动、高质量供给引领和创造新需求。

此外，消费者需求日益多样化，依靠单一企业主体已经无法完成系统性创新以满足人民日益增长的对美好生活的需求。消费者的多样化和个性化的需求升级是产业技术创新生态体系产生和发展的原动力[19]，消费者需求升级为产业内部企业的颠覆式创新提供了方向，而科技创新也在创造消费需求。创新客体的需求侧拉动也迫使产业提高整合性技术开发协同创新能力，构建供需协同的产业技术创新生态体系。

3.3.2 我国传统人口红利正逐渐减少

我国劳动力短缺现象日趋显著，劳动力短缺在区域分布、产业和行业分布都存在不平衡问题。目前，东部发达地区的劳动力供给短缺情况更加明显，但随着产业转移的进一步推进，许多传统的中西部地区的劳动力输出大省也在向用工大省转变，带动外向型经济的传统人口红利正在逐步减弱。我国第一产业中劳动力仍然过剩，然而第二产业、第三产业内部不同行业间劳动力短缺程度也不尽相同，技术劳动力短缺尤为突出。劳动力短缺意味着人口红利的消失，当前的人力资本现状已难以支撑传统产业发展结构，这也说明培养高科技人才、优化人力资本结构，推动产业升级、结构转型迫在眉睫。

与此同时，我国人口老龄化程度也在不断加深，2020 年中国出生人口下降 265 万，由 2019 年的 1 465 万降至 1 200 万，出生人口再创新低。老龄化程度的加深也导致了创新群体缩小、劳动生产率减低、消费低迷等一系列问题的出现，这不仅制约传统产业的转型升级，也难以为新兴产业的发展注入新鲜血液。人口老龄化程度的加深以及劳动力的短缺，直接影响劳动密集型行业，对知识密集型行业的创新发展提出了挑战。我国传统人口红利正在逐渐减少，为应对人口老龄化及劳动力短缺问题，产业发展必须依靠科技创新，来实现依靠创新驱动的内涵型增长，尤其是需要通力协作，构建产业技术创新生态体系，驱动高效率可持续发展。

3.4 技术环境分析

3.4.1 全球产业创新进入3.0阶段

在现代社会经济技术条件下，创新已经不再靠单一个体或者企业、科研院所单独能够完成，创新需要从产业层面、区域层面甚至是国家层面构建协同共生、协同演化的创新生态系统。当前，全球创新已从线性范式（创新1.0）、创新体系（创新2.0），逐步演进为创新生态系统范式（创新3.0），呈现出多样性共生、开放式协同的突出特征[20]。创新3.0阶段体现为产学研用的"共生"，以及政府、企业、大学院所和用户的"四螺旋"[21]。创新3.0即嵌入/共生式创新，由企业、高校、科研院所和政府等多主体构成了资源共享、开放协同的创新生态系统，通过物质流、能量流、信息流的连接传导，实现知识流动的开放式共生系统[22]。创新生态系统是我国科技发展创新在"中国制造2025"阶段的必然选择。

在创新3.0阶段，产业链与创新链互相整合、互相连接、互相作用。新技术的发展重塑了传统的商业模式，打破了传统的行业边界，产业链呈现整合态势，涉及多要素集聚、多组织链接、多资源共享、多主体互动和多服务集成，产业创新逐渐发展为以需求导向、反向供应链的产业组织方式，更多地注重数据驱动、风险共担和利益共享。此阶段需要通过构建产业技术创新生态体系，搭建协同创新利益共同体，来助推产业链在关键技术节点实现路径突破[23]。随着通信技术的发展，此时产业聚集已经从最初的以科技园区或工业园区等形成的以空间上的企业集聚为主要方式，空间内企业各自发展，相互独立，开始逐步转向跨越物理空间上的产业聚集，产业在地理空间和网络空间进行叠加，产业链上产生了越来越多的互补链接，企业已难以凭借单打独斗实现独自发展，而必须要求产业链上下游企业实现协同共享发展[24]。产业形态也已经由不同企业聚集变为由大企业为中心、上下游企业关联的产业集群[25]。产业形态不断升维，已经越来越强调以共创、相互赋能、共享为特点的合作模式。

3.4.2 我国科技研发投入持续增加

近年来，国家非常重视科技经费的投入，不论是经费投入总额还是投入的强度都呈现出增长的态势。根据《2020 年全国科技经费投入统计公报》数据可知，2020 年全国共投入研究与试验发展（R&D）经费 24 393.1 亿元，比上年增加 2 249.5 亿元，增长 10.2%。

分活动类型看，全国基础研究经费 1 467.0 亿元，比上年增长 9.8%；应用研究经费 2 757.2 亿元，比上年增长 10.4%；试验发展经费 20 168.9 亿元，比上年增长 10.2%。基础研究、应用研究和试验发展经费所占比重分别为 6.0%、11.3% 和 82.7%。

分活动主体看，各类企业研究与 R&D 经费支出 18 673.8 亿元，比上年增长 10.4%；政府属研究机构经费支出 3 408.8 亿元，比上年增长 10.6%；高等学校经费支出 1 882.5 亿元，比上年增长 4.8%。企业、政府属研究机构、高等学校经费支出所占比重分别为 76.6%、14.0% 和 7.7%。

分产业部门看，高技术制造业研究与 R&D 经费支出 4 649.1 亿元，投入强度（与营业收入之比）为 2.67%，比上年提高 0.26 个百分点；装备制造业研究与 R&D 经费支出 9 130.3 亿元，投入强度为 2.22%，比上年提高 0.15 个百分点。在规模以上工业企业中，研究与 R&D 经费投入超过 500 亿元的行业大类有 10 个，这 10 个行业的经费占全部规模以上工业企业研究与 R&D 经费的比重为 73.6%。

分地区看，研究与 R&D 经费投入超过千亿元的省（市）有 8 个，分别为广东省（3 479.9 亿元）、江苏省（3 005.9 亿元）、北京市（2 326.6 亿元）、浙江省（1 859.9 亿元）、山东省（1 681.9 亿元）、上海市（1 615.7 亿元）、四川省（1 055.3 亿元）和湖北省（1 005.3 亿元）。研究与 R&D 经费投入强度（与地区生产总值之比）超过全国平均水平的省（市）有 7 个，分别为北京市、上海市、天津市、广东省、江苏省、浙江省和陕西省。

（1）研究与 R&D 经费总额持续增加。

国家统计局数据显示，2020 年全国共投入研究与 R&D 经费比上年增长 10.2%。而 2001 年 10 月发布的数据显示，我国 2000 年度科学研究与

R&D 经费总支出为 896 亿元，总量还不到 1 000 亿元，中国最终在科技研发经费这一指标上实现了"逆袭"：2001 年 R&D 经费首次突破 1 000 亿元关口，2009 年超 5 000 亿元，2012 年首破 10 000 亿元。20 年间，中国在科技研发经费投入比 2000 年增加了 26. 23 倍。2000～2020 年科技研发经费投入趋势如图 3 - 2 所示。

从国际比较看，自 2013 年，中国的 R&D 经费投入一直稳居世界第二，与投入第一大国的美国差距逐步缩小。2016～2020 年我国科技研发经费投入连续实现两位数增长。不论从绝对值还是相对值上，都属于世界领先水平。

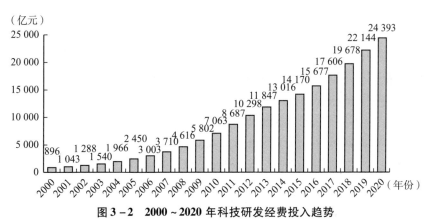

图 3 - 2　2000～2020 年科技研发经费投入趋势

资料来源：国家统计局. 2020 年全国科技经费投入统计公报. 2021.

（2）研究与 R&D 经费投入强度持续增长。

根据《2020 年全国科技经费投入统计公报》数据显示，2020 年我国研究与 R&D 经费投入强度（与国内生产总值之比）为 2. 40%，比上年提高 0. 16 个百分点。按研究与 R&D 人员全时工作量计算的人均经费为 46. 6 万元，比上年增加 0. 5 万元。过去 20 年，中国科技研发强度连年提升，科技研发经费投入占 GDP 比例已经从 2000 年的 0. 9% 大幅提升至 2019 年的 2. 40%。2000～2020 科技研发经费投入强度趋势如图 3 - 3 所示。

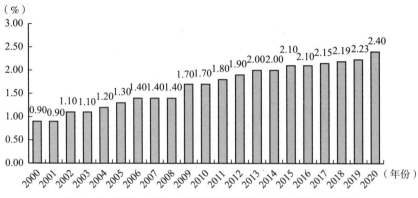

图 3 - 3　2000～2020 年科技研发经费投入强度趋势（%）

资料来源：国家统计局. 2020 年全国科技经费投入统计公报. 2021.

　　从产业层面来看，我国制造业企业科技研发经费投入强度（与主营业务收入之比）呈现逐年增长态势，自 2011 年的 0.78% 增长至 2020 年的 1.54%。其中，高技术制造业研究与 R&D 2020 年经费投入强度（与营业收入之比）为 2.67%，比上年提高 0.11 个百分点。

　　从国家层面来看，我国科技研发经费投入强度在全球主要国家中居于中上游水平。根据经济合作与发展组织（OECD）的统计，2017 年我国科技研发经费投入强度约为 2.15%，略低于 OECD 国家 2.37% 的平均水平，高于挪威、荷兰、英国和加拿大等发达国家，但是相比于美国的 2.79% 和日本的 3.21%，中国仍存在不小的差距。2020 年，我国科技研发经费投入规模稳步增加，结构持续优化。但也要看到，我国 R&D 经费投入强度（2.40%，2020）与美国（3.2%，2019 年）、日本（3.1%，2019 年）等国相比尚显不足，基础研究占比与发达国家普遍 15% 以上的水平相比差距仍然较大，R&D 产出多而欠优的现象亟须改善。

　　（3）研发人员量、质持续增长。

　　2020 年 8 月，中国科协调研宣传部和中国科协创新战略研究院联合发布《中国科技人力资源发展研究报告（2018）》显示，截至 2018 年年底，我国科技人力资源总量达 10 154.5 万人，规模继续保持世界第一。此外，根据国家统计局 2019 年 7 月 23 日发布的《新中国成立 70 周年经济社会发展成就报告》显示，2018 年按折合全时工作量计算的全国研发人员总量为 419 万人年，是 1991 年的 6.2 倍。我国研发人员总量在 2013 年超过美国，已连续 6 年稳居世界第一位。

大量的科研人员使得我国的科学论文成果丰硕。2018 年《新中国成立 70 周年经济社会发展成就报告》显示，国外三大检索工具科学引文索引（SCI）、工程索引（EI）和科技会议录索引（CPCI）分别收录我国科研论文 41.8 万篇、26.6 万篇和 5.9 万篇，数量分别位居世界第二、第一和第二位。同时，论文质量大幅提升，根据基本科学指标数据库（ESI）论文被引用的情况可知，2018 年我国科学论文被引用次数排名世界第二位。

3.4.3 关键共性核心技术瓶颈亟待突破

我国对科研投入逐年增加，近年来专利发明量也大幅提升。《新中国成立 70 周年经济社会发展成就报告》显示，2018 年我国专利申请数和授权数分别为 432.3 万件和 244.8 万件，分别是 1991 年的 86 倍和 98 倍。专利质量也得到同步提升。以最能体现创新水平的发明专利为例，2018 年发明专利申请数达 154.2 万件，占专利申请数的比重为 35.7%，比 1991 年提高 12.9 个百分点；平均每亿元研发经费产生境内发明专利申请 70 件，比 1991 年提高 19 件，专利产出效益得到明显提高。

长期以来，中国政府在科研领域显著和持续的投入，使中国短短几年内在众多科研指标上赶超了传统科技强国，中国企业针对创新的研发投入已经在国际上崭露头角。核心关键技术关系着企业的可持续性发展和在国际中的优势地位，是衡量一个国家创新发展的最重要因素。在我国，不少产业中的核心技术已实现突破，如通信行业中的同步卫星系统、医药行业中的多种疫苗研制（肝疫苗、流行性出血热疫酶、SARS 疫苗等）、制造业的关键高精度轴承等，都取得了举世瞩目的成果。通信巨头华为公司于 2018 年提交了 5 405 件国际专利申请，并在 5G 技术、列阵镜头、芯片研发等领域进行研究创新。

然而，我国现代产业技术创新生态体系基础还不够稳固，产业技术体系发展依然不平衡不充分，关键核心技术受制于人的局面还没有得到根本性改变，在某些环节尚未掌握核心技术，对外技术依存度高。以集成电路为例，2010 年以来，其进口额呈现增长趋势，2018 年中国集成电路进口金额为 20 584.1 亿元，同比增长 19.8%，逆差突破 2 000 亿美元①。产业创新生态联动发展，是解决"卡脖子"问题的核心手段，是中华人民共和国国民经济和社会发展第十四个五年规划中长期科技发展规划的重要议题。中国科技发展开始进入"无人区"，在深入推进创新驱动发展战略、加快提升国家创新体系效能的过程中，亟须进一步优化产业技术创新生态体系。

关键核心技术，尤其是关键共性技术、前沿引领技术、现代工程技术、颠覆性技术联合攻关和产业化应用是现代产业体系建设的关键。面对国家重大战略产业发展需求，要想从根本上解决产业技术创新发展的难题，就要突破关键共性核心技术瓶颈，建立长期的产业技术创新协作联盟的科技创新支持机制，在共性技术研发上取得突破，不断形成共享制造的协同发展生态。这就要求建立以市场为导向，以企业为主体、产学研深度融合的技术创新生态体系，做到强强联合，建设技术创新中心，对关键核心技术进行联合攻关，突破共性关键技术，促进科技成果的有效转化。

综上所述，在当前政策环境、经济环境、社会环境及技术环境下，新产业与新业态的发展需要新的创新模式，通过深入推进产业技术创新生态体系的建设，不断形成资源共享的协同发展生态；与此同时，我国宏观环境也对产业技术创新生态体系建设提供了利好条件。

---

① 德勤咨询. 2019 中国创新生态发展报告. 2019.

| 4 |

高质量发展条件下产业技术创新生态体系面临的机遇和挑战

4.1 高质量发展条件下产业技术创新生态体系面临的机遇

4.1.1 国家及地方提供利好发展环境

（1）国家及地方政策支持为产业创新生态体系的构建提供了优越的发展环境。

为了实施创新驱动发展的战略，国家先后制定了一系列促进创新、产业技术创新、产业创新，促进高质量发展的措施、意见等，这些顶层设计引领着产业技术创新生态体系建设。地方政府随后跟进，对国家的措施、意见等进行细化和执行，为产业技术创新生态体系建设提供了保障。这些政策促进了在高质量发展的条件下进行产业技术创新生态体系的构建。根据对文件的分析，国家及地方颁布了四类促进产业技术创新方面的文件：①颁布一系列创新、创业高质量发展的措施、意见：《国务院办公厅关于推广第三批支持创新相关改革举措的通知》《国务院关于推动创新创业高质量发展打造"双创"升级版的意见》等；②针对制造业、战略性新兴产业等高质量发展提出若干指导意见：《工业和信息化部关于加快培育共享制造新模式新业态促进制造业高质量发展的指导意见》《国务院关于深化

"互联网＋先进制造业"发展工业互联网的指导意见》《国务院关于印发"十三五"国家战略性新兴产业发展规划的通知》等；③针对经济技术开发区、高新技术产业开发区等的高质量发展提出若干指导意见：《国务院关于促进国家高新技术产业开发区高质量发展的若干意见》《国务院办公厅关于支持国家级新区深化改革创新加快推动高质量发展的指导意见》等；④针对企业创新、高质量发展提出的意见、措施：《健全支持中小企业发展制度的若干意见》《关于新时期支持科技型中小企业加快创新发展的若干政策措施》《科技企业孵化器管理办法》等。

从以上几类文件可以看出，我国促进高质量发展的政策，小到企业层面创新发展，到推动开发区的高质量发展，大到行业的高质量发展，再到整个创新创业的高质量发展，政策文件包罗万象，形成了一定的体系，这些政策文件的颁布和实施为我国在高质量发展条件下构建产业技术创新生态提供了优渥的环境，促进了产业技术创新，为产业技术创新生态体系构建提供了良好的机遇。

（2）国家对技术创新投入的持续增加为产业创新生态体系构建提供了坚实基础。

产业技术创新生态体系中，最核心和最基础的是技术。我国为了在技术创新上有突破，近年来持续大幅度地增加研发经费的投入。研究与 R&D 经费总额持续增加，自 2013 年中国的 R&D 经费投入一直稳居世界第二，与第一大国的美国差距逐步缩小。研究与 R&D 经费投入强度持续增加，2019 已到达 2.23%，超过了欧盟 15 国的平均水平。此外，我国的技术研发人员也在数量和质量上保持持续增长。在这些投入持续增加的背景下，我国的创新企业和创新产品已具有一定的竞争优势，为我国产业技术创新生态建设过程中实现核心技术的突破，实现高质量发展提供了坚实的基础。

4.1.2　以科创板为代表的资本市场全力支持创新生态持续优化

新冠肺炎疫情暴发后，全球经济环境迅速恶化，经济格局也发生了重大改变，中国正在形成以国内大循环为主体、国内国际双循环相互促进的新发展格局。打造科技和产业创新高地，是现阶段推动我国经济高质量发展的必然要求。从完善要素市场化配置体制机制、稳定和优化产业链供应链体系的角度看，科技和产业创新也是重要抓手。资本市场作为连接金融、产业、科技三大领域的平台枢纽，在其中发挥了积极作用[26]。

从支持科技创新来说，资本市场一方面天然具有聚集并形成资本的功能，另一方面资本市场还是风险资本最理想的退出渠道。而多数科技创新型企业需要较大规模的资本投入，早期利润较低甚至无利润，因此得到资本的支持就更为重要。一个有良好运营机制的资本市场，对于科创型企业的发展是非常重要的。从支持产业创新来说，资本市场的优胜劣汰功能和促进并购重组功能，是产业扩大规模并进行升级迭代的重要支撑。资本对产业和实体企业的市场发展空间、利润增长趋势具有高度敏感性，会从正反两个方面发挥约束作用。在一个高效的资本市场里，上市公司会通过股价和市值变化迅速获得反馈，进而调整其生产规模或开展创新活动。优势企业可以运用资本市场估值功能和融资功能，不断发展壮大；劣势企业则可能在市场竞争机制中被淘汰[26]。

从 1990~2020 年，中国的资本市场从零起步，从最初的"老八股"到如今的 4 000 多家上市公司，中国的资本市场已经走过了 30 年，目前已经成为世界第二大资本市场，建立起了多层次、多产品的现代化资本市场架构[27]。在"三十而立"的新起点，中国的资本市场积极孕育创新基因，不断升级服务实体经济的角色，助力中国经济的高质量发展。

科创板自推出之时便确立了"面向世界科技前沿、面向经济主战场、面向国家重大需求""服务于符合国家战略、突破关键核心技术、市场认可度高的科技创新企业"的定位[28]，2019 年科创板落地后重点支持新一代信息技术、高端装备、新材料、新能源、节能环保及生物医药等高新技术产业和战略性新兴产业。设立科创板并试点注册制这一制度改革拓宽了更多创新企业的融资渠道，更能够进一步畅通科技、资本和实体经济三者的循环互通，加速科技成果向现实生产力转化。此前，企业上市发行需通过股票发行审核委员会审核，还要固化指标达到要求，这对大量创新企业来说是一个巨大的限制；科创板的注册制提供了更多样化的标准，通过围绕信息披露的问答式审核过程帮助优秀的科技创新公司获得上市机会，缩短审批流程时间。

科创板在资本市场发挥了很好的引导作用，让投资者们开始关注目前研发投入较大的硬科技企业。在国产化加速替代的大背景下，科创板所引发的投资热潮将为这些硬科技企业提供"血液"供给，在提高企业研发投入、培养专业技术人员、补足运营资金等多个方面推动我国硬科技产业发展[28]。因此设立科创板并试点注册制，不仅事关资本市场自身的长远健康发展，还和中国经济转型和高质量发展息息相关[29]，这对完善我国的科技创新体系、推动关键核心技术发展具有重要意义。

科创板是资本市场服务科技创新的"助推器"，资本市场在中国创新发展中起着支撑作用，科创板则为二级市场的一个分支，象征着中国创新生态正愈发受资本支持，资本市场顶层设计响应创新驱动发展的改革号召，把握科技创新带来的新机遇。

4.1.3 数字经济的蓬勃发展助力产业技术创新生态体系的构建

作为经济学概念的数字经济是人类通过大数据（数字化的知识与信息）的识别—选择—过滤—存储—使用，引导、实现资源的快速优化配置与再生、实现经济高质量发展的经济形态。数字经济，作为一个内涵比较宽泛的概念，凡是直接或间接利用数据来引导资源发挥作用，推动生产力发展的经济形态都可以纳入其范畴。在技术层面的大数据、云计算、物联网、区块链、人工智能、5G 通信等新兴技术和在应用层面的"新零售""新制造"等都是其典型代表[30]。

（1）当前数字经济的迅猛发展给产业技术创新生态体系的构建提供了良好的技术环境。

数字经济的蓬勃发展带领中国创新走向全球化，数字经济成为中国GDP 增长的重要来源之一。中华人民共和国国民经济和社会发展第十三个五年（2016~2020 年）规划（简称"十三五"规划）时期，我国数字经济实现了跨越式发展，数字经济规模由"十三五"初的 2016 年仅为 11 万亿元，发展至 2018 年达到 31.3 万亿元，占 GDP 的比重为 34.8%；2020年，我国数字经济规模达到 39.2 万亿元，总量跃居世界第二位，占 GDP的比重为 38.6%，对 GDP 的贡献率达到七成，数字技术支撑的新产品、新服务、新业态、新商业模式成为经济增长的主要贡献力量。尤其是在特殊时期，数字经济的作用更加突出。《世界互联网发展报告 2020》指出，新冠肺炎疫情在全球范围内暴发与蔓延，给全球经济社会带来巨大冲击，互联网的重要性越发凸显，数字经济成为对冲疫情影响、重塑经济体系和提升治理能力的重要力量。互联网在复工复产、经济复苏、社会运转中发挥了重要作用。

在数字化的推动下，中国的创新技术和产品正在迈向全球化。当前数字经济的迅猛发展也给产业技术创新生态体系的构建提供了良好的技术支撑环境。数字经济已成为中国经济增长的新引擎。

（2）未来数字经济的发展将持续助力产业技术创新生态体系的发展。

未来数字经济的作用和地位将继续提升，是今后经济增长的重要源泉，是提高全要素生产率的重要途径，是促进制造业、服务业融合发展的重要载体，也是维护和提升全球产业分工体系稳定性、安全性的重要依托。清华大学公共管理学院院长江小涓教授指出中华人民共和国国民经济和社会发展第十四个五年（2021～2025年）规划（简称"十四五"规划）时期数字经济将呈现出"快速发展、全面发力，整体形态初步显现"的发展趋势：在人工智能、大数据分析、云计算、物联网、先进机器人等数字技术的支撑下，数字经济将继续快速发展、全面发力，新型数字消费、数字生产、制造业和服务业数字化融合、数字化网链、数字化产业生态、数字化资源配置等都将有显著提升。未来数字经济在以下三个方面的发展有助力继续推动高质量发展条件下构建产业技术创新生态体系。①数字化将加速推进制造业和服务业深度融合。数字时代，制造业和服务业在很大程度上会融合发展，三次产业相互内置形成新的产业形态将成为趋势。智能制造系统依托于传感器、工业软件、网络通信系统，形成新型物—物、人—人和人—机交互方式，实现人、设备、产品、服务等要素和资源的相互识别、实时联通，促进生产制造和多种生产性服务紧密结合，其本质就是制造业和服务业两种业态的深度融合。②数字化生态将跨界成长，形成产业生态圈。今后，消费者的需求越来越向场景化发展，期望能获得一站式智慧家居、智慧出行、智慧学习、智慧娱乐等全场景解决方案。数字技术可以打破行业壁垒，跨界连接多个企业、多个产业和多种生产要素，形成提供解决方案的产业生态圈。③数字化连接将形成多点连接的产业网链。数字化网络平台能够聚合产业链上多环节、多种类生产要素和多种不同类型的企业，为各方提供多样化的交互机会，提供业内所需的各种服务。在特殊时期，如新冠肺炎疫情期间，当原有的产业链断裂时，平台可以智能化地在供需双方之间进行匹配，迅速寻找替代或调整方案，快速补链接链。与线下单点连接的传统产业链相比，数字化平台能形成多点连接的产业网链，使全球分工体系的稳定性、安全性大大提高[31]。

4.2 高质量发展条件下产业技术创新生态体系面临的挑战

4.2.1 产业"卡脖子"技术存在，关键核心技术仍需追赶

几乎 20 世纪所有的创新发明和产业革命，如互联网、计算机操作系统、人工智能、激光、半导体与芯片、机器人等全部源自美国的原创，中国目前最缺乏的正是这种从 0 到 1 的原创能力。我国互联网科技巨头们所进行的创新都属于应用科学而非基础科学，是从 1 到 100 的创新。如阿里巴巴是在亚马逊基础上的创新，支付宝是在 Paypal 基础上的创新、百度是在谷歌基础上的创新等。

中国产业创新发展中，关键核心技术仍需追赶其他发达国家，挑战依然存在。在科技研发经费投入总量和强度持续增加，以及专利数目增加的背景下，中国的创新企业和创新产品已具有一定的竞争优势。然而，在通信、电子设备和精密仪器制造、汽车制造等领域，如半导体材料和制造、超高精度机床，电控汽油喷射系统等产业，中国仍处于发展的初步阶段，在某些环节尚未掌握核心技术，对外技术依存度高。以半导体和芯片为例，到目前为止，中国半导体和芯片85%的需求仍然依赖进口。我国进口芯片每年所花费的金额约 2 万亿元，为石油进口金额的 2 倍。

什么是核心技术？一般认为在基础理论的基础上，在确定技术路线情况下支撑产品实现技术选择中的关键部分，完成这条思路的技术和工艺就是核心技术。核心技术对产品的核心部件有直接的帮助，主要体现在全新产品的出现、性能的提升、成本的下降等[32]。

中共中央高层高度重视核心技术缺失及"卡脖子"技术问题的存在。

2020 年 9 月 11 日，习近平总书记在科学家座谈会上的讲话中提出"持之以恒加强基础研究"。基础研究是科技创新的源头。我国基础研究虽然取得显著进步，但是同国际先进水平的差距还是比较明显的。我国面临的很多"卡脖子"技术问题，根子是基础理论研究跟不上，源头和底层的东西没有搞清楚，核心技术是国之重器，是我们最大的命门，要发挥我国社会主义制度能够集中力量办大事的优势，优化配置优势资源，推动重要领域关键核心技术攻关。

中国关键核心技术创新不足或缺失的现象，既广泛分布在基础研究和应用基础研究环节，也大量分布在应用开发、研发中试、工程化等环节；既分布在传统制造业的特定环节，也广泛分布在高端生产设备和战略性新兴产业的各个产业链、产品链环节[33]。

造成这种状况的根本原因是，基础研究和原始创新能力不足，关键核心技术短板还比较明显。过去我国比较重应用技术研发和技术的产业化，对基础研究重视不够，作为前沿技术源头的基础研究欠账还比较多，基础研究占研发投入的比重长期徘徊在 5% 左右，远低于美国、法国、英国 15% ~20% 的水平。由于原创性基础研究的前端环节投入不足，支撑产业升级引领前沿技术突破的源头技术储备也相对不足。不少领域核心技术和关键零部件还依然依赖进口，关键核心技术受制于人的局面尚未得到根本性改变，在个别西方国家对我国技术封锁升级的背景下，技术"卡脖子"的问题开始凸显。

我国关键核心技术受制于人已成为制约经济由高速增长阶段转向高质量发展的瓶颈，尽快突破关键核心技术特别是"卡脖子"的问题，是关系我国发展全局的重大问题，也是形成以国内大循环为主体的关键[34]。

4.2.2 高端创新型、复合型人才缺乏

中国海关的统计数据显示，2019 年我国芯片的进口总额高达 3 040 亿美元，远超排名第二的原油进口金额。目前我国芯片自给率不到 30%，尤其是高端芯片方面，对外依赖严重，而"缺芯"的一个重要原因，就是缺乏芯片的设计和制造人才。

著名的"钱学森之问"——中国为什么培养不出杰出的人才？2018

年，我国按折合全时工作量计算的全国研发人员总量为 419 万人年，是 1991 年的 6.2 倍。根据国家统计局 2019 年 7 月 23 日发布的《新中国成立 70 周年经济社会发展成就报告》显示，我国自 2013 年起成为世界第二大研发经费投入国，研发人员总量、发明专利申请量分别连续 6 年、8 年居世界首位。虽然中国的科技人力资源总量稳居世界第一，但是人才贡献率远落后于发达国家。有资料显示，创新型国家的人才贡献率大多超过 75%，而我国的人才贡献率为 35% 左右[35]。世界各个创新型国家的成功，往往与其拥有高质量的创新型人才密不可分，我国高端创新型人才仍然非常稀缺，成为制约我国经济高质量发展的瓶颈。

目前中国经济正处于结构和产业调整的转型期，从过去追求数量型增长转向追求高质量发展，产业结构也逐步将由价值链的中低端环节向价值链的高端环节转移，在产业创新的发展过程中，高端创新型人才不足的问题尤其突出，成为高质量发展条件下构建产业技术创新生态体系面临的一大挑战。

产业创新发展的一般步骤是：首先，由领军型科学家研究出前沿的科学技术；接着，一流工程师将科学技术应用到实践，创造出创新性的产品或创新性生产流程；然后，优秀技术工人负责新产品的规模化生产或新生产流程的实施。因此，掌握前沿科学技术的领军型科学家，将科技成果和生产实践结合的一流工程师及基础扎实的优秀技术工人是创新实践过程中必不可少的人才队伍。但是当前我国创新型人才队伍建设的现状是，虽然我国的科技人才队伍规模庞大，是世界第一人才资源和科技人力资源大国，但是高科技领域的领军型科学家、一流工程师、优秀技术工人等各类型高层次人才严重短缺[36]。

在我国当前发展较快的移动互联网、云计算、大数据等高科技领域，高端人才缺口较大。根据 2016 年数联寻英发布《大数据人才报告》统计数字显示，全国大数据人才仅为 46 万人，未来 5 年的人才缺口将达到 150 万人。另 2019 年中国人工智能行业市场分析发现人才缺口超 500 万人。此外，据 2020 年新华社报道，我国当前网络安全人才需求预计将超过 140 万人，而芯片人才缺口超过 30 万人。预计到 2020 年各类高端技术人才的缺口将达到 2 200 万人。

造成我国高端创新型、复合型人才短缺的原因是：一方面，我国培养的创新型人才流失严重。我国清华大学、北京大学等名牌大学培育出来的顶尖人才出国留学后 90% 都留在了国外，选择为他国效力。而目前那些大部分学业完成后回国的"海归"，并非当前国家所急需的高端人才。另一方面，我国在吸引稀缺的复合型、创新型领军人才方面效果不佳，美国却凭借世界一流的大学和科研机构，就成功地将全球顶尖人才吸引到自己国家，所以也就导致了 20 世纪世界几乎所有的创新发明和科研成果绝大多数都出自美国这一结果。

为了改变高端创新型、复合型人才缺乏的境况，我国政府和企业应一方面积极鼓励国外留学生中的高端人才回国发展和自主创业，为他们提供尽可能的优惠条件；另一方面，可通过国家重大项目、大视野和大平台广泛吸引全球的顶级专家加盟参与，培养造就具有国际水平的战略科技人才、科技领军人才、青年科技人才和高水平创新团队。

4.2.3 创新成果的经济转化率较低，创新能力的提升受限

我国对科技创新的重视程度与日俱增，各创新领域均得到显著改善，国家创新能力迅速提升；在我国的科技创新中依旧存在问题，虽然中国科研人员和工程师数量排名世界第一，发明专利申请量连续八年排名世界第一，每年发表 SCI 论文数量连续多年排名世界第二，但是我们国家和企业自主创新能力弱的局面尚未得到大的改观，导致我国在全球产业布局中只是"世界工厂"，而不是生产制造强国，更不是一个创新型强国。正如《中国创新发展报告（2017～2018 年)》指出，创新资源的使用效率仍相对较低，科技创新的国际化水平还不高，创新成果的国际认可度还不够；当前制约我国创新能力提升的最主要因素是创新成果的经济转化率较低。

在我国的产业发展中，不管是传统制造业，还是在高端生产设备和战略性新兴产业的各个产业链、产品链环节都存在关键核心创新能力不足的问题，具体体现在以下方面：（1）先进生产设备自主创新能力缺失。中国在很多制造业部门乃至民营经济部门的相对先进的生产设备的自主生产能力严重不足，导致多数传统制造业的相对先进生产设备甚至高端生产设备几乎完全依赖进口；（2）关键零配件、关键原材料研发和生产能力缺失。多数传统制造业的产业链或产品链中所需要的关键零配件、关键原材料，

自身无能力进行创新研发和生产制造，仍然需要依靠进口[33]；（3）高端产品自主设计能力、系统性生产工艺体系能力方面，普遍存在单项或多项的能力不足问题；（4）关键共性技术缺失。关键共性技术是指可以与其他技术组合，在诸多产业领域广泛应用，能对一个产业或多个产业的技术进步产生深度影响的技术[37]。目前我国关键共性技术供给体系整体上存在问题。一方面，国家宏观层面缺乏战略统筹，另一方面由于产业集群中知识的外溢效应、模仿剽窃行为的盛行及缺乏必要的激励机制等造成微观组织个体没有动力自主研发关键共性技术。关键共性技术研发主体缺位，导致了特定的关键共性技术缺失，市场过于追求短期市场利益，未形成良好的引导与支撑体系等问题。

造成我国自主创新能力低的根本原因是，基础研究投入不足，以及由此而引发的原始创新能力不足。我国的基础研究占研发经费投入的比重在2015 年以前一直低于5%，2015 年才超过5%（5.1%），虽然近年来基础研究投入在逐渐提升，2019 年首次突破6%，达到6.03%，但还是远低于英国、美国等发达国家15%以上的水平。支撑产业升级引领前沿技术突破的源头技术储备不足，导致我国在很多关键的原始创新方面的能力也相对不足。我国今后应加大对基础研究和应用研究的投入，构建以企业为核心、高等学校和研发机构协同发展的创新生态圈，提高创新成果的转化率，全方位提高我国自主创新能力，让科技创新成为引领发展的第一动力。

4.2.4　产业扶持政策执行效率不高

综上所述，国家和地方政府针对支柱产业、先导产业、瓶颈产业及幼稚产业制定了很多产业结构政策、产业组织政策、产业技术政策和产业布局政策等方面的帮扶政策，目的主要是着眼于未来的产业优势，促进其高质量发展。这些政策对于各行业的创新来说起到了加速器和推进器的作用，但是也有一些政策在具体执行的时候效果不佳，扶持政策如何进一步提升执行效率和细化准则还需要深入思考。

关于我国产业支持政策对技术创新的效果，在学术界不同学者有不同的结论。多数研究都表明产业政策能促进企业创新，比如余明桂等

（2016）用上市公司及其子公司的专利数据，检验了中国产业政策对企业技术创新的影响，发现产业政策能显著提高被鼓励行业中企业研发经费的投入和发明专利的数量，并且产业政策与企业发明专利数量的正向关系在民营企业中更显著，这说明产业政策可以促进企业创新，尤其是民营企业的技术创新[38]。黎文靖和郑曼妮（2016）用沪深 A 股上市公司的专利数据分析中国产业政策对企业创新行为的影响，发现产业政策能增加中国公司申请专利的数量，但只限于非发明专利显著增加，这说明产业政策仅仅激励了企业创新产出数量的增加，而非创新质量的提高[39]。还有学者对中国2008~2015 年上市公司的专利数据进行实证分析。结果表明产业政策会阻碍受支持企业的创新效率，并且这种阻碍作用在国有企业中更为显著[40]。

以上学术界的分析表明，产业政策并不一定能发挥其预先设定的作用。而造成这个问题的原因有以下两种：（1）中国产业政策一般鼓励涵盖的范围特别广。从一些纲领性产业政策文件可以看出，一般产业政策鼓励的对象几乎涵盖国民经济中的大部分行业，如《当前优先发展的高新技术产业化重点领域指南》（2007）几乎涉及国民经济所有二位数产业。在这种情况下，政府很难拥有关于鼓励行业发展的全面信息，企业可能进行策略性创新，向政府释放虚假创新信号来获取政府补贴。因此，政府在制定产业政策激发企业创新时，应根据创新行为的难度、深度和潜在价值进行细化；政府在实施产业政策措施时，应考虑适当加上一些政策扶持的约束条件，以提高整体创新质量[38,39]。（2）受产业政策支持的企业有向政府传递虚假信号以获取政府补贴的寻租动机，政府补贴使企业寻租而不是专注于创新。因而，产业政策的实施应该配套相应的甄别制度，强化对受扶持企业认定资质的审查，重点审查企业是否有真正进入政策支持行业的动机和基础、是否存在"骗补"行为，以及是否存在虚增研发投入等现象，从而降低企业寻租的机会[40]。

综上所述，我国目前已经由高速增长阶段转向高质量发展阶段，这样的一个契机给我国产业技术创新生态体系的构建带来了机遇。首先，国家及地方为技术创新生态体系的构建提供了利好发展环境。其次，科创板为代表的资本市场全力支持创新生态持续优化。最后，数字经济的蓬勃发展助力产业技术创新生态体系的构建。但同时在现阶段我国产业技术创新生态体系的构建中也存在一些问题：产业"卡脖子"技术存在，很多关键核心技术仍需追赶；高端创新型、复合型人才缺乏；创新成果的经济转化率较低，创新能力的提升受限；国家扶持政策执行效率不高等。这些都是我们国家在高质量发展条件下构建产业技术创新生态体系面临的挑战。

在当今良好的发展环境下，我们应抓住机遇进行技术创新生态体系的构建。同时，在未来的时间里，我们可以从以下几个方面解决目前技术创新生态体系的构建中存在的问题：持之以恒加强基础研究，构建以企业为核心、高等学校和研发机构协同发展的创新生态圈；广泛培育和集聚各类高端、复合型创新人才；提升扶持政策的执行效率和细化准则等。总之，现阶段应把握产业技术创新的机遇，同时解决现有的问题，迎接挑战，以构建良好的产业技术创新生态体系，促进我国经济的持续高质量发展，为我国建设创新型国家和科技强国添砖加瓦。

第1部分　附录

附表1　　国务院、国务院办公厅关于产业技术创新生态体系
建设的主要文件

发布主体	发布时间	政策/文件名称
国务院	2020 年 07 月 17 日	国务院关于促进国家高新技术产业开发区高质量发展的若干意见
国务院办公厅	2020 年 02 月 21 日	国务院办公厅关于推广第三批支持创新相关改革举措的通知
国务院	2018 年 09 月 26 日	国务院关于推动创新创业高质量发展打造"双创"升级版的意见
国务院办公厅	2017 年 12 月 19 日	国务院办公厅关于深化产教融合的若干意见
国务院	2017 年 11 月 27 日	国务院关于深化"互联网＋先进制造业"发展工业互联网的指导意见
国务院办公厅	2017 年 11 月 23 日	国务院办公厅关于创建"中国制造 2025"国家级示范区的通知
国务院	2017 年 07 月 20 日	国务院关于印发新一代人工智能发展规划的通知
国务院办公厅	2017 年 01 月 20 日	国务院办公厅关于创新管理优化服务培育壮大经济发展新动能加快新旧动能接续转换的意见
国务院	2016 年 12 月 19 日	国务院关于印发"十三五"国家战略性新兴产业发展规划的通知
国务院办公厅	2016 年 09 月 22 日	国务院办公厅关于进一步支持企业技术创新的通知
国务院	2016 年 08 月 08 日	国务院关于印发"十三五"国家科技创新规划的通知
国务院办公厅	2016 年 05 月 09 日	国务院办公厅关于印发促进科技成果转移转化行动方案的通知
国务院	2016 年 04 月 15 日	国务院关于印发上海系统推进全面创新改革试验加快建设具有全球影响力科技创新中心方案的通知

续表

发布主体	发布时间	政策/文件名称
国务院	2015 年 05 月 19 日	国务院关于印发《中国制造 2025》的通知
国务院办公厅	2013 年 02 月 04 日	国务院办公厅关于强化企业技术创新主体地位全面提升企业创新能力的意见
国务院	2012 年 09 月 10 日	国务院关于促进企业技术改造的指导意见
国务院办公厅	2011 年 12 月 16 日	国务院办公厅关于加快发展高技术服务业的指导意见
国务院	2010 年 10 月 18 日	国务院关于加快培育和发展战略性新兴产业的决定
国务院	2009 年 09 月 11 日	国务院关于进一步实施东北地区等老工业基地振兴战略的若干意见

附表 2　　各部委关于产业技术创新生态体系建设的主要文件

发布主体	发布时间	政策/文件名称
住房和城乡建设部等	2020 年 7 月 3 日	住房和城乡建设部等部门关于推动智能建造与建筑工业化协同发展的指导意见
科技部办公厅	2020 年 06 月 04 日	科技部办公厅关于加快推动国家科技成果转移转化示范区建设发展的通知
商务部等	2020 年 04 月 10 日	商务部等 8 部门关于进一步做好供应链创新与应用试点工作的通知
工业和信息化部办公厅	2020 年 03 月 18 日	工业和信息化部办公厅关于印发《中小企业数字化赋能专项行动方案》的通知
科技部	2019 年 08 月 01 日	科技部关于印发《国家新一代人工智能开放创新平台建设工作指引》的通知
科技部	2019 年 08 月 05 日	科技部印发《关于新时期支持科技型中小企业加快创新发展的若干政策措施》的通知
科技部	2019 年 9 月 12 日	科技部印发《关于促进新型研发机构发展的指导意见》的通知
国家知识产权局	2019 年 08 月 30 日	国家知识产权局印发《关于新形势下加快建设知识产权信息公共服务体系的若干意见》的通知

发布主体	发布时间	政策/文件名称
工业和信息化部	2019 年 10 月 22 日	工业和信息化部关于加快培育共享制造新模式新业态促进制造业高质量发展的指导意见
工业和信息化部、财政部	2018 年 04 月 23 日	工业和信息化部、财政部关于印发国家新材料产业资源共享平台建设方案的通知

附表 3　浙江省关于产业技术创新生态体系建设的主要文件

发布时间	政策文件名称	主要相关内容
2020 年	浙江省人民政府办公厅关于积极推动供应链创新与应用的实施意见	以产业融合、分工协作、集成创新为路径，以示范城市建设、核心企业培育和平台建设为抓手，推动重点产业供应链创新与应用，促进产业组织方式、商业模式和政府治理方式创新，加快构建现代化经济体系
2020 年	浙江省市场监督管理局关于印发服务民营经济高质量发展 20 项举措的通知	支持民营企业加快技术创新。支持民营企业申报国家知识产权优势企业、示范企业，指导企业建立产业知识产权联盟
2018 年	浙江省人民政府关于强化实施创新驱动发展战略深入推进大众创业万众创新的实施意见	支持大型企业开放供应链资源和市场渠道，构建产业链协同研发体系，带动产业链上下游发展，促进大中小微企业融通发展。出台共享经济培育政策，引导各类市场主体探索分享经济新业态新模式
2017 年	浙江省人民政府办公厅关于加快集成电路产业发展的实施意见	鼓励集成电路企业建设国家和省级技术研发中心、工程研究中心、工程实验室及重点实验室，加强企业技术创新平台建设。鼓励优势领域龙头企业牵头成立集成电路产业联盟，打造集成电路制造业创新中心，集中突破关键工艺技术等产业发展瓶颈制约，促进产业链上下游协同创新，全面提升行业核心竞争力
2015 年	浙江省人民政府关于进一步支持企业技术创新加快科技成果产业化的若干意见	加强以企业为主体的产学研用协同创新；支持有条件的企业联合高校、科研院所建立区域或行业创新平台；加快建立科技资源开放合作共享机制
2013 年	浙江省人民政府办公厅关于加快推进省级产业集聚区高质量发展的若干意见	加快建设科技创新平台，支持集聚区内相关单位联合高校、科研院所建立省级区域性、行业性创新服务平台

附表 4　　　　广东省关于产业技术创新生态体系建设的主要文件

发布时间	政策文件名称	主要相关内容
2020 年	广东省人民政府关于促进高新技术产业开发区高质量发展的意见	提升支撑区域协同创新发展能力；建设高水平科技创新平台；加强关键核心技术攻关；开展高新区产业共建，完善合作共建、产业共育和利益共享的合作机制
2020 年	广东省人民政府办公厅关于印发《广东省推广第三批支持创新相关改革举措工作方案》的通知	建立科技创新券跨区域"通用通兑"政策协同机制；集中科技骨干力量打造前沿技术产业链股份制联盟，采用股份制、实体化等方式推动全产业链不同环节技术优势单位强强联合
2020 年	广东省推进粤港澳大湾区建设领导小组关于印发《广州人工智能与数字经济试验区建设总体方案》的通知	提升技术创新策源能力；打造协同创新应用平台；打造人工智能与数字经济产业集群；全面深化名企名院名校战略合作，支持和推动龙头企业开放优势资源，构建生态圈，培育一批高成长、高创新的数字经济"独角兽"和"瞪羚"企业
2019 年	广东省人民政府关于促进高新技术产业开发区高质量发展的意见	完善孵化育成体系。鼓励行业龙头企业、高校、科研院所等各类主体，在高新区建设专业化孵化器、众创空间。鼓励发展企业总部型、专业园等多种类型加速器
2018 年	广东省科学技术厅关于2018年度促进新型研发机构高质量发展的通知	推动国内外科技创新资源汇聚广东设立高水平新型研发机构，不断引导新型研发机构加大科技研发投入，推动科技成果的转移转化
2018 年	广东省人民政府办公厅关于深化产教融合的实施意见	推进产教协同创新。加强企业技术中心和高校技术创新平台建设，鼓励行业骨干企业和高校、职业院校联合共建重点实验室、工程研究中心、产业创新中心、技术创新中心、研发中试和工程化基地

附表 5　　　　四川省关于产业技术创新生态体系建设的主要文件

时间	政策文件名称	主要相关内容
2020 年	四川省人民政府关于推进四川省国家级经济技术开发区创新提升打造改革开放新高地的实施意见	推动产业集群化发展；提升产业创新能力。加大投入支持重大科技基础设施建设，加快建设国家级和省级企业技术中心

续表

时间	政策文件名称	主要相关内容
2020 年	中共四川省委关于深入贯彻习近平总书记重要讲话精神加快推动成渝地区双城经济圈建设的决定	加快现代产业体系建设，坚持全产业链贯通、开放式互联；增强协同创新发展能力，深化政产学研用协同融合，构建关键核心技术攻关新型体制
2020 年	四川省人民政府关于推动制造业高质量发展的意见	推动大中小企业融通发展，聚焦供应链整合、创新能力共享等关键环节，建立健全大中小企业协同发展机制，创新融通模式，营造良好生态
2019 年	四川省人民政府关于推进"5 + 1"产业金融体系建设的意见	引领区域产业协同，围绕产业布局组织金融活动，推进产业建链、延链、补链、强链，探索产业链融资模式创新
2018 年	四川省人民政府关于印发《四川省技术转移体系建设方案》的通知	发挥企业、高校、科研院所等创新主体在推动技术转移中的重要作用，构建技术转移体系的"四梁八柱"，形成全省技术转移服务网络

附表 6　江苏省关于产业技术创新生态体系建设的主要文件

时间	政策文件名称	主要相关内容
2020 年	省政府关于印发《苏南国家自主创新示范区一体化发展实施方案（2020 ~ 2022 年)》的通知	共建重大科学研究设施；共建产业技术创新平台；共建科技公共服务平台；共建创新投资基金平台；联合开展关键共性技术攻关；实施开放型创新生态建设行动计划
2020 年	省委办公厅、省政府办公厅印发《四川省深入推进全面创新改革试验实施方案》的通知	支持建设一批高水平新型研发机构，筛选和培育 3 ~ 4 家以"产业技术研发、科技企业孵化、科技成果转化、高端人才集聚"为主要功能的新型研发机构
2019 年	四川省人民政府关于深化"互联网 + 先进制造业"发展工业互联网的实施意见	加强关键共性技术研发创新，积极培育制造业创新中心、技术创新中心和产业创新中心；构建工业互联网标准体系
2018 年	四川省人民政府办公厅关于加强企业创新主体培育的指导意见	支持以企业为主体开展技术攻关，鼓励中小企业围绕上下游产业链和价值链，积极与行业龙头企业开展专业化协作

时间	政策文件名称	主要相关内容
2016 年	四川省人大常委会关于加快实施创新驱动发展战略的决定	创建创新型产业体系；构建多层次创新平台体系，提升创新驱动发展支撑能力

▶第 2 部分◀

高质量发展条件下产业技术创新生态体系构成与特征研究

| 5 |

高质量发展的内涵、特征及维度分析

5.1　高质量发展内涵

习近平总书记在党的十九大报告中首次提出我国经济已由高速增长阶段转向高质量发展阶段，正处在转变发展方式、优化经济结构、转换增长动力的攻关期，建设现代化经济体系是跨越关口的迫切要求和我国发展的战略目标。必须坚持质量第一、效益优先，以供给侧结构性改革为主线，推动经济发展质量变革、效率变革、动力变革，提高全要素生产率，着力加快建设实体经济、科技创新、现代金融、人力资源协同发展的产业体系，着力构建市场机制有效、微观主体有活力、宏观调控有度的经济体制，不断增强我国经济创新力和竞争力。从政策层面来看，党的十九大报告将高质量发展描述为更高质量、更有效率、更加公平、更可持续的发展。同时主流观点认为："高质量发展，就是能够很好满足人民日益增长的美好生活需要的发展，是体现新发展理念的发展，是创新成为第一动力、协调成为内生特点、绿色成为普遍形态、开放成为必由之路、共享成为根本目的的发展"（人民日报《牢牢把握高质量发展这个根本要求》）。

2017 年中央经济工作会议明确表示："推动高质量发展是当前和今后一个时期确定发展思路、制定经济政策、实施宏观调控的根本要求，必须加快形成推动高质量发展的指标体系、政策体系、标准体系、统计体系、绩效评价、政绩考核，创建和完善制度环境，推动我国经济在实现高质量发展上不断取得新进展。"并提出围绕高质量发展需要做好的八项重点工作：一是深化供给侧结构性改革；二是激发各类市场主体活力；三是实施乡村振兴战略；四是实施区域协调发展战略；五是推动形成全面开放新格局；六是提高保障和改善民生水平；七是加快建立多主体供应、多渠道保障、租购并举的住房制度；八是加快推进生态文明建设。在这之后的多次政府工作报告及中央经济工作会议中提到高质量发展一词，并对高质量发展的细节内容做出了补充，具体内容总结如表 5-1 所示。

表 5-1　政府工作报告及中央经济工作会议涉及高质量发展内容总结

会议/报告名称	报告中涉及高质量发展的内容
2017 年中央经济工作会议	推动高质量发展是当前和今后一个时期确定发展思路、制定经济政策、实施宏观调控的根本要求，必须加快形成推动高质量发展的指标体系、政策体系、标准体系、统计体系、绩效评价、政绩考核，创建和完善制度环境，推动我国经济在实现高质量发展上不断取得新进展
2018 年政府工作报告	（1）推进国资国企改革。持续瘦身健体，提升主业核心竞争力，推动国有资本做强做优做大。积极稳妥推进混合所有制改革。落实向全国人大常委会报告国有资产管理情况的制度。国有企业要通过改革创新，走在高质量发展前列。 （2）进一步拓展开放范围和层次，完善开放结构布局和体制机制，以高水平开放推动高质量发展
2018 年中央经济工作会议	京津冀协同发展要以疏解北京非首都功能为重点，保持合理的职业结构，高起点、高质量编制好雄安新区规划。推进长江经济带发展要以生态优先、绿色发展为引领。要围绕"一带一路"建设，创新对外投资方式，以投资带动贸易发展、产业发展。支持革命老区、民族地区、边疆地区、贫困地区改善生产生活条件。推进西部大开发，加快东北等老工业基地振兴，推动中部地区崛起，支持东部地区率先推动高质量发展
2019 年政府工作报告	（1）要继续坚持以供给侧结构性改革为主线，在"巩固、增强、提升、畅通"八个字上下功夫。更多采取改革的办法，更多运用市场化、法治化手段，巩固"三去一降一补"成果，增强微观主体活力，提升产业链水平，畅通国民经济循环，推动经济高质量发展。 （2）推动传统产业改造提升。围绕推动制造业高质量发展，强化工业基础和技术创新能力，促进先进制造业和现代服务业融合发展，加快建设制造强国。打造工业互联网平台，拓展"智能+"，为制造业转型升级赋能。支持企业加快技术改造和设备更新，将固定资产加速折旧优惠政策扩大至全部制造业领域。强化质量基础支撑，推动标准与国际先进水平对接，提升产品和服务品质，让更多国内外用户选择中国制造、中国服务

会议/报告名称	报告中涉及高质量发展的内容
2019 年政府工作报告	（3）优化区域发展格局。将长三角区域一体化发展上升为国家战略，编制实施发展规划纲要。长江经济带发展要坚持上中下游协同，加强生态保护修复和综合交通运输体系建设，打造高质量发展经济带。 （4）加强污染防治和生态建设，大力推动绿色发展。绿色发展是构建现代化经济体系的必然要求，是解决污染问题的根本之策。要改革完善相关制度，协同推动高质量发展与生态环境保护。 （5）深化重点领域改革，加快完善市场机制。聚焦突出矛盾和关键环节，推动相关改革深化，健全与高质量发展相适应的体制机制，把市场活力和社会创造力充分释放出来
2019 年中央经济工作会议	（1）坚持新发展理念，坚持以供给侧结构性改革为主线，坚持以改革开放为动力，推动高质量发展，坚决打赢三大攻坚战，全面做好"六稳"工作，统筹推进稳增长、促改革、调结构、惠民生、防风险、保稳定，保持经济运行在合理区间，确保全面建成小康社会和"十三五"规划圆满收官，得到人民认可、经得起历史检验。 （2）着力推动高质量发展。要坚持巩固、增强、提升、畅通的方针，以创新驱动和改革开放为两个轮子，全面提高经济整体竞争力，加快现代化经济体系建设。要狠抓农业生产保障供给，加快农业供给侧结构性改革，带动农民增收和乡村振兴。 （3）推动旅游业高质量发展，推进体育健身产业市场化发展。 （4）要扎实推进雄安新区建设，落实长江经济带共抓大保护措施，推动黄河流域生态保护和高质量发展。要提高中心城市和城市群综合承载能力
2020 年政府工作报告	（1）推动制造业升级和新兴产业发展。支持制造业高质量发展。 （2）编制黄河流域生态保护和高质量发展规划纲要。推动成渝地区双城经济圈建设。 （3）高质量共建"一带一路"。坚持共商共建共享，遵循市场原则和国际通行规则，发挥企业主体作用，开展互惠互利合作。引导对外投资健康发展

在学术界，学者们从不同的角度对高质量发展的内涵进行了探讨。张军扩（2019）认为高质量发展的本质内涵，是以满足人民日益增长的美好生活需要为目标的高效率、公平和绿色可持续的发展，是集成经济建设、政治建设、文化建设、社会建设、生态文明建设五位一体的协调发展[41]。提高产品和服务的质量和标准是提高发展质量的基础，而全方位的协调发展更是重中之重。经济、政治、文化、社会、生态文明任一方面发展的停滞促进的某一个或某一些方面的高质量发展都不可持续。高质量发展是绝对与相对的统一，绝对意味着到达某一发展阶段就必须达到一定的基本标

准，相对意味着高质量发展的标准应该与发展阶段相适应，过高的高质量发展的标准不能起到引领发展的作用。同时，高质量发展也是质量与数量的统一，高质量发展是以数量为基础，从五位一体的协调发展要求来看，发展质量的提升在许多方面的题中之义就是数量的提高，而质量上的提升改善也在为数量上的发展创造条件。

也有学者从马克思主义经济学的角度出发，结合党的十九大报告对高质量发展的内涵做出了界定。张涛（2020）依据党的十九大报告对于高质量发展的描述，将高质量发展描述为更高质量、更有效率、更加公平、更可持续的发展。依托马克思政治经济学，认为高质量发展是能够满足人民日益增长的美好生活需要的发展，同时高质量发展的内涵应该随着生产力水平及经济发展水平的提升而不断对其内涵进行丰富[42]。高速增长与高质量发展并不是毫无联系的，其实两者代表着经济社会发展的两个阶段。高速增长是为了解决落后的生产力，因为其强调了扩张的速度，从而淡化了扩张过程中的质量因素。与抽象公式货币—商品—货币（G—W—G）描述相同，在进入高质量发展的阶段以后，人们会将其关注的重点回归到产品的质量、真实需求上。高速增长与高质量发展并不是脱离的，而是存在很大的交集，高质量发展是以高速增长为基础的更高质态的发展。

经济高质量发展是高质量发展的重要组成部分，金碚（2018）从经济学的基础理论上讨论高质量发展的含义及其相关理论问题[43]。在经济学中，"质量"是指产品能够满足"需求"的特性，而"需求"是复杂的，会随着经济发展和社会进步不断变化。根据对于质量的理解，高质量发展可以表述为：高质量发展是能够更好满足人民不断增长的真实需要的经济发展方式、结构和动力状态。高速增长和高质量发展存在着明显的不同，高速增长阶段由于"落后的生产力"，只能将更多的重心放置到解决产品和服务的供给量不足上，所以凸显速度的重要。而当过渡到高速增长的阶段后，凸显速度存在的内在矛盾和问题也逐渐积累并显现出来。而中国经济在高速发展后也逐渐表现出"不平衡、不协调、不可持续"的突出问题。

5.2 高质量发展特征

高质量发展内涵丰富，需要多层次多方面的特征对高质量发展进行描述。2017 年中央经济工作会议提出围绕高质量发展需要做好八项重点工作：一是深化供给侧结构性改革；二是激发各类市场主体活力；三是实施乡村振兴战略；四是实施区域协调发展战略；五是推动形成全面开放新格局；六是提高保障和改善民生水平；七是加快建立多主体供应、多渠道保障、租购并举的住房制度；八是加快推进生态文明建设。在这之后的多次政府工作报告及中央经济工作会议中对这八项工作的具体内容进行了补充和说明。

由于高质量发展内涵的丰富性，学者对高质量发展的特征描述具有特征多、层次丰富、涉及范围广的特点。张军扩（2019）从八个方面对高质量发展的特征进行了具体描述[41]：第一，从资源的角度要求高效，从经济的角度要求平稳，经济运行稳定，没有严重的产能过剩和短缺；第二，从产品和服务的角度提出，产品和服务的质量需要不断提高，做到安全可靠并符合国内外主流市场的要求；第三，提升技术水平，对国民经济影响巨大的技术要达到世界领先水平，有相当一批产业能够达到价值链高端环节和世界技术水平的前沿，形成参与国际竞争的持久优势，产业升级对技术的需求基本能够得到满足；第四，现阶段存在着一些制约人民生活质量的短板，需要将其补齐，对因为政策和体制不合理而长期未解决的群众反映强烈的短板问题，通过深化改革和调整政策，尽快加以补齐；第五，现代化诸多方面的均衡发展，即经济建设、政治建设、文化建设、社会建设、生态文明建设协调推进，现代化建设五大领域内部没有明显的不足；第六，在空间上实现均衡发展，东西部地区之间、城乡区域之间形成合理的分工布局，生产要素、人口、经济活动和产业的配置要遵循效率原则，生活水平和基本公共服务水平大体上要实现均等化；第七，更加公平的成果分享，收入和财富差距保持在合理范围之内，社会阶层流动性较高，全体人民都能够通过公平参与国家的现代化进程而实现自我发展；第八，绿色可持续的发展，形成更加和谐的人与自然关系，形成绿色低碳的生产方式和生活方式，维持并提高生态自我修复更新能力，城乡人居环境优良。

高质量发展的特征也可从学者所建立的对于高质量发展的测度体系中加以挖掘。张涛（2020）从高质量发展的原则层面和技术层面出发，认为高质量发展内涵丰富，难以使用单一指标加以衡量[42]。而且原则层面与技术层面是相互关联、相互渗透的。在原则层面，要从高质量发展的内涵出发，确保高质量发展体系具备全面性、异质性、稳定性和动态性；在技术层面，要以统计思想为总领，严格考察入选指标的透明性、可得性和简明性，从原则层面以发展思想为指导紧紧把握高质量发展的内涵，并以技术层面的统计思想为总领，建立包含创新、绿色、开放、共享、高效和风险防控六个维度的宏观（区域层面）、中观（行业层面）、微观（企业层面）一体化高质量发展测度体系（如表 5 - 2 所示），高质量发展测度体系包括了 46 个一级复合指标和 74 个二级复合指标。

表 5 - 2　　　　　　　　　高质量发展测度体系的构建

属性分类	思想指导	属性要求
原则层面	发展思想	全面性
		异质性
		稳定性
		动态性
技术层面	统计思想	透明性
		可得性
		简明性

目前所建立的高质量发展测度体系具有涉及范围广、层次丰富的特点。聂长飞（2020）从高质量发展的要求出发，将高质量发展界定为"四高一好"的发展，即产品和服务质量高、经济效益高、社会效益高、生态效益高和经济运行状态好，从产品和服务质量、经济效益、社会效益、生态效益及经济运行状态五个方面选取代表性的指标，最终构建了由 5 个方面指数、22 个分项指标、71 个基础指标组成的高质量发展指标体系[44]。

从不同的层次出发，鲁继通（2018）对宏观、中观、微观三个层面设计针对性的高质量发展评价体系，宏观层面包括经济发展、社会进步和生态文明 3 个二级指标，中观层面包含产业升级、结构优化和区域协调 3 个二级指标，微观层面包含动力变革、质量变革和效率变革 3 个二级指标，9 个二级指标下共有 52 个三级指标，多层次全方位地涵盖了社会生活的各个领域[45]。

高质量发展测度体系也可以参照对于经济高质量发展水平测度体系的研究。魏敏（2018）从经济的角度出发，综合考虑现阶段中国经济建设存在的实际问题，并结合新时代中国经济高质量发展的指导思想与理念，从经济结构优化、创新驱动发展、资源配置高效、市场机制完善、经济增长稳定、区域协调共享、产品服务优质、基础设施完善、生态文明建设和经济成果惠民十个方面归纳了经济高质量发展逻辑主线[46]。基于这 10 条逻辑主线，同时兼顾测度指标层次性与数据可得性，构建了包括经济结构优化、创新驱动发展、资源配置高效、市场机制完善、经济增长稳定、区域协调共享、产品服务优质、基础设施完善、生态文明建设和经济成果惠民 10 个子系统 53 个测度指标的经济高质量发展水平测度体系。

对高质量发展测度体系的构建研究可以看出，高质量发展具有全面性和层次性的特征。首先，全面性、立体性，由于需要经济建设、政治建设、文化建设、社会建设、生态文明建设协调推进，所以内容全面，涉及经济、产品和服务、创新、人民生活水平等多个方面的内容；其次，区域全面，确保不同地区、城乡区域之间协同发展；最后，层次全面，从宏观的经济、社会、生态，到中观的产业、结构、区域，到微观的企业发展质量、产品质量等形成了一个综合全面的整体。

5.3　高质量发展维度

从研究的层次来看，高质量发展涉及宏观、中观、微观三个层次，宏观层面主要关注经济增长质量、国民经济运行质量、经济发展质量[47]，中观层面多关注产业、工业层面高质量发展，微观层面关注企业发展质量、产品质量等。高质量发展的开端虽然从宏观层面的经济高质量发展提出，但是必须有微观层面的企业高质量发展及中观层面的行业支撑，方能形成贯穿宏观、中观、微观的立体体系。

宏观层面多从国家经济、政府等方面展开研究，主要的研究内容包括经济增长质量、国民经济运行质量、经济发展质量，以及高质量发展条件下如何处理政府与市场的关系等内容。马建堂等探讨了我国经济超大规模的现状、由来，以及充分依托和发挥经济超大规模的优势，描述了如何以高质量发展推动我国经济实现从"超大"到"超强"的转变的内容[48]：（1）着力优化创新生态系统，打造科技创新强国；（2）着力推动产业基础高级化、产业链现代化，打造制造业强国；（3）着力提高服务业全球竞争力，打造服务业强国；（4）着力提升金融竞争力，打造金融强国；（5）着力推动企业整合内外资源，建设世界级跨国企业。刘志彪等（2020）通过研究结构转换对于全要素生产率的倒"U"型影响发现，虽然中国高质量发展问题涉及的方面很广泛，全要素生产率不能够全面地概括高质量发展，但是全要素生产率的提升与高质量发展的本质方向是高度一致的[49]，对于推进高质量发展的参考意义在于，如果中国的经济结构转换所处阶段在倒"U"型曲线拐点的左边，那么加速结构转换就能促进全要素生产率的提升，从而有利于实现由高速增长阶段转向高质量发展阶段。

宏观层面，学者聂长飞等利用各省的数据指标，通过自行建立的中国高质量发展测度体系，对东部、中部、西部三个地区及各省的高质量发展现状进行了比较研究。韩君等探讨了中国经济高质量发展背景下能源消费的测度问题，认为高质量发展的一种经济发展模式和质态是由创新发展、协调发展、绿色发展、开放发展和共享发展构成的有机体系[50]。程承坪等表示处理好政府与市场的关系是促进中国经济社会高质量发展的根本要求，并研究了如何借助大数据完善政府与有效市场的关系，提出中国向经济高质量发展方向迈进的六个方面[51]：（1）经济保持稳定增长；（2）经济结构更加优化；（3）"放管服"大力推进；（4）通过对民营企业减税降负和消除各种隐性壁垒；（5）通过推进供给侧结构性改革，初步实现了经济发展新旧动能的转换；（6）落实"创新、协调、绿色、开放、共享"发展理念。此外，还有学者从供给侧结构性改革的视角研究发现，只有坚定推行自主创新为核心的结构性改革，促进消费升级，才能真正实现高质量发展[52]。

中观层面多从产业的角度进行研究。例如，从工业互联网的角度研究是实现工业互联网高质量发展的重要举措，同时指出工业互联网是我国实施创新驱动发展战略，促进高质量发展的重要载体[53]。制造业也是其中主要的研究对象，张明志等从产业政策的创新、结构、融合三个角度讨论产业政策对于制造业高质量发展产生的作用[54]。黄永明等认为现阶段实体经济是我国经济社会高质量发展的关键，而振兴我国实体经济的着力点在于打造特色产业集群，因此要在新经济地理学模型中引入金融要素，从金融结构的视角切入，研究产业集聚与经济发展质量之间的联系[55]。

微观层面多从企业的角度进行研究，陈丽姗认为技术创新是实现企业高质量发展的根本路径。但技术创新存在不确定性，因此技术创新不一定有利于经济发展[56]。徐梦周以杭州未来科技城为例，探索了特色小镇驱动科技园区高质量发展的内在机理，讨论了高质量发展条件下科技园区发展的三重目标：提升内部生产力、扩大区域影响力及形成全球竞争力[57]。黄速建从中国特色社会主义经济的"顶梁柱"国有企业的角度出发，从目标状态和发展范式两个角度对"企业高质量发展"进行了界定，识别出企业高质量发展的七个核心特质，并且表明国有企业高质量发展直接关系深化国有企业改革的成败和宏观层面的经济高质量发展能否成功实现[58]。

从研究对象的空间维度来看，高质量发展的研究涉及国际合作、国家、省市、区域、城镇等领域。陶平生[59]从共建"一带一路"高质量发展的角度，介绍了"一带一路"国际规则的现状、成效及挑战；同时，描述了国际社会关于共建"一带一路"国际规则遵循、完善和创新的思路、原则，以及有关政策建议。聂长飞通过对各省的数据分析，以及东部、中部、西部地区的划分，对各省高质量发展的现状进行了分析比较[44]。魏敏以30个省份的数据为依据，研究了经济高质量发展各子系统水平在不同省份的不同特征，并将30个省份依照经济高质量发展综合水平高低，将30个省份划分为明星型、平庸型和落后型三种类型[46]。于法稳围绕黄河流域高质量发展的内涵及发展水平的评价，指出黄河流域高质量发展体现在生态优先、市场有效、动能转换、产业支撑、区域协调、以人为本六个方面[60]。方敏等在高质量发展背景下探索了长江经济带产业集聚创新发展的路径[61]。汪增洋建立了中国城镇化转型由数量发展向质量提升的阶段，并分析了不同类型小城镇高质量发展的路径选择[62]。

| 6 |

高质量发展条件下产业技术创新生态
体系构成要素分析

6.1 产业技术创新的内涵及特点

6.1.1 产业技术创新的内涵

在 20 世纪 90 年代，学者们对技术创新的研究上升到了产业层面，产业技术创新由此产生并得以发展，进一步拓展了产业技术创新的研究范围，并从宏观的角度对产业技术创新展开了一系列的理论和实践研究。关于产业技术创新内涵的代表性观点，如表 6 - 1 所示。

产业方面，弗里曼（Freeman）在 1987 年提出产业创新包括四个方面：产品创新、管理创新、技术和技能创新、市场创新和流程创新[63]。产业技术创新竞争力方面，波特（Porter）认为需求条件、要素条件、企业策略、产业结构、机遇与政府行为、结构与竞争者六个要素决定了产业技术创新的竞争力[64]。技术创新资源方面，现有研究参与产业技术创新实现技术互补，企业技术创新资源多元化可以激发企业研发团队的活力。史密斯（Smith K）在研究指出，由于企业的技术资源存在差异性，为了实现技术互补，企业决定参与产业技术创新[65]，杰森（Jason，2016）基于资源性视角和动态能力战略观认为，可以通过增加企业内部资源多样性及激发企业研发团队的活力，实现企业内部研发资源多元化的配置，广泛探索企业外部技术创新资源[66]。产业技术创新效率方面，现有研究从市场导向、政府拨款等角度对产业技术创新效率进行研究，卢卡等（Luca et al.，2010）从技术研发效率的视角来理解市场导向对高科技产业背景下创新绩效的影响[67]。洪进等（Jin et al.，2016）研究发现政府拨款对不同行业的产业技术的创新效率与绩效有不同的影响[68]。

国内学者对产业技术创新方面进一步拓展研究，其中包括产业技术创新的内涵界定、战略联盟、平台构建、效率、绩效等多个方面。产业技术创新内涵界定方面，史清琪（1999）等和庄卫民（2005）等分别从产业技术[69]和产业技术创新过程[70]两个角度对产业技术创新进行界定，他们认为产业技术创新是以企业技术创新为基础、要以市场为导向、以提高产业竞争力为目的，对产业内的共性技术、关键技术进行研发、创新和推广，其活动涉及多个产业，是从新思想的产生到最终实现商业化的一系列活动的总和。产业技术创新战略联盟方面，段云龙等人（2019）从创新协同、知识协同、资源协同、目标协同等多个视角，对产业技术创新战略联盟进行稳定性分析，对提高产业技术创新联盟的稳定性及绩效具有重大意义[71]。产业技术创新平台方面，古志文（2016）从群落生态学的视角，探讨了产业技术创新平台群落结构及演化机理，并将产业技术创新平台分为产业共性技术创新平台、产业基础技术创新平台、产业技术创新支撑服务平台和产业专用技术创新平台四种主要类型，为我国产业技术创新平台群落演化存在的问题提出相应的对策建议[72]。此外，多位学者对高技术产业技术创新效率及其影响因素进行了研究，对高新技术产业技术创新效率进行了比较分析[73]，并提出了 7 个影响高技术产业技术创新效率的因素[74]，从创新环境视角揭示了创新效率提升的多元模式[75]。

通过对相关文献的梳理与总结，借鉴徐小钦（2007）对产业技术创新的定义，指出产业技术创新是指以市场为导向，以企业技术创新为基础，以提高产业竞争力为目标，以技术创新在企业与企业、产业与产业之间的扩散为重点过程，从新产品或新工艺设想的产生，经过技术的开发（或引进、消化吸收）、生产、商业化到产业化整个过程一系列活动的总和[76]。

产业技术创新是介于企业技术创新和国家技术创新之间的概念，是以企业技术创新为基础，进而促进整个产业通过技术优势增加产业竞争力的过程，并推动整个产业进步，提高产业竞争力。

表 6-1 产业技术创新的内涵

研究视角	主要观点	代表学者
产业创新	包括四个方面：产品创新、管理创新、技术和技能创新、市场创新和流程创新	Freeman（1987）
产业技术创新	产业技术创新是以企业技术创新为基础、要以市场为导向、以提高产业竞争力为目的，对产业内的共性技术、关键技术进行研发、创新和推广，其活动涉及多个产业，是从新思想的产生到最终实现商业化的一系列活动的总和	史清琪等（1999）庄卫民等（2005）
产业技术创新竞争力	需求条件、要素条件、企业策略、产业结构、机遇与政府行为、结构与竞争者，六个要素决定了产业技术创新的竞争力	Porter（2007）
技术创新资源	参与产业技术创新实现技术互补，企业技术创新资源多元化可以激发企业研发团队的活力和实现研发资源多元化的配置	Smith K（2008）Jason（2016）
产业技术创新平台	从群落生态学的视角，探讨产业技术创新平台群落结构及演化机理	古志文（2016）
产业技术创新联盟	从创新协同、知识协同、资源协同、目标协同等多个视角，对提高产业技术创新联盟的稳定性以及绩效进行研究	段云龙等（2019）
产业技术创新效率	市场导向的影响 政府拨款的影响 比较分析 影响因素 多元提升模式	Luca et al.（2010）Jin et al.（2016）刘伟（2016）李盛楠、范德成（2020）范德成、谷晓梅（2020）

6.1.2 产业技术创新的特点

习近平总书记在科学家座谈会上强调，"当今世界正经历百年未有之大变局，我国发展面临的国内外环境发生深刻复杂变化，我国'十四五'时期以及更长时期的发展对加快科技创新提出了更为迫切的要求"，"现在，我国经济社会发展和民生改善比过去任何时候都更加需要科学技术解决方案，都更加需要增强创新这个第一动力"。科技兴则国兴，科技强则国强，在这样一个国际环境下，产业技术创新有以下五个特点：

（1）系统性。产业技术创新的主体包括科研机构、相关企业、学校等，它们之间通过组建项目组或者产业技术创新联盟等多种方式进行协同创新。各类创新主体投入与产出相互影响，具有显著的质参量双向兼容性[77]，各个创新主体共同构成一个动态的产业技术创新网络系统，共同推动或影响着产业的创新方向和创新效率。

（2）集群性。由于技术或者组织的原因，产业技术创新的主体一般会在地理或者空间上出现集群性，形成"链"状分布，"链"既可能是生产、技术结构链，也有可能是产业结构链，"链点"就是"链"中创新主体（生产者、供应商、用户等），促使创新活动不断继续，结合行业内外相关科研机构和高校，支持企业开展新技术研发，集中多个方面资源进行产业技术创新。

（3）产业融合性。以江苏省产业技术研究院为例，其涉及的产业包括精密器械、医疗技术、通信、电气、集成电路、生物技术、智能设备等，服务范围涉及多个产业，在多个产业链中层层渗透参与，有助于产业竞争力的提高，推动区域经济一体化。各行业、产业之间的融合互动，产业技术创新活动的成败与产业融合程度密切相关。

（4）创新融合性。不同行业的企业关注创新难度和技术层次不同，产业技术创新模式也不是单一的创新模式，企业通过综合运用多种技术创新方式，例如自主创新、模仿创新、合作创新等，融合不同技术创新技巧，对产品、服务、技术等进行创新，使得产业技术创新得以更好地发展。

（5）技术融合性。产业关键技术、产业共性技术及产业前瞻性技术等作为产业技术创新的基础，促进其提升与发展。其中，以产业关键技术为核心，多方面、多环节相互匹配[78]。产业技术创新最终需要通过企业技术来发展，在产业技术发展的同时，企业应根据自身的技术地位和市场状况，进行市场定位。随着共性技术的发展，企业应开发具有个性特征的产品，这就是共性技术扩散和个性化的过程[79]。

6.2 产业技术创新生态体系的内涵解析

6.2.1 产业技术创新生态体系的溯源与概念

美籍奥地利经济学家熊彼特在 1912 年出版的《经济发展理论》一书中提首次提出"创新"理论，指出创新就是要把一种之前没有过的关于生产条件和生产要素的重新组合引到生产体系中，把经济与技术相结合。创新可分为技术类与非技术类。创新的核心是技术创新，是对技术工序和产品的有效创新利用；非技术创作为技术创新的辅助者，对技术创新的操作流程和组织结构起到了支撑作用，由此奠定了技术创新在创新领域的核心地位。学术界提出了许多与创新相关的概念，比如创新体系、协同创新、创新网络、创新生态系统等。

随着时代的发展，人们开始意识到可持续发展的重要性。自 20 世纪 80 年代以来，世界上的各个国家也开始意识到技术创新生态化带来的一系列问题，技术创新生态体系逐渐成为全人类关注的重点。国家创新体系的建设和高质量发展的要求也对我国的技术创新能力的提高有了新的要求。在 21 世纪我国能否进入世界先列取决于技术创新，产业发展的三大趋势分别是产业集群化、产业生态化和产业融合化，如何将产业生态化与技术创新相结合，对提高产业技术创新能力和促进产业技术创新成果产业化具有重要意义。应提倡科技创新、提升技术创新能力、培养科技创新人才、提供良好创新环境，促进国家及产业层面的技术创新生态体系的建设，推进产业技术创新生态体系的实践活动，拓展产业技术创新的应用范围。

生态体系的概念源于自然生态学，为了解决产业在技术创新实践时所遇到的问题与困难，一些学者试图将生态体系融入产业技术创新领域，产业技术创新生态体系就此产生。20 世纪 70 年代，人们开始从产业角度来研究创新生态体系，产业生态系统论和生命周期评价理论随之兴起。20 世纪 90 年代以来，随着创新生态系统理论和技术创新理论的不断研究探索，产业技术创新生态体系的研究与实践活动也得到了拓展。

在生态学领域，一定的地理范围空间内，以生物为主体的生物环境和非生物环境通过它们之间的相互影响、相互作用，形成了物种流动、物质循环、生物生产、资源分解，并构成一个生态体系。它反映了一种靠近（Closure）、持续（Persistence）、互动（Interaction）、边界（Boundaries）、稳定（Stability）、均衡（Equilibration）和动态性（Dynamics）的状态[80]。生态体系一般具有物种的多样性和动态性、区域性和地域依赖性、生物与非生物的协调性和适应性、环境约束性、基于食物链和能量流的互利共生性、整个生态体系的相对稳定性和可持续性。这对创新生态体系提供了基础。

创新体系是经济主体和非市场机构交互行为的系统治理[81]。根据范围不同，可分为区域创新体系与国家创新体系等，区域创新体系方面，刘志迎等（Liu et al.，2018）研究了区域发展条件、区域消费潜力和创新行为者之间的相互作用及对创新效率的影响[82]。此外，国内的一些学者也对技术创新生态系统展开了大量的研究。区域产业技术创新方面，多位学者对技术创新生态系统展开研究，分别分析了制约因子与应变策略[83]、健康评价指标[84]及小世界特征[85]，并对区域技术创新生态系统的建设提出了相关对策与建议，推动了我国区域技术创新生态系统的发展。产业生态学方面，吕玉辉（2011）对企业技术创新的演化进行了剖析，他认为技术创新系统也将遵循产生、成长、成熟、衰退四个阶段的系统演化来不断发展[86]。20世纪80年代《技术政策与经济绩效：日本的经验》一书中首次提出国家创新体系的概念，此后对其研究不断深入，近些年涌现了一大批理论研究成果。

产业技术创新生态体系是基于自然生态体系的概念，具有信息流动、物质流动、价值流动、生产活动、创新扩散等功能，借鉴了自然生态体系的主要特征，从生态体系角度解释产业技术创新的特点及其中各要素对整个产业的影响。随着近年来产业技术的不断发展，慢慢衍生出了产业技术创新生态体系的经济概念，并强调了技术创新的整合资源优势，在产业发展过程中企业的发展离不开区域周边环境的保障。国内外学者关于产业技术创新生态体系的代表性观念梳理如表6-2所示。

表 6 – 2   产业技术创新生态体系的代表性观点

研究视角	主要观点	代表性学者
产业角度	首次在研究中提出"生态系统"	Cloud（1997）
创新生态体系	提出创新生态体系可以被视为一个为实现各种经济和社会目标而由不同主体组成的开放环境[87]	刘哲（2019）
产业生态学	完善内涵，并进行对比； 详细描述和总结内涵、方法和未来应用； 拓展产业生态理论领域范围； 剖析企业技术创新的演化	Frosch、Gallopoulos（1992） 贝尔实验室、美国国家科学院（1992） Jonah S（2002） 吕玉辉（2011）
产业创新生态	提出产业创新生态是指：如果已经有了一个产品，如何在产业中实现与产业链上下游的集成与发展[88]	柳卸林等（2015）
区域产业技术创新	制约因子与应变策略； 健康评价指标； 小世界特征	黄鲁成（2006） 苗红（2006） 陈畴镛（2010）
区域创新体系	区域发展条件、区域消费潜力和创新行为者之间的相互作用及对创新效率的影响	Liu et al.（2018）
产业技术创新生态体系	引入生态学视角来研究产业技术创新体系，从生态系统的角度研究企业技术创新系统	伍春来等（2013）

　　基于以上研究观点，本研究认为产业技术创新生态体系是一定地理空间范围内的创新主体的集群，以技术创新为主体的企业通过技术创新活动与产业环境、其他创新主体之间相互作用形成的一种多维、复杂、自调节结构，该体系的主要功能是保障体系成分的稳定成长，所形成整体的功能较局部更大，主要通过提升各个创新主体的创新能力、发展能力、支持能力等，使得创新产出效率、创新产值、创新占比等较平均水平更高。产业技术创新生态体系的研究一般建立在产业背景、双边关系及整个产业生态体系等不同的层面，重点关注科技创新企业主体之间的相互影响、相互作用过程[89]。

6.2.2 产业技术创新生态体系的概念

生态系统源起自然生态学，后来逐渐被学者们用于研究产业技术创新领域相关问题，此概念是对技术创新理论与生态理论的拓展。通过对以往文献的全面梳理可知，国外的学者分别从不同的角度、立场对产业技术创新生态体系展开一系列研究。产业角度方面，克劳德（Cloud，1997）首次在研究中提出"生态系统"[90]。产业生态学、产业生态系统方面，多位学者对产业生态进行了深入研究，佛罗什和伽罗帕罗（Frosch & Gallopoulos，1992）完善了产业生态学和产业生态系统的内涵，并将产业生态系统与自然生态系统进行了对比[91]；在全球首次"产业生态学"论坛上，贝尔实验室和美国国家科学院对产业生态学的内涵、方法和未来应用进行了详细的描述和总结[92]；约拿（Jonah，2002）对服务业中存在的问题进行经验总结，使得产业生态理论的领域范围得以拓展[93]。

在现有研究中，技术创新生态系统方面，万立军（2016）等根据可持续发展理论和生态学理论，搭建了资源型城市技术创新生态系统的评价指标体系，利用网络层次分析法（ANP），确定了评价指标体系各个因素的权重比例[94]；汉斯马克（Hellsmark，2016）分析了瑞典生物资源技术创新系统，并指出优势和劣势之间的动态关系，以及解决这些劣势的措施[95]。产业技术创新生态体系方面，现有对其动态平衡状态、构成和运行机制的一系列研究，余凌和杨悦儿（2012）从平衡性和稳定性对产业技术创新生态体系的动态平衡状态展开了研究，并提出区域内或者国际的行业间竞争的有效方式是耦合战略[96]；杨彩琳（2020）和王纯旭（2020）通过对产业技术创新生态体系的构成和运行机制的分析，发现了运行机制中存在的一些问题，并提出了可行的对策和建议，为推动我国产业技术创新生态体系的可持续发展提供了积极借鉴[97,98]。

伍春来等认为企业本身即是一个创新系统，与其他企业创新系统共同构成了产业创新系统，是产业创新生态系统的有机组成部分，不同产业创新系统是区域创新系统的重要组成部分[100]。产业技术创新生态体系一般由核心系统和支持系统两个部分组成，其中核心系统以核心企业为重要组成部分，核心企业外围存在着相关产业链企业、其他竞争对手、经销商等；支持系统主要是为核心企业产业链服务，其包含科技服务中介、金融部门、政府部门等，科技服务中介主要是咨询公司、知识产权中心等，金融部门主要是股票与债券市场、银行、保险机构等，政府部门主要是市级政府部门，其主要是保障核心企业在本区域范围内的发展，支持系统为产业技术创新生态体系提供了环境保障，搭建良好的政策系统、法律系统、文化系统、市场环境等，为整个产业技术创新生态体系的稳定发展提供了保障。国内外学者关于产业技术创新生态体系的代表性观点梳理如表 6 - 3 所示。

表 6 - 3 产业技术创新生态体系的代表性观点

研究视角	主要观点	代表性学者
技术创新生态系统	搭建了资源型城市技术创新生态系统的评价指标体系，确定了评价指标体系各个因素的权重比例； 分析了瑞典生物资源技术创新系统的优势和劣势之间的动态关系及解决措施	万立军等（2016） Hellsmark（2016）
产业技术创新生态体系	产业技术创新生态体系是由不同的产业链彼此交织，生成的"开放、多维、复杂"的网络结构。产业技术创新生态体系中的每个生态系统自身内部皆可"不断进行调整"与社会进行"全方位资源"交换的动态系统[89]	张慈等（2014）
产业技术创新生态体系	研究其动态平衡状态，并提出区域内或者国际的行业间竞争的有效方式是耦合战略； 分析其构成和运行机制，并提出了可行的对策和建议	余凌、杨悦儿（2012） 杨彩琳（2020） 王纯旭（2020）

产业技术创新生态体系可以从以下几个方面加以理解：（1）不同的产业链交织组成了产业网，产业网的规模在一定程度上决定了产业技术创新生态体系的稳定性与可持续发展性，一个区域的产业网内主体越复杂，越能更好地抵抗外界的扰动；（2）与创新网络不同，在产业技术创新生态体系内部的子系统之间存在竞争关系，在各个种群之间同样存在竞争关系，

这些竞争促使了系统能够不断进行进化；（3）系统的形成与运行是一个动态化过程，从动态化过程可以明晰一个产业的发展脉络，运行过程中的动态性可以为企业在战略上的决策提供依据，对于各个主体的策略制定也能有一定的辅助作用，如政府监督治理系统的构建、金融服务系统的构建等。

本研究认为产业技术创新生态体系存在区域或细分产业级别，是多元化系统的组合，其中包括了以企业为核心的产业网络系统，以高校科研院为核心的研究系统，政府搭建的政策与法律系统，金融机构搭建的金融服务系统，科技中介搭建的知识服务系统等。

6.2.3 产业技术创新生态体系与生态系统的概念比较

中国著名学者钱学森认为：系统是由相互作用、相互依赖的若干组成部分结合而成的，具有特定功能的有机整体，而且这个有机整体又是它从属的更大系统的组成部分[101]。体系泛指一定范围内或同类的事物按照一定的秩序和内部联系组合而成的整体，是不同系统组成的系统。在新华字典中，"系统"一词被解释为"同类事物按一定的关系联合起来，成为一个有组织的整体"，而"体系"一词被解释为"若干有关事物或某些意识互相联系而构成的一个整体"，不难看出"体系"一词较"系统"一词内涵更深，范围更大。本研究认为，产业技术创新生态体系共同构成了产业技术创新生态体系，值得注意的是，产业应为相似产业，产业内部可以细分为许多类型。

此外，产业技术创新生态体系是由创新主体、创新种群、创新群落、创新生态网络、环境要素构成，其主要特征有多样性共生、组织演化、开放式协同等，其一直处于生产状态；产业技术创新生态体系的主要特征有生态性、系统性、创新性等，这三个特征将在后文中作详细论述。产业技术创新生态体系是存在边界的，其在边界内保持相对稳定，并显示出一定特色与独立性，反之则很难称得上生态体系，这与自然生态体系经过长期演化而形成的稳定状态是类似的。

6.3　产业技术创新生态体系的构成要素

参照生态系统的构成要素，结合产业技术创新生态体系的内涵，本研究从组织层次、成分、营养结构、流动与演化五个方面对产业技术创新生态体系的构成要素进行分析。

（1）组织层次。在自然界中，生态系统是由个体、物种、种群、群落逐步演化形成的，在创新层次，创新生态系统是由创新个体、创新物种、创新种群、创新群落逐步演化形成的。其中创新个体是指可进行独立创新的单位；创新物种是指具有创新所需近似资源和能力的组织集合；创新物种是指在一定区域内具有相似能力的创新组织集合，这些能力包括资源能力、研发能力、制造能力等；创新种群是指功能与资源类似的不同类别的创新组织集合；创新群落是指在一定时间与空间内，各创新种群与环境相互作用、相互适应，形成的具有一定结构和功能的创新组织集合体[102]。目前，各位学者尚未对创新生态系统的定义达成共识，只是主要强调创新生态系统是由多个主体形成的，这些主体有服务主体、科研主体等，主体间的不同关系使得创新生态系统呈网状结构。为此，本研究提出生态层次与创新层次之间的关系如图6-1所示。

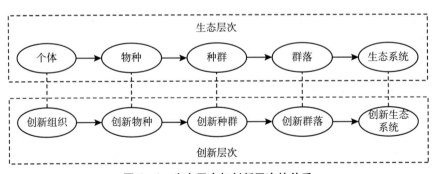

图6-1　生态层次与创新层次的关系

（2）成分。坦斯利（Tansley，1935）首先提出了生态系统是生物与非生物成分相互作用组成的综合系统[103]，随着时间推移，生态系统在当下被定义为：在一定时间和空间内，由生物群落与其环境组成的一个整体，各组成要素间借助物质流动、能量流动、物质循环、信息传递而相互制约，并形成具有自调节功能的复合体。并强调生态系统是由生物和非生物成分组成的，其中生物成分包括生产者、消费者、分解者，非生物成分又称为非生物环境或生命支持系统，主要包括能源、气候、基质与介质、物质代谢原料等。本研究将生态系统与产业技术创新生态体系组成要素进行对比如表6－4、图6－2所示。

表6－4　　　　生态系统与产业技术创新生态体系组成要素对比

生态系统组成要素	基本内涵	产业技术创新生态体系组成要素	基本内涵
生产者	是生态系统中最基础的部分，主要作用是将太阳能转化为化学能，是环境的改造者，还可加速物质循环	创新主体[102]	一般为大学、科研院所与企业，主要功能为研发生成新技术[104]
消费者	对初级生产物进行加工与再生产，还对生物种群数量进行调控	创新成果消费者[105]	一般为创新性低的制造类企业和少量科研单位，主要是利用和发展技术[104]
分解者	不断地进行分解作用	创新成果的扩展者	构成成员较多，这些成员主要是运用旧技术进行新应用，扩展技术外延[104]
非生物成分	为生物成分提供必要的生存环境与营养要素	创新环境[105]	主要包括政策环境、文化环境等

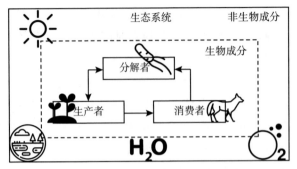

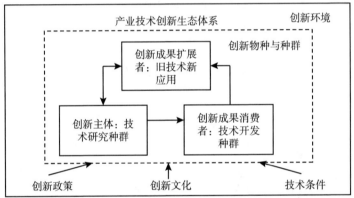

图6-2 生态体系与产业技术创新生态体系对比

（3）营养结构。在生态系统中，各个组成要素的本质联系是营养结构的联系，营养结构包括食物链与食物网两个部分，在生态系统中，不同生物在营养关系中存在"捕食"与"被捕食"的关系，这种关系序列就是食物链。实际上，食物链很少是以单条形式存在，往往是多条交叉存在，这种交叉连锁形成的网络形式的结构称为食物网，食物网反映了在生态系统中各个生命体之间的相互位置关系，食物网的存在保证了生态系统的相对稳定性。

在产业技术创新生态体系中，食物链即是创新链，食物网即是创新网络，创新主体之间将技术创新的结果进行对接与利用，构成了创新链，不同创新链之间的相互叠加与链接，构成了创新网络，它与生态系统不同，除了对成果的"捕食"与"被捕食"之外，还存在着合作的关系，不同创新主体之间进行合作创新。弗里曼（Freeman, 1991）最早提出了创新网络的概念：创新网络是应对系统性创新的基本制度安排，其主要连接机制是企业间创新合作关系[105]。本研究认为创新网络是创新生态体系的重要组成部分，创新网络包括的主体不仅是企业[106]，也包括高校、科研院所、孵化基地、政府等，它强调上述主体间的知识交互、技术转移等一系列协同效应。

（4）流动。物质流动、能量流动与信息传递是生态系统的必要组成部分，三者共同作用使生态系统形成了一个有机整体。其中，物质流动是在生态系统中构成生命体的各种元素及一切非生命体构成的必要物质的传递、转化的过程[107]；能量流动是指在生态系统中能量流转的过程，其主要特点是单向流动、逐级递减；信息传递是生态系统中生物与生物、生物与环境之间普遍联系的信号交互的过程[108]。对应在创新生态系统中为物质流、能量流与信息流。其中，物质流主要是人力与物力的流动，能量流主要是知识与金融的流动，信息流主要是政策信息与市场信息的流动[22]。通过三者的相互联系，创新生态系统得以处于平衡的动态[109]。

（5）演化。产业技术创新生态体系的形成，关键不是建立主体间的联系，而是在于主体间及联系的层次性。创新组织（创新源）是产业技术创新生态体系的重要组成部分，也是体系构建的出发点，不同创新组织之间构成创新种群，创新种群主要包括三大类型：即中介类创新种群、企业类创新种群与研究类创新种群。其中，中介类创新种群主要由公共服务机构、集群代理机构与政府三大创新组织构成，企业类创新种群主要由平台类企业、主导企业、配套企业三大创新组织构成，研究类创新种群主要由科研院所、设计开发组织、高校三大创新组织构成。

中介类创新种群、企业类创新种群与研究类创新种群形成的创新网络不断升级、演化，生成成熟的产业技术创新生态体系，产业技术创新生态体系演变过程如图6-3所示。三大创新种群由于空间的集聚、产业的集聚等，与内外环境构成了创新群落，随着时间推移，在创新群落内形成了创新链与创新网，种群内与种群间进行了协同，构建了产业技术创新生态体系的初级形态，虽然此时只是简单的契约合作关系，但是伴随体系的不断升级，契约关系转变为以文化融合、合作共赢为目的的成熟产业技术创新生态体系，此时物质流、信息流、能量流为创新网络服务，经济环境、政策环境、市场环境、社会环境、资源环境为创新网络提供重要环境支撑，使得整个体系呈现出偏稳态势。

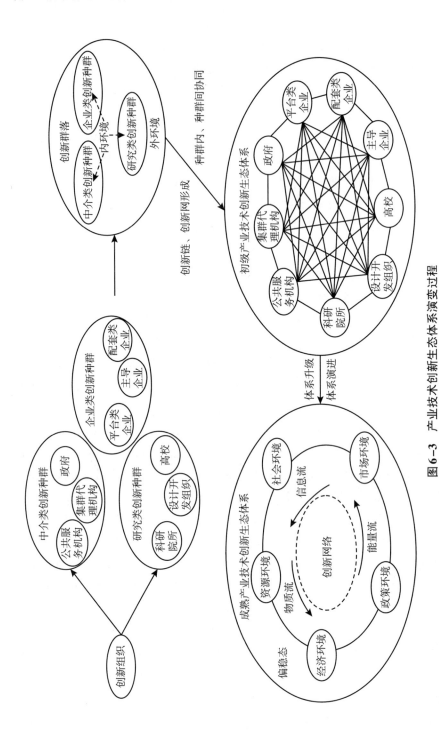

图6-3 产业技术创新生态体系演变过程

6.4 高质量发展条件下产业技术创新生态体系的构成要素

党的十九大报告作出我国经济已由高速增长阶段转向高质量发展阶段的重大判断，并提出建设现代化经济体系的战略目标。推动高质量发展是我国当前和今后一个时期确定发展思路、制定经济政策、实施宏观调控的根本要求。在这一过程中，要系统全局考虑，坚持问题导向，优化向实体经济集聚组合、协同发力的要素配置，提高供给体系质量效率，切实推动经济实现高质量发展。在产业技术创新生态体系构成要素的基础上，高质量发展条件下的创新生态体系在要素层面进行升级，促进了各个环境之间物质流、信息流、能量流的交互流动。

（1）高质量环境。

在基础层次上，创新生态体系的外部环境由政策环境、市场环境、社会环境、资源环境、经济环境等转变到更能促进体系发展的高质量环境。

在政策方面，2017年中央经济工作会议明确表示："推动高质量发展是当前和今后一个时期确定发展思路、制定经济政策、实施宏观调控的根本要求，必须加快形成推动高质量发展的指标体系、政策体系、标准体系、统计体系、绩效评价、政绩考核，创建和完善制度环境，推动我国经济在实现高质量发展上不断取得新进展。"并提出围绕高质量发展需要做好的八项重点工作，为产业技术创新提供了良好的政策环境。

在市场方面，以陕西省为例，陕西省市场监督管理局党组书记、局长张小宁表示，"省委十三届八次全会和全省2020年重点项目观摩活动对贯彻中国共产党第十九届中央委员会第五次全体会议公报（简称'党的十九届五中全会'）精神，紧盯追赶超越目标，推动高质量发展进行了全面部署。"各级市场监管部门将贯彻新发展理念，支持构建新发展格局，助力经济高质量发展，将其视为职责所在、使命所系，将新发展理念贯穿于市场监管领域的各个环节，以"勤、快、严、实、精、细"的劲头扎实抓好各项工作，在服务经济社会高质量发展的主战场上，发挥好市场监管部门的职能作用。

在社会方面，创新"硬环境"方面，科技基础设施建设总体在规模上要扩大、数量上要增多，提高开放共享和高效利用水平；建设一流的科技创新公共服务平台，促进创新成果市场化开发运用的能力。在创新"软环境"方面，优化全社会鼓励创新、包容失败的制度与文化环境；创造良好的科研环境，鼓励重大原创性科研成果转化[110]，健全基本公共服务体系，完善共建共治共享的社会治理制度，不断增强人民群众的获得感、幸福感、安全感。

在资源方面，坚持绿色发展。党的十九届五中全会提出，推动绿色发展，促进人与自然和谐共生。要求坚持绿水青山就是金山银山理念，坚持尊重自然、顺应自然、保护自然，坚持节约优先、保护优先、自然恢复为主，守住自然生态安全边界，构建生态文明体系，促进经济社会发展全面绿色转型，建设人与自然和谐共生的高质量现代化资源环境。

在经济方面，提高营造经济社会发展良好环境的能力，发展环境直接关乎竞争力、生产力。营造适合实体经济发展的体制机制环境，从政策方面加以规范和引导，构建扶持民间投资的财税支持体系，优化投资服务，强化投资权益保护，鼓励企业在主营业务领域的转型升级，巩固和延续当前经济社会发展的良好势头，开创高质量经济社会发展新局面。

（2）高质量创新组织。

创新是引领发展的第一动力，没有创新组织，科技创新就是无源之水。科技资源转化为创新动能，关键在于创新组织。中国共产党洛阳市第十一届委员会第十三次全体会议审议通过的《关于以开放为引领加快建设中原城市群副中心城市的行动方案》明确提出，培育引进多层次创新主体，激发创新源动力，着力实施创新主体倍增行动，让高素质创新主体成长涌现、高层次创新平台落地发力、高水平创新成果竞相绽放，激发高质量发展"新"动能。

创新方面，技术创新需要大学、科研院所与企业等创新主体的参与，并通过市场机制来调动各方的创新积极性。技术创新不光体现在基础理论方面的突破，更要多关注科研成果的转化和应用上的创新，需要具有很强的专业性和需求导向性。经济发展离不开技术创新，技术创新也离不开经济制度的改革和创新。政府要加强产业技术创新方面的规划引导，制定发展标准、监督管理、防范风险，同时推动创新基础设施的建设。

协调方面，构建产业技术创新生态体系，可以将创新资源有目的地、有序地组织与优化利用，促进中介类创新种群、企业类创新种群与研究类创新种群之间的融合交互，形成产业链之间的良性循环，加强产业链之间各个创新主体的协同效应，促进企业、高校、科研院所、孵化基地、政府之间的技术转移与知识流动。通过构建特色突出、竞争力强的产业技术创新生态体系，能够吸纳聚集创新资源，形成驱动高质量发展的内生动力。

绿色发展方面，中央经济工作会议要求，"加强污染防治和生态建设，加快推动形成绿色发展方式"，同时针对"着力推动高质量发展"作出重要部署。绿色技术创新以实现绿色发展为核心追求，企业类创新种群与研究类创新种群应注重通过创新来提供新的产品、工艺、服务和市场方案，减少自然资源消耗、降低生态环境损害，提高资源配置效率，为我国实现经济高质量发展提供动力支撑和实现路径。

开放与共享方面，中介类创新种群、企业类创新种群、研究类创新种群形成的创新网络要增强动力、适应需求，都需要构建起有竞争力的产业技术创新生态体系作为组织载体、平台保障和基础支撑，促进各创新主体之间的开放与共享。一个产业如果建立了完善的产业创新体系和健全的产业创新机制，就能相应降低产业内创新主体进行创新的成本和风险，从而有助于整个产业的创新活动形成良性循环，实现产业技术创新生态体系赋能高质量发展。

加快构建高质量发展的产业技术创新生态体系不仅是推动经济持续健康发展，发展社会生产力增强产业经济实力的内在要求，也是推动产业结构大调整的现实需要。值得注意的是，高质量发展不是片面强调经济和产业的发展，而是更加注重经济、社会、环境的协调发展和可持续发展，更加兼顾效率与公平，体现了创新、协调、绿色、开放、共享的发展理念。因此，高质量发展需要从产业体系、市场体系、收入分配体系、绿色发展体系和全面开放体系等方面系统推进，从而解决我国经济体系内在的不平衡不充分问题。把培育壮大创新主体、打造高水平创新平台作为提升创新能力的重要支撑，汇聚更多高端优质创新资源，不断激发创新创业活力。

综上所述，产业技术创新生态体系是国家创新体系的重要组成部分，是创新驱动发展的基础支撑。应国家高质量发展的要求，对产业技术创新生态体系中的各个要素提出了更高的要求，对高质量环境、创新组织都提出了相应的限定条件，在高质量发展阶段，这种促进、引导都是建立在创新基础之上的，只有加快构建产业技术创新生态体系，才能提供有竞争力的产品和服务来满足高品质需求。

高质量发展条件下产业技术创新生态
体系的特征分析

7.1 产业技术创新生态体系的主要特征

自摩尔（Moore）提出创新生态系统后，多位学者对产业技术创新生态体系的特征进行了研究，鲍尔和杰吉安（Power & Jerjian，2001）最早归纳企业生态系统的基本准则[111]，伊安西蒂和莱文（Iansiti & Levien，2004）划分了产业技术创新生态体系中的企业，归纳了核心特性，包括分布式、交互式、合作、竞争等[112]，米尔顿凯利（Mitleton‒Kelly，2003）认为企业生态系统类似于复杂演化系统，具有复杂演化的基本特性，包括组织性、涌现性等[113]。基于上述学者的研究，我国对创新生态系统特征的研究最早起源于黄鲁成（2003）对区域技术创新生态系统特征的研究，指出区域技术创新生态系统具有一般系统的共同属性与整体运动规律[114]。刘友金等（2005）将创新生态与自然生态进行了对比，提出技术创新生态系统具有与自然生态系统相似的特征，技术创新群落形成与演化具有互惠共生、协同竞争、领域共占和结网群居等特征[115]。陈畴镛等（2010）将创新生态与宏观网络进行了对比，指出创新生态系统具有集聚系数高和特征路径长度较短的小世界网络特征[85]。吴金希（2014）从系统动态演化、产业竞争、技术范式三个方面对技术创新生态体系进行了文献综述[116]。冉奥博等（2014）在结构基础上对创新生态系统的功能特性、动态特征进行分析，明确了创新生态系统的能量物质交换就是技术信息交互[104]。俞荣建等（2018）基于技术迭代的新视角，提出新兴技术创新的生态特征包括知识离散与多样性、过程跳跃与非线性、远景混沌与探索性[117]。董铠军（2018）指出产业技术创新生态体系的本质特征应该是"基于环境的自我调控机制"[118]。

基于董铠军（2018）学者的观点，本研究认为产业技术创新生态体系的特征包括生态性、系统性与创新性，其中最核心的是生态性。基于特征的三大分类方式，本研究认为生态性主要包括交互性、调控性、协同演化性、跨区域性、生态位分离性、不可复制性、多样性、栖息性等；系统性主要包括整体性、动态性、复杂性、开放性、稳定性、层次性、扁平化的网络、自组织性、结网群居、小世界等；创新性主要包括耗散性、创新可持续性、动力性等。

7.1.1　生态性

《庄子·齐物论》中有"物固有所然，物固有所可；无物不然，无物不可。故为是举莛与楹、厉与西施、恢诡谲怪，道通为一"，其中的道理就是万物虽不相同，但是都是相通的。产业技术创新生态体系的创新要素都可以在自然生态系统里的生物体、物种、种群、群落、生产者、消费者、分解者等要素中找到对应。在自然生态系统中，若人为对生态系统进行破坏，那么此生态系统将会处于紊乱状态，会打破生态平衡，使得某些物种的生命遭到威胁，同样地，在产业技术创新生态体系中各个创新主体联系而形成的创新种群、创新群落等结构若被人为破坏，那么产业技术创新生态体系的平衡也会被打破，会威胁企业生存。产业技术创新生态体系类似于自然生态系统，具有交互性、调控性、协同演化性、不可复制性、多样性、栖息性等特征。

（1）交互性。

产业技术创新生态体系并非只是单个个体、组织或产业，而是由多个主体与环境共同组成的一个庞大的体系，体系中主体与主体、主体与环境、环境与环境互相依存、联系，主体的创新成果不是孤军奋战形成的，而是通过与其他组织机构进行合作形成的[119]。

（2）调控性。

一个自然生态系统中的生物与其环境条件是经过长期进化适应，才逐渐建立了相互协调关系的，自然生态系统中的调控主要表现在同种生物、异种生物、生物与环境三个方面。其中，同种生物主要是种群密度的调控，异种生物主要是数量的调控，生物与环境主要是生物与环境相互适应的调控。在自然生态系统中调控方式主要是"反馈"，可分为正反馈与负反馈两种类型[108]。

产业技术创新生态体系的发展历程也是相互协调的过程，主要表现在产业主体的数量与比例的调控，如在一个阶段内有新技术竞争主体的加入，会对体系中其他主体的生存构成威胁，遵循"适者生存"原则，没有竞争力的主体可能会主动或被动放弃生存，退出体系。又如在社会、科技等因素的作用下，体系中对一种特定产业技术的需求量降低，此时就会有产业主体的比例关系的改变[120]。

（3）协同演化性。

在生态学里，种群是生物进化的基本单位，要使得某一物种能够得以延续与生存，必须依托最基本的单位——种群。在产业技术创新生态体系中，多个创新物种在演化过程中相互适应与作用的过程称之为协同演化。协同演化是由于产业技术创新生态体系内外环境作用产生的行为，当某一创新物种进行演化时，必然会导致其他创新物种的压力变化，引起其他创新物种数量与密度的变化，这些变化又会反馈给其他相关创新物种，进一步引起其他方面的变化。在大多数情形下，创新物种的演化会对其他个体与环境产生连锁反应影响，这种连锁反应的最优化可以推进整个体系更好的发展。协同演化可以使得产业技术创新生态体系的物种丰富度增加，使得整个体系得以更高、更快运行，对外界扰动适应能力增强，对产业技术创新生态体系的稳定有十分重要的意义。

（4）跨区域性。

在生态系统的概念里，强调"在一定的空间内"，此空间可大可小，地球上最大的生态系统是生物圈，还有人工生态系统等，产业技术创新生态体系分类为两类，分别是区域创新生态体系与产业创新生态体系，两者最大的区别是"空间"，产业创新生态体系打破了区域的界限，依靠当下发达的物流等途径使得区域内的产业链与产业网得以进一步延伸。在全球一体化的今天，创新个体若想获得高质量发展，就不能将产业链固定在某一特定区域内，应在各个地区与国家进行布局，适应科技进步带来的资源分配的新变化。

（5）生态位分离性。

在生态学中，生态位是指群落内一个物种的资源利用情况，生态位分离是指两个物种在资源序列上利用资源的分离程度[108]。在创新生态体系中，创新主体的同质性使得此类创新主体集聚产生创新种群，创新主体为了避免与种群内的其他个体产生不良竞争，会针对性实施不同的战略方案，这也减少了因竞争产生的资源浪费，一定层面上也促进了产业创新生态体系的进化，保证了体系内的平衡状态。因此创新生态位分离可以使得生态位宽度增加，保证了创新主体得以生存，维系了体系发展的可持续性[104]。

（6）不可复制性。

创新主体的多层次复杂性、构成要素复杂性、要素间联系的复杂性是产业创新生态体系复杂性的表现，价值创新生态体系中的文化特性，更使得此体系不可进行复制。创新文化主要包括创新理念、创新制度、创新环境三个维度。创新生态体系的活力来自创新文化的培育，良好的创新生态体系又可以促进创新文化的发展，两者形成合力才能更好地保证高质量的发展[120]。每一个产业创新生态体系都具有异质性特色，特别是文化的异质性，这从根本上就决定了产业创新生态体系无法复制。人才是创新文化中最重要的缔造者，培养人才与复制人才是两个截然不同的概念，培养出的人才能适应本体系内的活动，而复制人才是制式教育的产物，对创新生态体系的推动作用有限。综上所述，产业技术创新生态体系是不可复制的，体系形成的始点就是人才的培养，健全的人才培养体制与主动性才能使创新文化得以呈现，才能建立起独特的产业技术创新生态体系[104]。

（7）多样性。

在自然生态系统中，生物的多样性是系统发展的基石，物种丰富度决定了系统的可持续发展能力。在产业技术创新生态体系中，多样性主要有创新主体的多样性与其活动的多样性，创新主体之间通过多种渠道使得物质流、能量流、信息流得以在不同创新种群之间流动，这些流动是产业技术创新生态体系的基础，异质性资源的流动使得体系能够高效运转。例如，在农场中一些不利于发展的生物体会被人类铲除，如杂草，这是农场生态系统与热带雨林生态系统的区别，农场控制式创新很难会有颠覆性创新出现，其实这些"杂草"会激发新的创新源的出现，在创新生态体系中，不特意控制创新方向与过程，鼓励"杂草"自由生长，才能在富饶的创新环境里催生新的创新物种[121,122]。

（8）栖息性。

德国动物学家（Ernst Haeckel）于 1870 年根据希腊语 oikos 创造了德语 Ökologie（生态学），后来演变为英文 Ecology，oikos 最基本的意思是栖息地，此学科的最原始意思是研究生物栖息环境的科学。产业创新生态体系一般不能复制，它是在特定环境下各种资源包括人力、资金、技术、信息等汇聚的目的地。这种趋势不是硬性强迫的，而是一种自我选择和优化的结果[123]。

7.1.2 系统性

（1）整体性。

生态系统整体性定义为系统利用其生态区域特有的过程和要素维持结构和生态系统功能的能力[124]。产业技术创新生态体系同样是一个有机整体，在体系内部多个要素存在非线性关系，在体系的调节作用下保持相对稳定[114]。整体性主要表现在以下三个方面：第一，在要素之间的相互作用之下，构成要素的原有属性、性质、功能已经发生改变，这些要素在构成产业技术创新生态体系的过程中，会迸发出本身所没有的性质，即新质[119]；第二，各组分的功能之和不等于产业技术创新生态体系的整个功能，而是整体之和大于部分之和；第三，若产业技术创新生态体系的关键要素丢失，那么整个体系的功能就不能有效发挥，因为失去这些关键要素后，要素之间的关系就会发生变化，对其他要素的功能有一定的影响[119,114]。

（2）动态性。

动态性主要强调整个体系是在不断变化的。产业技术创新生态体系不是一次性就可以建设完成的，也不会随着创新活动的完成而消失，而是伴随着各个组分之间的物质流、信息流、能量流不断成长的。生物从出生到成熟，从成熟到衰老，直到死亡，这个过程与技术生命周期类似[116]。整个产业技术创新生态体系的边界具有动态性，边界的动态性使得产业技术创新活动不能与环境分离，因此产业基础创新生态体系具有区域特性与国家特性。

（3）复杂性。

在系统科学的研究里，复杂性一直是研究热点问题，究其原因是系统的复杂性是最核心的性质，透彻理解一个系统就必须要对复杂性进行分析。产业技术创新生态体系的复杂性主要表现在以下两个方面：第一，复杂系统具有将秩序和混沌融入某种特殊的平衡的能力[125]，产业技术创新生态体系也不例外，混沌主要表现在组成要素的联系是非线性的，秩序主要表现在体系稳态；第二，体系内部的要素多样性与相互作用难以预测[114]。

（4）开放性。

一个孤立系统是向着熵增方向发展的，只有系统具有开放性，系统才能与外界建立联系，引入外界的负熵流，降低系统自身的熵增，保持一个有序状态。开放的重要意义在于，对于一个系统而言，有输入才能有输出，输入决定了输出；开放使得系统中各个要素可以不断互动与交流，使得各个要素的关系处于动态之中；开放使得系统可以不断发展，为系统提供可持续发展的可能性[108]。同理，产业技术创新生态体系也是开放的，这是因为其需要不断与外界进行物质、能量与信息的交换，使得体系在保持熵稳定过程中不断成长，只有足够开放的体系，体系才能依据自身的情况与能力吸收体系外部的创新资源，完善自身体系结构，与环境才能相互适应，创造更加适宜的生存条件[122]。

（5）稳定性。

在生态学中，生态系统稳定性与群落稳定性含义相同，主要有两层含义：一是抵抗力稳定性，表征系统的结构与功能保持原始状态的能力；二是恢复力稳定性，表征系统受到扰动后恢复到原始状态的能力。一般来说，恢复力稳定性用时间来衡量，抵抗力稳定性用生态系统功能差值来衡量，抵抗力稳定性越高的系统，其恢复力稳定性会越低，反之亦然[108]。产业技术创新生态体系会受到体系自身与创新环境的干扰，从而出现非稳态，而体系可以通过自身的结构、状态等对扰动进行最大程度的消除，从而使体系达到稳态。值得注意的是，产业技术创新生态体系没有绝对的稳态，体系一直处于变动过程，决定产业技术创新生态体系稳定性的因素有功能冗余、竞争与反馈机制等[119]。

（6）层次性。

产业技术创新生态体系的层次性表征体系内各要素在结构中表现出的多层次状态，每一个体系都具有层次性的特征，主要体现在以下两个方面：一是每一个体系都与周围的环境进行互动与沟通，可以按照特定关系组成另一个较高级的体系；二是任何一个体系是由一系列子体系构成的。一个体系的层次性越高，其结构、功能越复杂，层次的不同决定了系统属性的不同[126]。在宏观层面，创新生态体系可分为全球创新生态体系与国家创新生态体系；在中观层面，有区域创新生态体系、产业技术创新生态体系；在微观层面，有企业创新生态体系[119]。产业技术创新生态体系是一个从简单到复杂的体系，层次之间存在着互动与交流，层次的变动会影响整个体系的运行，如在某一层次内的协调能力下降会影响到整个体系的积极性[114]，从而降低效率等，因此要对体系进行治理，最根本的解决方案是对体系内的各个层次进行治理。

（7）扁平化的网络。

产业技术创新生态体系是由多元化主体与支持群体构成的，一开始是由少数主体参与的，随着体系的不断完善，逐渐变为全社会共同参与，这种创新活动方式主要体现在扁平化网络组织结构，通过此形式可以使体系的应变能力加强，加速了创新成果的传递与扩散[127]。

（8）自组织性。

魏宏森（1995）认为"自组织表示系统的运动是自发地、不受特定外来干预进行的，其自发运动是以系统内部的矛盾为根据、以系统的环境为条件的系统内部及系统与环境交叉作用的结果"[128]。此概念中强调了产业技术创新生态体系需要与环境进行互动，自组织性是依靠体系自身将混沌状态变为有序状态的，所以体系需要不断从外界获取负熵流，即一个体系必须具有开放性才具有自组织性。在产业技术创新生态体系中主要表现在以下两个方面：一是体系能够依靠自身能力使得合作相互默契；二是当体系受到外界扰动时，体系能够依靠自身的抵抗力稳定性与恢复力稳定性使得体系保持原有的平衡状态[116]。

（9）结网群居。

在生态学中，生物种群会以互惠关系为基础聚集于某一区域，并在适当环境中进行结网群居。在产业技术创新生态体系中，各个主体以地理邻近为基础，以文化融合为纽带进行结网群居，形成了地域性的产业技术创新生态群落，群落中的各个主体相互依存，有着强烈的社区意识，群落间进行交互形成了产业技术创新生态体系[129]。

（10）小世界。

瓦茨、斯特罗加茨（Watts、Strogatz，1998）提出小世界网络模型，提出用特征路径长度与聚集系数两个重要指标来衡量网络，指出具有与规则网络一样较高的集聚系数又具有与随机网络较短特征路径长度的网络被称为小世界网络[130]，小世界是网络演化过程中的必然结果[131]。产业技术创新生态体系是为了获得创新可持续而发展形成的宏观网络，各个主体组成的网络具有路径较短、集聚系数高的特点，短路径可以提升整个创新生态体系的创新效率，更有利于畅通物质流、能量流与信息流的传递，增强体系的稳定性。

7.1.3 创新性

（1）耗散性。

产业技术创新生态体系具有耗散性的。首先，体系是具有开放性的，体系内的主体与外界环境进行着能量、物质、信息的交换；其次，一个"活"的产业技术创新生态体系都是远离平衡状态的，如果一个体系处于平衡状态，那么这个体系就会终止[132]；最后，体系远离平衡状态过程中存在非线性关系，如增加对要素的投入，技术创新成果并不一定是增加的，投入与产出并不是成一定比例的[114]。

（2）创新可持续性。

获得可持续价值创造是产业技术创新生态体系的目的，体系内部的各个主体本着合作共赢、相互依赖的原则而建立联系，这也使体系内的主体关系由简单的契约关系向具有相同目标、行为模式与文化的方向发展，这也降低了交易成本，使得体系能够产生独特的竞争优势，因此产业技术创新生态体系必须具备可持续发展的特性[127]。

（3）动力性。

动力可分为内部动力与外部动力两种形式，内部动力决定了产业技术创新生态体系的发展方向，创新来源于知识，创新成果通过技术创新实现产业化，而这个过程又是通过制度创新来维持的。服务创新保证了创新成果的实用性，"从内打破是成长，从外打破是压力"，所以一个体系获得持久性发展，就必须具有从内而外的力量，即内部动力是产业技术创新生态体系发展的根本[104]。

7.2 高质量发展条件下产业技术创新生态体系的主要特征

除前文所述特征之外，在高质量条件下产业技术创新生态体系具有绿色性、稳健性、共享性三个特征。

7.2.1 绿色性

高质量发展条件下的产业技术创新生态体系所表现的绿色性首先表现为推动技术在绿色方向的创新和发展，推动绿色技术、绿色工艺、能源技术、智能技术的快速发展。绿色发展离不开绿色技术创新，绿色技术创新带来的高效率生产模式将有效弥补传统技术创新中忽视资源保护和污染治理的缺陷，减少企业生产的废物和污染物的排放，直接降低环境保护成本，带动产业体系的绿色化转型。积极促进绿色节能低碳技术大规模应用，淘汰低端落后产能，推动产业结构的优化升级，通过产业间的资源重新配置推动全社会绿色化生产。

其次，绿色性体现在对于产业技术创新生态体系内部成员所需资源的合理分配和有效使用。由于资源的有限性及企业对于资源运用能力的不同，容易造成资源的浪费，因此在高质量发展条件下产业技术创新生态体系能对系统成员所需资源进行详细了解，对成员间资源的相似性和差异性进行分析，从而更好地进行资源配置，在满足成员的需求基础上尽可能地节省资源。

7.2.2　稳健性

高质量发展条件下，产业技术创新生态体系应对变化多端的外部环境更加从容地服务于我国的经济发展。产业技术创新生态体系的治理更需要的是以政府为主导的治理，而不是以利益下的企业等组织为主导，在高质量发展的当下，针对政府已经提出的新要求，产业技术创新生态体系应不单纯以科研开发为主，而更应以成果转化、创新资源维护、创新文化培育等为主，以促进体系的稳健性[33]。

本研究认为产业技术创新生态体系的稳健性表现在对不断变化的外部环境有一定的适应能力，体系中的主体连接具有持续性。在高质量发展环境下要求体系具有较强的稳健性，体系内的主体需要对未来环境具有预测的能力，对当下变动的环境具有自身不断调整的能力。

7.2.3　共享性

产业技术创新生态体系是创新个体共同进化的结果，这就决定了体系中创新个体应以合作为主，个体间应互帮互助，共享科技成果、市场信息、情报信息等。在传统体系中，很难实现信息的共享，各个主体间获得的知识大多是片面的、凌乱的，获得知识的速度也比较慢，因此在高质量发展条件下，应对信息进行快速扩散，这就可以使得主体间的信息得到最快的碰撞，增加体系的活力。

进一步分析发现，在上述所有特性中，导致了同一个特性的产生，即是不可复制性。从最开始的创新个体逐渐转变到生态系统，是一个从简单到复杂的过程，从点到线，从线到面，从面到体，复杂程度不断攀升，在这个过程中其他特性发挥了作用，最终导致了不可复制。如何成为一个高质量发展的产业技术创新生态体系，使其能够促进企业创新成长是值得思考的内容，一是需要有绿色创新，二是需要治理端保证体系的稳健性，三是体系主体间知识等其他信息的共享。

| 8 |

高质量发展条件下产业技术创新生态
体系的功能分析

8.1 产业技术创新生态体系的功能

在国外研究中，微观层面上，迈克尔维（McKelvey，1997）首先提出创新生态系统可以传输和存留信息、促进多样化经营等[134]，里克尼（Rickne，2000）认为创新生态体系可以帮助公司建立人力资本，寻找技术、市场和合作伙伴等[135]，约翰逊（Johnson，2001）认为创新生态体系可以激励公司创新、指导探索方向等[136]，之后的学者大多是基于以上角度出发，从人力、市场等方面详述了其功能。在宏观层面上，加利等（Galli et al.，1997）的观点对后续研究影响最大，他从硬功能、软功能两个方面进行了阐述，在硬功能方面他认为创新生态系统可以向第三方提供科技服务，保障 R&D 活动的有效进行，在软功能方面他认为创新生态系统可以使信息、知识与技术扩散，促进科学文化的传播[137]；赫克（Hek-kert et al.，2007）认为创新生态体系可以创造技术知识，促进衔接等。本研究对中文期刊中超过 10 篇文献数量的主题词进行统计，并对其中的相关文献进行梳理后发现，每篇文献中或多或少会提到创新生态体系的功能，但是与国外相关研究重叠较多，故不在此处加以赘述。

生态系统创造和维持了地球生命支持系统，为人类生存提供了必要的生存环境条件与物质需求，生态系统的功能主要有合成与生产了有机质与生态系统产品、产生与维持了生物多样性、调节气候、减轻洪涝与干旱灾害、土壤的生态服务、传粉与种子的扩散、有害物的控制、环境净化等[108]。张永民等（2007）对生态系统的功能进行了划分，指出生态系统的功能可以分为产品提供功能、调节功能、文化功能、支持功能四大基本服务功能[138]。

基于已有文献与创新生态系统的功能，本研究认为产业技术创新生态体系的功能主要有以下三个方面：提供养分与环境、保障沟通与交流和促进创新体系成长。

（1）提供养分与环境。

创新个体需要源源不断的能量供给才能发挥创新潜力，在创新过程中，往往创新个体由于资源的有限性，限制了其创新能力的整体提升，创新生态体系可以集聚创新主体，使创新资源得以合理配置，从而可以使创新资源得到最高效地使用。同时，创新生态体系可以为创新个体提供稳定的环境，使其避免因外界环境动荡而产生影响，产业技术创新生态体系能够为创新个体提供及时的创新信息，帮助个体寻找适合的合作伙伴，使得主体的抗风险能力加强[122]，产业技术创新生态体系的运行机制、调节机制等可以使得体系内具有偏稳态，保证创新主体的健康发展。

（2）保障沟通与交流。

能量、物质、信息在各个创新主体间、种群间进行交互与流动，创新生态体系应能保障基本流动顺畅无阻，企业产品功能单一会导致产品不具有较强竞争力，容易被替代，而各个创新个体间保持顺畅的沟通，会使技术进行互补，产品的功能多样性增加，从而增强体系内的稳定性。由于体系内的个体技术距离、地理距离相较体系外而言会更近，因此更容易达成合作关系，体系运行过程中保障了交流的进行，创新个体更有意愿与其他个体建立合作关系[139]。此外，体系内保障主体间进行沟通与交流，可以使体系内的个体更好地了解市场需求，及时掌握体系的运行情况，促进了体系内个体间取长补短，使体系内学习效果增强[122]。

（3）促进创新体系成长。

无论是提供养分与环境、保障沟通与交流，最终的目标是促进创新生态体系的成长，体系内的企业体量大小不一，大企业为提升自身的技术水准，会向小企业进行创新资源的交换，带动两者的共同发展。体系内个体间的文化交流会使体系具有独特的文化属性，文化的统一使个体间的合作强度加大，加快了创新个体成长[139]。

8.2　高质量发展条件下产业技术创新生态体系的功能

高质量发展条件下，产业技术创新生态体系的功能主要概括为三个方面：一是为系统成员提供稳定的创新环境，二是增强系统成员间的交互强度，三是提升系统成员整体的成长质量。

（1）创新驱动与核心技术突破是高质量发展的基石，产业技术创新生态体系的首要功能就是为系统成员提供稳定的创新环境。该创新环境应该具备以下特征：一是高效、合理的资源配置。由于资源的有限性，产业技术创新生态体系应该将有相互联系或者从事相似技术研发和产品开发的创新主体集聚在一起，实现资源在系统成员间的合理配置及充分应用，在高质量发展条件下应该做到资源准确投放、充分利用及相互协调；二是充分的风险缓冲空间。由于创新具有较高风险，由于系统成员能力参差不齐和选择的不合理容易导致创新的失败，因此需要为成员提供足够的风险缓冲空间。通过增强成员间的联系，能够建立起成员间强有力的合作关系，产业技术创新生态体系则可以透过这些联系从宏观的角度对成员的创新结果做出合理的预测，为成员提供最适合的创新合作伙伴，并提供准确、适用的资源，从而为系统成员提供充分的风险缓冲空间。

（2）增强系统成员间的交互强度。系统成员交互的关键是信息共享。在产业技术创新生态体系中，单个成员技术单一，但是一个成员的核心技术可能成为其他系统成员的互补技术，成员的技术间的匹配增加了创新生态系统的功能多样性，增强了系统环境的稳定性。产业技术创新生态体系能够促进成员间的交流和合作，促进主体间的相互学习，促使整个产业技术创新生态体系成为一个学习型组织，同时可以使系统成员及时了解市场动态和顾客需求，减少成员在获取信息方面所投入的资源。

（3）提升系统成员整体的成长质量。在高质量发展条件下，产业技术创新生态体系一方面能够建立系统成员创新的环境，另一方面能够促使成员的能力得到迅速提升，提高成员的发展质量。在产业技术创新生态体系所营造的环境下，成员的生产能力、研发能力、交互能力等也都得到迅速提升。但是同时，根据高质量发展的要求，要注意其能力的动态演化性，成员的能力和创新应该始终跟随社会及市场的发展。在能力提升的过程中能够在保证系统成员创新数量的同时，增强其创新的质量。

总体来说，产业技术创新生态体系的功能是使体系从静态到动态、从高熵到低熵、从二维到三维发展，"共享""融合""协作"都是产业技术创新生态体系的关键词，而促进创新个体成长是其最终目标。对高质量发展条件下产业技术创新生态体系的发展主要有以下启示：一是在构建体系时有一个高起点的目标，二是在体系构建完成后要使体系稳定发展，三是稳定后要进行高质量的构建，促进体系增质增量。从构成要素、特征与功能三个角度切入，归纳得到产业技术创新生态体系构成要素、特征及功能的联系如图 8 - 1 所示。

具体而言，产业技术创新生态体系具有促进创新个体成长、保障沟通与交流、提供养分与环境三个方面的基本功能，是产业技术创新生态体系的生态性、系统性与创新性三个方面基本特征的基本表征与前提条件，并保障与促进了这三个方面基本特征的形成。在高质量发展条件下，产业技术创新生态体系的功能进一步聚焦体现在为系统成员提供稳定的创新环境、增强系统成员间的交互强度、提升系统成员整体的成长质量三个方面，并进一步成为高质量发展条件下产业技术创新生态体系的绿色性、稳健性和共享性三个方面特性的基本表征与前提基础，同时保障与促进了这三个方面特性的形成。

创新组织并不是自然而然就能够发展成为高质量的创新组织乃至创新网络的。高质量发展的实现，需要产业技术创新生态体系的功能促进作用作为基础与保障条件。从产业技术创新生态体系的演化视角来看，创新组织发展成为高质量的创新网络需要产业技术创新生态体系的保障、约束与功能框定，才能促进其在资源、经济、政策、市场、社会等多个维度层面实现均衡发展。具体而言，产业技术创新生态体系的生态性、系统性与创新性，保障与促进了创新组织向创新网络的基础发展，而产业技术创新生态体系的绿色性、稳健性和共享性则进一步保障与促进了创新组织向高质量创新网络的方向发展，并在此过程中更优促进高质量的资源、经济、政策、市场、社会等环境中的物质流、能量流与信息流为其所用，并最终促进生成高质量产业技术创新生态体系促进下的高质量创新网络。

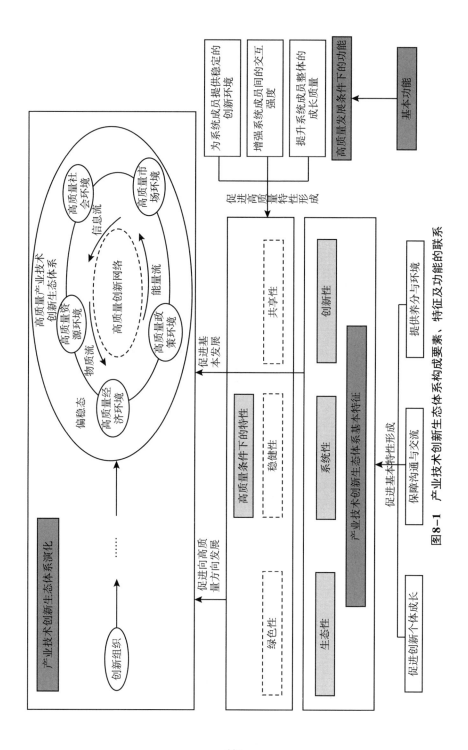

图8-1 产业技术创新生态体系构成要素、特征及功能的联系

▶ 第 3 部分 ◀

产业技术创新生态体系的
结构关系研究

｜9｜
产业技术创新生态体系的多主体
参与机制分析

9.1 主体类型及其参与的作用关系分析

产业技术创新生态体系的主体主要有政府、企业、高校、科研机构、中介机构、金融机构、新型研发机构等。

9.1.1 主体类型分析

（1）生产者。

产业技术创新生态体系中的生产者主要由高校和科研院所两类主体构成，他们可以被看作是产业技术创新生态体系中的"科研类种群"，是创新的源泉，能够利用生态体系内外各种资源来发展旧技术、创造新技术。科技部等6部门发布的《关于扩大高校和科研院所科研相关自主权的若干意见》中强调"高校和科研院所从事探索性、创造性科学研究活动，具有知识和人才独特优势，是实施创新驱动发展战略、建设创新型国家的重要力量"[140]，这也强调了二者的重要性。

具体而言，高校和科研院所在产业技术创新生态体系中的生产者作用，主要体现在人才和知识供给作用方面。

首先，产业技术创新生态体系的发展需要具备相应技能与知识的人才参与，而高校可以为企业培养创新人才，源源不断为体系注入新的力量。同时，高校还可以为政府提供创新型人才，当下的选调生项目即是高校与政府建立人才关系的典型例子。高校的一项重大使命即是服务社会发展，所以政府会在本地的惠民重大项目中寻求高校的帮助。

其次，企业面临管理困境、技术障碍时也会寻求高校的帮助，使高校参与到企业的经营活动中。在优质的高校附近，常常会吸引企业的入驻，各个地市的高新区也一般在高校聚集区建设，企业会依托高校的科研平台、科研人才来提升自身的创新能力与水平，使高校的智力资源流入企业中，并得到开发与利用。高校与企业之间的不断沟通交流，使创新知识不断碰撞，为技术创新提供了更多的机会。

最后，科研机构与高校的作用类似，科研机构更多的是对技术的研发，其目的是使自身的技术实现商业化，企业一般可对技术进行改造，使技术实现商业化，所以科研机构一般会与企业强强联合，两者的供需关系决定了两者在产业技术创新生态体系内具有良好稳定的关系。此外，科研机构可以为政府提供关键性的技术支持，在产业发展瓶颈期针对关键技术进行解决。

除了上述主体之外，科技型中小企业、专精特新"小巨人"企业也在生态系统中发挥着生产者的作用。这类企业主要从事高新技术产品的研发与生产，这是我国当前产业集群主要的企业形态，该类企业可助力当地经济可持续发展、提供更多的就业机会、提升地区科技水平。值得注意的是，相较于大企业，该类企业受限于自身资源与能力，仅依靠自身难以完成科技重大创新，更需要外界创新资源的加入[141]。

（2）消费者。

产业技术创新生态体系中的消费者主要是指企业。企业在生态系统中对创新成果进行引进、吸收进而实现创新成果产业化，因此也包含一部分分解者的作用。企业类型多种多样，包括生产类企业、供应类企业、代理类企业等。企业之间的关系有竞争关系、合作关系和竞合关系等。在产业链层面，企业一般具有比较明确的分工，彼此之间的关系是长期适应的结果。由于是以共同利益为目标，故上下游企业之间的关系比较融洽，在产业创新生态体系中的稳定程度也是最好的，但是仅限于是供应的关系，其协作创新能力一般较低。竞争关系和竞合关系均主要存在于同行企业之间。竞争关系的企业之间通常信息与资源共享程度都较低。竞合关系的本质是同行企业之间并非简单的零和博弈，而是一种特殊的博弈，是一种可以实现双赢的非零和博弈。为了提高创新效率、开发商业机会，在同一市场中竞争的同行企业会通过结成技术联盟、共同设立研发中心等开展合作，实现共赢。

企业与其他主体的关系主要建立在价值共创的基础之上，最典型的是产学研合作。企业可通过资助高校进行人才培养，获得与高校互动的机会，通过成为高校的实践基地，可以为企业打开大门，吸引高校人才就业，为企业的发展奠定基础。具体而言，产学研合作的模式主要有三大类，分别是技术协作模式、契约型合作模式、一体化模式，这三种模式间存在着相互转化关系，随着关系的不断深入，会逐渐从协作模式转变为一体化模式[142]。企业与高校和科研院所的合作模式可以进一步细分为成果转化模式、委托研发模式、合作研发模式、合作申报政府课题模式、共建研发平台与实验室模式、人才培训交流咨询模式和创建新企业模式等[143]。

产学研合作的动力机制包括外部动力与内部动力两种形式。外部动力主要有技术推动力、市场需求拉动力、市场竞争压力、政府支持力。其中市场需求是主要的目标，内部动力主要包括利益驱动力、战略协同引导力、内部激励推动力、创新能力保障力，其中利益驱动是根本的内动力[144]。此外，企业也会通过自身的成长过程，对创新政策给予反馈，促使政府出台更贴合实际的政策，两者相互作用，共同促进了当地经济发展。

（3）调控者。

调控者在产业技术创新生态体系中的作用主要是辅助技术产业化，也包含一部分分解者的作用。产业技术创新生态体系中的调控者主要包括政府、中介机构、金融机构和以科技成果转化为目标的新型研发机构等主体。

政府在产业技术创新生态体系建设中，主要发挥资金支持[145]、资源配置、宏观调控和引导作用。具体分析如下：

首先，政府对高校的作用。在政府与高校的作用关系中，政府可以对本地高校的优势学科与平台进行财政支持，高校申请科研课题过程中，政府也会为其提供支持，政府会为高校办学提供便利，促进高校培养更优秀的人才，为产出更创新的技术提供基础保障。政府与科研机构的关系和跟高校的关系类似。

其次，在政府对企业的作用。一方面政府可以通过财政政策、税收政策等来对这些外部因素进行宏观调控[146]，通过对市场环境的监管、促进创新资源的流动、减少企业成长过程中的障碍，引导和扶持企业更好的发展；另一方面，政府可以通过为企业提供创新的硬环境，落实企业周边配套设施，优化营商环境等，为吸引投资、优质企业入驻及企业吸引人才等提供便利。

最后，政府对中介机构的作用。为了使体系更加稳定的运行，政府需要引导中介机构参与其中，通过资金支持，促使中介机构具有更高的能动性来更好地推动体系的建设，政府也会通过与中介机构进行平台搭设，促使创新科技成果的商业化。科技成果的商业化需要大量的人力、物力支持，创新成果是具有风险性的，需要中介机构与金融机构一起对创新成果进行评估。在资金方面，政府可以通过对金融机构进行基金投入，促进金融机构对产业技术创新生态体系的投资[147]。

总体来说，区别于企业、高校与科研机构，政府并不是知识与技术的直接创造者，而是创新环境和创新氛围的营造者。各级政府需充分联动，为创新提供一个高质量的环境，为各主体之间的沟通交流提供便利，促进知识流、信息流、物质流等的快速流动。

中介机构在产业技术创新生态体系的建设中主要发挥着桥梁、纽带和孵化的作用，是提供服务支撑的中间组织。中介机构的主要类型有科技服务中介、人才中介和行业协会等。科技服务中介机构是将技术供需端进行对接，提供技术转移、知识扩散等服务，帮助供需端达成共识，促进技术交易进行的一类第三方服务机构[148]。人才中介是为人才交流提供社会化服务的具备民事责任的组织结构，其作用主要有为人才供需提供平台、建立人才市场、确保人才合理流动等[149]。行业协会是指行业内各个主体为了共同利益目标，以会员形式组建与加入的一种非营利性、非政府性的组织结构，其可以为企业提供竞争条件，为行业发展提供便利，促进行业的稳定发展。中介机构保证了知识流、信息流、资金流等一系列流动的顺利进行，降低了各个阶段的交易成本。

金融机构是打造产业生态系统的纽带，金融促进了技术创新、产业发展，促进了产业生态的良性循环[150]，虽然政府会对中小企业进行扶植，但基本上是以减少税收、减免租金为主，技术创新的资金重大需求，政府往往不能提供帮助，所以包括风险投行在内的金融机构就可以通过风险投资等方式促进中小企业的发展，使技术创新可以实现落地。

新型研发机构一般以产业技术研究院模式为主，该模式是企业、大学、科研机构或其他组织机构，以企业发展需求和各方共同利益为基础，以提升产业技术创新能力为目标，以具有法律约束力的契约为保障而形成的联合开发、优势互补、利益共享、风险共担的技术创新合作组织[151]。中国科技部2019年9月12日在《关于促进新型研发机构发展的指导意见》中指出，新型研发机构聚焦科技创新需求，主要从事科学研究、技术创新和研发服务，投资主体多元化、管理制度现代化、运行机制市场化、用人机制灵活的独立法人机构，可依法注册为科技类民办非企业单位（社会服务机构）、事业单位和企业[152]。作为一种"产学研政用"协同创新的一种新主体，其在产业技术创新生态体系中扮演着十分重要的角色，其功能主要有：

①技术转移。将高校院所智力资源与社会资源相结合，向前延伸到技术研发，向后延伸到专利交易，转化专利技术成果、孵化科技企业，创新技术运营模式，提供技术股权托管、技术转移精益管理等运营机制。可通过专利许可、研发培育等方式，积极探索科技成果产业化等有效途径。

②知识产权服务。围绕企业知识产权标准化管理，帮助企业构建高价值专利培育体系，提供从专利挖掘布局与申请、专利分析与评议、专利预警与导航、专利运营与战略、知识产权风险分析与规避、专利侵权与诉讼咨询全链条服务。引入高校、科研院所研究团队，对接企业技术创新点，通过专利分析、挖掘技术，提升发明专利的技术水平，提高申报专利的质量和授权率。

③研发设计。发挥技术创新平台作用，依托高校、科研院所科研资源，面向企业共性和个性化需求，与大企业共建研发实体、搭建创新平台，为中小微企业配备专家团队和技术指导，提供专业化、一站式研发服务。

④科技咨询。围绕科技、人才、平台类、企业培育类、知识产权等项目申报，提供政策分析、条件评估、申报准备、技术依托、过程辅导等全链条支持，同时为企业提供国际合作对接、跨国技术转移等咨询服务。

⑤创业孵化。充分挖掘、借助高校院所智力资源，将教育、人才和科技等资源优势转化为产业优势和经济优势，为孵化企业提供政策指导、技术支持、创业辅导、资金引入、管理咨询等全方位的孵化服务，帮助企业提高科技创新水平、拓宽融资渠道、增强核心竞争力。

⑥管理咨询。聚焦创新管理和企业管理，其业务范围涵盖战略管理、项目管理、财务管理、企业内部控制、供应链管理、人力资源管理及组织成长等诸多领域，并以"咨询＋培训"的方式，为企业提供管理升级一站式解决方案，帮助企业获得长远健康发展的永恒动力。

9.1.2 多主体相互关系分析

在以往的产学研合作模式下，相关主体之间的关系不够紧密，整个合作体系尚未形成创新生态，难以实现高质量的创新发展。例如高校与科研机构研发前端的技术，该技术没有得到有效的保护，就存在被盗用的风险；又如该技术没有被企业发现，但是该技术又是关键型创新技术，企业单方面会投入大量资金研发该技术，从而造成了资金浪费与知识冗余，大大降低了创新的效率。在这一背景下，新型研发机构应运而生，促进了产业技术创新生态体系的建立。

新型研发机构是顺应科技革命和产业变革的产物，对于盘活创新资源，重组创新链条，提升国家创新体系整体效能，具有重要意义。新型研发机构的发展，既让高校、科研院所的创新成果走出来，也让企业的创新需求走进去，打通科技成果转移转化的"最后一公里"，让更多的科技"宝贝"从实验室走向"田地"、走向"主战场"。为此，本研究将以新型研发机构为主要参考点，对产业技术创新生态体系的主体关系进行分析。

在产业技术创新生态体系建立初期，新型研发机构的作用主要体现在，在研发种群、企业种群、政府种群、金融机构种群、其他创新资源和市场之间建立联系，对各个种群的相关信息进行收集与整理，识别出各个种群的具体需求，依靠内部的对接机制，将需求与知识资源进行匹配。若需求与知识资源不存在匹配关系，此时会分为两种情形：第一种是知识资源冗余，该情形下，新型研发机构能够通过对知识资源的识别，判断知识资源的市场前景，当发现该知识资源具备发展潜力，中介种群会通过孵化、推广、保护等方式充分利用该知识资源，使该资源得到市场化发展。第二种是需求冗余，需求一般为企业所提出的，一般为该企业的关键型技术与难以突破的技术，此时新型研发机构会通过搜寻相应领域的创新人才、创新团队等与该需求进行对接，使企业的技术市场化顺利进行。

政府参与产业技术创新生态体系的目的是发展区域经济，但由于种种阻碍因素的存在，政府种群与研发种群、企业种群的关系距离变大，其参与产学研的效果并不理想。由于新型研发机构的半官方性质，其可以作为政府种群与其他种群之间的桥梁，积极将其他种群的需求与政府种群进行反馈，政府种群会通过发布政策等方式促进体系的生态化发展。金融机构种群参与产业技术创新生态体系的最大目的是获利，通过小投入获得大利润，但是金融机构种群对技术的识别能力较弱，中介种群可以依靠其自身识别能力，将金融机构种群的资本引入到体系中，确保体系的资金流，促进技术成果的产出与市场化。

新型研发机构同样也会依靠其自身的监督机制，对参与的各个主体的行为方式进行监督，确保体系中各种"流"的顺利流动，为了确保种群与创新环境之间的有效互动，中介种群也会通过其驱动机制，促进体系中各种创新资源的配置动态平衡。依据以上分析，产业技术创新生态体系中多主体的基本关系如图 9 - 1 所示。

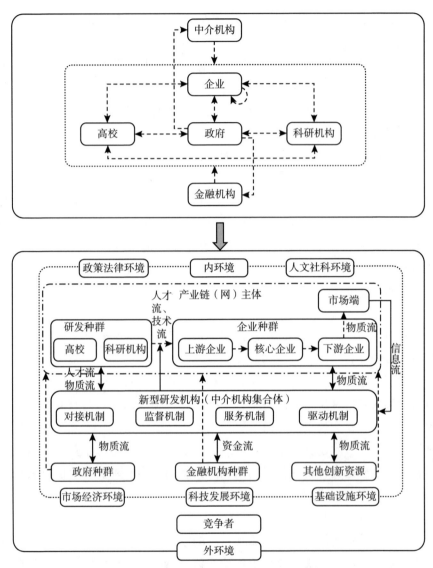

图 9-1　产业技术创新生态体系中多主体的基本关系

9.2　多主体类型及其参与机制分析

自然生态系统不是凭空出现的，而是有发展过程的。产业技术创新生态体系开始也是由创新物种逐渐演化而形成的。企业会通过生产链条联系在一起，高校与科研院所对知识前沿进行研究，三个创新物种的联系甚少；在逐步发展过程中，出现了"产学研"三螺旋结构，后来出现了"产学研用""产学研政"等四螺旋结构，再到后来的"产学研政用"五螺旋结构，这是由创新链到创新网络发展的一个过程。如何从网络化发展到系统化发展，再到生态化发展是值得进一步探讨和推进的问题。合作是一切联系的开端，在合作进行到一定程度之后，会出现"阻碍"，需要对"阻碍"进行消除才能促进体系的发展，在阻碍消除之后，便是体系的雏形，要想达到生态化，必须实现自组织机制，使各个主体稳定交流与发展。

9.2.1 合作动力机制

企业、高校、科研院所达成合作主要是为了各自的绩效，三者合作的动机直接影响到绩效，且三者的合作行为在动机与绩效之间起到了中介作用[153]，三者加入合作机制的动因各不相同。从企业层面来看，合作的动机大致分为以下几种情况：一是企业将高校作为自己创新发展的理论源头；二是企业把高校作为自身创新的一种资源；三是企业的人才输送需要高校的帮助；四是高校可以帮助企业提升核心竞争力[154]。从高校层面来看，高校加入合作机制主要有以下几个方面：一是相应政府的政策；二是两者的互惠原则；三是相较公共资金，可以获得企业资金高效率的资助；四是随着社会的进步，新知识的涌现需要高校保障其在相关领域的地位；五是高校为了向社会展现自己的地位，需要提升自身声誉；六是信息不对称[155]。从科研院所层面来看，其动机与高校类似，此处不展开赘述。

除了上述三大主体之间的合作外，企业之间也存在着合作关系，企业主要分为两大类：一类企业是优势大企业，优势大企业是指在产业技术创新生态体系里规模比较大的企业，其在产品设计、产品研发等方面具有强的优势，比例较低；另一类企业是中小企业，这是我国主要的企业形态，也是产业技术创新生态体系中必不可少的一部分。从优势大企业来看，其合作的目的是使自己强上加强。大企业自身具有很强的优势，其可以凭借自己的实力搭建科研平台，创建以自我为中心的创新网络，通过网络化机制与其他企业建立联系，进而以低成本利用产业技术创新生态体系内的相关创新要素发展自己的产业，最大程度地提升自身的创新能力与水平。

受自身能力限制，中小企业一般不会构建以自我为中心的创新网络，也不会对自身急需技术进行单独研发。中小企业会依托创新网络平台的技术资源，或与优势大企业进行联合研发，破解技术研发难题，形成自己独有的核心竞争力。

在企业、高校、科研院所达成合作机制后，通过建立初步网络进行价值共创，其中新型研发机构与中介机构、金融机构、政府也会发挥一定的作用，但是并不是主要的影响因素，最重要的是依靠企业、高校和科研院三者自身的能动性达成的合作机制。

9.2.2 控制机制

事物的发展总会伴随着问题的出现，在产业技术创新生态体系的发展过程中也会存在一些阻碍，妨碍了体系从网络化到系统化的发展，当创新网络遇到阻碍时，势必会使创新效率下降、创新绩效降低，影响创新的水平与能力，所以需要在从创新网络到产业技术创新生态体系的过程中加入控制，对已有的阻碍进行矫正，使整个网络朝着可以依靠自身调节达到平衡的产业技术创新生态体系的方向发展。阻碍产业技术创新生态体系建设的因素主要有以下三个方面：

（1）市场阻碍。

技术商业化过程一般会从原创基础研究开始，这部分一般是前沿的基础性研究，主要依托高校等载体进行。之后是应用技术研究，应用技术研究是基础性研究的拓展与深入，主要是使基础性研究具有实用价值。当应用技术研究达到成熟化后，会对产品进行研发与中试，通过这一步使应用技术研究可以更好地投入到生活、生产等场景中，并经历过千锤百炼之后，最终投入市场，接受市场的检验，经历过产品迭代之后，达到了使用者的满意度，从此加大产能，实现产业化。这番历程中涉及的问题主要有无法对技术的市场化进行预测，这就是市场失灵的表现，待投入到市场之后，也存在着市场风险的情况，这些都是市场阻碍的表现。

（2）参与阻碍。

企业可以为高校、科研机构提供资金支持，其自身的发展情况直接关系到后两者的参与积极性，究其根本，参与阻碍主要体现在企业层面。企业层面的参与阻碍主要包括以下三个方面：一是"集体行动逻辑"，每个企业都是一个独立的个体，当有众多企业参与到创新网络中时，每一个企业都可能会觉得自己的低程度付出不会对整个网络或体系的运行产生影响，但是当多个企业都想以低廉付出获得高额收益时，企业参与网络的积极性就会下降，网络就会面临解网的风险；二是"囚徒困境"，中小企业一般会因为自身的经济实力不足而尝试以最少的投入获取优势大企业在体系与网络构建过程中的资源与能力，而优势大企业可能会提前预知此现象，从而使自己投入体系与网络的资源量减少，这样就会使网络因企业投入不足而难以继续运转；三是"依赖"，加入网络与体系的各个创新主体在达到理想利益后会继续对其产生依赖，过分注重技术等资源的外部获取，而忽视自身的成长，使自身能力受制约严重，无法在后期形成自己的核心力量，在网络与体系不受外界干预后不能凭借自身的力量发展自己，这种现象主要在中小企业间发生，现象的后果就是整个网络与体系的创新能力下降，企业要在网络和体系中生存下去，必须在合作的基础上具有独立性[156]。

（3）资金阻碍。

创新成果的转化和产业化需要大量的资金投入，社会资本对产业认识不够深入会使整个体系很难注入资本的力量，而且这个过程中要求资金链条不能出现断裂、冗余，资金的有效利用可以使创新循环升级，满足创新主体的发展需求[157]。

新型研发机构联合中介机构、金融机构、政府等主体进行，主要是从障碍产生的时间点加入产业技术创新生态体系中的，施加的控制一般有管理控制、激励控制、约束控制等，在前面的三种阻碍中，政府主要通过政策实施最大化消除参与阻碍，促进政策生态的建设。新型研发机构主要通过健全产业技术创新市场导向机制、促进成果转化机制等消除市场阻碍，促进人才生态、空间生态的建设。金融机构在新型研发机构与政府的引导下，正确认识产业技术创新生态体系的发展前景，通过民间资本的投放等消除资金阻碍，促进金融生态的建设。

本研究列举了产业技术创新生态体系中三种常见的合作形式，分别为技术入股式合作、项目主导式合作和技术需求式合作。

在技术入股式合作中（如图9-2所示），科研类种群为技术的供给端，企业为资金的供给端，政府为政策的供给端，该合作模式中，三方通过技术价值引起了三者之间的合作。在合作初期，股权合同限定了各个主体之间的行为，但是随着合作的深化，由于利益驱使，使技术成果通过售卖等形式转移到其他主体，造成了技术的垄断性优势减弱，在这之后的技术产业化过程中会出现消极态度等现象，最终导致合作终止。新型研发机构通过对技术产业化过程进行有力监管，会帮助其消除阻碍，最终实现技术产业化和技术增值。

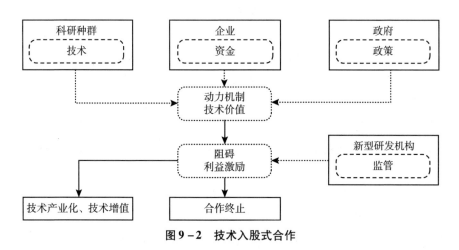

图9-2　技术入股式合作

在项目主导式合作中（如图9-3所示），其动力机制是政府的领投与企业的跟投，使项目得以实施，但是在该项目的前景没有明确的情况下，会遭遇到外部风险的阻碍，最终可能导致合作终止。在新型研发机构的帮助下，其可以在早期对项目进行评估，对风险加以识别，将风险扼杀在项目初期，若项目实施过程中遭受到了诸如金融风险、市场风险等，新型研发机构会将其他调控种群引入，共同将风险消除，促成项目的运营。当新型研发机构发现新项目并评估该项目后，会通过孵化的形式将项目发展为企业。

在技术需求式合作中（如图9-4所示），科研类种群拥有人才、知识、技术等资源，企业有技术需求、人才需求等，该模式下动力机制是知识势差，企业与科研类种群通过知识互补的形式进行合作。随着合作的不断深入，企业与科研类种群的势差缩小、需求也发生了改变，新型研发机构通过促进新的需求对接，实现了共同价值创造，使合作进行了深化。在科研类种群的技术能够满足市场需求时，新型研发机构可以通过资源编排的行为对该技术进行孵化。

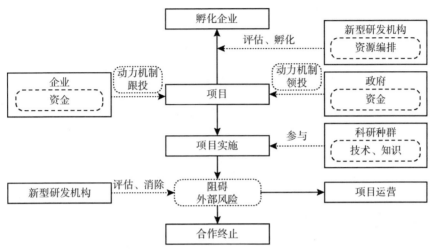

图 9 - 3　项目主导式合作

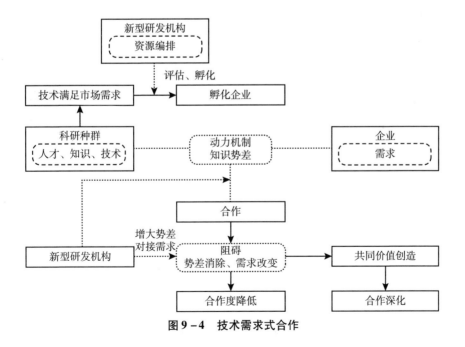

图 9 - 4　技术需求式合作

9.2.3 自组织机制

在控制机制作用下，产业技术创新生态体系的原型已初步搭建完毕，经过体系内部的不断反馈，继续加以新的控制，直到趋于稳定状态，通过自组织机制达到自发的产业技术创新生态体系。

与自然生态系统类似，产业技术创新生态体系同样是在自组织形式下稳定运行的。产业技术创新生态体系的自组织机制是指在体系内各个主体、种群与环境进行自发性有序交互，从而使得体系进行稳定运转、发挥应有功能的机制。在创新形成系统化之后，系统在自组织机制的影响下向生态化发展，这就要求此系统需要有以下两个特征：一是具有极度开放性，封闭的系统会不断增加自身熵值，使系统无法对外界负熵进行获取，系统会趋于停滞，因此系统必须具有开放性才能使系统具有可发展性；二是系统需要趋于不平衡态，系统在平衡态时，各个主体、种群的差异并不明显，创新力无法自发进出，系统内部不能进行有效的能量、物质、信息的交换，对于整个系统来说就是发展停滞，只有在不平衡态，各个主体之间才能产生势能差，使创新资源能有效流入与流出。

基于以上分析，提出产业技术创新生态体系中多主体参与机制，如图 9-5 所示。

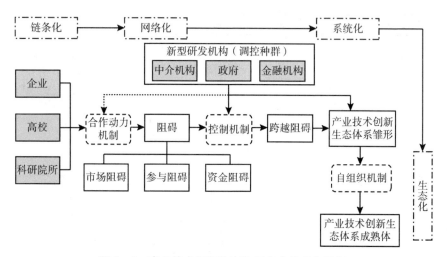

图 9-5 产业技术创新生态体系多主体参与机制

最初，企业、高校、科研院所会通过合作动力机制进行合作，此合作机制使三者从链条化向网络化发展，三者之间的关系也逐渐复杂化。随着时间的推移，其合作会有阻碍形成，主要包括市场阻碍、参与阻碍、资金阻碍三种形式，此时新型研发机构会联合调控种群对其施加控制，其中实线部分是强控制，虚线部分为弱控制，共同作用下阻碍最大化得到消除，关系由网络化向系统化方向发展。在跨越阻碍后，会形成产业技术创新生态体系的雏形，这也是真正的系统化形态，通过后期的自组织机制，会使其由系统化向生态化发展，最终发展成为产业技术创新生态体系的成熟体。从整体来看，由于各个机制的作用使创新主体之间的关系由单一向复杂方向发展，最终到达生态化，生态化的意义在于不需要任何调控，其创新主体之间能够密切协作，共同经营好产业技术创新生态体系。

| 10 |

产业技术创新生态体系的多主体
资源交互作用分析

10.1 理 论 基 础

10.1.1 资 源 基 础 理 论

资源基础理论源于彭罗斯（Penrose，1959）学者，该学者是奠定资源基础理论的学者之一，提出一个公司的成长受到资源地位的限制，而不受市场因素的影响，公司管理能力是限制企业成长最主要的资源，此位学者并没有把战略性资源与实体资源进行区分[158]。

资源基础观的概念是由沃纳菲尔特（Wernerfelt，1984）最早提出的，他指出资源和产品就像硬币的两面，即分析公司有两个方面，第一是资源视角，第二是产品视角。但是其更青睐使用资源视角分析公司行为。他认为一个公司要想获得竞争力，需要创造一种使自己资源很难被其他公司追赶上的局面，在资源基础观中，资源壁垒类似于市场进入壁垒，企业可以通过创建自己的资源壁垒来获得竞争优势[159]。

当公司环境动态变化过程中，这些短暂的资源壁垒并不会给企业带来持久性的竞争优势，所以鲁梅尔特（Rumelt，1984）提出企业资源壁垒可以作为企业的一种隔离机制，这种隔离机制为企业的模仿性竞争提供了一种障碍，帮助企业保持自身的竞争优势[160]。鲁梅尔特（Rumelt，1982）

等学者认为隔离机制的模糊性使企业的竞争优势不能够被完全模仿，战略资源的模糊性使竞争对手无法知道要模仿哪些资源，这些隔离机制包括知识资源、买卖成本、搜索成本、渠道、名誉、产权、信息优势等[161]。因此，战略资源不完全模仿性是资源基础观的核心。

贝特罗夫（Peteraf，1993）提出了企业竞争优势战略资源的四个条件，即资源稀缺性、资源不完全模仿性、资源不完全流动性与有限竞争。资源稀缺性即是资源供应有限，战略资源在一个产业中是异质性分布的，在资源有限的条件下拥有战略性资源可以使企业获得超前利润；资源不完全模仿性使竞争对手很难利用已有的资源建立竞争优势；资源的不完全流动性意味着企业的资源难以进行交易；市场的有限竞争意味着对战略资源的了解程度有限，这也限制了资源的竞争[162]。

然而，并不是所有的资源都可以使企业具有持续竞争优势的潜质，伯尼（Barney，1991）认为要具备这些潜质，企业资源必须具备以下四个属性，这四个属性即是资源基础观的核心观点：一是资源必须为有价值的，即价值性；二是在企业当前与潜在竞争中很少见，即稀缺性；三是不完全可模仿的，即难以复制性；四是这种资源不能存在同等的替代品，即不可替代性[163]。

由此，伯尼（Barney，1991）绘制出了资源基础观的基本分析框架，给出了资源与持续性竞争优势间的基本关系，如图 10-1 所示。

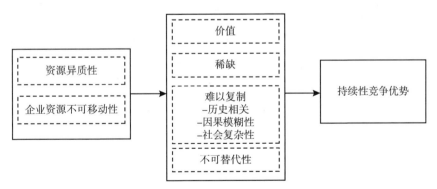

图 10-1 资源基础观基本框架

注：作者根据伯尼相关文献[163]整理得到.

10.1.2 资源编排理论

资源编排理论的雏形是资源管理模型[164]与资产编排模型[165]，两者互相补充，西蒙（Sirmon，2011）整合两者得到了资源编排理论[166]，资源编排理论打开了从资源到持续竞争优势流程的黑箱，并同时厘清了资源与能力两者的关系，也表明了两者在实现持续性竞争优势中发挥的作用。在主体实现与环境的动态关系匹配过程中，资源编排理论具有较好的解释力。

资源编排理论强调资源不会自动赋予主体，使主体具有持续性竞争优势，而是需要主体对该资源进行管理，对资产进行编排，才能给主体带来持续性竞争优势。同样的，当存在同质性资源时，不同的主体会对这些资源有不同的"行动"，从而该资源对绩效的影响不相同，这是因为主体对资源编排过程不同而产生的差异[166]。资源编排主要是资源管理与资产编排的协同过程，其过程如图 10-2 所示。

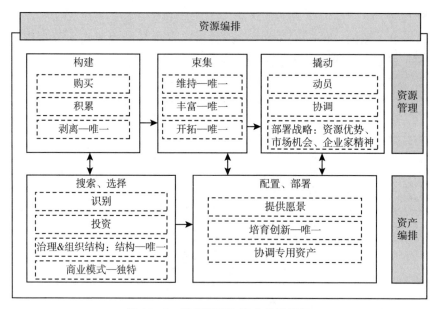

图 10-2 资源管理和资产编排框架

注：唯一是指该要素在研究框架中没有概念上的对等物.

10.2　多主体异质性资源分析

马克思最早在《资本论》中提到"劳动和土地，是财富两个原始的形成要素"，恩格斯又指出"其实，劳动和自然界在一起它才是一切财富的源泉，自然界为劳动提供材料，劳动把材料转变为财富"，两者对资源的定义，蕴含着自然资源与人力资源。当下的研究主要是以企业资源为主，基于资源基础观，伯尼（Barney，1991）认为企业资源包括所有资产、能力、组织过程、企业属性、信息、知识等，企业资源可以被划分为三大类型，分别是物力资源、人力资源、组织资源[169]。物力资源包括有形技术、企业的设备、地理位置等；人力资源包括企业中的训练、经验、判断、智力、人际关系、经理的洞察力、企业员工等；组织资源包括企业的规划、控制与协调、企业内部团体之间的关系、企业与环境中的非正式关系等[163]。但这三大类资源并不是每一个都是企业的战略性资源，根据资源基础理论，只有能够使企业产生持续性竞争优势的资源才可以称作战略性资源。

在本研究中，对资源的界定为：产业技术创新生态体系内能够被主体与体系运用的一切物质与非物质的集合，也就是说产业技术创新生态体系就是由资源构成的集合体。基于资源基础理论，异质性资源是具有价值性、稀缺性、不可替代性与难以复制性的一类资源，正是由于异质性资源的上述特点使异质性资源成为各主体开展资源交互活动的基础和前提。企业的异质性资源主要是市场化资源与生产资源；政府异质性资源主要是政策资源、权力资源；高校与科研院所异质性资源主要有人才源头、前沿知识资源与高水平研发团队；新型研发机构的异质性资源主要有产权保护、平台供给等；金融机构的异质性资源主要是金融资本。后文将分别对产业技术创新生态体系中各类主体的异质性资源情况进行具体分析。

10.2.1　企业异质性资源

在传统战略分析的层面，企业资源是企业持有并且用于实施战略的优势[167]。企业资源在学术界目前没有严格的定义，一般都是从企业资源分类出发进行界定的。前文已给出了基于资源基础观的分类方式，在企业资源的特点方面，企业资源必须要为企业带来效益，也只能被企业所持有与运用。影响企业对资源的持有与运用的因素主要包括内部因素与外部因素，从内部因素来看，企业是资源的载体，在产业技术创新生态体系内；其对资源的编排能力影响到了由资源产生的效益水平，外部因素主要由体系外环境与其他主体引起的，政府施行的每一个政策，都对企业资源的使用产生一定影响，其他主体与企业之间的动态调整也会影响到资源的使用。在产业技术创新生态体系中，企业主要有市场化资源和生产资源两类异质性资源。

（1）市场化资源。

一项技术没有实现其应有的社会价值就不算是创新，技术市场化是实现社会价值的一种方式。与其他主体不同，企业的最终目的是获利，所以企业的组织架构中，销售部是一个十分重要的部门。从一项技术的提出，到样品的出现，再到市场实验产品，最终到商品的呈现，技术市场化是一个复杂的过程，需要多个主体共同进行，高校、科研院所的研发支持，金融机构的资金支持，政府的政策支持都只是其中的几个小方面，最终落实到商品的过程需要由企业完成，企业是帮助技术市场化实现的最后一程。企业也是市场经济的主要参与者，对于市场的动荡可以第一时间识别到，对于市场需求也能及时反馈，所以在产业技术创新生态体系中，企业"传感器"也有着不容小觑的作用。

（2）生产资源。

在市场化过程中需要对商品进行加工、复制，在商品的生产过程中，企业通过产业链进行合作，从小零件到大组件，最终到成型商品，这些都离不开产业链中各个企业间维系的长久客户关系，这些关系也是企业异质性资源的一种。

10.2.2 政府异质性资源

政府的异质性资源主要包括政策资源和权力资源两类。

（1）政策资源。

适宜的政策引导可以对产业技术创新生态体系的创新活动产生一定的积极影响。对体系产生影响的政策一般是创新政策，各位学者也已经对创新政策有了更深入的研究，在创新政策对创新主体的影响机制与作用方面，周江华（2017）等通过数据分析，指出政府的财政补贴与税收政策对企业的创新绩效有正向影响作用[168]，岳瑨（2004）指出创新政策是高技术产业化和高技术集群的有效保障[169]。在创新政策类型方面，周劲波（2011）认为政府创新政策可分为改善创业环境型、提高创业能力型、减少创业风险型三大类型[170]，岳瑨（2004）在微观层面对创新政策进行了划分，指出创新政策是政府在教育、科技、信息、税收、法律、人才等方面组成的政策体系[176]。政府作为政策的制定者与产出者，可以决定市场运作方式、产业技术创新生态体系的运行效率等。

（2）权力资源。

政府的部门形式众多，我国已实行了政府权责清单公开化，确定了政府的相关权力与责任。在产业技术创新生态体系中，政府的权力是保障体系建设与运转的重要推手，在体系初步构建过程中，企业需要相关资源支持，比如土地资源、硬环境资源等，这些都需要政府的权力支持。在构建成长阶段，需要政府的市场监督权力对体系环境进行规范，避免体系内的企业进行恶性竞争，促进体系的良性发展。同时，政府需要引导企业进行网络化构建，避免对外资的过度依赖。对于人员管理层面，政府可以处理在编与否的问题，在信任体系的构建过程中，政府可以通过诚信教育，对体系内的道德败坏行为强加管控，促进体系主体的归属感[171]。

10.2.3 高校与科研院所异质性资源

（1）人才资源。

高校是人才培养的重要场所，是人才聚集的高地。技术创新也是由"人"来进行的。高校不仅需要对人才进行知识的传播，更需要培养创新型高素质人才，高校保证了体系内人才流动的"质"与"量"，高校源源不断为体系内其他主体注入新鲜血液，保证了体系的活力，为体系的人才生态建设提供了相应的支持。

（2）前沿知识。

"面向世界科技前沿，面向国家重大需求，面向国民经济主战场，率先实现科学技术跨越发展，率先建成国家创新人才高地，率先建成国家高水平科技智库，率先建设国际一流科研机构"，在中科院的办院方针中可以看出，科研机构与高校都是前沿知识与资源的供给者，高校与科研院所为所在地区的发展提供了丰富的知识资源，这一部分前沿知识资源是企业无法触及的高度，成为两者的异质性资源。

（3）高水平研发团队。

虽然在企业中也有研发团队的存在，但前沿技术研究的主力军仍然是高校与科研院所，两者拥有的科研团队更具有突破性，对于现有科研信息的获取能力也更强，对于共性技术的研究也具有一定的竞争力。

10.2.4　新型研发机构异质性资源

（1）产权保护。

习近平总书记在主持召开中央财经领导小组第十六次会议中强调：产权保护特别是知识产权保护是塑造良好营商环境的重要方面。要完善知识产权保护相关法律法规，提高知识产权审查质量和审查效率。要加快新兴领域和业态知识产权保护制度建设。要加大知识产权侵权违法行为惩治力度，让侵权者付出沉重代价。其可以为企业、高校、科研院所的产权进行保护，专利导航可以锁定产业核心技术和关键环节的技术创新，快速预审和确权可以快速转化优秀技术创新形成高质量、高稳定专利，专利预警可以把控产业知识产权风险点，予以精准保护和防范，行政保护与司法协同保护可以构筑全方位产业知识产权保护网络，专利运营可以促进高质量专利实现价值最大化，激励创新主体二次研发、深度开发。

（2）平台供给。

新型研发机构可以在科学向技术转化的关键环节发挥桥梁作用，为大学与产业搭建桥梁，为全球创新资源与工业界搭建桥梁，为人才流动、技术流动、信息流动提供沟通便利。新型研发机构可以将高校、科研院所与企业进行对接，搭建创新平台，为其共同发展奠定基础。

新型研发机构也可以作为孵化器，对初创企业在合作研发、市场准入、市场开拓、人力资源管理、投融资、落户等方面提供加速孵化支持。当初创企业具备一定的能力后，再对其进行拓展服务、市场宣传服务、上市辅导服务、并购重组服务，以帮助初创企业达到规模化发展。

10.2.5 金融机构异质性资源

金融机构的异质性资源主要是金融资本资源，金融资本是产业技术创新生态体系的纽带，金融资本是创新成果化、技术商业化、产业融合与新兴产业发展的基础。金融资本促进了体系内协调关系与能力的发展，帮助产业创新生态体系得以良性循环。在体系构建过程中，政府、新型研发机构等通过引导金融资本的进入，为体系提供了多元化金融服务，对资源配置的效率与产业集群的发展有较好的促进作用[150]。

10.3 多主体资源交互过程分析

10.3.1 多主体资源交互的阶段划分

一项技术的产业化必定经历一段发展过程，该过程需要多个主体进行协作，共同促进一项技术从构想到为社会提供便利，在技术不断成熟的过程中产业技术创新生态体系内进行着多种资源交互过程。本研究依据技术成熟度等级的划分，对产业技术创新生态体系中多主体的资源交互过程进行分析。

技术成熟度是技术在某一产品或系统中不同阶段所处的状态，刻画了技术在特定阶段应达到的预期目标，是经过大量实践的产物。其概念可追溯到 20 世纪 70 年代中期，美国航天局专家萨丁（Sadin）最早提出了技术成熟度的概念，随着时代发展，技术成熟度的评价方法趋于成熟与完善，其评价技术最早是美国航天局于 1989 年提出的，最早仅有 7 个等级，1995年美国航天局发布的白皮书将其增加至 9 个等级。2005 年美国国防部发布《技术成熟度等级手册》，使其发展更趋于完善。目前，各个国家在不同领域对技术成熟度等级（Technology Readiness Level，TRL）进行本土化定义，以满足不同领域产品或技术的发展评定[172]。技术成熟度等级的定义及阶段划分如表 10-1 所示。

表 10-1　　　　　　　　　　技术成熟度等级划分

TRL	定义	阶段划分
1 级	基本原理得到发现和报道	技术研发阶段
2 级	提出了技术概念和/或其应用	
3 级	关键功能和/或特点通过分析和实验进行概念验证	
4 级	实验室环境中的技术基本特征	技术中试阶段
5 级	相关环境中的技术基本验证	
6 级	相关环境中的技术模型或原型展示	
7 级	操作环境中的技术原型展示	技术产业化阶段
8 级	实用技术通过测试和展示最终完成并获取资格验证	
9 级	实用技术通过成功的任务操作获取资格验证	

依据表 10-1 中的技术成熟度等级划分，可以将产业技术创新生态体系中多主体的资源交互过程分为三个阶段：第一阶段对应于技术成熟度等级的 1 级至 3 级，这一阶段资源交互主要发生在高校/科研院所与上游企业/核心企业之间；第二阶段对应于技术成熟度等级的 4 级至 6 级，这一阶段的资源交互主要发生在核心企业和上游企业之间；第三阶段对应于技术成熟度等级的 7 级至 9 级，这一阶段的资源交互主要发生在下游企业和市场（消费者、客户）之间。

10.3.2　各阶段资源多主体交互过程分析

资源不能主动加入产业技术创新生态体系中并发挥应有的作用，需要体系内新型研发机构对资源进行行动，使资源在产业技术创新生态体系中发挥最大的效用。资源编排理论从动态视角解释了从获取资源基础到资源行动，最后到获取核心竞争力的动态演进过程，本研究依据资源编排理论，分析产业技术创新生态体系中资源效用化的过程。

　　在各阶段多主体之间的资源交互过程中，新型研发机构发挥着不同的作用。如图 10 - 3 所示，在基础研究阶段，新型研发机构通过对市场、上下游企业、核心企业、高校与科研院所、政府、金融机构、其他创新主体的资源进行识别，发现了各个创新种群的异质性资源，明晰了产业技术创新生态体系所需资源。此阶段中，高校与科研院所为主力，两者通过前沿探索、实验研究等方式发现技术资源，并使其在实验室环境下得以进行验证，两者在此阶段中产生了核心知识产权，若不加以保护，将面临盗用、移植等风险，新型研发机构通过特有的知识产权服务体系与管理模式，确保知识产权得以有效保护。

　　在新型研发机构对资源进行识别完成后，新型研发机构与其他创新主体进行沟通、反馈，确定主体的意愿与发展愿景。此时，新型研发机构会对资源进行连接，将需求端与供应端进行进一步识别，对具有匹配度的两个主体进行连接。同时，新型研发机构也会与政府进行加密沟通，促进其异质性资源产出。资源连接一般存在于技术开发阶段，此阶段是产学研合作的过程，同时也是"死亡之谷"，在实验室环境下产生的技术资源，需要通过核心企业与金融机构的资金流、政府的政策流等使技术不断成熟，而核心企业如何将资金流精准对接到高校与科研院所中是值得考虑的一个问题。新型研发机构的出现恰好缓解了此类问题，其通过前期的大量数据积累，对需求与技术资源建立数据库，精准对接研发资源，解决了企业的核心技术需求，为高品质产品提供了良好的质量保证。连接完成之后，可能会有资源分离的过程，旨在将可以自给自足的资源进行分离，帮助资源所有者进行孵化，使其成长为一个独立企业。

　　在资源进行连接之后，随着市场风险的不断出现，需要主体进行资源的调整，新型研发机构会根据市场分析，在不断补充新资源到市场化的过程中，通过逐步调整能力与资源配置的过程，不断校准资源，以适应风险的变化。当有资源不适合整个市场化过程中时，需要对资源进行精简，分解不适合的资源，将孵化失败企业的资源并入新的市场化过程。

　　在制造发展阶段与生产部署阶段，产品需要系统化生产，产品的组件需要更细化的生产与加工。此时，新型研发机构会将已筛选出的高质量上游公司和下游公司与核心企业进行对接，从而达到顺利生产的目的。若以小微企业为核心企业，新型研发机构可通过孵化等方式，引入民间资本，使其技术落地、产品落地。依托新型研发机构的"中间人"，所有主体都可以通过新型研发机构与其他主体构建联系，网络构建就是主体之间互相搭建桥梁的过程，使之能够以最短路径进行资源交互，提升资源交互的效率。

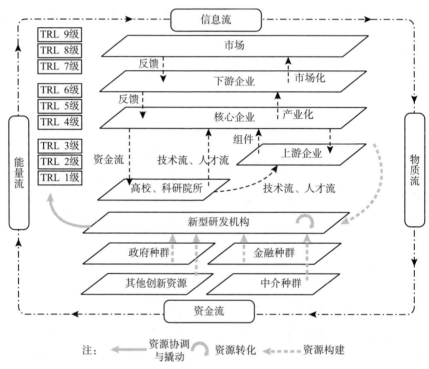

图 10 – 3　创新生态体系中多种资源交互过程

　　在产业技术创新生态体系处于稳定阶段，各个主体间的资源进行稳定的交互，面对新的需求，各个主体将最快响应，构建资源流以满足新需求，面对新主体的加入，资源稳定交互网络可依托新型研发机构将网络资源供给新主体，帮助新主体更好地加入产业技术创新生态体系。在 TRL 每个等级中，新型研发机构在技术转移转化过程中的社会代价更小、时间成本更低、迭代速度更快。

10.3.3 多主体资源编排过程分析

在多主体各阶段资源交互过程分析中，仅仅从宏观角度分析了资源交互的过程，经研究发现产业技术创新生态体系中多主体资源编排过程主要包括资源构建、资源转化、资源协调与资源撬动四个过程，本节将从资源编排微观层面出发，对四个过程进行分析（如图10－4所示）。

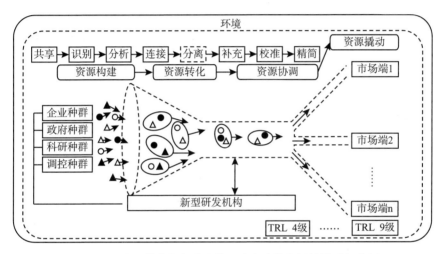

图10－4 产业技术创新生态体系中多主体资源编排过程分析

资源构建过程是将资源进行收集并加以分析，这是产业技术创新生态体系资源基础的前提，此过程需要各个种群共享其资源，新型研发机构会通过自身的"半官方"性质，与企业种群、科研类种群等进行联系，了解其需求，对其资源进行摸底，识别出有前景的资源加入其资源池中，在资源池中需要进一步对资源进行分析，为资源转化过程打好基础。

资源转化过程是对已掌握的资源进行连接与分离，促进各个主体之间进行关联，确保体系可以初步运转，新型研发机构通过市场调研等方式，了解产业前沿，对创新资源的供需双方进行连接，使资源能够发挥最大的效用，其中可能会出现连接失败的情形，需要新型研发机构对资源进行再连接与再调配。

资源协调是在技术发展过程中，通过对资源加以补充、校准与精简，使资源的运作过程更加流畅，资源水平得以提升，从而促进体系的发展运作。其中，补充的目的是将配对完毕的资源进行完善，校准的目的是使资源能够精准对接未来市场需求，精简的目的是摒除冗余资源。新型研发机构在技术研发阶段、技术中试阶段与技术产业化阶段对相关主体进行干预，监督其技术从零阶段到市场化阶段、或从已有技术到市场化阶段的过程，充分利用杠杆撬动整个资源的运作，使体系得以高质量发展。

需要注意的是，资源构建、转化、协调是不断改变与反馈的过程，没有一成不变的顺序，新型研发机构及各个主体需要根据环境不断改变这三个过程，图 10 - 4 仅表示了在产业技术创新生态体系中资源编排过程较为普遍的一系列流程。

| 11 |

产业技术创新生态体系的
多主体赋能过程分析

11.1　赋能理论基础

"赋能"一词在管理领域的应用最早始于 20 世纪 80 年代,用来表示权力方面的赋能,也就是"授权赋能"[173],企业授权给员工赋予他们更多额外的权力,来激励员工主动行为,企业由上而下地释放权力,尤其是员工们自主工作的权力,最大限度地发挥个人才智和潜能。之后学者们开始从不同的研究视角对赋能进行研究,卡门等(Leong et al.,2015)从过程视角将赋能划分为结构赋能、心理赋能、资源赋能[174](如表 11 - 1 所示)。结构赋能聚焦于通过提升客观外部条件(如组织、制度、社会、经济、政治及文化条件)为行动赋予力量[175];心理赋能来源于心理学角度,是对赋能内涵的丰富,林肯(Lincoln)认为心理赋能可以增强被赋能者的主观赋能感受,让其感受到"使能够"的过程[176],以提高自我效能感[177];资源赋能强调在资源整合的过程中对资源的获取、控制和管控能力[178],包括技术赋能、资金赋能、人才赋能等,全面助力行业企业与行业产业的升级。

表 11 - 1　　　　　　　　　　　赋能的研究视角与内容

研究视角	具体内容	代表学者（年份）
过程视角	结构赋能	Leong et al.（2015） Lincoln et al.（2010） Conger & Kanungo（1988） Jacques（1995） 周文辉等（2017） 杜晶晶等（2020）
	心理赋能	
	资源赋能	
演化程度	政策赋能	Yukse（2014） 邢喻（2020） 李晓玉（2018） 郝金磊和尹萌（2018） 周文辉等（2018） 尤守东（2020）
	法律赋能	
	顾客赋能	
	数字化赋能	
	平台赋能	
	生态赋能	

　　赋能在其演化的阶段性过程中不断拓展和升级，演化成许多其他形式的赋能，如政府领域的政策赋能、司法领域的法律赋能、随着互联网时代的来临而诞生的顾客赋能和数字化赋能、共享经济时代背景下的平台赋能和生态赋能[179]等（如表 11 - 1 所示）。其中，政策赋能指的是政府出台各项扶持奖励政策，以助力产业高质量发展；数字化赋能主要是指以云计算、大数据、物联网和人工智能等为代表的新兴数字技术的加速推广应用，赋予使用者某些特定能力，改善工作环境，提高工作效率[180]；平台赋能强调围绕平台直接参与企业来获取基于过程重组、应对环境变动的高阶能力[181]，赋予利益相关者创新、生产和竞争的能力，以实现资源的高度整合与高效利用[182]。生态赋能强调广泛的赋能主体参与到协作融合的交互赋能过程中获取可持续发展能力，赋能是双向的，赋能产业技术创新生态体系的创新创业、政务、社会、政治、环境等领域，打造开放融合的动态平衡系统，实现产业技术创新生态体系的高质量发展。

11.2　多主体赋能的形成过程

高质量的产业技术创新生态体系是国家区域发展战略的需要，是加快创新驱动发展的需要。产业技术创新生态体系由各种各样的主体组成，各主体相互间存在各种复杂关系[100]，多主体在产业技术创新生态体系中不断地进行资源的交互，为了更好地吸收和利用资源，各主体对相关主体进行多方面赋能，为对方提供更好的条件去成长和发展，各主体也因此得到对方反馈的更优质的资源，从而实现产业技术创新的良性循环，构成可持续性发展的产业技术创新生态体系。以赋能理论为分析视角，从资源（技术、人才、资金）赋能、政策赋能、平台赋能层面，分析多主体之间在产业技术创新活动中的赋能机制及其形成过程，来不断推动产业技术创新的发展。

产业技术创新生态体系可以看作是产业技术的产生到应用的一个过程，在产业技术的生产过程中需要多主体参与，并相互为对方进行多方面赋能，以便实现产业技术更好地、更高效地从产生到应用，使这一过程得以良性循环。因此，从技术成熟度的角度，根据科技成果转化的发展阶段[183]，将其划分为技术研发阶段、技术中试阶段、技术产业化阶段三个阶段，并分析在不同阶段下多主体赋能的形成过程。其中技术成熟度的1~3级为技术研发阶段，高校、科研机构等负责基础技术研究工作；技术成熟度的4~6级为技术中试阶段，新型研发机构等负责技术创新成果的实际应用检验和二次开发；技术成熟度的7~9级为技术产业化阶段，企业将技术创新成果进行产业化。

11.2.1　技术研发阶段

技术研发阶段指的是高校、科研机构科技成果转化的核心生产阶段。本阶段产业技术创新生态体系下多主体赋能过程如图 11-1 所示。赋能的主要作用点是资源（资金、人才、技术等）赋能、政策赋能和平台赋能，技术研发主体将科技成果提供给新型研发机构进行二次开发与实际应用检验，为科技成果的产业化做准备；政府和金融机构对技术研发主体提供资金、政策方面的支持，为其创造良好的经济、政治环境；全球创新资源对技术研发主体提供国际高层次人才、一流创新成果，实现与国际产业技术创新生态体系的对接与融合，加快产业技术创新的步伐；新型研发机构为产业、全球创新资源与工业界之间提供了一个中介平台，推动了科学到技术的转化。

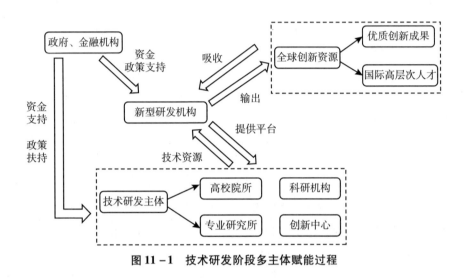

图 11-1 技术研发阶段多主体赋能过程

首先，高校和科研机构作为技术研究开发阶段最重要的主体，着力于产业共性关键技术和前瞻性技术的研究，产出创新技术等，并将这些技术资源提供给新型研发机构进行二次开发或者产业化，使技术研发成果不仅仅停留在研发阶段。与此同时，新型研发机构提供一个高校和科研机构与工业界之间技术产业化平台，推动高校和科研机构的基础研究成果转化为应用技术，实现创新技术的升级。

其次，政府对新型研发机构提供园区、税收、金融等政策支持和资金支持。政府支持新型研发机构建设科技成果转化服务平台，明确产业技术研发专项资金的用途，明确有关部门要为新型研发机构建立高新技术企业认定、知识产权服务、企业研发费用加计扣除等政策落实的专门服务渠道，明确对投资新型研发机构衍生企业的创业投资机构等，为产业技术创新提供资金和政策保障，支持产业技术创新的可持续发展。

再次，具有较强研发和服务能力的独立法人研发机构，通过加盟制建立专业研究所的方式，而地方政府（园区）与新型研发机构、领军人才及团队联合建设共同建制研究所，从事技术研究工作的方式，向新型研发机构输入优秀的技术研发人员，共同进行技术研究。龙头企业与新型研发机构通过战略合作开展产业技术创新、创新资源和要素整合等活动的方式，向新型研发机构输入先进技术、设备、工艺流程和高端技术人员，更高效地产出对企业有价值的先进科研成果。

最后，海外平台和全球创新资源，通过建立战略合作关系和海外合作平台的方式，向新型研发机构输入丰富的技术资源和优质项目资源，加速产业技术创新的效率，对新型研发机构的发展起到支撑和推动作用。同时，新型研发机构作为一个创新资源的平台，将其研发的技术成果作为创新资源也反馈回国内外的其他企业、研究所，向国际输出更多的创新资源要素，积极推动各类国际企业转型发展。

由此可见，技术研发阶段赋能的作用对象是技术研发主体和新型研发机构，赋能的作用点是资源赋能、政策赋能和平台赋能，赋能的作用方式是提供资金、人才、技术资源。新型研发机构与技术研发主体、政府、金融机构、全球创新资源等缔结成为一个产业技术创新生态体系，共同推进产业技术创新，形成了多元化资源网络。产业技术创新生态体系内，技术研发主体、政府、金融机构、全球创新资源共同将资源聚集到新型研发机构，新型研发机构充分利用自身储备资金和政府、金融机构的资金，为技术研发主体提供财政资金；技术研发主体是产业技术创新生态体系引进高质量人才的重要来源。在技术研发阶段，新型研发机构与技术研发主体、政府、金融机构、全球创新资源等拥有着不同的资源和能力，在产业技术创新生态体系中，通过资源交互来弥补自身的资源缺口，促进技术创新和异质性资源的获取，从而推进产业共性关键技术的创新，助力高质量发展。

11.2.2 技术中试阶段

技术中试阶段指的是对实验室科技成果的二次开发阶段，完成科技成果的实际应用检验。本阶段赋能的主要作用点是资源（资金等）赋能、政策赋能（如图 11-2 所示），政府、核心企业和金融机构等组织对技术中试主体提供资金资助或资金捐赠，积极推进高科技成果的产业化转化，为产业化做中试准备和实际应用检验，同时政府也会出台相关支持政策，开通绿色政策通道，以解决技术研发主体科技成果转化中的资金瓶颈难题。

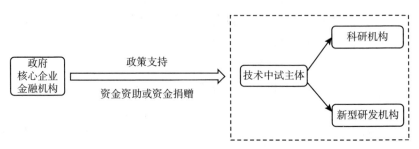

图 11-2　技术中试阶段多主体赋能过程

科技成果转化是一个非常复杂的过程，每个阶段都需要相应的经费投入，其间需要通过核心企业与金融机构的资金以及政府的政策、财政支持等帮助，才能够顺利完成这一阶段。技术只有经过实验室环境下的实际应用检验，才能够不断成熟，运用到产业中进行产业化。由于技术中试阶段存在较大的技术风险，高校和科研机构的重点是开展基础技术研究，中试经费的缺乏使许多创新成果与中试束之高阁，大多局限在产品的试验和测试上，而企业和风险投资公司都是以盈利为目的，也不愿意在此阶段投入太多资金。

为解决技术成果转化难的问题，新型研发机构在技术中试阶段发挥了巨大作用，通过多渠道资金的支持完成对创新成果的二次开发和检验。新型研发机构为技术研发主体提供产业技术创新平台，通过与政府、金融机构、企业的合作，共同扶持技术研发主体的成长，为其提供所需资金、技术、政策资源和硬件设施，解决了技术研发主体在研发过程中遇到的技术瓶颈、资金问题等，使得技术创新更加高效。

技术中试主体主要由新型研发机构、科研机构组成，技术中试环节大部分都在新型研发机构完成。政府、核心企业和金融机构对新型研发机构提供资金、政策支持，确保了科技成果转化链的有效运行，降低了高校、科研机构、研发企业的技术风险和财务风险。新型研发机构在此阶段主要完成技术的中试试验和二次开发，对需求与技术资源建立数据库，精准对接研发资源，解决了企业的核心技术需求。除此之外，新型研发机构围绕优势产业发展的战略性需求，对实施技术中试的专业化产业园、前沿高技术企业、专业化科技创新创业平台进行资金、人才、技术赋能，形成了一批有自主知识产权的关键核心技术。

由此可见，技术中试阶段赋能的作用对象是技术中试主体，赋能的作用点是资源赋能，赋能的作用方式是通过提供资金资助的方式，以确保"技术研发—技术中试—技术产业化"这一科技成果转化链有效运行。

11.2.3 技术产业化阶段

技术产业化阶段指的是完成科技成果的大规模生产和大范围市场推广的阶段，推动区域和整个社会的经济发展。本阶段赋能的主要作用点是技术赋能，技术研发主体、新型研发机构和全球创新资源将优质的创新成果提供给技术需求主体，将需求与产业技术创新生态体系进行对接，保证创新技术的落地，促进产业技术的高质量发展。技术产业化阶段多主体赋能过程如图 11-3 所示。

首先，技术研发主体依托新型研发机构将技术资源供给技术需求主体，实现了产业技术的产业化与商品化，不再让已完成研发的技术资源无处可用，避免了有价值的创新技术成果被搁置的浪费。此阶段主要的技术研发主体包括科研机构、专业研究所和创新中心，提供的都是成熟的、经过中试成功的技术，可以运用到企业中进行产业化。

其次，全球创新资源向有技术需求的行业细分龙头企业和中小企业提供优质的产业共性技术的解决方案和项目，解决长期困扰出资企业的"卡脖子"技术问题。国外部分研发技术的先进度和成熟度会高于国内，为加快国内产业技术创新的研发与落地，有必要引进国外优质的技术人员与创新成果，通过新型研发机构输出给技术需求主体，帮助技术需求主体越过技术障碍，促进国内企业的发展与转型升级。

最后，新型研发机构通过提供一个中介平台，连接技术研发主体和全球创新资源，将产业共性关键技术提供给技术需求主体，用高效的方式和成熟的技术帮助技术需求主体解决技术难题和技术需求问题，从而实现产业的转型升级。除此之外，新型研发机构提供合同绩效、技术转让、国际交流等专业服务，完善技术服务体系和开放研究平台，为企业发展提供技术支持。通过突破行业共性技术难题，引导、服务企业与行业的创新发展，使之成为高水平研发机构的共同体、高层次人才聚集地和人才创业缓冲区。

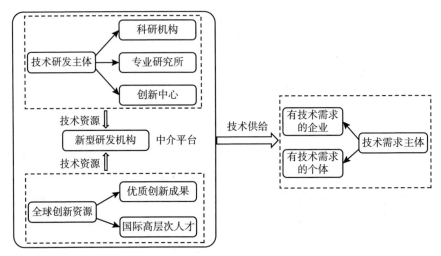

图 11 - 3　技术产业化阶段多主体赋能过程

由此可见，技术产业化阶段赋能的作用对象是有技术需求的企业、个体客户，赋能的作用点是技术赋能，赋能的作用方式是提供产业共性关键技术和前瞻性技术的方式。政府、金融机构给新型研发机构和技术研发主体提供资金、政策等支持，新型研发机构作为产业技术创新平台，一方面根据技术研发的需求有针对性地集成资源—服务生态圈，为技术研发提供优质的资金渠道和科技服务等，另一方面也对技术需求主体提供有发展潜力的创新创业项目和产业关键共性技术，推动技术创新和价值共享，实现创新项目的落地并产业化，促进产业结构的升级。

第 4 部分

产业技术创新生态体系的
运行机制研究

| 12 |
产业技术创新生态体系的
竞合机制研究

12.1 产业技术创新生态体系中
竞合的概念内涵

在产业技术创新生态体系中，竞争与合作看似是创新主体间两种完全对立的关系，存在着不可调和的矛盾。实际上，创新主体间的关系并非单纯的竞争或合作关系，系统内有限资源的供给和分配加剧了竞争的产生，而系统内部形成的信任与共享机制则促进了合作的产生。因此对于产业技术创新生态体系中各创新主体而言，合作与竞争相互交融、不断变化，各主体间的常态是在合作中竞争、在竞争中合作。

创新主体间这种既竞争又合作的关系被称为"竞合"（Branderburger & Nalebuff，1996），由于同时存在竞争和合作，竞合关系因而存在价值创造和分配的内在矛盾，是竞争与合作的矛盾统一体。不同于传统上组织间关系研究常用的对竞争和合作分离的研究实际（或者强调竞争，或者强调合作），竞合关系视角在研究组织间关系时，强调竞争与合作同时存在，竞争和合作共同发挥作用、相互影响，并在一定条件下相互转化（刘衡等，2009）[184]。

由于学者们对竞合研究的专注点不同，学界关于竞合的定义存在两种主流观点：一是以两个主体间的双边关系为分析单元，认为竞合是两个主体之间存在的一对一、直接的、同时发生的合作和竞争关系，是一种在主体之间同时追求合作与竞争的战略（Gnyawal & Park，2011）；二是以多主体参与的主体间网络为分析单元，认为竞合是网络中同时蕴含竞争与合作的关系集合，且表现为竞争与合作跨双边关系的交互作用（Bengtsson et al.，2016）[185]。关于竞合关系定义的代表性观点总结如表 12 - 1 所示。

表 12 - 1　　　　　　　　　竞合关系定义的代表性观点

观点	定义	代表性作者
双边分析单元	竞合是两个企业之间的一对一的双边关系，这些企业在远离客户的活动中合作，同时在靠近客户的活动中竞争	Bengtsson et al.（2000）
	竞合是在企业之间同时包含合作与竞争的战略	Gnyawali et al.（2011）
	竞合是服务于同一客户的两个相互竞争的供应商之间的合作关系	Ho et al.（2013）
	竞合是相互竞争的企业在共同项目中充满冲突的合作（或被迫合作）关系	Fernandez et al.（2014）
企业间网络分析单元	竞合是企业间通过合作为所有企业创造更大的价值，通过竞争进行价值划分	Nalebuff et al.（1996）
	竞合包含几个参与者，包括客户、供应商和联盟合作伙伴等，这些企业与焦点企业合作和竞争	Afuah（2000）
	竞合是企业与不同的利益相关者为提升价值而合作，同时通过竞争进行利益分配	Stamboulis（2007）
	供应链网络中的参与者发展了战略博弈关系，相互之间合作和竞争。在网络中的位置影响到网络中的合作和竞争程度	Pathak et al.（2014）

从双边关系视角分析，竞争与合作同时存在于同一关系链条中，仅因价值活动不同而发生竞合。在双边关系中，企业之间在某一活动中竞争，在另一活动中合作（Bengtsson & Kock，2000）。从网络的视角分析，竞争与合作会存在于不同的关系链条之中，但是均与焦点企业有关。特别需要注意的是，不同关系链之间的竞争与合作会发生交互作用，竞合因而不只

是竞争与合作的累积效应，而是二者之间互动产生的一种溢出效果（Brandenburge & Nalebuff，1996；Vapola et al.，2008；Pathak et al.，2014；Padula & Dagnino，2007）。

本研究认为，在产业技术创新生态体系中，既存在基于主体间关系链上的竞合，又存在不同关系链间相互作用的竞合。在创新主体间双边关系链上，同类主体间倾向于形成以竞争为主的竞合关系，而异类主体间倾向于形成以合作为主的竞合关系。而不同的关系链间的竞合关系相互影响，形成了产业技术创新生态体系中的网络竞合关系。在两种竞合机制的共同作用下，围绕生态体系核心主体因而形成了复杂的竞合网络。

12.2　产业技术创新生态体系主体间双边竞合关系分析

12.2.1　生态位理论对双边竞合关系的理论解释

"生态位"的概念由格林内尔（Grinnell）于1917年首次提出，是指一个物种在生态系统中占据的分布单元，每个物种都有自己独特的生态位，借以跟其他物种作出区别[186,187]。20世纪90年代，生态位理论被引入到技术创新的研究领域，该理论很好地解释了创新生态体系中同类型产生竞争与合作关系的原因。在技术创新生态体系中，各创新参与主体与自然界中的物种概念具有相似之处，正如同自然界中各物种对于食物、水源、领地等资源的竞争一样，各主体间存在对技术、人才、资本等创新资源的竞争。因此，系统中的生态位是在一定时空范围内，创新主体基于创新资源、创新功能及创新环境等因素所具有的地位。

依据生态位的重叠程度，可以将相邻生态位关系划分为四种基本情况：内包、部分重叠、邻接、分离的生态位（如图12-1所示）。

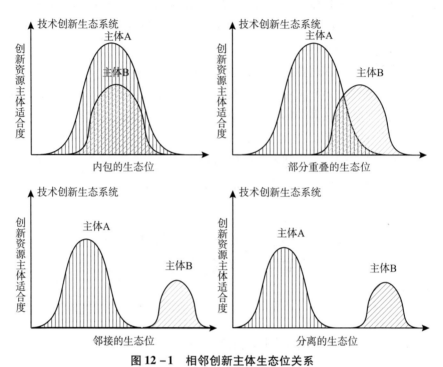

图 12 - 1　相邻创新主体生态位关系

不同的重叠程度影响主体间资源竞争的激烈程度，并将进一步决定主体间的主要竞合关系。具体分析如下：

（1）竞争关系的形成。

当自然界中两个物种利用同一资源或共同占有某一资源因素（食物、营养成分、空间等）时，就会出现生态位重叠现象。因为资源的有限性，生态位重叠的两个物种因竞争排斥原理而难以长期共存，因此将会产生资源利用性竞争[188]。与之同理，当技术创新生态体系中的不同创新主体占有相同生态位时，各主体的生态位边界出现重叠，则产生了竞争关系。技术创新生态体系参与主体生态位关系如图 12 - 2 所示。

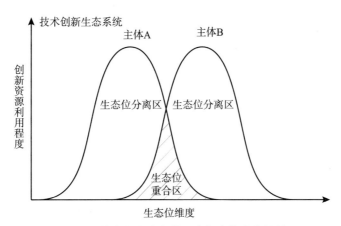

图 12-2   技术创新生态体系参与主体生态位关系

不难看出，不同创新主体生态位重合度越高，则主体之间的竞争越激烈。生态位高度重叠时，主体间将进入"你死我活"的激烈竞争状态，这将使其中某一主体的竞争失败而退出，重叠的生态位空间最终会被竞争优势主体占有。具有较低生态位重合度的主体间竞争关系将相对较弱，双方将尽可能避免冲突竞争行为的发生，甚至因此产生进一步协同合作行为。

相邻生态位主体间的竞争将使资源利用程度不断提高，竞争能淘汰某些弱势主体，市场中因而出现未被充分利用的资源，使市场饱和度变小，主体种类减少。竞争淘汰还能使某些主体的数量低于市场环境的最大容纳量，降低了主体间的竞争强度，允许更多的主体生态位重叠[189]。

（2）合作关系的形成。

当相邻创新主体生态位处于分离状态时，主体间彼此没有任何资源的冲突，因此合作以实现利益共享成为主体间的潜在选择。

互惠合作是同类型主体间合作的一种方式。通过互惠合作，相关主体之间可以相互协作并获得某种利益，例如通过"产业技术联盟"的形式巩固某一资源的优势地位，提高整体技术研发实力，从而实现利益的共创与分享。互惠合作增强了各主体在其特有生态位上的资源适合度，并拓宽了合作各主体的生态位宽度，实现了双赢的局面[190]。此外，互惠合作可以形成联盟关系，能够有效应对非合作主体的竞争。合作参与主体的生态位宽度得到拓展，资源利用能力得到提高，因此获得了更强的竞争能力，将具有更强的环境适应性。互惠合作的创新主体之间生态位情况如图 12-3 所示。

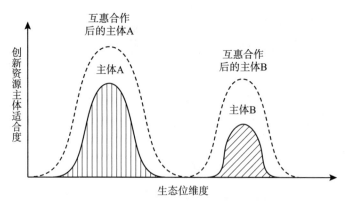

图 12 - 3　互惠合作的创新主体生态位情况

　　联合重组是同类型主体间合作的另一种形式。在多主体生态位重叠具有复杂竞争环境的情况下，为了减少不必要的竞争消耗并提高环境适应性，同类型主体可以选择联合重组的形式形成新的联合主体，这将大大提高联合主体的环境适应性与竞争力，同时摆脱了原先生态位上的竞争，从而实现了利益的创造与共享。联合重组后的新主体将在生态位上具有更强的竞争力，在与其他主体的竞争中获得显著优势。联合重组的创新主体间生态位情况如图 12 - 4 所示。

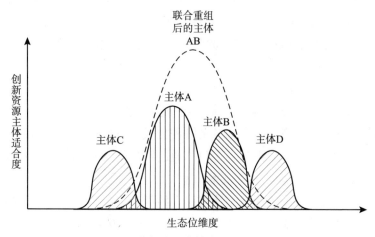

图 12 - 4　联合重组的创新主体生态位情况

（3）竞合关系的形成。

产业技术创新生态体系中，主体间的关系并非竞争或合作关系的二选一，而是通常同时存在于二者关系链中。一方面，创新资源的稀缺性、排他性决定了各创新主体间围绕创新资源的竞争必然存在，且资源越稀缺，竞争性越强。各主体经过长时间的资源积累，在技术、资本、人力等诸多创新要素上具有自身特有的资源禀赋，当不同创新主体具有相似的创新资源与能力时，基于领先优势保持、利益分配等诉求，各主体间呈现出竞争的关系。另一方面，过度的竞争会导致竞争双方过度的损耗，因此在长期竞争过程中，合作关系便因此产生。此外，因为资源禀赋的限制，单个创新主体往往难以利用环境中的全部资源，不同主体的同类资源也具有不同的特征，同类型主体为了实现自身利益的最大化，可能会选择进行有条件的合作，而主体对合作成果的分配又体现了激烈的竞争关系。因此，各创新主体既可能为了争取短期利益与资源而表现出竞争关系，也可能基于长期利益的考虑而表现为合作关系，具有相似资源禀赋的各创新主体间表现出竞争与合作相互交织的复杂关系[191]。

此外，系统环境对同类型创新主体间的竞合关系具有重大影响。系统环境的不确定性进一步决定了主体间竞合关系的复杂性。在现实环境中，创新主体即使暂时具有竞争优势，也未必总能够适应于环境变化，竞争优势难以持久，因此竞争与共存关系将不断持续下去。哈钦森（Hutchinson）最早指出：如果竞争物种之间的平衡被环境变化反复调整，那么这种环境波动对共存会很有利[192]，并据此解释了"浮游生物的悖论"，即大量的浮游藻类共存于一个简单的水生环境中，几乎没有任何生态位的分化，因为环境处于不断变化的过程，各种藻类的竞争优势时强时弱，因此每种藻类都不会被竞争排除[193]。

环境资源的丰沛程度影响主体间的合作竞争倾向。在市场环境资源较为丰富的情况下，创新主体生态位虽然处于重叠但是并未表现出竞争排除现象，这是因为两个主体可以共同利用同一资源而彼此不给对方带来损害。由于竞争会降低竞争主体间的适合度，所以主体会充分利用创新生态中的全部环境资源，使相互竞争减少到最低限度[189]。

12.2.2　双边竞合关系的生态位演化分析

在自然界中，物种生态的关系基于自然竞争压力下不断演化，并最终实现生态位的稳态而达到共存状态。与之相似，在产业技术创新生态体系中，相似资源禀赋的创新主体在系统环境不断变化的过程中，不断竞合演化，从而实现共同生存和发展的目标。产业技术创新生态体系中的所有创新主体间始终处于相互作用中，在资源环境的选择压力之下，创新主体会倾向于最有效地占有合适的生态位，或者至少能比任何其他竞争者更好地适应此生态位。

同时，任何一个创新主体行为与生态位的改变也会改变作用于其他主体的选择压力，引起其他创新主体行为与生态位的变化，这些变化反过来又会引起相关创新主体的进一步变化，从而形成了一个持续作用的协同演化机制。因此，协同演化不仅仅发生在一对创新主体之间，而且也发生在同一生态体系中的所有创新主体之间，其结果总是导致创新生态体系的协同演化[189]。

（1）生态位的压缩。

在自然界中，种群生态位的重叠将引发竞争排斥现象，过多的重叠将引发剧烈的竞争行为，因此种群之间在竞合博弈中将逐渐形成默契的竞合关系，每一个创新主体的生态位都尽量趋于同其他种群的生态位分离，从而减少种群间的过度竞争行为。类似于生物物种的生态位压缩原理，如果相邻生态位主体间具有较大的生态位重叠，那么在主体间的竞合博弈中，主体间为减少相互间的激烈竞争，会采取压缩生态位宽度的方式与相邻主体达成妥协。

因为主体被限制在那些可提供最适合资源的范围内，所以相近主体的生态位重叠区域将减少，从而减少了主体间的激烈竞争。生态位的压缩还使创新主体更加专注于提高核心生态位的资源开发与利用效率，从而使整个生态体系对资源的利用更加充分。虽然生态位的压缩有效地避免了主体间的过度竞争，但是因为生态位高度特化的特性，如果某一主体所依赖的生态资源因某种原因急剧减少或枯竭，就会危及该主体的生存。因此，只有在外界环境资源充沛的情况下，创新主体才有可能出现生态位的压缩现象。创新资源主体之间的生态位的压缩情况如图 12 – 5 所示。

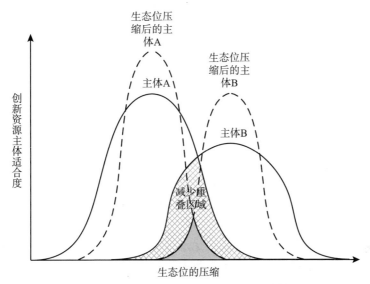

图 12 – 5 创新资源主体之间生态位压缩情况

（2）生态位的扩展。

当环境中优良的生态资源不足时，种群往往倾向于演化出很宽的生态位，产生生态位的扩展。类似于生物物种的生态位扩展原理，创新主体生态位的扩展可以使主体更广泛地使用环境资源，从而减少环境中资源不足带来的影响。创新主体生态位的扩展使其可以占有以前不能被它所拥有的资源范围，从而扩大了自己的生态位。随着生态位宽度的增加，主体更容易与相邻生态位产生竞争，进而可能陷入激烈的竞争关系中。因此，只有具有较强环境适应性与资源利用能力的创新主体，才能够更好应对加剧的竞争关系，进行生态位的扩展。创新资源主体的生态位扩展情况如图 12 – 6 所示。

（3）生态位的移动。

当外界环境与资源分布变化或种间竞争加剧时，物种为了适应外界环境与竞争的变化，其生态位会产生移动。如从棕熊发展而来的北极熊，因为北极严寒的环境，进而从植食变为肉食，体色从棕色变成白色，以便更好地适应变化的环境。在产业技术创新生态体系中，创新主体间也具有类

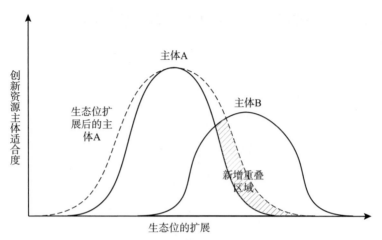

图 12 - 6　创新资源主体之间生态位扩展情况

似现象，创新主体生态位的移动往往是由于资源环境的改变或近邻生态位的施压而引起的，导致主体的生态位产生移动，以此占有更加合适的生态位[189]。创新资源主体之间的生态位移动情况如图 12 - 7 所示。

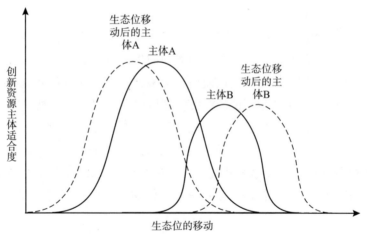

图 12 - 7　创新资源主体之间生态位移动情况

12.2.3　同类型主体间竞合关系分析

产业技术创新生态体系中的主体可以分为生产者、消费者、调控者三个类型，同一类型的创新主体间处于相近生态位，且主体间通常具有相似的资源禀赋，在生态位上存在重叠，因此在相互间关系链上形成以竞争为主的竞合关系。

（1）生产者主体间竞合关系分析。

高校、科研院所是生产者中两类主要的创新主体，都具有强大的技术研发能力，相同的资源禀赋使二者之间产生了竞争关系。从生态位角色的角度看，高校、科研院所作为产业技术创新生态体系中的生产者，在系统中都扮演着技术资源供给者的角色，都服务于相同消费者主体，且需要同类型的资源支持，存在直接的竞争关系；从技术路线的角度看，二者提供的差异化技术解决方案在市场中存在竞争关系，这进一步形成了不同主体间的竞争关系。

二者在资源能力上的差异为合作的建立提供了基础。高校具有系统化的人才培养能力，每年输出大量优质的技术人才，是科研机构人才的重要来源。而对科研机构而言，其在专业领域的技术积累与研究能力具有比较优势，研究集中程度较高，领域内研究设施配置更加齐全，因此也是高校科研团队实现技术研发不可或缺的帮手。不同技术解决方案间也存在大量互补合作的可能性，当消费者需要超出单一主体研发能力时，多个生产者主体间可以组成研发联盟，为实现某一技术目标而展开研发合作。生产者主体间竞合关系如图 12 - 8 所示。

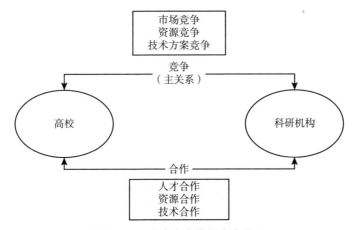

图 12 - 8　生产者主体间竞合关系

（2）消费者主体间竞合关系分析。

产业技术创新生态体系中的消费者主体主要为各类企业，消费者接受来自生产者的创新技术，通过进一步的技术转化使技术创新实现产业化。在产业链中，各企业位于产业链上下游各环节中，彼此间具有复杂的竞合关系。通常来说，处于上下游产业链关系的企业间关系较为融洽，而处于相同产业链环节的企业间存在较为激烈的竞争。

从市场角度来看，同一产业内相似环节的企业产出产品具有相似性，在市场中同类企业产品具有天然的竞争关系，因此企业间基于市场竞争也存在相互竞争关系。同一市场中的多个主体可以建立行业联盟，共同维护市场秩序与竞争环境。而产业链上下游企业存在产品的供给与需求关系，具有供需关系的企业主体间即存在广泛的合作联系，又在议价能力等领域具有普遍的竞争。

从技术角度来看，一方面技术是企业的核心价值所在，核心的技术优势将使企业获得市场竞争的比较优势，对企业而言具有非凡的意义，并由此产生了针对获取生产者技术产出的竞争，以及对产业核心技术优势的竞争；另一方面，产业链中某企业的技术突破将作用于整个产业链，在产业链中产生正向溢出效应，由此引发全产业链的技术升级。消费者主体间竞合关系如图 12 - 9 所示。

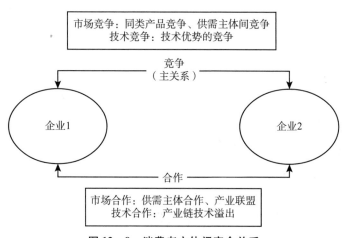

图 12 - 9　消费者主体间竞合关系

（3）调控者主体间竞合关系分析。

产业技术创新生态体系中的调控者主体主要为政府、服务机构、新型研发机构等，这类主体在生态体系中起到组织管理的作用，为建立产业技术创新生态体系并保障系统的稳定有序运行而发挥重要作用。

与其他类主体不同，不同调控者主体的资源禀赋与起到的作用具有较为明显的区别，因此不同调控者主体间的生态位重合度较低，各调控者主体间相互合作、充分联动，通过发挥各自优势与能力，共同构建了产业技术高质量发展的环境。政府作为产业技术创新环境的缔造者，在建设创新硬环境的过程中引导各类服务机构参与产业技术创新配套服务的建设，并与新型研发机构、各类服务机构展开合作，通过政策、资金等方式鼓励新型研发机构与各类服务机构在产业技术创新生态体系构建的过程中发挥组织引导促进作用。服务机构通过与新型研发机构的合作，更高效地实现了资源的匹配与组织过程，为生产者、消费者主体提供其所需的各类服务。

政府作为产业技术创新生态体系的管理者与监督者，不直接参与到技术服务与利润分配的过程，因此与其他调控者主体间不存在竞争关系。而对于新型研发机构与服务机构来说，因为二者都存在科技服务的职能，所以生态位存在部分重叠。由于新型研发机构的服务范围与能力有限，因此二者仅会在部分科技服务领域展开有限的竞争关系。调控者主体间竞合关系如图 12－10 所示。

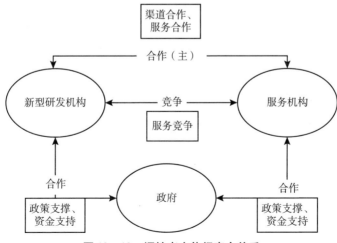

图 12－10　调控者主体间竞合关系

12.2.4 不同类型主体间竞合关系分析

在产业技术创新生态体系中，不同类型主体间通常生态位差距较大，存在着资源与能力的互补性，因此不同类型主体间倾向于形成合作关系。在合作的过程中，主体间往往会采取竞争的方式以获取更多的利益与优势。因此，不同类型主体在相互间关系链上会形成以合作为主的竞合关系[194]。

（1）生产者、消费者主体间竞合关系分析。

生产者与消费者是技术、人才等创新资源的供给者与需求者，二者间的供需关系是推动合作的最大动力。生产者与消费者的合作，可以高效地实现资源的精准对接。对生产者而言，消费者提供的需求信息与反馈信息是生产者技术研发的重要指导，消费者对技术的消化吸收转化是生产者技术资源高效利用的重要前提。对于消费者而言，合作为消费者提供了最便捷的技术、人才资源获取渠道，同时提高了消费者解决具体技术问题的能力。因此，生产者与消费者间倾向于形成紧密的合作关系。

对技术、人才等资源的供求关系使两类主体围绕资源价值展开竞争与博弈。生产者作为资源的提供者，希望在技术创新增值的过程中获得更大的利益分配，而消费者作为资源的需求者，则倾向于以最小的代价获取资源。此外，二者间还存在关于知识产权归属等核心资产的利益竞争。生产者与消费者主体间竞合关系如图 12 – 11 所示。

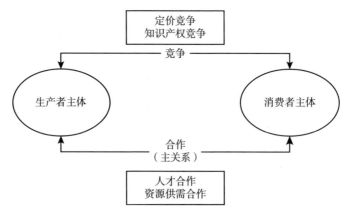

图 12 – 11 生产者与消费者主体间竞合关系

（2）生产者、调控者主体间竞合关系分析。

生产者与调控者间通常存在广泛的合作关系。调控者为生产者提供了各类创新服务，如需求对接服务、知识产权服务、技术转移服务等。此外，政府等调控者主体作为产业技术创新生态体系的组织者与管理者，从政策、资金等方面给予了生产者支持，以促进技术资源的产出。

调控者对产业技术创新生态体系中各资源要素的监管与配置，使调控者与生产者间存在对于要素分配方式与分配渠道的竞争关系。调控者与生产者在资源与渠道的分配方式上，存在着为各自利益最大化而产生的竞争。生产者与调控者主体间竞合关系如图 12－12 所示。

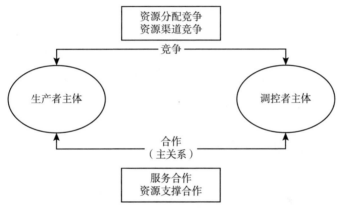

图 12－12　生产者与调控者主体间竞合关系

（3）消费者、调控者主体间竞合关系分析。

消费者与调控者之间也存在着广泛的合作关系。调控者为企业提供技术创新环境，拼凑技术创新要素，提供技术创新服务支撑，帮助消费者实现产业技术创新与高质量发展的目标。而作为回报，消费者需要为调控者提供各类服务与资源渠道提供相应的报酬，因此产生了关于利益分配的竞争关系。消费者与调控者主体间竞合关系如图 12－13 所示。

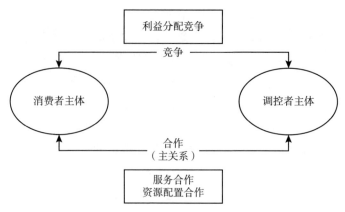

图 12 - 13   消费者与调控者主体间竞合关系

12.3   产业技术创新生态体系主体间竞合关系链的相互作用分析

两个主体间竞合关系不仅取决于主体间资源禀赋、需求、生态位等因素，同样受到各主体与其他主体间竞合关系的影响。因此，主体竞合关系链间的相互作用是产业技术创新生态体系竞合关系的另一重要影响因素。

近年来，以新型研发机构为核心的产业技术创新生态体系在我国蓬勃发展，本节以围绕新型研发机构构建的关系链网络为例，论述主体间竞合关系链间的相互作用机制。

12.3.1   新型研发机构与生产者、消费者的合作关系对各类关系链的影响

不同类型主体间通常形成以合作为主导的竞合关系，因此新型研发机构与生产者、消费者主体间往往形成以合作为主导的关系链，并对其他主体产生合作示范效应。

（1）新型研发机构与生产者、消费者的关系链对同类主体间关系链的影响。

对于生产者主体而言，新型研发机构与生产者主体的关系链拓宽了该

主体的需求市场，强化了生产者的资源供给能力。对于消费者主体而言，新型研发机构与消费者主体的合作关系链，强化了消费者主体的资源获取能力与成果转化能力。因此，这种合作关系链增强了生产者、消费者的竞争优势。对于该合作主体而言，这种关系链使主体具有更强的生态位优势，在同类主体的竞争中具有更强的竞争力，因此在同类竞合关系中占据优势地位。

对于新型研发机构而言，这种关系链对其他生产者、消费者主体产生了示范效应，提升了其他同类型主体与新型研发机构建立合作关系的意愿，同时也为新型研发机构在合作的竞争性谈判中取得了有利的优势地位。新型研发机构与生产者、消费者的合作关系对同类主体间关系链的影响作用如图 12－14 所示。

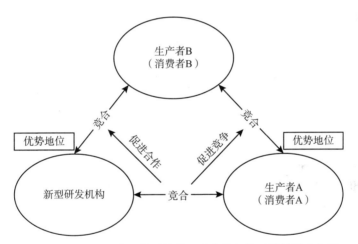

图 12－14　新型研发机构对其他同类主体间关系链的影响作用

（2）新型研发机构与生产者、消费者的合作关系对异类主体间关系链的影响。

新型研发机构与生产者主体的合作增强了生产者主体的需求搜索能力，增强了生产者主体的资源产出能力，而与消费者的合作同样增强了消费者主体的资源搜索与获取能力，因此合作关系促进了生产者与消费者间的合作，实现了互惠共赢。

而对于新型研发机构而言，与生产者、消费者主体的合作提高了新型研发机构资源供求与匹配的能力，从而提高了异类主体与新型研发机构建立合作关系的意愿。此外，丰富的资源渠道为新型研发机构在与其他异类主体合作谈判的过程中取得了有利的优势地位。新型研发机构对其他异类主体关系链的影响作用如图 12-15 所示。

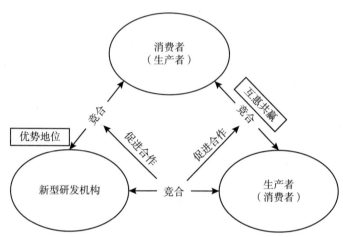

图 12-15　新型研发机构对其他异类主体间关系链的影响作用

（3）新型研发机构与生产者、消费者的合作关系对调控者关系链的影响。

新型研发机构与生产者、消费者主体的合作对于不同调控者主体间关系链具有不同的影响。

对于政府而言，政府作为产业技术创新生态体系的管理者与监督者，鼓励并支持新型研发机构与生产者、消费者主体间的合作，并倾向于提供政策、资金以促进各创新主体的发展。因此，新型研发机构与生产者、消费者主体间的合作将促进各类主体与政府间的合作关系。

对于其他服务类机构而言，新型研发机构与生产者、消费者主体的合作赋予了新型研发机构更强的竞争优势，促进了新型研发机构与各类主体竞争关系。同时，合作抑制了生产者、消费者对其他服务类机构的服务需求，抑制了二者的合作关系。新型研发机构对其他调控者主体关系链的影响作用如图 12-16 所示。

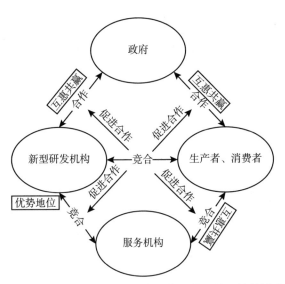

图 12－16　新型研发机构对其他调控者主体间关系链的影响作用

12.3.2　新型研发机构与调控者的合作关系对各类关系链的影响

（1）新型研发机构与政府的合作关系对各类关系链的影响。

新型研发机构与政府的合作关系为新型研发组织提供了来自政府的信用担保与政策、资金支持，极大地增强了新型研发机构的资源整合能力，促进了新型研发机构与生产者、消费者、各类服务机构的合作关系，并赋予新型研发机构竞合关系中的优势地位。

对于政府而言，与新型研发机构的合作让政府得以更高效地引导创新资源配置。通过新型研发机构的渠道与方式，有效地与生产者、消费者、各类服务机构建立联系，为各主体提供有效的资源支持保障，实现对各类资源的有效引导。与政府合作对其他主体关系链的影响作用如图 12－17 所示。

（2）新型研发机构与服务机构的合作关系对各类关系链的影响。

新型研发机构与服务机构的合作为产业技术创新生态提供了各项完善的服务，从而促进了二者与生产者、消费者主体的合作关系，实现了产业技术创新的互惠共赢。政府作为生态体系的管理者与监督者，支持并鼓励

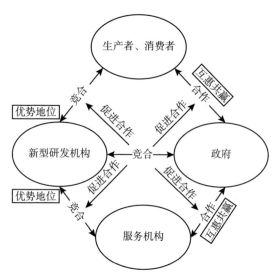

图 12 – 17   新型研发机构与政府合作对其它主体关系链的影响

各类创新资源的有效整合，这有利于政府更高效地实现资源优化与关系管理。因此，新型研发机构与服务机构的合作促进了二者与政府的合作。与服务机构合作对其他主体关系链的影响作用如图 12 – 18 所示。

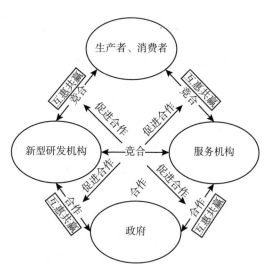

图 12 – 18   新型研发机构与服务机构合作对其他主体关系链的影响作用

12.4 产业技术创新生态体系竞合网络的形成分析

12.4.1 竞合网络的内涵

产业技术创新生态体系中创新主体间直接的竞合机制与竞合关系链间的相互作用是生态体系中竞合关系的两种主要机制，生态体系中各要素通过彼此间的竞合关系链相互连接、相互作用，共同形成了产业技术创新生态体系竞合网络。

竞合网络通常以生态体系中的核心主体为中心，该核心主体相对于其他主体具有规模上的绝对优势，或是具有某种独特不可替代的核心资源禀赋。各主体通过与核心主体间建立竞合关系连接从而实现与系统中其他各主体连接，各主体与核心主体的关系链对网络中其他各关系链产生影响。

12.4.2 以新型研发机构为核心的竞合网络

作为产业技术创新生态的主要组织者之一，新型研发机构通常具有较强的资源整合与关系治理能力，因此在产业技术创新生态体系中常常扮演着核心主体的角色，通过与各类参与主体的竞合关系连接，实现了生态体系中资源、服务的匹配。新型研发机构与各主体间的竞合关系链间相互作用，从而形成了以新型研发机构为核心的产业技术创新生态体系竞合网络。在该竞合网络中，各主体通过与新型研发机构构成连接关系，从而实现了各主体间的连接。

通常，同类主体间构成以竞争关系为主的同类竞合关系链，而异类主体间构成以合作关系为主的异类竞合关系链。在竞合网络中，各关系链间相互作用，新型研发机构与某一主体间的合作，将进一步提升各主体间关系链的竞合关系强度，同时促进更多主体间竞合关系的形成。以新型研发机构为核心的竞合网络构成如图 12 - 19 所示。

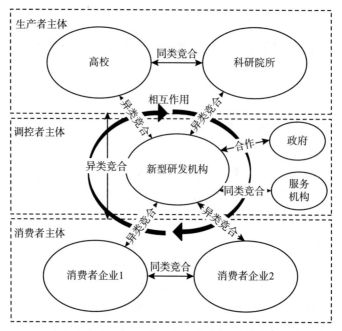

图 12 - 19　以新型研发机构为核心的竞合网络构成

| 13 |

产业技术创新生态体系的共生机制研究

13.1 产业技术创新生态体系中共生的概念内涵

"共生"一词源自生物学中，指的是两种不同生物之间所形成的紧密互利关系。在共生关系中，一方为另一方提供有利于生存的帮助，同时也获得对方的帮助。在自然生态系统中，不同生物通过营养物质流动而形成的彼此相互依赖、互利共存的关系被称为互利共生关系。

产业技术创新生态体系与自然生态有着相似的互利共生性，技术创新生态体系中的创新主体通过资源在不同主体间的流动而形成了彼此有利的互利共生关系。对各创新主体而言，这种互利共生关系和社会支持网络能够使各主体的现有资源和优势得到整合，而且能够使边缘资源及其内在潜能得到激发和应用；对产业技术创新生态体系整体而言，协同效应使系统整体功能大于单个资源主体功能之和，有助于实现规模效益，促进创新绩效的增长。互利共生是共生单元为适应内外部环境而选择的一种生存状态。

共生理论在技术创新领域的理论研究最早可以追溯到产业共生理论。切尔托（Chertow，2000）对产业共生进行了系统的描述，她认为产业共生是将传统分离的企业聚集在一起，通过原料、能源、水和副产品的物理交换来形成竞争优势[195]。产业共生的关键是由地理临近性带来的协作和协同可能性。由以上定义可知，产业共生的本质是企业间的合作，纽带是副产品交换，目标是资源利用效率的提高和环境问题的改善。有学者通过研

— 169 —

究进一步拓展了产业共生的概念，提出了产业生态系统的两种发展模式：企业之间建立物资和能量交换的共生关系或者在企业、社区、政府等多方之间建立物质流、能量流、信息流、人才流等方面的合作关系，试图在企业、社区和政府公共部门之间形成共生网络[196]。切尔托（Chertow，2007）[197]基于对过去十几年世界范围内广为报道的 12 个案例和美国国内的 15 个产业共生实践案例提出了一个区分产业共生行为和其他形式的交换，多元化的共生概念"3-2 heruistic"。这个概念指出产业共生形成的基本条件是至少三个企业实体和至少两种物质交换。这一概念将产业共生与传统的两个企业间的直线物质交换区分开来，明确了产业共生的内涵[198]。

不同类型创新主体之间通过建立共生关系，可以实现彼此间的资源互补和共生，从而降低技术创新成本并提高创新收益率。20 世纪 40 年代，洛卡和沃尔特（Lotka & Volterra）提出了种间竞争方程，该模型经常用来描述生物系统中，掠食者与猎物进行互动时的动力学。运用"洛卡-沃尔特拉"理论模型可以很好地解释主体间互利共生关系的形成。

假设存在 A、B 两个共生主体，R_1、R_2 分别表示 A、B 主体的产出固有增长率；主体相互间的最大贡献率系数为 α、$\beta(\alpha>0，\beta>0)$；主体产出水平分别为 $P(t)$、$Q(t)$，主体最大不同资源禀赋创新主体之间通过建立共生关系，可以实现彼此间的资源互补和共生，从而降低技术创新成本并提高创新收益率，运用"洛卡-沃尔特拉"理论模型可以很好地解释主体间互利共生关系的形成。假设存在 A、B 两个共生主体，R_1、R_2 分别表示 A、B 主体的产出固有增长率；主体相互间的最大贡献率系数为 α、β $(\alpha>0，\beta>0)$；主体产出水平分别为 $P(t)$、$Q(t)$，主体最大规模限制分别为 $M_1(t)$、$M_2(t)$，均是关于时间 t 的函数；且 $M_1(t)=P_0(t)$，$M_2(t)=Q_0(t)$，$P_0(t)$、$Q_0(t)$ 分别为竞争共生前的初始产出，生态体系群体竞争共生前的初始产出为 $W_0=M_1+M_2$；于是可得式（2-1）：

$$
\begin{cases}
\dfrac{dP(t)}{dt} = R_1 \times P(t)\left[1 - \dfrac{P(t)}{M_1(t)} + \alpha\dfrac{Q(t)}{M_2(t)}\right] \\[3mm]
\dfrac{dQ(t)}{dt} = R_2 \times Q(t)\left[1 - \dfrac{P(t)}{M_2(t)} + \beta\dfrac{Q(t)}{M_1(t)}\right]
\end{cases}
\tag{13-1}
$$

当 $\dfrac{dP(t)}{dt} = \dfrac{dQ(t)}{dt} = 0$ 时，得到系统的稳定点为：$E_1(0，0)$，$E_2(0，$

M_2），$E_3(M_1, 0)$，$E_4\left(M_1\dfrac{1+\alpha}{1-\alpha\beta}, M_2\dfrac{1+\beta}{1-\alpha\beta}\right)$。则 A、B 主体的均衡产出分别为：$P(h) = M_1\dfrac{1+\alpha}{1-\alpha\beta}$，$Q(h) = M_2\dfrac{1+\beta}{1-\alpha\beta}$。因此，可以得出共生产生的条件为 $1-\alpha\beta > 0$，即 $\alpha\beta < 1$。根据 α、β 的取值不同，创新主体的共生条件也不同，可分为如下几种类型，如表 13 – 1 所示。

表 13 – 1　　　　　　　　　　**主体间共生条件分类**

最大贡献率 α 数	$\alpha < 1$	$\alpha > 1$
$\beta < 1$	稳定的共生关系	当 $\alpha\beta < 1$ 时共生
$\beta > 1$	当 $\alpha\beta < 1$ 时共生	无法共生

当两个共生主体相互间的最大贡献率系数均小于 1 时，双方可形成稳定的共生关系。而当两个共生主体相互间的最大贡献率系数均大于 1 时，双方无法形成共生。当一个主体最大贡献率系数小于 1，另一个大于 1，且主体间最大贡献率乘积小于 1 时，双方可形成有条件的共生关系。

在互利共生的条件下，$P(h) = M_1\dfrac{1+\alpha}{1-\alpha\beta} > M_1(1+\alpha) > M_1$，$Q(h) = M_2\dfrac{1+\beta}{1-\alpha\beta} > M_2(1+\beta) > M_2$，因此个体的均衡产出均大于初始产出；$W(h) = M_1\dfrac{1+\alpha}{1-\alpha\beta} + M_2\dfrac{1+\beta}{1-\alpha\beta} > M_1 + M_2 = W_0$，系统群体均衡产出大于初始产出。

13.2　产业技术创新生态体系中的共生要素分析

关于共生系统中共生要素的研究，袁纯清（1997）将生物学意义上的共生进行了一般意义上的推广，将共生视为共生单元间在一定的共生环境中按某种共生模式形成的共生关系与现象，包括共生单元、共生模式和共生环境[199]。随着共生理论和系统科学理论的发展，在二者理论的结合中，产生了共生系统的概念[199]。共生系统是指由共生单元按照某种共生模式构成的共生关系的集合体，该系统通常包括共生单元、共生基质、共生能量、共生平台、共生界面等基本要素[200]。

本研究参照共生系统理论中的五类主要要素构成，认为产业技术创新生态体系中包含众多创新主体，这些主体都具有独特的异质性资源，是共生机制的基本参与单元。共生平台是共生单元的集合，共生单元通过共生基质的共享与拼凑，在共生界面上发生共生行为，从而产生共生能量，取得了产业技术创新成果。产业技术创新生态体系中共生体系情况如图 13 - 1 所示。

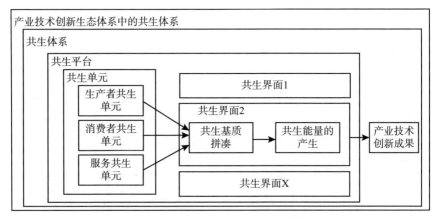

图 13 - 1　产业技术创新生态体系中的共生体系

（1）共生单元。产业技术创新生态体系的共生单元是共生关系的基本能量生产与交换单位，是共生体或共生关系达成的关键条件[200]。主要包括高校、科研院所等生产者，各类企业为代表的消费者，以及调控者中的服务机构等创新主体。各共生单元具有独特的异质性资源，在技术、资本、人才、信息、政策等方面具有创新实现的必要条件。

共生单元在市场、资源、成本、风险等外界环境的作用下，为实现技术创新的目标，确保自身价值的最大化，倾向于与其他共生单元建立共生关系。不同的竞合共生单元在选择竞合共生策略时，会结合自身的异质性资源的特点，选择最合适的竞合共生策略，在创新链中扮演合适的角色，进一步与其他生态位单元形成共生关系，以此实现技术创新。同时，创新的结果会同时对共生单元的关系产生反馈作用，从而进一步影响共生单元的创新传导机制。

（2）共生基质。共生基质代表着共生单元所拥有的资源和能力[200]，包括技术、资本、人才、市场、信息等。共生基质的流动是共生关系的体现，共生单元间通过共生行为实现异类基质的互补。共生基质是构成产业技术创新生态体系的"关系流"，共生单元的合作共生行为促进了基质的流动与传递，并进而实现了物质交换和能量传导的作用。产业技术创新与高质量发展需要各类创新资源的不断投入，为了实现产业技术创新，各共生单元分享其特有的共生基质，通过共生基质的拼凑，以达到协同创新的目标。

（3）共生能量。共生能量生成是指共生单元间共生关系能生成新的能量[201]。在产业技术创新活动中，共生能量的产生主要表现为创新活动顺利开展、创新成功率提高、创新主体生产规模和经营范围扩张等。对共生新能量的追求是共生单元间建立共生关系的根本目的，新的共生能量的产生是共生系统的本质特征。共生能量是产业技术创新成果的推动力，为产业技术创新的质变奠定了基础。

（4）共生平台。共生平台是由具有各类共生基质的单元形成的集合，平台内通常包括处于创新链不同位置的各类共生单元[4]。在创新的环境中，共生单元与平台间可以实现双向激励，一方面共生单元在系统共生模式下积极建立共生平台，另一方面共生平台又保证了共生单元的利益分配与利益共享。共生平台的作用就是要在共生机制顺利发展的情景下，维持各个共生单元的利益均衡，保障系统的正常运营。

共生平台的形成方式通常有两种：一种是通过聚集共生单元，从而培养形成的一些平台，如孵化器、高新园区等人工技术创新平台；另一种是在产业发展过程中因产业链集聚、资源互补等原因自发形成的竞合共生平台。共生平台具有两方面的内涵：一方面是实体上存在的某些平台组织与形式；另一方面是在单元集聚过程中形成的文化、制度等氛围。共生平台的两个方面内涵在有形和无形的环境形成中，具有不同的作用。共生文化与制度内嵌于具体的创新联盟中，它们一起构成了产业技术创新生态体系共生平台的基本架构。

（5）共生界面。共生界面是共生单元之间信息共享、物质交换和能量传导的载体和通道，是共生行为发生的"场所"[202]。在共生界面中，来自不同单元的共生基质得以流动，进而实现了资源的交流与再分配。作为共生单元间交流与传导的载体，共生界面的选择不仅决定了共生单元的数量和质量，还决定了共生能量的生产和再生产方式[203]。

从微观上说，共生界面存在于单独的创新主体之间、单独的技术创新之间，在这个层面上，企业等创新主体创新的共生界面是为了实现最优的创新资源配置。从中观上说，共生界面存在于产业或区域等创新主体之间，对应的区域创新生态系统、产业创新生态系统把产业链创新统筹于一个共生界面上，以此来获得产业或者区域等层次上的经济效益、社会效益等。从宏观上说，共生界面存在于不同国家创新生态系统之间，不同的国家创新组织之间的创新交流共生于共生界面之上，以争取国家利益为先[4]。

13.3　产业技术创新生态体系的共生动力机制分析

产业技术创新生态体系中，资源的稀缺性与互补性是共生体系形成的根本原因，是各主体间具有不同的资源与能力的比较优势，为了实现技术创新的目的，各主体间倾向于建立起共生机制。技术市场中高额的交易成本也是阻碍技术创新效率的一个重要原因，而共生体系的建立能够大幅降低主体间的交易成本。在产业技术创新生态体系中，任何一个主体的行为都将对系统中其他主体产生影响，为了有效地管控各主体间的行为，建立一套以合作为基础的共生机制就显得十分重要。因此，本节将从资源稀缺与互补性、创新主体的比较优势、交易成本和溢出效应四个角度阐释产业技术创新生态体系主体间共生的动力机制。

（1）资源的稀缺性与互补性。资源的稀缺性是资源的固有属性，资源的稀缺问题是所有生态系统中永恒存在的核心问题。有限的资源与无限的发展需求所构成的矛盾是生产力进步的最大推动力，也是技术创新需求的根本来源。资源的稀缺性导致了产业技术创新生态体系中创新主体对有限资源的激烈竞争，也促使不同主体间因资源能力不足而进行合作共生行为，因此是形成产业技术创新生态体系共生机制的根本原因。

根据资源的排他性大小，可以将资源分为竞争性资源和非竞争性资源两类。竞争性资源如资金、人才、设备等具有强排他性，因此是主体间竞争的动力源,创新主体为了占有自身发展所需的竞争性资源,会采用最有利于自身的策略参与竞争,确保尽可能多地获取所需资源。而非竞争性资源如技术、信息等具有可共享的特点,通过资源的共享与交换,主体间的资源可以得到扩充,这就为主体间的合作提供了动力基础。因此,主体间的共生就成为各主体追求自身收益最大化、创造新价值的必然选择。

(2)创新主体的比较优势。创新主体的比较优势是产业技术创新生态体系共生机制的另一个动力。不同创新主体因自身资源积累、组织架构、人员组成等条件的不同,各自具有独特的资源禀赋,对于各类资源的吸收与利用能力都不相同。因为各种资源对创新主体的能力要求都大相径庭,因此在产业技术创新生态体系中不可能存在一个在各类资源生态位上都具有竞争优势的主体,而这就为共生的机制形成提供了条件。

各类主体在自己适应的生态位中互相竞合并不断演化,从而不断提升自己对某些资源的利用能力,而对于异类资源生态位的竞争则相对较少,这就为主体间共生关系的形成提供了基础。各创新主体在不断提高自身生态位适应性的同时,因为生态位的"特化"现象,各主体自然而然会在其他资源的利用能力上有所减弱,这使各主体对于分工合作的需求不断提高,基于创新链的共生关系被不断明确和稳固。

(3)交易成本。交易成本来源于对企业本质的解释,由于产业的发展,经济体系中的企业分工慢慢形成,为了降低生产创造过程中的交易成本,企业这一主体由此应运而生。企业存在的本质就是为了降低市场机制中存在的交易费用,将市场机制中部分交易过程移入企业主体内可以有效地降低交易成本,因此交易成本也成为决定企业与市场作用范围的边界。

在产业技术创新生态体系中,各创新要素的划分由交易成本决定,各主体之间的关系也由交易成本的大小决定。为降低系统内交易费用,各主体之间必须寻求一种共生的关系,从而降低系统内部的交易费用。创新主体之间由于创新活动的存在,必然会产生一定的供给需求关系,交易由此产生。在市场价格机制的作用下,一方若想获取另一方某些资源,需要付出一定的费用来支持,共生机制的建立是由于人们减少交易成本的动机所形成的。通过建立共生机制,原本需要通过市场交易才能流动的资源可以以更低的交易成本得以实现,既有利于主体之间建立基于交易的内部协调机制,使交易契约的建立更具有延展性,使契约的长期性和重复性增强，又有利于主体之间建立基于交易的内部监督机制，提高主体间的互信程度，提升主体因违反契约而产生的成本，使主体间的契约关系更具有稳定性，从而大大地减少了创新活动的阻力，进一步提升了创新成功的概率。

（4）溢出效应。溢出效应是指一个主体在进行某项活动时，不仅会产生活动所预期的效果，还会对系统环境与其他主体产生影响。溢出效应决定了产业技术创新生态体系中各主体与环境存在天然的作用关系，为了更好处理这种相互间的作用关系，就需要形成一套完善的共生体系。

根据影响的好坏，可以将溢出效应分为正向溢出与负向溢出。创新主体的创新活动所造成的知识溢出效应、专业化分工、基础设施的共建共享、信息数据库的共享、创新理念的开拓等都是创新活动所产生的正向溢出，某个创新主体的创新活动可以产生上述正向溢出来对其他的创新活动产生正向影响，可以在一定程度上减少创新成本。完善的共生体系通过建立一条有效的沟通渠道，可以提高各主体对环境中正向溢出的吸收能力，从而减少了生态体系的整体创新成本。而对于环境污染、资源浪费、口碑败坏等负向溢出，各主体则需要建立一套有效的共生机制加强沟通管控分歧，尽可能地避免负向溢出的产生与扩散，以减少负向溢出会增加创新成本的影响。

13.4　产业技术创新多主体共生体系的构建

竞合机制是主体间共生关系形成的重要保障，贯穿着共生体系建立、发展与稳定的全过程。主体间的合作是资源分享与价值共创的基础，而主体间的竞争则是实现价值分配与利益均衡的必要过程。创新主体因为资源合作与技术价值共创的客观需求，继而基于产业竞合关系网络进一步发生共生行为，从而最终建立起产业技术创新多主体共生体系。

在以新型研发机构为核心的多主体共生体系中，新型研发机构作为共生体系建立的触发者，以其为中心的竞合网络是该共生体系的重要支撑，在共生体系的形成、发展与稳定过程中发挥着重要的作用。以新型研发机构为核心的共生体系建立过程如图13-2所示。

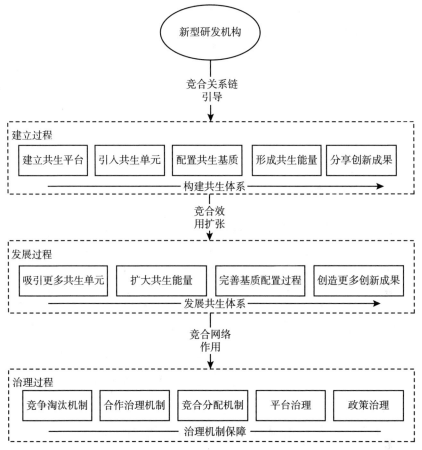

图 13 - 2   以新型研发机构为核心的共生体系建立过程

13.4.1 产业技术创新多主体共生体系的形成

共生是合作关系的延续，在以新型研发机构为核心的共生体系中，各创新主体间的合作关系是共生行为的前提。

如图 13 - 3 所示，共生体系建立初期，新型研发机构通过与潜在共生主体间建立一系列合作关系，构建了最初的共生平台。各创新主体作为共生平台中的初始共生单元，在新型研发机构的协助下实现了共生基质的共享与拼凑，从而实现了共生能量的产生分配。在这一过程中，新型研发机构作为共生平台的组织者与管理者，通过与各初始共生单元间的合作关系实现初始共生单元的引入，并在共生界面上为实现共生基质的拼凑与共生能量的产生而发挥引导、配置作用。

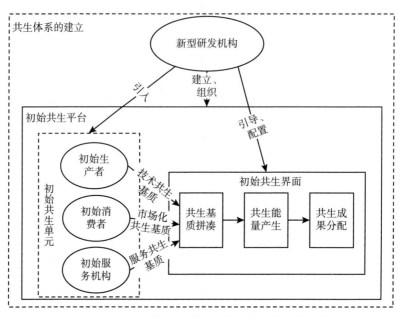

图 13 - 3　产业技术创新多主体共生体系形成过程

13.4.2　产业技术创新多主体共生体系的发展

在初始共生体系形成的基础上，参与共生体系的各创新主体间合作关系得到增强，因此提升了各参与主体在竞合网络中的竞合优势，并进一步作用于竞合网络中其他关系链，促进了更多创新主体与新型研发机构建立联系、增强合作关系，使更多创新主体参与到共生体系中，形成新的共生单元。新的共生单元进入的同时引入了新的共生基质，这不仅提高了共生体系的产出效率，还促进了各类新共生界面的产生。

共生体系的发展对外具有正向吸引效应，将引起更多创新主体的加入，最终形成覆盖全部竞合网络主体的共生体系。

产业技术创新多主体共生体系发展过程如图 13 - 4 所示。

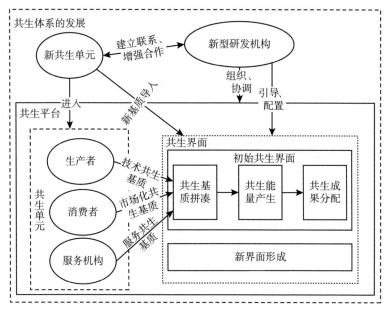

图 13 - 4　产业技术创新多主体共生体系发展过程

13.4.3　产业技术创新多主体共生体系的治理

　　共生体系的长治久安离不开完善的治理机制，新型研发机构作为共生平台的管理者，通过设定各类平台管理制度与措施实现对共生平台的治理。同时，政府作为创新生态体系的监督者与管理者，通过政策治理、资金引导的方式，保障共生平台的稳定和发展。

　　竞合机制同样在共生体系的维护过程中发挥着重要的作用。首先，体系中同类共生单元提供相似的共生基质，因此共生单元间也存在竞争。在平台管理者的正确引导下，共生单元间适度的竞争关系有利于共生单元资源产出效率的不断提升，进而赋予共生体系产业技术创新产出的不断突破。而竞争机制所发挥的淘汰作用则有利于共生体系的不断自我更新，通过将缺乏竞争力的共生单元不断淘汰，从而确保了共生体系的持续健康和稳定发展。其次，基于各共生单元与新型研发组织间的竞合关系，共生体系中自发形成的合作治理机制可以有效地实现各主体间的关系治理，彼此间的合作关系为各主体建立了沟通对话与解决争端的有效渠道，从而既有利于共生体系的和谐与稳定，也有利于各共生单元间更紧密地配合，实现高效的资源拼凑。最后，竞合分配机制是实现共生成果合理分配的有效机制，各主体间通过竞合分配机制的不断演化博弈，最终实现了对创新成果分配的共识。分配的竞合博弈通常可以得到较为公平合理的分配结果，并反作用于各类主体，促使其为了获得更多的成果分配，不断提高自身的共享与价值，从而实现了共生体系的不断进步与升级。

产业技术创新多主体共生体系维护过程如图 13 −5 所示。

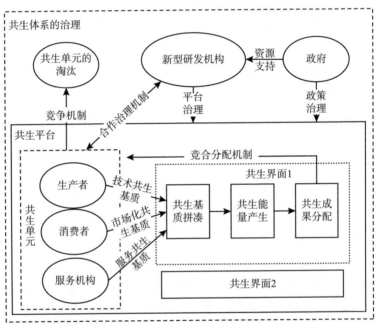

图 13 −5　产业技术创新多主体共生体系维护过程

13.5　产业技术创新生态体系竞合共生效应分析

竞合共生效应指的是产业技术创新生态体系通过建立竞合机制并构建共生体系所获得的最终效果。在资源、成本、能力禀赋、外部效应等产业技术创新客观需求的推动下，产业技术创新生态体系中的各主体基于彼此间复杂的竞合关系，建立了稳定的共生体系。该体系的建立使产业技术创新生态体系解决了此前资源不足、创新成本过高、创新能力不足等问题，从而实现了在资源利用、风险管理、价值增益等方面的正向效应，为实现产业技术创新与高质量发展的目标提供了坚实的体系保障。

13.5.1 优化资源配置

产业技术创新生态体系竞合共生机制能够更好地提高系统中资源配置能力，使创新资源在系统中更自由的流动，从而不断促进创新活动的发生。系统的竞合机制是在市场作用下自发形成的，因此体现了市场机制对资源配置的决定性作用。因为创新活动具有高风险、高收益的特点，因此只有少数创新项目可以获得足够的支持。而竞合机制实现了对创新活动的市场选择过程，即只有优秀的创新项目才有可能获得足够的参与主体与创新资源。

首先，竞合共生有利于系统中资源的充分利用。各创新主体为了获取自身发展所需的资源，在持续竞争中不断演化出更加有效的资源利用策略，在提高资源利用能力的同时，各主体也随着生态的拓展、移动不断探索新资源的利用。合作与共生实现了各主体冗余资源的充分利用，各主体将无法充分利用的资源进行整合与拼凑，从而实现了系统中资源利用的最大化。

其次，竞合共生有利于主体间的资源互补。不同创新主体的资源具有异质性，自身所具有的资源未必能满足自身的发展需要，因此各创新主体在通过竞合机制努力争取资源的基础上，还需要与资源异质类主体建立共生关系，从而最大限度地从对方的资源溢出中获得自身收益。

最后，竞合共生有利于主体间的资源共享。主体间通过构建竞合共生关系实现了以产业信息、知识为代表的非竞争性资源的共享，这不仅弥补了自身资源的不足，进一步促进了自身资源的有效叠加与组合优化，还实现了更加合理的资源配置，极大地提高了系统的运行效率，扩大了资源边际收益，创造了新的竞争优势与价值，实现了产业技术创新生态体系的高质量发展。

13.5.2 风险规避

技术创新是一项高风险活动，高风险性限制了主体进行创新活动的热情，而竞合共生机制则能够产生风险规避效应。

如前文所述，竞合共生机制通过优化资源配置的形式实现了对创新项目的筛选，只有预期风险低收益高的创新项目才有可能得以开展，排除了"劣质"创新项目，因此降低了产业技术创新生态体系中创新的系统性风险。另外，竞合共生机制使多类创新主体协同参与到创新链的各个环节中，实现了风险共担，从而降低了各主体的非系统性风险。

创新链不同阶段的风险不同，竞合共生机制很好地整合了具有不同抗风险能力的主体参与到创新链的不同环节中。比如让高校、科研院所进行初期的技术研发，而政府、新型研发机构与风险投资机构在技术成果转化的"死亡之谷"实现成果的转化，最终通过企业实现技术的市场化与商业化。竞合共生机制可以转嫁创新某些环节的风险，从而实现风险规避。

13.5.3 价值的共创共享

产业技术创新生态体系中竞合共生机制在多创新主体间得以建立，使各类创新活动以创新链的形式得以发展，进而实现了多创新主体的协同价值创造，创造出"1+1>2"的协同效果。

首先，竞合共生机制使个体创新活动演变成系统性创新，在同等创新效益的情况下，降低了创新的单位成本。竞合共生机制激发了产业技术创新生态体系各创新主体的创新活力，实现了系统内各类创新资源的激活。

其次，竞合共生单元共享创新成果，各创新参与主体以不同的方式对创新成果加以利用，以此实现了创新成果利用的最大化，形成了巨大的规模经济效应。

最后，竞合共生机制有利于创新成果的进一步扩散，产生更大的溢出效应，创新成果在相关产业内得以传播实践，相关产业与产业内各主体都可以享受到技术溢出带来的收益，从而实现了全产业的共同发展。

| 14 |

产业技术创新生态体系的共享机制研究

14.1 构成主体分析

产业技术创新生态体系由多个创新群落组成。创新群落是由在一定时间与空间内，各创新种群与环境相互作用，形成的具有一定结构和功能的创新组织集合体，具体来说，创新群落可以由环境、高校和科研院所种群、企业种群、创业部门和在孵企业种群、政府及下属部门种群、科技中介种群、孵化器种群和投资机构种群等构成，产业技术创新生态体系中的创新群落如图 14-1 所示。各创新种群是在一定区域内具有相似能力的创新组织集合，各创新种群在创新群落中占据的生态位彼此相关但是其结构和功能各不相同。

政府及其下属部门处于产业技术创新生态体系的服务层，主要行使政策制定、政策服务、宏观调控等职能，以协调各方主体共同完成创新、提升创新效率为目标。制定政策规范主体行为、引导创新方向，划拨科研经费或通过减免税费提供财政税收上的支持，牵头鼓励各方主体间建立连接，构建良好的政策环境和有效的创新激励环境，促进资源共享和有效配置，保障多主体协同完成创新。

高校和科研院所在产业创新生态体系中处于核心层，是以基础知识创造和攻克基础共性产业技术为目标的机构。在资源方面，具备先进的科研仪器设备、高层次科研人才、前沿理论知识，以及论文和专利等科研成果资源。高校和科研院所的目标和资源使其具备较强的科研能力和丰富的知

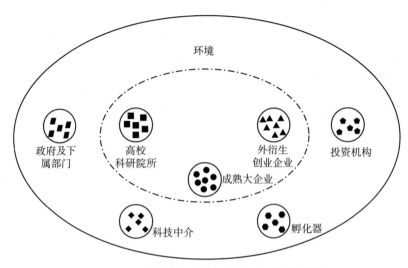

图 14-1　产业技术创新生态体系中的创新群落

识储备，是进行基础研究的最佳主体。

成熟大企业处于产业创新生态体系的核心层，是科研成果转化的主力军。成熟大企业是以经济效益为导向，寻求难以模仿的技术或产品，以投入市场产生效益为目标的机构。成熟大企业在资源方面具备资金、产业技术及设备、场地、产业技术人才等资源，在产品开发、顾客需求、市场趋势等方面的知识较高校和科研院所丰富[204]。其目标和资源决定了成熟大企业在创新环节中具备创意产生和应用研究的能力。

外衍生创业企业（简称创业企业）处于产业技术创新生态体系的核心层。创业可以是"从零开始创建新的企业"，也可以是企业的内部创业[205]，内部创业也可以分为两种，一种是公司内新创事业，另一种是公司外衍生创业[206]。这里所指的创业公司指的是由成熟大企业分化而来，责权自负的外衍生独立实体公司。其目的是将开发的新产品或新技术投入市场，结合市场反馈，不断试错完善修正，最终实现产业化。

科技中介处于产业技术创新生态体系的服务层，是一种介于企业、高校、创业企业、科研院所、孵化器、投资机构的中间组织，以促成创新合作、知识产权服务与交易为目标，各创新主体的资源信息是其最重要的资源，科技中介通过把不同类别的资源信息进行识别、分类、加工和整理，形成第三方信息共享平台。作为各创新主体沟通链接的纽带，中介机构的存在有利于资源信息的存储与传递，进一步促进了各创新主体间资源的共享水平。高校和科研院所与企业的技术合作项目往往受到政府资助，会经历一个繁琐的申请过程[207]，科技中介则在这一过程具备明显的专业程度和经验。高校、科研院所、企业、创业企业的根本利益没有冲突，科技中介和孵化器的存在可以保障各主体间创新收益分配更加公平。

孵化器是以孵化创业公司为目标，为创业者或创业公司提供服务和资源，例如场地、资金、人才、咨询等。

投资机构处于产业技术创新生态体系的服务层，主要服务于创新项目和在孵企业的孵化，以投资盈利为目标。掌控资源主要为资金、投融资信息等。

环境可具体分为政策环境、技术环境和市场环境三个部分。政策环境是在法律法规方面对创新的提倡引导作用。技术环境是指产业内现有技术，技术环境是现有产业知识水平的反映，是创新研发的基础。市场环境是市场对现有产品技术等的新要求的反映，是创新创意、创新需求产生的源头。

14.2 共享关系

产业技术创新生态体系共享关系如图 14-2 所示。图中实线部分代表创新资源及信息的共享，箭头指示是创新资源流动的方向，虚线为创新资源信息的共享，创新资源与创新资源信息有着本质上的区别。在产业技术创新生态体系内，实线与虚线综合交错，将各创新主体相互连接起来，不同资源在各主体间的流动构成了独特的资源体系，具体可以分为知识更新体系、物质流动体系、服务保障体系、资金支撑体系。

知识更新体系是核心层创新主体与环境间进行的知识流动，知识主要以学科知识、产业技术、科研成果等形式体现，知识流从高校和科研院所流经成熟大企业、创业企业、环境，最终再返回高校及科研院所，这一过程完成了整个产业技术生态体系内知识量和质的增值。具体来说，合作创新中不同主体间的知识流动推动创新所需的知识进行组合[208]。以高校和科研院所作为基础研究的主体，具备丰富的知识储备和科研成果，相较于

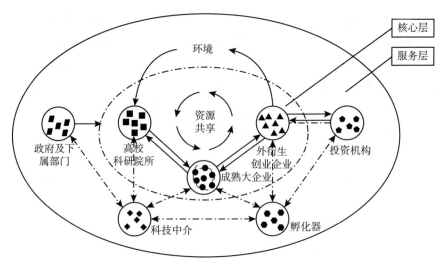

图 14 - 2　产业技术创新生态体系共享关系模型

其他主体，具备较高的知识势差。成熟大企业是科研成果转化的主力军，具备较高知识势差的高校将前沿科技知识和科研成果向低势差的企业流动，以供企业在高校现有成果的基础上进行应用研究。成熟大企业又将作为项目源，其产生的新产品、新技术交由创业企业完成产业产品化。实现产业化的新产品和新技术走入市场回归到环境中，此时产业化的新产品、新技术将作为新的学科知识被高校和科研院所吸收。知识流在核心层创新主体和环境间的流动构建了产业技术创新生态体系的知识更新体系。

物质流动体系是由高校、科研院所、成熟大企业、创业企业间的物质流动构成的，物质流主要以人才和设备等形式体现。高校和科研院所具备创新所需的高层次人才和精密科研仪器设备，成熟大企业具备产业技术人才、产业设备、厂房等，二者物质资源优势互补，相互结合可以构成创新所需的物质资源，推动新产品、新技术的产生。创业企业在人力、设备、厂房等资源方面都相对匮乏，作为新产品、新技术产业化的实现者，可由成熟大企业为其提供人力、物力上的支持，以供产业化顺利进行。

服务保障体系主体共享，服务体系是由政府及其下属部门、科技中介、孵化器、投资机构等服务相关组织构成的服务链。服务链以激励创新、扶持创新、信息服务、促成合作、知识产权保护和交易服务、孵化服务、投融资服务等，以促进市场资源有效配置为中心，来满足各主体创新需求，促进科研成果研发与转化、多主体协同、新产品与新技术产业化。创新资源信息是服务链中的重要资源，服务链中各主体与服务链外各主体信息共享，保证了创新主体获取有效的产业动态信息。服务链的实质是为消除创新主体间的信息不对称，降低多主体创新过程中的波动性、不确定性、复杂性和模糊性，促进合作互补。科技中介、孵化器和投资机构从环境中提炼市场需求信息、前沿科技动态，政府创新导向信息，与高校、科研院所、成熟大企业、创业企业共享信息，保证核心层创新主体更完善地进行资源认知。再从核心层创新主体中收集相关资源信息，保证其在资源搜索阶段搜寻合作伙伴的匹配性。政府从环境中提取前沿科技动态、市场需求信息和产业技术水平信息等，结合政府战略规划，制定政策，直接对环境和各创新主体产生作用。孵化器中的互动包括孵化器与创业者的互动和创业者间的互动，孵化器与在孵企业的互动可以有效监控并传递资源，提升创业成功的可能性，创业者间的互动能促进信息和资源的共享[205]。

资金支撑体系是由政府、高校和科研院所、创业部门或在孵企业、投资服务机构等组成的资金链，资金在资金链上各主体间流动共享，各主体在创新的不同环节介入、获利并退出，支撑创新成果从创意产生、基础研究、应用研究、产业化等一系列环节的资金需求，是产业技术创新的保障。

14.3　共享模式

核心层创新主体作为创新活动的主要执行者，其资源共享需经历资源认知、资源搜索、资源交换、资源吸收、资源转化这五个阶段。而以科技中介和孵化器为主的服务层的创新主体主要作为核心层创新主体间进行资源共享的共享渠道，与核心层只进行信息的共享，并不进行创新资源的交换。共享渠道是科技创新资源共享过程得以顺利进行的途径要素[209]，是物质流、知识流、信息流、资金流在整个创新群落中动态更新的保障。核心层创新主体间资源异质性与互补性推动资源共享，而创新主体间资源信息的不对称则推动共享渠道的建立。

资源认知是创新主体基于现有资源和面临的问题，对解决办法所需资源确认的过程。资源认知过程既可能发生在核心层创新主体层面，也可能经由服务层创新主体的帮助从而更好地完成认知。对于核心层创新主体，在自身进行内部资源认知的基础上，结合科技中介和孵化器从环境中提取市场需求、产业知识水平、前沿科技动态、政府引导方向等信息，更好地进行更深层次的资源认知，结合自身未来发展战略，寻找资源上的不足。投资机构从环境中提取政府引导方向、科技发展热点等信息，为下一步投资进行导向。政府从环境中提取市场需求和前沿科技动态，为制定政策提供导向。

资源搜索是创新主体为解决其在创新过程中面临的各种问题，找到合适互补的外部资源与现有资源进行整合吸收，进一步转化为共同的创新能力的过程。通过资源搜索，创新主体可以依靠外部资源缓解融资难、人才短缺、风险承担能力差等诸多问题。服务层种群中的科技中介和孵化器作为资源信息的系统整合者，帮助各创新主体搜索所需资源，不仅提升了合作伙伴匹配的精确度，还极大地降低了各创新主体的搜寻成本。企业可通过科技中介和孵化器寻找到具有互补资源的异质性主体，比如高校、科研院所、产业链上下游企业、其他产业链企业、创业企业、政府等。创业企业为解决融资难、人才短缺、风险承担能力差等问题，通过孵化器搜寻到企业、投资机构和政府等。投资机构为实现投资盈利的目的，也会主动寻找或经由孵化器寻找具有成长性和发展潜力的创新项目或创业企业。

资源交换是创新主体基于自身资源，通过各种方式进行资源分享的过程。创新离不开各种资源的重组，在资源交换环节，进行交换的主体主要为高校、科研院所、成熟大企业、创业企业、投资机构和政府。从创新的流程来讲，创新创意通常来源于拥有丰富市场知识、需求信息的企业，成熟大企业此时拥有的资源包括创新创意、产业技术、资金、产业技术人才等，但现有资源无法满足创意的实现，还需要先进的前沿知识或是现有科研成果等于现有产业知识异质的知识资源，以及高层次人才与产业技术人才合作完成。高校和科研院所是基础研究的主体，此时高校和科研院所所拥有的资源包括学科知识、科研成果、高层次人才等，需要的资源包括产业需求信息、产业设备、产业技术、产业技术人才、资金等。创业企业作为新产品、新技术产业化的执行者，缺乏的资源包括资金、人力、物力及创新项目源。由此，高校和科研院所与企业、政府间资源具备互补性，可以产生资源的交换。成熟大企业与产业链上下游企业、产业链外企业也具备资源的差异性，企业、投资机构和政府同时还可以弥补创业企业资源上的短缺，主体间也可以发生资源交换。

资源吸收是指核心层创新主体利用获取到的资源，将其内化为自己可以使用的内部资源，进而完成创新的过程。企业与高校、科研院所或产业链上下游企业、产业链外企业的合作研发或知识产权交易等需要通过吸收互补的以人才、设备为主的物质资源，以技术、成果为主的知识资源和以资金为主的资金资源，内化为自身资源，才能完成应用研究，产生新产品或新技术。创业企业结合企业自身、投资机构和政府提供的物质、资金和知识资源，实现新产品、新技术的产业化。

资源转化是指核心层各创新主体在充分吸收利用资源的基础上，实现资源的更新换代。企业与高校、科研院所、产业链上下游企业、产业链外企业、政府等的合作将互补资源转化为新产品、新技术。创业企业又将新产品、新技术与企业、投资机构、政府的互补资源相结合，转化为成功产业化的产品和技术。成功产业化的产品和技术又回到环境中，作为新的学科知识被高校和科研院所吸收，实现知识在产业技术创新生态体系的动态更新。

产业技术创新生态体系共享过程模型如图 14 - 3 所示。

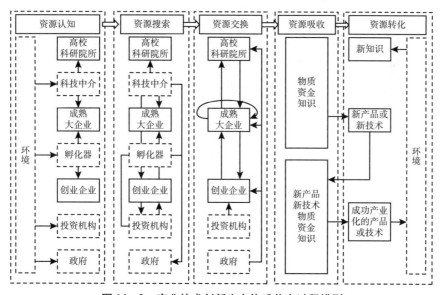

图 14 - 3　产业技术创新生态体系共享过程模型

14.4 共 享 机 制

学研机构与企业的知识结构和知识水平存在较大差异，会形成一定互补优势，这将成为学研机构与企业进行知识资源共享的基础和必要动力[210]。

异质性组织对创新知识的难度较大，由于知识势差的存在，使得合作双方的创新动力与知识价值量更明显。

创业者在创业过程中常常面临"资源约束"的困境，仅利用自身有限资源难以获得竞争优势[205]。

14.4.1 产业技术创新生态体系共享过程因果关系分析

本研究以产业技术创新生态体系共享关系模型和共享过程模型为依据，以产业技术创新生态体系中的核心层主体作为系统的切入点，围绕学研机构、企业、创业企业三类主体构建产业技术创新生态体系的知识共享系统。

创新的过程可分为基础研究、应用研究、产业化三大过程，核心层的学研机构主要进行基础研究，企业进行应用研究，创业企业则是产业化的主体。基于此，产业技术创新生态体系知识共享系统又可细分为学研知识共享系统、企业知识共享系统和创业企业知识共享系统。本研究基于对知识共享机制的分析，并参考已有文献，提出知识共享过程中的影响因素及相关变量如表14-1所示。

表14-1 产业技术创新生态体系共享过程的影响因素及相关变量

一级变量	二级变量	三级变量
匹配度	信息不对称	中介服务机构数量
	资源互补性	资源异质性
	资源认知能力	中介服务机构数量、产业市场环境、信息不对称

续表

一级变量	二级变量	三级变量
连接意愿	产业政策环境	
	信息不对称	
	参与公平与利益公平	
	组织距离	中介服务机构数量
	资源互补性	资源异质性
	资源搜索成本	组织数量、资源搜索能力（中介服务机构数量）
知识存量	基础创新量、学研知识吸收量、学研知识淘汰量	产业技术环境、学研转化能力、学研吸收能力、学研知识淘汰系数
	企业知识吸收量、企业知识淘汰量、应用创新量	企业转化能力、企业吸收能力、企业淘汰系数
	创业企业知识吸收量、创业企业知识淘汰量、成功产业化技术	创业企业转化能力、创业企业吸收能力、创业企业淘汰系数、产业技术环境

在本研究中，对核心层主体共享产生共同影响的三个变量是匹配度、连接意愿和知识存量。其中中介服务机构数量、产业市场环境、产业政策环境和产业技术环境对匹配度、连接意愿、知识存量的二级变量产生了较多影响，侧面反映了产业技术创新生态体系中服务层主体和环境的重要性。

核心层主体间是否发生知识共享取决于主体间的匹配度和连接意愿，匹配度与资源互补性和资源认知能力正相关。中介服务机构通过对各主体资源信息的收集整合，可以有效提升信息对称性；通过收集环境信息帮助核心层主体更好地实现资源认知，提升其资源认知能力；资源异质性是资源互补的前提，不同主体间资源互补性越强，其连接意愿与匹配度越高。连接意愿与参与公平与利益公平、资源互补性正相关，与组织距离、资源搜索成本负相关。中介服务机构可以为合作主体制定公平合理的参与规则和利益分配规则，提升参与和利益分配的公平性，提升主体间连接合作的意愿；组织距离通常体现在目标、文化、资源上，距离较大的组织间通常难以进行资源共享，中介服务机构通过协调各主体间目标，推动文化相融，实现资源互补，提升主体间合作意愿；由于组织机构种类和数量的繁杂，致使核心主体在寻找合作伙伴时需要花费大量的时间、人力、财力成本，中介服务机构作为资源信息的共享渠道，可以极大地提升核心层主体的资源搜索能力，进一步降低搜索成本，促成合作。

知识共享发生在核心层各主体之间，知识共享量与知识存量正相关。学研机构作为基础研究的主体，具备丰富的知识储备和科研成果，相较于其他主体，具备较高的知识势差。具备较高知识势差的高校将前沿科技知识和科研成果向低势差的企业流动，能敏锐识别市场机会的创业企业将需求信息或产品设计诉求等信息传递给企业，企业结合需求信息将科研成果转化为新产品、新技术，实现创新的应用研究环节。企业又将作为项目源，将应用研究产出的新产品、新技术交由创业企业完成产业化，创业企业经过不断地试错与调整，在原有产品或技术的基础上实现新一轮创新最终推向市场实现产业化。实现产业化的新产品和新技术走入市场回归到环境中，此时产业化的新产品、新技术将作为新的学科知识被高校和科研院所吸收。知识在核心层创新主体和环境间实现了动态的流动更新。

基于以上分析，进一步对各子系统进行汇总，明确系统边界，绘制出产业技术创新生态体系知识共享因果关系如图 14 – 4 所示。

根据图 14 – 4 可以得出以下关于产业技术创新生态体系知识共享的主要反馈回路。

（1）学研知识存量→＋基础创新量→＋学研知识存量。

（2）成熟大企业知识存量→＋应用创新量→＋企业知识存量。

（3）成熟大企业知识存量→＋成功产业化技术→＋创业企业知识存量。

（4）学研知识存量→＋学研知识共享量→＋成熟大企业知识吸收量→＋成熟大企业知识存量→＋成熟大企业知识共享量→＋学研知识吸收量→＋学研知识存量。

（5）成熟大企业知识存量→＋成熟大企业知识共享量→＋创业企业知识吸收量→＋创业企业知识存量→＋创业企业知识共享量→＋成熟大企业知识吸收量→＋成熟大企业知识存量。

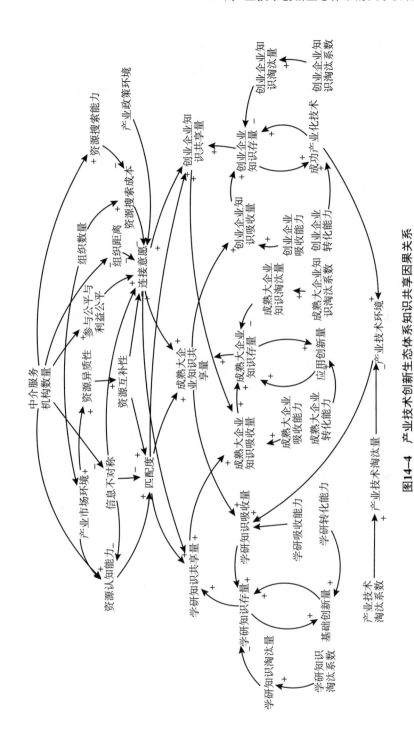

图14-4 产业技术创新生态体系知识共享因果关系

（6）学研知识存量→＋学研知识共享量→＋成熟大企业知识吸收量→＋成熟大企业知识存量→＋成熟大企业知识共享量→＋创业企业知识吸收量→＋创业企业知识存量→＋成功产业化技术→＋产业技术环境→＋学研知识吸收量→＋学研知识存量。

根据反馈回路，可将整个知识共享系统分为三个相互连接的内部增值子系统，分别为学研子系统、成熟大企业子系统和创业企业子系统。

三个子系统在内部由知识存量到内部创新再到知识存量增加的正反馈循环，体现在反馈回路（1）、（2）、（3）中，这是子系统作为独立系统产生创新实现增值的过程。

当各子系统相互连接，实现知识共享时，子系统与子系统之间的知识会发生流动，发生流动的知识量由共享量和吸收量共同反应，由共享方的存量，子系统间的连接意愿、匹配度，接收方的吸收能力共同决定，因为主体间的异质性，只是在这一过程中发生了量与质的变化，接收方再以同样的方式反馈给共享方，实现一次知识的循环增值。子系统间的知识循环增值体现在反馈回路（4）、（5）当中。

环境是整个共享系统不可缺少的一部分，政策环境和市场环境不仅会影响子系统间的连接意愿和匹配度，技术环境更是反映了整个系统的技术水平，技术环境中淘汰系数反映了整个系统内知识更迭的速率。子系统间实现知识共享的同时，也作用于整个系统的技术环境，技术环境又相应作用于各子系统，实现了三个子系统间知识流动的嵌套循环，完成了整个知识共享系统中知识的增值与质变。

14.4.2 产业技术创新生态体系知识共享动力学模型构建

本研究的系统动力学流图是在因果关系图的基础上进一步区分变量性质，用直观的符号反映系统各要素之间的逻辑关系，明确系统的反馈形式和运行机制[211]。模型的基本假设包括：

假设1：假设学研机构、企业、创业企业、产业技术环境的技术淘汰系数相同（知识会因时间流动变得陈旧老化，不再适用，逐渐被淘汰）。

假设2：假设系统内部知识均为显性知识，可以由专利、论文、专著等表征知识相关变量，例如知识存量、创新量等。

在图 14 - 5 中，包括 4 个状态变量，16 个速率变量，20 个辅助变量和 4 个常量。

在设计模型时需要对模型中的变量进行量化，可以采用实际案例的真实数据进行表征，重要变量表征如下：

知识存量 = INTEG（知识创新量 + 知识吸收量 - 知识淘汰量），创新量可由专利申请数量、论文专著等发表数量来反映，吸收量主要表现为显性知识的吸收，其可由专利转移、文献引用等的数量来表示；

知识创新量 = 知识存量 * 转化能力，转化能力可由实际案例的成果产出的增长率的表函数体现，其中需要注意的是，为体现转化能力，成果应为引用过其他专利或文献的成果；

知识共享量 = DELAY1 I（知识存量 * 连接意愿 * 匹配度，m，0，），使用一阶延迟函数模拟知识共享过程，是因为知识共享过程发生在知识创新过程之后，不同子系统间知识共享发生延迟的时间并不相同，应根据实际案例设置 m 单位时间后开始知识共享，共享量是由知识存量、连接意愿和匹配度共同决定的，这里假设知识共享量的初始值为 0；

知识吸收量 = DELAY1 I（知识共享量 * 吸收能力，n，0），使用一阶延迟函数是为了模拟吸收过程，表示在 n 个单位时间后完成吸收，吸收能力可由实际案例数据的表函数来表征，知识吸收量的初始值是 0；

知识淘汰量 = STEP（知识存量 * 知识淘汰系数，t），运用阶跃函数是用来模仿技术创新对旧技术的颠覆性，并设定在 t 时间后，各子系统及系统技术环境发生知识的淘汰。其中，知识淘汰系数可以根据我国法律规定的法定有效年限设定[212]，我国法定的发明专利有效年限为 20 年，实用新型专利和外观设计专利为 10 年，可以根据实际案例的产业性质，选择主要专利种类，设定淘汰系数，即 1/专利有效年限；

连接意愿与匹配度与其他辅助变量和常量为正负相关的影响，可根据未来采用的具体案例详细设置。

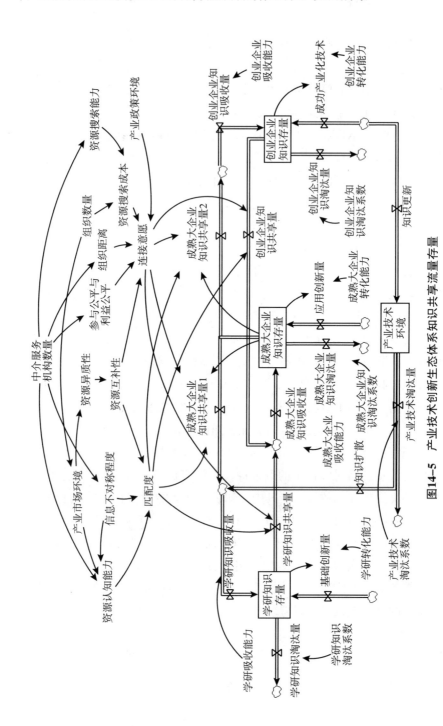

图14-5 产业技术创新生态体系知识共享流量存量

| 15 |

产业技术创新生态体系价值创造与
获取的耦合机制研究

15.1　产业技术创新生态体系的价值创造

产业技术创新生态体系内的创新种群是利用互补资产建立协同共生的合作创新关系。各创新主体首先需要对自身资源有深刻的认知，再通过评估潜在合作伙伴是否具有互补资源实现伙伴搜索。互补资源能显著影响价值创造的效率，资源的互补性与合作伙伴的相互依赖性成为价值创造的主要动力。创新主体通过战略协同寻找合作伙伴，在产业技术创新生态体系内建立互惠共生、技能互补的关系，创新主体间资源的互补是产业技术创新生态体系构建的动力，价值便是在这一过程中创造的。

15.2　产业技术创新生态体系的价值获取

在产业技术创新生态体系下，创新主体需要考虑如何实现价值创造，再考虑如何实现机制获取。新型研发机构在产业技术创新生态体系中充当着协调者的角色，取代了企业的中心地位。新型研发机构可以通过专业的知识产权管理，明确知识产权归属，创新成果产权界定等，新型研发机构中心型的合作网络将企业、高校、科研院所、中介服务机构等创新主体联系起来，建立信任关系，搭建开放式创新研发平台，并在此基础上产出知识产权，并通过出售、技术许可、衍生产品等使每一个创新主体在不同阶段分别收益，实现价值获取（如图 15 - 1 所示）。

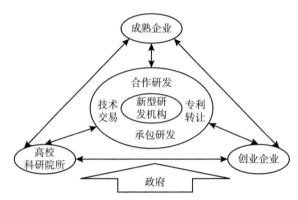

图 15 - 1 产业技术创新生态体系的价值获取

15.3 价值创造与价值获取的耦合机制

产业技术创新生态体系根据其内部各主体间的耦合效应，扩大了外部的互联优势，在体系内形成了资源的循环流动，推动了知识螺旋上升的持续动态更新。体系内的协同耦合过程中，新型研发机构模糊了服务层组织与核心层组织的边界，使体系内各主体互联互通相互依赖、协同共生。本研究从价值主张、价值创造、价值获取的逻辑出发，尝试解释产业技术创新生态体系内创新主体如何进行价值创造与价值获取协同耦合，最终实现体系内的价值共创。

15.3.1 价值主张与技术发展协同耦合

在产业技术创新生态体系内，各创新主体利用互补资源，通过选择合适的共生伙伴实现协同共生。在产业技术创新生态体系的构建初期，创新主体类型和数量都较少，需要通过建立共同愿景的价值主张吸引更多创新主体融入产业技术创新生态体系，目的是完善生态体系的构建，价值主张又会与技术发展产生耦合效应，为体系内各主体带来新的商业机会。在现如今不确定性较高的环境下，各主体间通过不断增加信用承诺，将最初始的愿景具化为开放式创新和协同创新。核心层主体需要清晰地认识到自身哪些资源可以在创新生态体系中发挥作用，通过与合适的伙伴构建合作关系，得出技术和社会相互依赖的关系。核心层创新主体通过识别和占据战略瓶颈以实现价值创造与获取。

15.3.2 价值创造与获取路径协同耦合

产业技术创新生态体系内，各创新主体通过共同构建初始愿景，有助于联盟伙伴选择，进一步缩小潜在的应用范围。由于体系内各创新主体技术水平的参差，核心层主体选择行动方案需要对创新进行搜索，明确创新前景。虽然产业技术创新具有相当的模糊性和复杂性，但是通过构建价值创造与获取机制推动各创新主体间识别未来创造和获取价值的能力，核心层主体可以掌握创新的先动性。核心层创新主体利用价值主张这一方式控制协同创新的方向和速度，进而实现价值获取、市场的异质性，防止其他企业战略失衡。通过技术路径测度识别未来的、可防御的技术瓶颈，这些技术瓶颈是不断变化的，取决于企业当时的战略和可用资源，而不一定与直接的价值获取相关联。各创新主体间需要在价值共创和价值获取之间取得平衡，以便实现创新和持续竞争优势。产业内的竞争强度直接影响价值共创和价值获取。产业技术创新生态体系的机制创造虽然具有模糊性，但是却可以通过构建价值创造与获取机制确定未来技术的选择范围。

15.3.3 价值创造与获取过程协同耦合

产业技术创新生态体系的价值创造与价值获取协同耦合作用，会导致系统整体发生缩小或放大的变化。价值创造与价值获取可以看作是产业技术创新生态体系的两个子系统，两个子系统之间相互影响、相互作用。核心层创新主体是价值共创的主要实现者，服务层创新主体是核心层主体沟通合作的渠道，新型研发机构具有企业协调者的作用，协调核心层主体间、服务层主体间，以及跨层级主体间的沟通与合作，通过优化资源的交流、融合、吸收过程，为产业技术创新提供助力，进一步创造价值。机制获取是技术选择战略为知识交流能力提供知识反哺的过程。通过创新的基础研究—应用研究—产业化等环节，以及知识流经不同创新主体的吸收、内化与共享使知识在质和量上都发生增值，提升了产业技术水平，进一步又促进了知识创造、流动、扩散和应用等。价值获取与价值创造的协同发展产生了耦合效应，最终保障了产业的稳定持续发展。通过政府政策的颁布构建良好的创新环境，新型研发机构和服务层机构辅助核心层创新主体构建完善的知识产权战略及商业目标，基于此，产业技术创新生态体系内的创新主体通过知识交流、伙伴选择及资源互补三者之间的合作与竞争行为，形成了价值创造子系统与价值获取子系统之间协同共生的耦合创新过程。

▶ 第 5 部分 ◀

产业技术创新生态体系的
政策保障体系研究

16

产业技术创新生态体系评价指标构建

16.1 理论背景

产业技术创新生态体系是基于自然生态体系的概念，其借鉴了自然生态体系的主要特征，产业技术创新生态体系中主要包括以技术创新为主体的企业、高校和科研院所、生态合作伙伴、技术经理人、经纪人，以及他们之间与生态环境相互的作用。由于关于产业技术创新生态体系的概念确定较为模糊，缺乏相关的评价指标的研究，同时产业技术创新生态体系与创新生态体系、产学研等具有类似性。因此，可以借鉴创新生态体系和产学研相关的评价原则、指标的成熟研究。另外，由于本研究是在高质量发展条件下对于产业技术创新生态体系评价指标的构建，因此还需要借鉴高质量发展相关评价指标的研究。

对于创新生态体系的评价指标的研究，主要涉及系统运行稳定性评价、风险评价、生态位适宜度评价。在创新生态体系稳定性评价方面，徐建中借鉴已有研究，以客观性、科学性、可行性和全面性为设计原则，从结构、技术和外部环境三个维度构建了产业技术创新生态体系运行稳定性的评价体系[213]。在创新生态体系风险评价方面，张运生从企业融合风险、知识溢出可能带来的资源流失风险、信息不对称可能带来的机会主义道德风险、专业化分工产生的锁定风险及外部环境风险五个方面构建了创新生态系统的风险评估指标[214]。在创新生态系统生态适宜度评价方面，孙文丽通过《中国城市创新创业环境评价研究报告》和硅谷指数和世界竞争力指数，建立了对于创新生态系统生态位适宜度的评价指标，其中一级指标包括创新群体、创新资源、创新效率、创新活力、创新潜力和创新环境五个方面[215]。

关于产学研合作评价研究，主要的评价主体为产学研合作绩效、产学研技术创新绩效、产学研的动力及影响因素等。现有的产学研绩效评价的理论模型主要有以下四种类型：（1）基于动机—期望的评价模型。该模型由博纳科尔西和皮卡卢加（Bonaccorsi & Piccaluga）在 1994 年提出，该模型认为，产学研的评价是以产学研合作的期望为基础的，通过将产学研的实际合作创新成果与期望相对比才能对产学研合作做出评价。而产学研合作的期望大小又受到了产学研合作动机的影响[216]。根据该模型，合作的绩效包括知识的产生、传递、拓展三个方面，评价产学研合作绩效的客观指标包括新产品数量、研究者数量、出版物数量、专利数量等[217]。（2）基于评分卡的评价模型。动机—期望的评价模型缺少了产学研合作中对于组织战略的考量，因此埃茨科瓦茨（Etzkowitz）将组织战略引入了产学研合作评价指标中，建立了基于组织战略的平衡记分卡，从财务、内部流程、客户等角度对产学研的合作绩效进行了评价[218]。（3）基于投入—（转换）—产出的评价模型。西蒙（Simon）认为，产学研的合作绩效应该包含投入、转换、产出三个部分，在该模型中，过程输入由技术、合作项目与管理及社会交往三个维度组成，过程输出由知识共享与改造和项目合作持续性两个维度组成，建立基于转换过程的输入（投入）与输出（产出）要素的矩阵来构建评价的指标体系，同时在模型中加入了产学研合作的信息流动，合作主体关系特征，组织持续成长性、战略目标与经营过程的层级关系[219]。（4）基于群落生态学的评价模型。冯庆斌基于生态群落等理论，从产学研合作创新能力来评价创新绩效，该模型隐含的基本假设是把特定地区的产学研合作创新现象看成一个创新群落，不同的产学研合作创新群落的差异在于其系统创新能力的差异，而群落的系统创新能力主要取决于各个创新种群之间的互动和联系程度、知识交流和共享程度、集体学习程度[220]。

由于本研究是在高质量发展条件下的产业创新生态体系，因此在构建产业技术创新生态体系评价指标的过程中可以借鉴对于高质量发展的相关评价指标和测度方法的研究。目前，该领域研究主要集中在国内文献，比较有代表性的研究如张涛从创新、绿色、开放、共享、高效和风险防控六个维度分别制定了企业高质量发展指标和行业高质量发展指标[42]；付晨玉基于协调发展、创新发展、开放发展、绿色发展、共享发展五大发展目标，从产业经济效益、产业环境效益和产业社会效益三个层次构建了产业发展质量测度与评价指标[221]；聂长飞从产品和服务质量、经济效益、社会效益、生态效益及经济运行状态五个方面选取了 22 个分项指标和 71 个分项指标组成了省际高质量发展的评价指标体系[44]。此外，还有学者对于经济高质量发展的评价指标[46,222]、高质量发展条件下政府绩效评价[223]等方面进行了研究。

16.2　指标体系构建原则

产业技术创新生态体系运行情况的好坏，是产业技术创新生态体系的主体在内外部影响因素，以及环境、相应条件共同作用、融合的结果反应。因此，作为产业技术创新生态体系评价指标，既需要体现生态体系中影响生态主体协同创新的各种因素，也要反映产业技术创新生态体系活动的真实情况，而系统考虑和科学选择的评价指标体系是开展系统评价的基础，也是后续评价模型构建的基础，更是决定评价结果好坏的关键。因此，评价指标体系的建立应综合多方面、多层次和多角度去考虑。本研究在建立产业技术创新生态体系评价指标时，主要遵循了以下几个原则：

（1）系统性原则。要将产业技术创新生态体系作为一个整体进行衡量，尽可能从多个方面对生态体系的主体进行评价，同时强调体系主体间的有机联系。

（2）科学性原则。评价指标要尽可能反映产业技术创新生态体系的本质属性。

（3）可比性原则。产业技术创新生态体系的评价指标要具有可比性，各个评价指标必须符合规范、定义明确，而且统计范围和统计口径必须一致[224]。

（4）针对性原则。在高质量发展条件下，追求高水平、高层次、高效率的经济价值和社会价值的创造，对于产业技术创新生态体系的评价指标不能采用粗放式的选取方法，要针对系统中的各主体及主体关系制定特定的评价指标。

（5）层次性原则。高质量发展是各层次全方位协调的发展，因此需要从评价对象的整体属性开始，按照从大到小的原则将其分为若干准则，再将准则转化为目标[225]。

（6）效益原则。产业技术创新生态体系的目标是实现技术的商业化，创造更好的经济效益和社会效益，因此生态体系的产出指标要以经济效益和社会效益为原则。

（7）动态性原则。指标设置应该在评价产业技术创新生态体系的发展现状的同时，也要评价其发展速度。

16.3　评价指标体系构建

产业技术创新生态体系中主要包括以技术创新为主体的企业、高校和科研院所、生态合作伙伴、技术经理人、经纪人，以及他们之间与生态环境相互的作用。借鉴对于创新生态系统、产学研及高质量相关的评价指标的研究，本研究从生态体系主体的协同创新能力、生态体系环境的支持能力、生态体系高质量发展能力三个方面选取了 11 个二级指标，46 个三级指标进行研究，对应关系如图 16 - 1 所示。

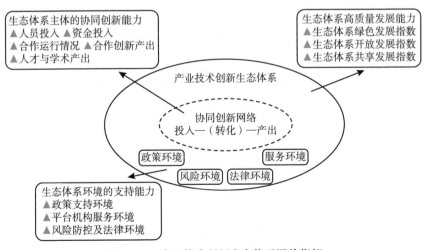

图 16 - 1　产业技术创新生态体系评价指标

（1）生态体系主体的协同创新能力。产业技术创新生态体系的核心为生态体系内的主体进行协同创新，因此需要着重考虑创新的投入及创新的成果，借鉴产学研合作创新评价指标构建方法中基于投入—（转化）—产出的评价模型[219]，对生态体系中的中介平台、中小企业、创业企业、高校和科研院所，以及生态合作伙伴的投入、协同合作、协同创新后的产出成果进行评价。在产业技术创新生态体系投入方向的衡量上，设立人员投入（R&D 人员数量、R&D 人员比例[220]、企业家数量、技术经理人和经纪人数量）和资金投入（高校和科研院所科技活动经费、中介平台型机构科技服务经费、科技孵化平台基金总额[226]、政策资金投入[227]）两个二级指标。在转化的衡量上，主要注重产业技术创新生态体系中各主体间关系的运行情况，设立合作运行二级指标，其中包括生态主体间的沟通能力、生态主体间的学习和共同成长能力两个三级指标[228]。在产出的衡量上，设立人才与学术产出（合作培养研究生数量、合作举办学术会议数量、合作获得的专利授权数量、合作发表的论文数和著作数[225]）和合作创新产出［生态系统中企业群合作竞争力指数[220]、拥有自主知识产权产品数、专利申请数、近三年发明专利申请数增长率、创新成果获奖指数（获省级以上奖成果数/总获奖成果数）[229]、研发成果转化率］。产业技术创新生态体系主体的协同创新能力评价指标体系如表 16 – 1 所示。

表 16 – 1　产业技术创新生态体系主体的协同创新能力评价指标体系

一级指标	二级指标	三级指标
生态体系主体的协同创新能力	人员投入	R&D 人员数量
		R&D 人员比例
		企业家数量
		技术经理人和经纪人数量
	资金投入	高校和科研院所科技活动经费
		中介平台型机构科技服务经费
		科技孵化平台基金总额
		政策资金投入

续表

一级指标	二级指标	三级指标
生态体系主体的协同创新能力	合作运行情况	生态主体间的沟通能力
		生态主体间的学习和共同成长能力
	人才与学术产出	合作培养研究生数量
		合作举办学术会议数量
		合作获得的专利授权数量
		合作发表的论文数和著作数
	合作创新产出	生态体系中企业群合作竞争力指数
		拥有自主知识产权产品数
		专利申请数
		近三年发明专利申请数增长率
		创新成果获奖指数（获省级以上奖成果数/总获奖成果数）
		研发成果转化率

（2）生态体系环境的支持能力。该一级指标的目的是对产业创新生态体系中各主体和主体间关系所处的生态环境进行评估，主要从政府政策支持、平台机构服务、风险投资及法律三个层次进行评价。借鉴已有的研究，在政府层面政策支持环境中选取了政府对生态体系基础设计建设情况、设置专门部门对于指导和推动生态体系发展的情况、政府关于生态体系主体对相关政策、法规方面需求的回应情况、政府对创新人才队伍建设支持情况[213]作为三级指标。在平台机构服务环境中选取了生态体系服务平台建设情况，提供技术供给服务的高校和科研院所数量，提供技术供给的第三方创新主体数量，技术供给服务质量，技术中介及协会服务质量[227]、服务功能全面性、服务响应性[230]作为三级指标。风险防控及法律环境中选取了风险投资因子指数、法律环境因子指数[220]、生态体系负债水平（所有企业流动性负债与流动性资产之比）、生态体系政策依赖度（所有企业获得政府补贴总额与净利润总额之比）[232]作为三级指标。产业技术创新生态体系环境的支持能力评价指标体系如表 16 - 2 所示。

表 16－2　　产业技术创新生态体系环境的支持能力评价指标体系

一级指标	二级指标	三级指标
生态体系环境的支持能力	政策支持环境	政府对生态体系基础设计建设情况
		设置专门部门对于指导和推动生态体系发展的情况
		科技发展环境
		政府关于生态体系主体对相关政策法规方面需求的回应情况
		政府对创新人才队伍建设支持情况
	平台机构服务环境	生态体系服务平台建设情况
		提供技术供给服务的高校和科研院所数量
		提供技术供给的第三方创新主体数量
		技术供给服务质量
		技术中介及协会服务质量
		服务功能全面性
		服务响应性
	风险防控及法律环境	风险投资因子指数
		法律环境因子指数
		生态体系负债水平（所有企业流动性负债与流动性资产之比）
		生态体系政策依赖度（所有企业获得政府补贴总额与净利润总额之比）

（3）生态体系高质量发展能力。在高质量发展要求下，应以"五大发展理念"为根本理念，创新、协调、绿色、开放、共享缺一不可[45]。由于创新是推动高质量发展中的根本动力，因此将生态体系的协同创新作为单独的一级指标进行评价，生态体系高质量发展能力这一一级指标下主要构建产业技术创新生态体系的绿色、开放、共享方面的评价指标。借鉴区域、经济、产业、企业高质量发展相关评价指标构建的研究，以及"十四五"时期经济社会发展主要指标中确立的指标，本研究选取了生态体系绿色发展指数、生态体系开放发展指数、生态体系共享发展指数 3 个二级指标。其中在生态体系绿色发展指数中，包括生态体系内单位产值能源消耗

降低（%）、生态体系内单位产值二氧化碳排放降低（%）[①]、生态体系内单位产值废水/废物排放降低（%）[221]3个三级指标。在生态体系开放发展指数中，包括派遣到国外/国内学习交流人数、派遣到国外/国内学习交流经费、体系中企业外资参股比例[232]3个三级指标。在生态体系共享发展指数中，从生态体系的社会共享、收益共享、资本共享三个方面展开，社会共享包括创造就业数量、提高就业质量（高技术劳动力占比），收益共享水平通过体系内所有企业工资总额与营业收入之比衡量，资本共享水平通过体系内所有企业管理层员工持股比例衡量[232]。产业技术创新生态体系高质量发展能力评价指标体系如表16-3所示。

表16-3　　产业技术创新生态体系高质量发展能力评价指标体系

一级指标	二级指标	三级指标
生态体系高质量发展能力	生态体系绿色发展指数	生态体系内单位产值能源消耗降低（%）
		生态体系内单位产值二氧化碳排放降低（%）
		生态体系内单位产值废水/废物排放降低（%）
	生态体系开放发展指数	派遣到国外/国内学习交流人数
		派遣到国外/国内学习交流经费
		体系中企业外资参股比例
	生态体系共享发展指数	创造就业数量
		提高就业质量（高技术劳动力占比）
		体系内所有企业工资总额与营业收入之比
		体系内所有企业管理层员工持股比例衡量

---

① 指标来源：《中华人民共和国国民经济和社会发展第十四个五年规划和2035年远景目标纲要》。

| 17 |
产业技术创新生态体系政策保障体系

17.1 政策保障体系的总体框架

产业技术创新生态体系的核心是在政府、高校、企业、科研机构、中介机构与金融机构等核心主体参与下，产业的集聚、企业之间的创新网络的综合[231]，以企业为技术创新主体，通过技术创新活动及创新与产业环境之间相互作用，构成的一个生态体系。其中，创新驱动与核心技术突破是产业技术创新生态体系实现高质量发展的基石，因此相关政策应该首先能够确保生态体系的创新能力，提升创新能力应该从两个方面进行：(1) 维护创新主体间的协同创新能力；(2) 为生态体系营造良好的创新生态环境。另外，本研究在高质量发展条件下对产业技术创新生态体系的政策保障体系进行探索，为了确保产业技术创新生态体系实现高质量发展，也应该制定相应的政策进行引导。

建立的产业技术创新生态体系政策保障体系主要分为三个部分，分别为：提升生态主体间的协同创新相关政策，营造良好的创新生态环境相关政策及引导产业技术创新生态体系实现高质量发展的相关政策。政策保障体系与产业技术创新生态体系的对应关系如图 17-1 所示。

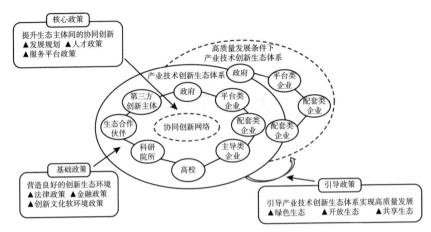

图 17 - 1   政策保障体系与产业技术创新生态体系的对应关系

党的十九大报告提出，"创新是引领发展的第一动力，是建设现代化经济体系的战略支撑。"同时产业技术创新生态体系的核心任务也是协同创新。因此，将维护生态主体间的协同创新相关政策作为核心政策，主要目的是通过建立产业技术创新生态体系发展规划，使体系内的协同创新更加高效、完善和科学，另外建立完善的人才政策和服务平台能充分挖掘生态体系的协同创新能力。而生态体系内相关主体间的协同创新是建立在生态体系稳定、优良的创新土壤中的，故将营造良好的创新生态环境相关政策作为基础政策，主要目的是为生态体系内的相关主体提供适宜的政府支持、咨询服务、金融服务、法律服务，建立有助于协同创新的生态环境。另外，我国经济已由高速增长阶段转向高质量发展阶段，产业技术创新生态体系也应该与时俱进，实现生态体系的高质量发展，因此将引导产业技术创新生态体系高质量发展的相关政策作为引导性政策，主要目的是推动产业技术创新生态体系面向高质量发展，探索开放式创新机制、建立绿色创新体系、将生态体系的创新成果及时共享。

17.2   提升生态主体间的协同创新

制定产业技术创新生态体系发展规划，以生态体系主体间系统创新为核心，围绕生态体系的实际情况，集合生态体系所处外部环境的特点，建立适合的发展规划，推动生态体系内协同创新有步骤、分阶段的同时实现高质量发展。突出企业在系统创新过程中的主体作用，通过资金与政策支持调动企业特别是民营企业和中小企业的积极性[232]，发挥政府在生态体系合作中的引导作用，在制定相应政策的同时也要协调各主体间的关系，充分发挥高校、科研院所及第三方的创新主体对于生态体系在技术供给和人才供给上的优势。在现有的基础上，加大对生态体系内金融、法律、咨询等服务平台建设的投入，完善生态体系的服务环境。充分调动体系内各主体的积极性，创新产业技术生态体系的合作模式，优化配置资源，发挥各主体的优势。同时，在产业技术创新生态体系发展规划中，要明确生态体系的总目标、核心任务及未来发展方向，推动产业技术创新生态体系内各主体的合作更加紧密、更加系统。

制定完善合理的人才政策。主要从三个方面建设完善合理的人才政策：首先，在促进人才流动方面，要着力推动产业技术创新生态体系内的合作，重新配置散落在生态体系内各方科研人才，促进科技型人才在企业、高校和科研院所、生态合作伙伴及平台服务机构之间流动，加速推进解除制度上对于人才流动的限制；其次，在鼓励人才创新创业方面，要突出企业主体的地位[233]。企业是产业技术创新生态体系的核心组成和科技成果转化的重要通道[234]，要通过相应的人才政策推动企业的创新主体地位，要调动民营企业和中小企业在参与生态体系合作中的积极性。通过科技人才政策给予企业充分的财政支持，鼓励其增强技术研发、推动研究成果商用化，同时通过企业产权激励技术研发机构及科研人员，调动各方进行科技创新的积极性，从而促进生态体系的发展，实现从制度层面对人才创新创业提供支持；最后，在搭建人才服务平台方面，通过建立人才保障、中介服务、生活服务等在内的人才服务平台，为人才的创新创业活动提供优良的保障。建立生态体系内的人才保障基金，在生态体系内设立娱乐设施、教育设施等在内的基础配套设施为生态体系内人员的生活提供便利，并通过相关的咨询、金融、法律等服务机构满足体系内科技人才的创新创业需求。

加快生态体系内服务平台建设。以各种基础服务为纽带，通过对咨询、金融、法律、人才服务等平台的建设及优质服务的提供，提升生态体系内的主体间协同创新的质量和效率。建立第三方信息服务咨询机构，避免生态体系运行过程中信息不对称的问题，将企业与平台、生态合作伙伴、创新资源、技术经理人、经纪人之间建立有效连接。同时，政府也可以搭建规范的公共信息共享平台，如有关行业或领域的公共信息数据库，使产业技术创新生态体系在组建、运行中各方相互了解，尽量消除彼此之间的信息不对称现象，减少彼此选择和决策的盲目性[235]。还要健全生态体系内科技服务咨询职能，促进生态体系的形成与运转；推动建立法律、金融服务平台，为生态体系内的企业及其他主体提供专业化的服务；建立人才服务平台，推动科技人才在生态体系的高效流动。

17.3　营造良好的创新生态环境

良好的创新生态环境，对于促进产业技术创新生态体系的创新能力和高质量发展至关重要，是产业技术创新生态体系政策保障体系中的基础，因此政府有必要从生态体系的文化环境、法律环境、金融环境三个方面入手，为生态体系的发展保驾护航。

推动生态体系中创新文化软环境政策。首先，习近平总书记指出：善于创新，必须遵循客观规律。要"培育和弘扬遵循规律、崇尚科学的'求真'精神"。所以要最大限度地促进新知识、新技术的生产、传播和应用，在生态体系的文化土壤和社会氛围中，培育的核心就是遵循规律、崇尚科学的"求真"精神。同时要坚持将探索的新知识、新技术积极与社会经济发展的特点和规律结合起来[233]。另外，政府要结合产业技术创新生态体系的特点和区域文化的底蕴，努力从物质、制度、精神三个层面来塑造出生态体系的独特创新文化。其次，由于创新和创业本身是高风险的事业，因此需要在生态体系内建立鼓励冒险、宽容失败的文化氛围[236]，可以从制度上进行鼓励，对于创新失败的群体或人员也给予相应的经济回报和生活便利，降低其对所付出的沉没成本的后顾之忧。鼓励内部成员之间的思想交流，调动组织内部成员特别是研发人员的积极性，培育具有创新精神的企业文化，在企业内部营造良好的创新环境。创新的活动具有探索性和不确定性，没有必然成功的道路，离开宽容失败的社会氛围，营造勇于探索、鼓励创新的文化环境就会成为空谈[233]。

在产业技术创新生态体系中，随着创新成果不断涌现，创新层级不断提高，为了对创新成果进行保护，政府应该制定相应的专利政策来提升对知识产权的保护，在提升知识产权服务质量的同时，还要加强知识产权服务机构的建立。然而在创新生态的背景下，专利政策不能够针对单独的主体，而是要结合产业技术创新生态体系的整体特点，充分涵盖、融合产业技术创新生态体系中各主体间的各个环节的流程[237]，对专利的各个环节：专利申请—专利实施—专利转化—专利维权—专利维护进行保护和激励[238]。其中，保护政策应该统筹兼顾，在注重专利的保护的同时，也要关注专利在生态体系中循环和分享的特点，切实推进专利的进步和发展，并且要打击各种形式破坏知识产权和专利发展的阻碍力量[238]；奖励政策应该采用精细化的分阶段、分层次的奖励和补贴，充分考虑不同专利的不同特点，给予不同奖励倍率。促进确保专利成果的有效转化和利用，发挥其最大的潜在价值，推动专利技术和成果在产业技术创新生态体系内实现良性循环。另外，政府应推动生态体系内的法律服务机构的建立，为生态体系内的企业提供如知识产权、执照法、贸易法等各类特殊服务。

推动建立良性的金融风险环境。首先，在产业技术创新生态体系中，存在着很多中小企业及创业企业，应该对其制定相应的税收优惠政策，并对企业的相关税收在其发展初期进行一定的扶持补助。其次，政府应鼓励银行、保险、证券等金融机构通过提供财政担保、补贴等形式为生态体系内的合作提供资金支持，保证生态体系内的合作急用资金的及时到位[228]。最后，鼓励和引导风险投资，建立由政府引导的创投基金，缓解中小企业及创业企业在发展初期的后顾之忧。同时推动生态体系内金融服务机构的建立，为生态体系内的企业提供丰富的风险资金和完善的金融服务，为风险资本的退出提供市场，形成完善的融资及资本退出体系，加速资本的流动和进一步的风险投资。随着数字化、科技化在金融业的持续推进和普及，相关政府推出相关政策积极探索大数据、供应链等科技金融手段，探索支持企业融资的有效方式。

17.4 引导产业技术创新生态体系实现高质量发展政策

在高质量发展条件下，除了注重产业技术创新生态体系的创新、协同之外，还应注重对产业技术创新生态体系绿色、开放、共享三个方面的发展。

（1）引导生态体系建立绿色生态机制。绿色生态机制从两个方面进行建设：首先，设定相应标准，推动对生态体系内现有的技术、产品、企业的绿色性进行评估，对生态体系内的单位产值能源消耗、单位产值二氧化碳排放、生态体系内单位产值废水/废物排放做到及时的监督和评估，保证生态体系达到绿色发展标准；其次，助力生态体系内绿色技术创新，不断增加对污染治理技术、清洁生产工艺、绿色智能装备等技术创新的投入，激励绿色技术与其他技术、市场做到深度融合，推动生态体系内的各主体在战略、服务、组织上实现绿色转型，构建绿色、高效、低碳的生产体系。同时根据高质量发展的要求，要根据行业、环境的不同因地制宜制定绿色发展政策。

（2）引导生态体系建立开放生态机制。开放式的产业技术创新生态体系，能够促进更高层次的创新，增强生态体系的竞争力。为创新发展注入新动力、增添新活力、拓展新空间[233]。在开放内容上，要促进不同类型的知识交流，降低知识交流和学习的成本，促进知识的流动、学习和转化[239]。在开放的范围上，打造国内、国际双向的协同创新合作模式，推动产业技术创新生态体系高水平地融入全球创新网络，利用好国内和国际的资源和市场。建立专项资金推动生态体系内人员前往国内外高水平科技园、工业园学习交流，并积极主推生态体系内的咨询平台、金融平台，吸引国外资本对生态体系内相关企业和成果的投资。

（3）引导生态体系建立共享生态机制。在生态体系能够做到资源、信息共享的同时，要推动产业技术创新生态体系成果共享，并将成果向社会发散，在提升生态体系内创造的就业数量的同时，注重就业质量的保证，提升高技术劳动力占比，同时优化体系内企业基础员工工资，推动企业内员工持股，保证生态体系成果能尽可能辐射省会更大范围。

| 18 |

政府治理体系设计

政府通常在产业技术创新生态体系中扮演着监管者的角色，作为产业发展与市场秩序的监管者，政府需要对产业发展与市场环境进行正确的引导，对产业技术创新与市场的运营与发展起到监督作用，在市场无法出清、市场失灵的领域，针对当前产业技术创新生态的不足，以及各参与主体自身的局限性提供合理的规划与支撑，以保障产业技术创新生态的良性运行。另外，政府作为产业技术创新生态体系的参与者，参与到产业技术创新生态的投资、建设、运营中，与其他主体一起将产业技术创新生态做大做强，共同享受产业技术创新带来的红利。

18.1 政府治理体系设计的总体思路

国家治理体系单纯依靠中央政府的决策是远远不够的，因此为保障国家管理的稳定性和持续性，国家在各地区设置了不同级别的地方政府。地方政府帮助中央政府分管所在地区的政治、经济、社会、文化等各个方面。为满足多元化的公共服务需求，政府积极引导私营组织介入公共服务领域，实现了公共服务提供主体的多元化（如公私合营、政府购买、社会企业等）[240]。政府的职能由管制转变为服务与引导，逐渐成为产业技术创新生态体系中至关重要的一环。

产业技术创新离不开多元主体间的交流与合作，多主体之间建立共同目标、利益共享、责任共担，协同创新进行价值共创。此外，占据不同地理位置的地区有着自身独特的经济特征和资源优势，但是同时也存在劣势与不足。为了实现不断发展的目标，各城市逐渐形成协同发展的趋势，形成跨区域经济带。实现跨区域协同创新，构建完善的跨区域产业技术生态体系成为未来发展的共同目标[241]。

科技是当今经济社会发展的关键所在，更决定了各个国家综合国力和国际影响力。然而发展科技却存在诸多需要解决的问题，科技风险难以预判，监管难度与应用成效的未知性逐渐增加，科技应用的利益主体愈发复杂等，都对科技政策与管理体制提出了挑战。综上所述，构建合理的科技治理体系是推动科学创新、完善创新生态系统，组建产业技术创新生态体系的重要基础。

市场监督是地方政府的基本职能，是市场经济有效运行的重要保障。市场主体多元化、行为多样化、技术及产品的更迭换代为市场平稳运行提供了新的难题和挑战，政府需要识别不同性质的委托代理机构，依据不同级别构建合理监督治理机制。因此，设计合理的监督治理体系是产业技术创新生态体系平稳运行的首要保障。

18.2　跨区域合作治理体系设计

18.2.1　协同治理理论

我国目前存在公共政策效能低下的现象，究其深层原因，是政策在执行过程中过分依赖政府的单中心推进，企业、非营利性社会组织和公民的政策积极性未得到充分调动和发挥所致[242]。协同治理理论强调多元主体（政府、企业、公民社会等）在治理中的协同合作，还内含了政府治理改革、非政府组织建设等重大议题[243]。随着区域经济一体化的发展，跨区域合作成为学界关注的热点问题。我国学者在解决区域合作困难问题时，引入治理理念，提倡合作各方协同共创、责任共担、利益共享的协同治理模式。现今，在区域合作协同治理中，合作方式正产生着由政府主导型转到多层面合作性，构建了跨区域的政府协同、利益协调、优势互补、冲突保障等创新机制[244]。具体措施包括构建合作委员会、秘书处等机构，设立区域公共基金，缩小合作伙伴的发展差距，支持中小企业的发展，强化合作的根基[245]。

产业技术创新生态体系的建立离不开多元主体的协同创新，政府在其中行使了规范制度、协调行为、消除矛盾的协同治理职责。协同治理需要多元主体间相互了解，通过各方协作，发挥自身优势，整合资源，构建合作共赢关系，形成良好的治理体系，发挥多元主体间"1 + 1 > 2"的协同效应，推动产业技术创新生态体系的平稳运行。

18.2.2 府际治理理论

府际治理日益成为当代府际关系研究的热点，其包括各级政府间的纵向、同级政府间等、公共部门与私营部门、公司共建等构建的政策网络结构，府际治理在区域经济一体化的进程中发挥着至关重要的作用。

本研究是基于区域层面，探讨产业技术创新生态体系的政策保障体系。因此，区域层面的横向府际关系治理是本研究分析的关键。横向府际合作是指彼此不存在隶属关系的地方政府，在共同利益的驱使下构建合作关系，共同治理跨区域的经济、政治、社会等问题，提供一体化的公共产品或服务[246]。

区域内的创新主体、创新资源是有限的，产业技术创新效率的提升离不开跨区域多主体的合作与交流。这就需要区域政府进行引导，积极促进区域间的协同创新，提升资源利用效率，进行优势互补。因此，横向的同级地方政府建立相互依赖、相互支撑的伙伴关系是产业技术创新发展的必经之路[247]。横向府际治理不仅涉及政策上的互补，更是制度上深层次的协同。通过制度的建立，多元主体间协同合作，跨区域政府确立共同目标，针对共性问题提出解决方案，赋予多元主体实现资源和价值的共享。

18.2.3 跨区域合作治理体系设计

产业技术创新生态体系的跨区域合作治理体系如图 18 - 1 所示。

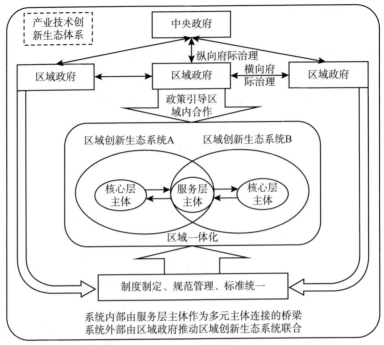

图18-1 产业技术创新生态体系的跨区域合作治理体系

不同区域的制度规章和创新环境等存在差异，不同政策导向、法律法规等均会对区域内产业技术创新过程产生不同程度的影响。中央政府通过制定"长江经济带""珠江三角洲""京津冀协同发展"等区域协同发展战略，实现由中央政府到区域政府的纵向府际治理。经由纵向府际治理，区域政府明确创新职责，制定创新激励政策，积极引导区域内各主体围绕创新展开交流合作。以中介服务机构为主的服务层主体具有较强的政府导向性，通过政府的合作导向，作为中介服务区域创新生态系统内各主体间的交流合作。

区域政府共同明确协同发展的重大任务，区域政府间积极进行沟通合作，共同对区域协同发展制定详细战略部署，为实现区域间协同创新进行横向府际关系治理。基于政策制度的共同制定、规范和标准的统一，不同区域创新生态系统围绕创新要素进行资源交流，构建区域一体化经济。依据前文，系统与系统间的交流可通过服务层主体作为桥梁纽带进行交互，而区域政府则作为系统外力，通过制度制定、规范管理、标准统一构建良好的创新环境，推动创新生态系统跨区域合作，进一步推进产业技术创新生态体系的构建。

18.3　科技治理体系设计

18.3.1　科技治理理论相关研究

随着科学的不断发展，研究逐渐向科学的深层次探索，其科学成果的可预见性逐渐降低，应用前景难以明确，开发风险较大。仅依靠政府对科技问题进行治理已经难以为继，需要进入多元化主体分担不同职责作用，构建合理科技治理体系[248]。随着科学、经济、创新与区域政策系统之间的边界变得模糊，科技创造涉及多个利益相关者，导致科技政策处于多层次环境中，使科技治理需要向多尺度转变，形成国家、次国家行为者和区域间的共同进化[249]。因此，科技治理是公众、政策和实践的结合，需要注重系统和网络的作用[250]。

随着国家治理体系和治理能力现代化发展的趋势，构建现代化的科技治理体系具有积极的现实意义。科技治理体系现代化的目的是促进国家科技发展和创新型国家的建设，治理不仅关乎科学发现、人类文明进步，更关乎科技成果转化、创新驱动发展、创新改造生产力等[251]。

18.3.2　科技治理体系设计

政府以往作为科技治理的主体，占主导地位，但现如今科技主体呈现多元化发展趋势，这就要求政府需要减少过多对创新的行政干预，在一定程度上对其他创新主体实行放权，但是这并不妨碍政府科技治理的核心地位。政府需要完善其服务层主体的制度，提升自身治理能力，扩大事务性授权，带动创新主体间的交流合作。

大学、科研院所、企业等核心层主体作为创新的主要贡献者，需要积极进行交流合作。随着科学研发对资金、人员等的要求日渐提升，服务层主体需要为其提供制度化的咨询与信息共享，帮助创新主体构建共同目标，借助相关政策支撑，强化治理主体间的交流互动，弥补自身性质差异带来的认知分歧，弱化矛盾冲突，较少科技治理的障碍。

公众社会亦是科技治理体系中至关重要的一环，公众要通过制度供给的完善实现参与的通畅性，以议题认知和科学素养的提升确保参与科技治理的质量，通过及时的政策反馈与政策建议克服专家治理困境。

18.4　监督治理体系设计

18.4.1　委托代理理论相关研究

（1）委托代理理论的产生与发展。委托代理理论在 20 世纪 30 年代首先由美国经济学家伯利（Berle）和米恩斯（Means）提出，他们通过对美国 200 多家非金融公司控制权与所有权集为一体的经营模式的长期实践与调查发现，这种经营模式并不利于企业的发展，并倡导通过委托代理的方式将企业的所有权与经营权相分离，这样才能实现企业的良好运转[252]。

在 20 世纪 70 年代初，许多经济学家开始针对企业内部信息不对称和激励等问题进行研究（如表 18 - 1 所示），委托代理理论在此背景下迅速发展起来。1973 年，罗斯（Rose）首次提出了委托代理的问题，并在《代理的经济理论：委托人问题》中根据委托代理理论提出了委托人与代理人的概念[253]，由此奠定了委托代理理论的发展基础。1976 年，从企业中所有权、成本的角度，詹森（Jensen）和梅克林（Meckling）提出代理成本的问题，他们认为企业之间的委托代理关系是不完全的契约关系，委托代理双方所追求的利益点是不同的，如果想要同时实现双方利益最大化，那么代理人就不能完全按照委托人的全部要求实施契约内容，但是为了维持委托代理的关系，就要花费一系列的"代理成本"来维系。为了最大程度地降低代理成本，委托人就要建立完善合理的激励约束机制对代理人进行监督治理[254]。后来，从信息不对称的角度，阿克劳夫（Akerlof）[255]、斯宾塞（Spence）[256] 和斯蒂格利茨（Stiglitz）[257] 认为在委托代理关系中由于委托人和代理人信息不对称的原因，会由此产生道德风险，代理人有可能会利用信息优势对委托人的利益造成损失。

表 18 – 1　　　　　　　　　　**委托代理理论代表学者观点**

作者（年份）	研究角度	研究内容
伯利、米恩斯（1933）	委托代理	公司控制权与所有权集为一体不利于企业的发展，倡导通过将企业的所有权与经营权相分离。
罗斯（1973）	委托代理	提出了委托人与代理人的概念。
詹森、梅克林（1976）	企业中所有权、成本	企业之间的委托代理关系是不完全的契约关系，要花费"代理成本"来维系关系。
阿克劳夫（1970）斯宾塞（1973）斯蒂格利茨（1981）	信息不对称	委托人和代理人之间存在信息不对称，由此产生道德风险。
郁光华等（1994）张维迎等（1995）	国有企业的改革治理	国有企业的监督机制与激励机制。
刘希宋、姜树凯（2008）	科技成果转化	运用博弈分析方法研究科技成果转化的最佳让渡价值。
全世文等（2015）	食品安全监管	找到食品安全监管制度不完善的原因，建立委托代理模型，对监管者的结果考核制、处罚权等提出改进意见。
宋子健等（2020）	政府和社会资本合作	梳理了政府与社会资本双方之间的委托代理关系，提出降低项目风险成本的措施。
姜睿思等（2020）	产学合作	在委托代理理论基础上，使用连续型生产函数提出按成本补贴的补贴方式，并且定量地给出补贴的力度。

　　国内学者对于委托代理理论的研究起源于 20 世纪 90 年代左右，研究内容（如表 18 – 1 所示）主要是将委托代理理论的概念和方法运用到国有经济、国有企业的治理改革等问题[258,259]。随着社会的不断转型，委托代理理论逐渐拓展到科技成果转化、政府监管、产学合作等领域。其中，从科技成果转化角度，刘希宋等人分析了中介机构介入和非中介机构介入两种科技成果转化模式，提出基于委托—代理结构的科技成果转化的研究视角，并运用博弈分析方法研究科技成果转化的最佳让渡价值，对于科技成

果转化中的成果价值确定具有重要的意义[260]；从食品安全监管角度，全世文等通过委托代理理论分析了食品安全监管制度不完善的原因，并建立了委托代理模型，对监管者的结果考核制、处罚权等提出了改进意见[261]；从政府和社会资本合作（PPP）角度，宋子健等梳理了政府与社会资本双方之间的委托代理关系，理清 PPP 项目风险成本测算的影响因素，并提出引入声誉机制、建立可用性付费和运营维护服务费与绩效考核结果完全挂钩等措施来降低项目风险成本，切实推动 PPP 项目规范发展[262]；从产学合作角度，姜睿思等人认为政府补贴可以在利润分配模式的基础上对代理方有额外的激励效果，在委托代理理论的基础上，使用连续型生产函数提出按成本补贴的补贴方式，并且定量地给出补贴的力度[263]。

（2）委托代理理论的基本内容。在委托代理理论中存在最关键的问题就是如何在双方契约关系不完善的情况下，使代理人完成委托人的契约要求，通过对代理人进行有效的激励、约束与监督，来尽可能地降低由于信息不对称因素对委托人的利益损害。委托代理理论存在三个基本假设前提[264]：

一是理性"经济人"假设。委托人关心的是自己投入的资本能否最大程度地转化为利益，而代理人关心的是在执行代理事务时自身的职位、薪资、生活质量能否最大程度地满足自身要求。在理性"经济人"的假设下，委托人和代理人都是理性"经济人"，在工作中的一切行动都会为自身利益最大化为前提而进行。

二是利益目标不一致。代理契约的建立使得所有权与经营权相分离，这样更有利于经营管理，但是也造成了委托人与代理人各自有着不同的利益目标。委托人期望以最小的代理成本实现最大化利益，而代理人则期望以最小的责任与风险承担得到更多的权利与利益。由于委托人与代理人所追求的利益目标不甚相同，有时甚至会发生利益冲突，因此代理人在执行代理事务时有可能不会按照委托人的要求行动，或损害委托人的利益。

三是信息的不对称。在委托代理关系建立之后，代理人会比委托人更清楚地了解代理事务的信息，从而相较于委托人更具有信息优势，而委托人无法实时监督代理人的行动，不能知晓代理人是否严格履行契约内容为委托人全身心服务。正是由于存在信息不对称的原因，代理人缺乏监督约束机制，可能会借用信息优势，为自身谋取利益，而做出损害委托人利益的事情。

（3）委托代理下的监督治理体系。新型研发机构、高校、企业等在产业技术创新生态体系中也存在委托代理的关系，政府或新型研发机构作为委托人无法完全掌握产业技术创新活动进度或财政资金使用的具体情况，新型研发机构或高校、企业作为代理人负责对技术创新和资金使用进行执行和管理，存在研发进度缓慢、执行力不强、资金滥用等风险，因此依据委托代理理论，建立产业技术创新的监督治理体系（如图18-2所示），对产业技术创新生态体系中代理人的行为绩效表现进行监督治理，实施有效的激励、约束与监督，来最大程度地降低由于信息不对称、利益目标不一致等因素对产业技术创新生态体系中委托人的利益损害，以便更高效地完成产业技术创新绩效目标。

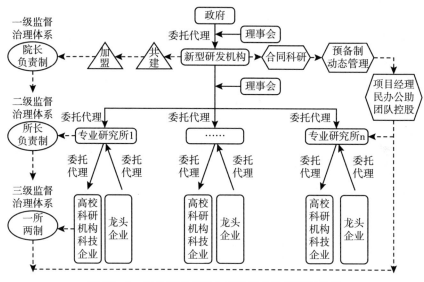

图18-2 产业技术创新生态体系的监督治理体系

从产业技术创新生态体系中参与主体的运行机制与管理模式来看，将其监督治理体系划分为三个级别（如图18-2所示）：一级监督治理体系中，政府作为委托人通过建立理事会对代理人新型研发机构的财政资金使用情况、科研成果转化率等方面进行监督治理；二级监督治理体系中，新型研发机构作为委托人通过合同科研、所长负责制等监督治理手段对代理人专业研究所进行评价、绩效考核；三级监督治理体系中，龙头企业作为委托人将技术需求委托给专业研究所，委托其寻找成熟技术或自主研发以满足其技术需求，专业研究所同时也作为委托人将市场上的技术需求与高校、科研机构的科研成果进行对接。监督治理体系依托从上到下的监管模式，对产业技术创新生态体系的多主体进行监督与管理，提高了产业技术创新的水平与效率，激发了产业技术创新活力，深化了我国科技体制改革，促进了产业技术高质量发展。

18.4.2 监督治理体系设计

（1）一级监督治理体系。政府在一级监督治理体系作为委托人，新型研发机构作为代理人由政府主导或引导（如图 18 - 3 所示）。政府从科技发展和前沿技术创新的角度，建立新型研发机构及其工作领导小组来连接技术研发端与技术需求端，成立理事会，并通过理事会来代表各方利益对所属组织进行监督治理，形成主要利益相关主体之间的权利分享与制衡的管理机制[265]。其中新型研发机构的理事会的理事成员由相关政府职能部门负责人、金融机构出资方和产业龙头企业代表人组成。

在监督方面，理事会负责参与重大决策、制定绩效考核、审定中长期发展规划、年度工作计划和财务预决算等，形成新型研发机构的决策机制[266]，针对新型研发机构的不同类别，建立相应的评价指标体系。每年对新型研发机构年度发展情况进行绩效考核，重点考核新型研发机构科研实施条件建设、研究开发、成果转化、财政资金使用、人才聚集和企业孵化等指标，以此对新型研发机构的研发活动进行监督。建立新型研发机构监督问责机制，对发生违反科技计划、资金等管理规定，违背科研伦理、学风作风、科研诚信等行为的新型研发机构，依法依规予以问责处理。

在治理方面，新型研发机构在组织架构上实行了理事会领导下的院长负责制和无行政级别的产业技术研究院运行管理机制，不隶属政府职能部门，将政府决策权与新型研发机构执行权的分离，实现了架构柔性化、多元开放、多主体治理[267]，提高了资金使用效率，为政府有效带动科技创新和引导产业发展带来了便利，同时也充分释放了新型研发机构研发组织的活力，提高了研发绩效，形成了政府—新型研发机构之间的委托代理关系，以实现可持续发展与高质量发展。此外，新型研发机构在基础条件建设、科研设备购置、人才住房配套服务及运行经费等方面给予支持，推动了新型研发机构有序建设运行。

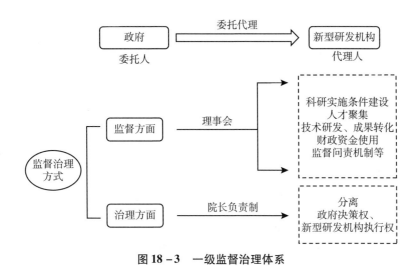

图 18-3　一级监督治理体系

（2）二级监督治理体系。在二级监督治理体系中，新型研发机构作为委托人，专业研究所作为代理人（如图 18-4 所示）。专业研究所主要采取加盟制和共建制等方式组建。加盟制研究所从省内具有较强研发能力和服务能力的独立法人研发机构中遴选产生；共建制研究所由新型研发机构、领军人才及团队、地方政府（园区）共同建设，主要从事技术研发、成果转化、公共服务及人才引进与培养等。

在监督方面，新型研发机构实行合同科研，以向市场供给技术的业绩为评价指标建立技术研发的市场导向机制，新型研发机构作为委托人，从合同科研绩效、纵向科研绩效和衍生孵化企业绩效三个方面来衡量专业研究所服务企业的绩效，并对专业研究所进行评价、管理、激励，年度绩效考核是各专业研究所获得新型研发机构经费的主要途径。

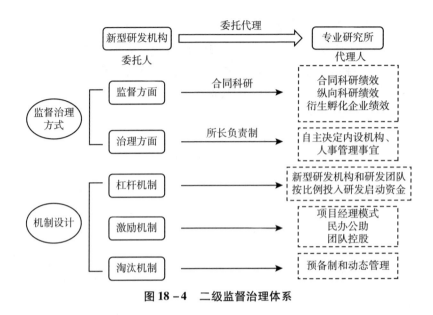

图 18－4　二级监督治理体系

在治理方面，专业研究所实行所长负责制，赋予研究所干部人事管理上的自主权，研究所可以自主决定内设机构和人事管理事宜；同时强调新型研发机构发挥政治核心作用和保证监督作用，支持所长负责制的有效实施，建立和实行各种责任制，充分尊重和发挥科学技术人员的作用。

在杠杆机制方面，由新型研发机构和研发团队以 1:1 或 1:2 的比例投入研发启动资金，为资金不足的研发团队提供资金支持，激发技术创新的活力，实现了财政资金的"杠杆作用"，让财政科研资金与技术市场价值挂钩，充分发挥市场在财政资金配置中的决定性作用[268]，有效发挥了财政资金对原始重大创新的支持作用与撬动作用，利用市场机制合理确定财政资金的支持强度[267]。

在激励机制方面，新型研发机构实行项目经理模式、"民办公助"的管理模式以及"团队控股"机制。新型研发机构通过选聘行业专家担任项目经理组建团队，孵化培育成立研究所或创业公司的整体引进人才的项目经理模式，项目经理组织重大产业技术研究，独立组建项目组，独立调研推荐优质项目，加强顶层设计，提高实施效率，形成自由探索和创新激励的双重作用。新型研发机构对专业研究所实行"民办公助"的管理模式，以会员制的形式吸收有条件的专业研究所，成立省产业技术研发协会，促进协会明确权责，依法自治，发挥作用，根据业绩给予必要的运营补贴和项目支持，进一步理顺政府与社会组织的关系，充分激发了社会组织的活力。实行"团队控股"轻资产运营的专业新型研发机构运行管理，把专业研究所的所有权和经营权相分离，运营公司按照股权比例进行分配，激发了研究人员的技术创新活力，新型研发机构对研究所的升值和团队的激励进行监督治理，这是新型研发机构的核心竞争力。

在淘汰机制方面，新型研发机构对专业研究所采取预备制和动态管理的监督治理手段，促进新型研发机构优胜劣汰、高质量发展，根据新型研发机构绩效考核结果，择优给予经费后补助。对连续两年绩效考核结果不达标的专业研究所予以淘汰，1～2年的预备制制度提高了新进入专业研究所的运行水平和质量。经过筛选和竞争机制，产业技术创新生态体系得以确保其资源—服务生态圈的持续活力和动态优化，确保技术创新得到所需的优质资源，以提高创新技术产出率。

新型研发机构和专业研究所两者不存在上下级关系，都是独立法人，是委托代理的关系，专业研究所进行技术创新离不开新型研发机构的资金、人力、政策方面的支持，但是获得这些支持就需要接受新型研发机构的监督与治理。

（3）三级监督治理体系。在三级监督治理体系中，有两层委托代理关系，龙头企业作为委托人，专业研究所作为代理人；新型研发机构下的专业研究所作为委托人，高校及科研机构、科技企业作为代理人（如图18－5所示）。与传统的研究所相比，它们连接了技术的供给端和需求端，极大效率地提升了技术创新的转化率，实现了技术供给端与技术需求端的深度耦合。

在监督方面，新型研发机构将高校及科研机构、科技企业所代表的技术供给端和龙头企业所代表的技术需求端置于一个产业技术创新生态体系之中。龙头企业作为委托人，将自己的技术需求委托给专业研究所，专业研究所帮助龙头企业寻找或研发相关技术需求的解决方案，而专业研究所作为代理人需要接受龙头企业的监督，龙头企业从研发项目完成准时率、研发项目阶段成果达标率、产品技术稳定性等方面进行监督，实时掌握技术的研发情况和进度。专业研究所作为委托人，将龙头企业提出的技术需求传达给高校及科研机构、科技企业，对接所需的成熟技术资源或者告知需求使其研发，高校及科研机构、科技企业作为代理人需要接受新型研发机构的监督，专业研究所从科研项目申请成功率、工作目标按计划完成率、研发成本控制率、阶段成果达标率、科技成果转化率等方面，对技术研发情况进行监督，对技术研发的进度进行监督，并将技术研发的情况和进度向龙头企业汇报。

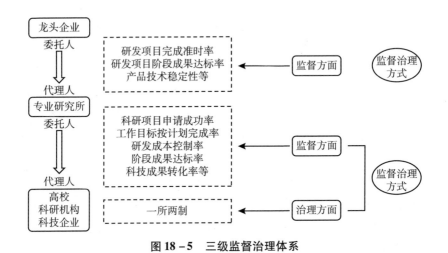

图 18 - 5　三级监督治理体系

在治理方面，新型研发机构对技术供给端采取"一所两制"的管理方式，高校及科研机构继续按照高校的运行机制进行技术研发，科技企业继续按照市场化运行机制进行技术研发，兼顾高水平创新研究和高效率技术开发的人员聘用管理，加速了技术创新成果的转化效率，充分调动了政府、高校及科研机构、科技企业参与技术创新的活力与积极性。同时，专业研究所还具有独立的技术成果所有权和处置权，大大加快了科技成果的转化。

此外，三级监督治理体系中的主要负责人或者所长也有可能是二级监督治理体系中的理事会成员，将二级监督治理体系与三级监督治理体系相连接，实现了隐形嵌套。

实践篇

产业技术创新生态体系的实践探索

▶ 第 1 部分 ◀

江苏省产业技术创新生态体系的实践探索

| 19 |

江苏省产业技术创新生态体系的构成与运行机制

19.1 江苏省产业技术创新生态体系发展概述

19.1.1 江苏省产业发展现状

江苏省作为长三角地区重要的省份，是我国经济发展最活跃、开放程度最高、创新能力最强的区域之一，综合经济实力长期处于我国前列。据国家统计局资料显示，2020 年江苏省 GDP 为 102 719 亿元，位居全国第二名，约占全国 GDP 总量的 1/10。从江苏省的产业发展特点看，江苏省制造业水平位居全国前列，具有较强的国际竞争力；外向型经济明显，产业发展开放程度较高；战略性新兴企业、高新技术产业呈现蓬勃发展的态势，各先进产业在国内具有较高的竞争力。

（1）制造业强劲。江苏省的制造业收入规模位居全国前列，2019 年江苏省工业产值为 37 825.32 亿元，位居全国第二位，规模以上工业企业实现主营业务收入为 118 768.3 亿元，位居全国第一名。这说明江苏省工业产业发展在全国范围内处于领先水平，具有较为明显的产业优势。此外，江苏省规模以上工业企业主营业务收入也领先我国大部分地区，说明了江苏省制造业创造了较高的效益。其中，主导产业如电子、机械、石化、冶金、纺织轻工产值达万亿级以上；新兴产业如新材料、节能环保、医药、软件、新能源、海工装备等产值迅速增长，规模在国内保持领先地位。根据赛迪发布的 2019 年中国先进制造业城市发展指数 50 强榜单显示，江苏省是入围城市数量最多的省份，苏州市、南京市、无锡市、常州市、南通市、徐州市、镇江市、淮安市、泰州市、连云港市 10 个城市占据榜单1/5。

（2）科技创新活力不断增强。中国共产党第十八次全国代表大会以来，江苏省深入实施创新驱动发展战略，科技创新活力强劲，区域科技创新能力连续多年位居全国前列，某些核心技术取得突破，创新型企业集群持续壮大，建成了一批重大创新平台，出台了一系列支持科技创新的政策，科技创新环境进一步得到改善，创新型省份建设取得明显成效。

作为改革开放的先行者，江苏省一直将产业技术创新作为推动经济增长的主要引擎。2015 年江苏省委省政府正式发布《中国制造 2025 江苏行动纲要》，确定了 15 个重点领域的发展方向。2020 年江苏省战略性新兴产业占规模以上工业产值比重达 37.8%，比上年提高 5 个百分点，处于全国领先水平。

根据中国区域创新榜单可知，2020 年江苏省区域创新指数排行第三名。对具体城市而言，江苏省有 11 个市被设为国家创新型城市，数量位居全国第一名。根据中华人民共和国科学技术部和中国科学技术信息研究所公布的《国家创新型城市创新能力检测报告 2020》和《国家创新型城市创新能力评估报告 2020》可知，南京市创新能力在所有创新型城市中排行第四名，苏州市、无锡市、常州市也位居前二十名（如图 19 - 1 所示）。

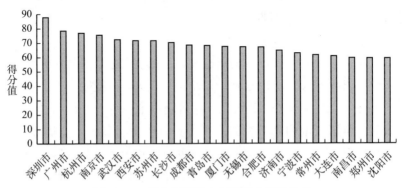

图 19 - 1　国家创新城市创新能力指数排名

资料来源：《国家创新型城市创新能力评价报告 2020》。

（3）产业贸易发达。对外贸易方面，江苏省制造业企业深度参与国际产业分工，为诸如三星、西门子等众多国际知名制造企业提供了产品与技术支持。尽管受国际贸易环境影响，2019 年江苏省出口虽然略有下降，但是其出口总额仍达 3 439 896 万美元，位居全国第二名，仍然领先国内大多数地区，但是与排名第一的广东省仍有较大差距。

国内贸易方面，江苏省制造业基础雄厚，制造业总产值约占全国 1/8，集群优势明显，江苏有省级以上开发区 131 家，拥有全国最大规模的先进制造业集群，致力于搭建长三角世界级产业集群"主骨架"。江苏省是机械、电子、石化、轻工、纺织、冶金等诸多产业国内外循环的重要结点和通道，强大的省域经济和实体经济奠定了江苏省发力"双循环"的雄厚动力基础。长期来看，"一带一路"倡议、长江经济带发展战略、长江三角洲区域一体化发展战略等多重国家战略在江苏省叠加实施，新时代江苏开放发展将迎来新机遇。

（4）基础设施完备。从基础设施角度来看，2019 年江苏省全省铁路总里程达 3 550 公里，其中高铁里程 1 561 公里，苏北五市迈入"高铁时代"，江苏省 13 个设区市全部开通动车，全省拥有 9 个运输机场，密度达到每万平方公里 0.9 个。高速公路里程达 4 865 公里，累计建成综合客运枢纽 25 个，内河航道总里程达 2.4 万公里，拥有港口生产性泊位数 5 545 个，万吨级以上泊位数 509 个。与此同时，2015 年以来，中国电信、移动、联通、铁塔四大电信集团在江苏省完成投资 1 534.37 亿元，省广电网络公司完成投资 345.31 亿元，再加上阿里、华为、中兴等重点企业在江苏省的投资，全省信息基础设施近四年总投资达到 2 000 亿元。

目前，江苏全省千兆宽带城市全面建成，窄带物联网城乡普遍覆盖，农村光纤宽带和 4G 网络基本实现全覆盖，全省农业信息化覆盖率提升至 62.4%，新增智慧农业示范点超过 500 个，工业互联网"企企通"应用企业超过 1.5 万家，上云企业累计超 22 万家，全省 17 个大数据产业园先后成功申报国家级应用示范和中华人民共和国工业和信息化部人工智能与实体经济深度融合创新项目。交通与信息基础设施的兴建，增强了对信息化应用的支撑作用，对产业培育与发展的拉动效应明显。

（5）市场活跃。从市场活跃度与营商环境综合来看，江苏省市场监管局统计数据显示，截至 2020 年 6 月，全省市场主体总数 1 111 万户。从新登记市场主体的情况来看，个体工商户成为最活跃的板块，总数量达到745.9万户。江苏省财政、金融、银行等联合发力，通过新增担保方式、降低贷款利率、优化贷款流程等方式，为个体工商户提供低息快速贷款。为进一步方便个体工商户等市场主体融资，在江苏省综合金融服务平台开设"支持企业复工复产再贷款再贴现金融产品专板"。截至2020年4月，已经有2.5万户小微企业、个体工商户、农户、涉农企业等获得340亿元专项贷款。目前，江苏省首批普惠型小微信用贷款支持计划已经顺利实施，支持68家法人金融机构发放普惠小微企业信用贷款40.41亿元，共惠及各类市场主体1.3万户。

活跃的市场是科技活动与科技创新的土壤，全面优化的营商环境可以充分调动各类创新主体的积极性，从而促进江苏全省产业集聚程度和市场组织结构的不断优化、良性互促。

19.1.2　江苏省产业技术创新生态体系现状

江苏省目前已形成了以江苏省政府为支撑（主导），以"省级创新生态系统（江苏产业技术研究院）""园区创新生态系统（苏州工业园区）""新型研发机构为代表的创新型生态系统（大连理工大学江苏研究院）"和"市级创新生态系统（常州科教城）"四类产业技术创新生态体系为主要特征的产业技术创新生态体系（如图19-2所示）。

江苏省政府围绕产业技术创新生态体系构建，相继发布了《关于加快推进产业科技创新中心和创新型省份建设若干政策措施的通知》《江苏省推进高新技术企业高质量发展的若干政策》《长江三角洲区域一体化发展规划纲要》等政策文件，并向地方区域政府传达，实现了纵向府际关系治理。南京市政府、常州市政府、苏州市政府等在明确政策文件的"一体化"发展机遇、"高质量"协同打造强劲活跃增长极的要求后，合力制定创新政策，推进跨界区域共建共享，基础设施互联互通，构建协同的产业技术创新生态体系，完成了横向府际关系治理。在此基础上，政府这一产业技术创新生态体系中的关键主体实现了府际间的关系协同。

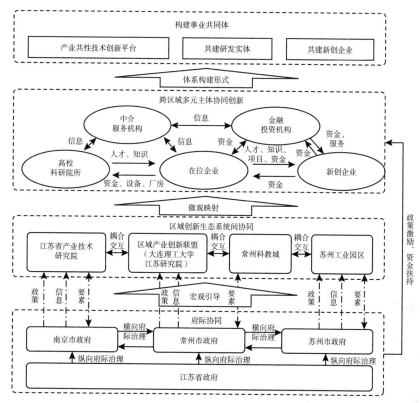

图 19 – 2　江苏省产业技术创新生态体系现状

　　经由政府宏观层面的引导，向以江苏省产业技术研究院、大连理工大学江苏研究院、常州科教城、苏州工业园区等为特征的区域创新生态系统提供创新创业利好政策、产业技术创新信息。各区域创新生态系统在政府引导的作用下，相互交互耦合，集聚创新要素、协同创新行为、完成价值共创，实现区域层面创新生态的协同。以江苏省产业技术研究院和大连理工大学江苏研究院的交互耦合过程为例，江苏省产业技术研究院主要是围绕产业技术创新联合多方主体共同推进创新研发，大连理工大学江苏研究院则以科研成果转化和创业孵化为业务重心，服务专精特新小巨人企业为特色，江苏省产业技术研究院与大连理工大学江苏研究院建立合作关系，不仅弥补了二者业务上的短板，还拓宽了自身的服务范围，形成了大的生态系统与企业联系的通道，大连理工大学江苏研究院扮演了"毛细血管"的角色，以大连理工大学江苏研究院的知识产权为核心的企业科技成果转化模式，完善了"基础研究—应用研究—产业应用—商业化"的创新闭环。区域间以这种生态系统层面重叠融合的形式实现区域协同创新。

区域层面创新生态的协同向微观映射的结果是，在政府政策机理、资金扶持的基础上，产业技术创新生态体系的主要种群间积极进行交流合作，围绕互补资源进行交流，明确共同目标，统一利益，协同创新行为。微观主体构建产业技术创新生态体系的主要体现形式是以构建产业共性技术创新平台、共建研发实体、共建新创企业等以构建视野共同体为特征的构建形式。例如江苏万帮德和新能源科技股份有限公司与大连理工大学江苏研究院从共建"电力汽车充电技术研究院"开始，到建设由双方联合11家行业企业投资建设江苏省移动能源制造业创新中心；同时由江苏省经济和信息化委员会牵头，双方又联合新能源汽车整车企业、充换电设施企业、能源企业、电池电机企业、高校及科研院所等55家机构共同构建江苏省新能源汽车能源与信息创新联盟，共同促进产业技术创新。

19.2　江苏省产业技术创新生态体系的构成要素

资源要素是生态体系产生、变化、发展的动因，为了探究江苏省产业技术创新生态体系的构成与运行机制，首先需要对产业技术创新体系的各类资源要素基本情况进行梳理。技术、资本、人力是产业技术创新过程中最重要的三类资源要素。新产业的形成通常是由于新的技术产生了关键突破，产业的升级改造往往需要新技术的催化。而在这一过程中离不开资本的支撑，新的产业技术创新只有获得必需的资金支持才能够得以实现。同样，所有的产业技术创新与发展都离不开人类的劳动创造，人才是创新创造的源泉。人力要素的层次直接影响产业创新的成功与否，具有创造能力的高层次人才是推动产业创新成功的关键支持性因素。

19.2.1　技术要素现状分析

产业的技术创新往往是由于某项新技术的关键性突破所带来的，因此产业的技术升级离不开新技术的催化。技术要素是产业技术创新不可或缺的基础构成要素。新技术的产生或原有技术的重大突破能够产生新的资源配置方式，并能够创新造出全新的产业需求。这使产业内部和产业之间能够发生资源、需求的流动和再分配，是产业创新的内在动力。

技术要素的来源通常有以下三个方面：一是企业为了获得或保持在市场中的领先地位从而进行的研发活动，其所获得的技术成果突破通常具有较强的实用性与成果转化率，但是因为企业的研发能力有限且对成本的顾虑较大，其技术成果往往难以产生突破性创新；二是高校及科研院所在科研项目中所取得的技术成果，这类科技成果的技术含量通常较高，但是通常技术完善程度不足，难以直接应用于生产中，需要经过技术的二次开发才可以与实际生产应用进行匹配；三是来源于海外的技术引进，虽然通过海外技术资源的引进，可以快速地解决技术资源不足的困境，有针对性地解决技术短板，但是由于各国间产业存在竞争关系，现实中通常难以实现对先进技术的引进，从而导致产业发展出现受制于人的情况。

科技创新是国家兴旺发达的动力，随着经济的不断发展，江苏省科技创新也取得了长足的进步。江苏省深入实施创新驱动发展战略，随着科技创新政策的推进，许多领域取得了突破核心技术，并建成了重大创新平台。近年来，江苏省持续增加投入科技创新费用，2019 年江苏省 R&D 经费内部支出达 2 779.52 亿元，R&D 经费支出占地区生产总值比重从 2015年的 2.53% 增长到 2019 年的 2.79%，为科技创新创造了更好的条件（如表 19 – 1 所示）。随着科技创新政策扶持力度加大，全省专利申请处于国内先进水平，科技创新产出效率明显提升。2019 年全省专利申请受理量达到 59.4 万件，授权量达 31.4 万件。

表 19 – 1　　江苏省科技活动基本情况（2015 ~ 2019 年）

指标	2015 年	2016 年	2017 年	2018 年	2019 年
科技机构数（个）	23 101	25 402	24 112	24 728	26 087
科研单位	142	135	133	130	128
规模以上工业企业	21 542	23 564	22 007	22 469	24 387
高等院校	971	1 055	1 133	1 219	1 369
其他	446	648	839	910	203

指标	2015 年	2016 年	2017 年	2018 年	2019 年
R&D 人员（万人）	—	—	75.42	79.41	89.77
R&D 经费内部支出（亿元）	1 801.23	2 026.87	2 260.06	2 504.43	2 779.52
R&D 经费支出占地区生产总值比重（%）	2.53	2.62	2.63	2.69	2.79

资料来源：江苏省统计年鉴.

江苏省企业创新研发迅速发展，逐渐成为科技创新创业的中坚力量，并且受到政府的大力支持与培养。2013 年，有研发活动的规模以上企业仅占总数的 25%。随着创新意识提高，创新意愿增强，到 2020 年，规模以上高新技术企业研发机构建有率达 100%，高新技术企业研发经费投入占全省企业研发经费投入的比重达 60%。江苏省还设立省级高级技术企业培育资金，启动了高新技术企业培育库建设。在 140 个江苏省培育的集聚高端创新资源企业中，有 1 家进入世界 500 强企业，22 家进入中国 500 强企业。

优良的地理位置为江苏省带来了良好的外部技术创新资源。江苏省位于长江三角洲中心位置，与其相邻的上海市、合肥市等科教资源丰富的城市存在大量的技术交流与合作。江苏省近年来与国内外众多重点高校建立了长期稳定的合作关系，这将为江苏省产业技术创新生态的建设增加新的动力。

与江苏省目前巨大的经济发展规模相比，江苏在技术要素的发展上仍然存在着诸多不足。截至目前，江苏省知识产权密集型产业增加值仅占GDP 的 23%，规模最大的制造业仍然主要为严重依赖人口与劳动力的劳动密集型产业。大多数出口企业为贴牌和代工企业，缺乏自主品牌和核心技术。江苏省的自主品牌比重为 15%，低于浙江省的 25% 和广东省的 23%。科技创新和实体经济缺乏协同性，创新能力不足，科技创新不充分，无法支持经济发展，带动自主品牌，成为江苏省科技创新发展亟待解决的问题。从江苏省规模以上企业的研发情况来看，2013~2017 年有研发活动的企业数占所有企业总数的比重分别为 25%、29%、39%、40%、43%，虽然比重逐年提高，但是有研发活动的企业仍然不到 50%。

另外，江苏省具有自主知识产权的发明专利较少。根据国家知识产权局知识产权运用促进司联合知识产权发展研究中心发布的《2018 年全国专利实力状况报告》中显示，江苏省专利综合实力位列全国第三名，低于经济总量仅为江苏省 35% 的北京市。而在专利授予数量上则和经济规模相似的广东省有较大差距，如 2017 年广东省获得专利授权 332 652 件，江苏获得专利授权 227 187 件，比广东省少了 31.7%，二者差距明显。从人均发明专利来看，2017 年北京市每万人口发明专利拥有量为 94.5 件，上海市为 41.5 件，江苏省为 22.5 件，江苏省每万人口发明专利拥有量不足北京市的 1/3，是上海市的 1/2 多（如图 19-3 所示）。

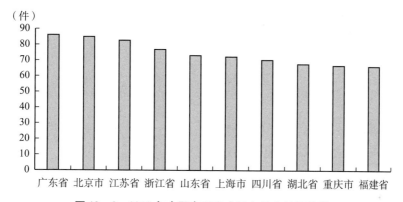

图 19-3　2018 年全国专利实力排名前十地区统计

资料来源：2018 年全国专利实力状况报告.

虽然科技创新在江苏省取得了长足的进步，但是科技创新转换成果仍然不够充分，科技成果转化一直以来是江苏省产业技术创新发展的瓶颈。科学技术从实验室走向市场，需要资本、信息、市场等各项因素的配合，只有实现市场化的技术，才可以真正地为社会产出作出贡献。江苏省虽然专利申请数量和授权数量位居全国前列，但是科技成果的转换率长期以来仍然落后于世界各主要发达经济体。有关统计显示，江苏省所需的 80% 以上的高端芯片、50% 的机器人、60% 的集成电路、50% 的高端数控机床、80% 以上的检验检测检疫行业高端检测仪器设备等都依靠进口，极端量和极端环境下的检测几乎完全依赖国外技术和装备。发达国家科技成果转化比例为 60%～80%，而江苏省只有 20%～30%，与发达国家存在较大差距。究其原因，在于江苏省长期以来未能建立完善的科技成果转化生态，科研考核体系的不完善，导致科研工作无法有效的支撑产业发展，从而出现了大量的"无用"科研，这些"无用"科研占用了大量的产业社会资源，对江苏省产业技术创新生态的技术要素产生了严重的负面影响[269]。

19.2.2 资本要素现状分析

产业技术创新的发展离不开资本的支撑，它是产业创新的重要基础。无论是新技术的研发或完善，还是技术的应用与推广，产业的技术创新活动必须获得足够的资本支撑才能得以实现。资本要素随着技术要素的改变而不断流动和转移，重新配置相关资源，从而对产业发展的进程产生影响。通常资本要素的增加能够提高产业创新的速率。资本要素通常来源于金融机构或政府的投资活动，充足资本要素是产业技术创新得以实现的必要条件。

金融在生产、交换、分配、消费等经济活动中起到了重新分配社会资源，使得效益最大化的作用。江苏省不断完善现代金融体系，通过服务实体经济、防控金融风险、深化金融改革三项任务，加强金融监管，完善金融生态，为构建技术创新生态体系创造了机会。

2017 年，江苏省固定资产投资为 53 000 亿元，其中工业投资 26 180 亿元，约占总投资额度的一半。2019 年，全年固定资产投资比上年增长 5.1%，中国香港、澳门、台湾（简称"港澳台"）及外商投资增长 4.3%，总额达 40 278 亿元，其中 95% 的外资投资集中在制造业相关产业①。

在资本市场建设方面，江苏省上市公司数量全国领先。2017 年江苏省境内上市公司 382 家；2018 年上半年江苏省 A 股 398 家发布年中报，在营业收入和利润总额增长率方面均超过全国平均水平，制造业、批发和零售业、金融业、房地产业占据江苏省上市公司营业总收入的半壁江山。此外，江苏省的证券期货行业实力不断提高，全省共有法人证券公司 6 家，

---

① 数据来源：外商投资和港澳台商投资工业企业主要经济指标（2019 年）.

法人期货公司 9 家，其中华泰证券、东吴证券、国联证券、弘业期货在境内外上市，东海证券、南京证券、创元期货在新三板挂牌。江苏省的私募行业发展迅速，截至 2017 年 5 月底，全省在中国基金业协会登记备案基金管理人 880 家，管理基金 2 092 只，规模 3 951 亿元，为初创企业、中小微企业提供了重要的资本支持。

近年来，江苏省金融业迅速发展，随着服务实体经济、防控金融风险、深化金融改革的政策推动，金融体系变得更加健全，金融监管也更加全面。通过各种信贷风险补偿基金和科技金融风险补偿基金的推广，使更多的小微企业获取到科技创新相关的资金支持。此外，融资渠道拓宽和小微企业应收账款融资专项行动的设立，让更多小微企业可以使用各类融资途径进行融资，并且着力解决了企业抽贷、压贷、断贷等融资难题。

当然，江苏省产业金融发展也存在相应的问题。首先是当前模式下，金融行业的发展难以对实体产业的发展提供足够的支撑，金融服务实体经济的力度不强、渠道不畅的矛盾较为突出，主要表现在制造业贷款增长缓慢甚至连续几年负增长，金融业和房地产业信贷投放总量则增速较快。从分行业来看，制造业贷款的增长缓慢，仅 2013 年和 2017 年是正增长而且较慢，分别是 4.35% 和 3.89%，而 2014 年、2015 年、2016 年这三年都是负增长，分别是 −1.42%、−2.68% 和 −3.64%，这体现了金融信贷对制造业发展的支撑明显不足[3]。其次，风险投资对产业的技术创新支持不足，很多迅猛发展的新兴产业无法获得有力的金融支持。近年来，江苏省涌现出一大批新兴风险投资公司，如传媒梦工场、华威投资、苏州创投、江苏高科技投资、北极光创投、国联通宝资本、盛世联投、银基创投、中交投资、华控创投等众多风险投资公司，但相对经济发展需要来讲，创投公司数量少、规模小、资金弱，对新兴产业的支撑作用有限。根据界面新闻 2020 中国顶级风险投资机构排行显示，中国排名前 10 的风险投资机构中，江苏省无一家入选。

19.2.3　人力要素现状分析

人才是 21 世纪最强大的生产力，是最活跃的先进生产力，所有产业的发展与进步都离不开人力因素，人才是创新创造的源泉。人力要素的水平与质量直接影响着产业技术创新的成功与否，具有创造能力的高层次人才是推动产业创新成功的关键支持性因素。对于产业技术不断突破升级的今天，产业对人力要素的要求越来越高。

江苏省自古以来就是一个文化底蕴丰厚、人杰地灵的地区。改革开放以后，江苏省的科教产业不断发展壮大，产业水平高度发达，全民受教育程度居全国前列。同时，政府积极出台各类集聚人才创新发展的政策，大力培养与吸收高技术人才，因而铸造了江苏省优质丰富的人力资源，构成了产业技术创新体系的有力支撑。

截至 2019 年全省就业人口 4 745.2 万人，其中第二产业就业人口 2 012.0 万人，第三产业就业人口 1 998.7 万人，合计约占总数的 85%，人力要素在产业中的分配较为合理。自 2014 年李克强总理提出"大众创业、万众创新"号召起，江苏省就积极完善创业环境，推动全民创业，并颁布了《关于深入推进大众创业万众创新发展的实施意见》，提出了 34 条实施意见，其中重点提出支持科研院所符合条件的专业技术人员携带科技成果以在职创业、离岗创业等形式开展"双创"活动，切实解决了离岗创业人员的人事关系、基本待遇、职称评聘、考核管理等问题，此举进一步提高了科研院所的科技成果转化效率。2019 年，全省共有普通高等教育院所 167 所，各类专业技术人员 122 万人，新增专业技术人才 55 万人，新增高技能人才 36.01 万人，新招收博士后 2 390 人，引进海外留学回国人员 9 851 名，新设省级博士后创新实践基地 60 个，各项指标均稳居全国前列。2019 年江苏省各市专业技术人员数如表 19-2 所示。

表 19-2　　　　　　**2019 年江苏省各市专业技术人员数**　　　　　单位：万人

地区	城市	全部技术人员	工程技术人员	农业技术人员	科学研究人员	卫生技术人员	教学人员
苏南	苏州市	14.42	1.56	0.20	0.06	3.58	7.68
	南京市	11.22	1.34	0.10	0.03	2.69	5.89
	无锡市	9.58	0.95	0.08	0.02	2.16	5.16
	常州市	6.63	0.41	0.08	0.05	1.79	3.48
	镇江市	4.76	0.45	0.12	0.02	1.05	2.52

续表

地区	城市	全部技术人员	工程技术人员	农业技术人员	科学研究人员	卫生技术人员	教学人员
苏中	扬州市	6.00	0.49	0.12	0.02	1.23	3.50
	南通市	9.74	0.98	0.20	0.03	1.98	5.67
	泰州市	6.29	0.48	0.19	0.01	1.37	3.76
苏北	徐州市	12.40	1.19	0.21	0.05	2.05	7.85
	连云港市	7.21	0.70	0.17	0.02	1.13	4.35
	淮安市	6.16	0.35	0.15	0.02	1.09	3.99
	盐城市	9.96	0.61	0.26	0.01	1.84	6.08
	宿迁市	5.16	0.35	0.46	0.07	0.38	3.45

资料来源：江苏省统计年鉴.

然而，现阶段江苏省人力资源与产业技术创新的需求仍然有一定差距：

首先，江苏省主要产业领域科技人员不足。随着经济发展和产业结构升级，江苏省整体的人力资源专业技术能力和创新能力建设速度已经跟不上发展的需要。专业技术人才增长速度缓慢，企业专业技术人员的比重和质量偏低，如2016年江苏省规模以上工业企业平均拥有科技人员数量为18.22人，同年浙江省规模以上工业企业平均拥有科技人员数量为31.74人，远高于江苏省，说明江苏省科技人员数量仍然存在明显不足。[1]

其次，江苏省的人才国际竞争力有待提高。江苏省作为我国改革开放的桥头堡，有着大量的外资与外企，历来注重引进国际化人才，培养本土人才的国际竞争力。然而国际人才竞争力总体仍然偏低，亟待提高。《区域人才蓝皮书：中国区域国际人才竞争力报告（2017）》显示，中国国际人才竞争力总体水平不高，国际人才比例远低于世界平均水平，在外来人才引进方面落后于北京市、上海市、广东省等地区。江苏省高层次创新创业人才，特别是具有国际竞争力的"高精尖"人才紧缺，一流大学和高端成果较为缺乏。泰晤士高等教育（Times Higher Education，THE）发布的

[1] 资料来源：国家统计局.

2021 年度世界大学 Top500 排名中，江苏省仅有南京大学入选，排行第 111 名。同时只有极少数的科学家和研究人员在国际重要科研社团担任职务，而获得国际性权威科学奖的人数更是屈指可数。

再次，人才区域分布差异巨大。由于区域经济与发展水平的差距，省内高技术人才主要集中在苏南地区的少数发达城市中，与苏南地区的人才环境相比，目前苏北地区与苏中地区存在着经济水平落后，事业发展空间小，政策扶持力度小，教育水平低，人才氛围不太浓等问题，这些问题进一步加剧了苏北地区与苏中地区人才缺乏的情况，对苏北地区与苏中地区的产业发展造成了巨大的发展瓶颈。

最后，尽管近年来江苏省人力资源服务业规模不断扩大，现有人力资源服务机构 5 800 余家，从业人员近 10 万人，年营业总收入突破 1 300 亿元，占全国的 1/10①。但是无论是从业人数还是企业规模，都与国际知名人力资源企业存在较大差距，从服务内容上看，主要以职业介绍、人才招聘为主要业态，中高端服务和产品开发能力弱，服务细分度低，不能提供高质量的教育培训、高级人才搜寻、人力资源管理外包等高端服务，不具备提供满足客户初、中、高级需求的一揽子解决方案的能力，难以有效满足快速增长的服务需求。而且没有形成统一规范的工作流程和服务品牌，低端价格竞争成为主要的竞争方式，严重削弱了人力资源对产业技术创新的支撑能力[270]。

19.3 江苏省产业技术创新生态体系的参与主体

技术创新生态体系的参与主体是该区域内直接或间接参与创新过程的机构和组织，这些主体通过各自的利益诉求与分工协作，形成了一个相互连接与合作的技术创新网络。结合前文的理论研究，本书认为江苏省产业技术创新生态体系的参与主体主要包括扮演生产者角色的高校、科研院所等技术支撑机构，扮演消费者角色的各类型企业，以及扮演调控者角色的政府与新型研发机构。

---

① 数据来源：中华人民共和国人力资源和社会保障部.

19.3.1 生产者主体分析

技术提供机构主要包括高校及科研院所，以及新型研发机构，是新产业技术的发源地。高校及科研院所有着强大的科研实力，主要承担技术开发的基础研究工作，能够孕育出大量产业技术的雏形。从考核机制上看，我国的创新考核机制通常以科研成果作为创新考核依据，常常忽视了市场的实际需求，这使高校及科研院所普遍存在"重论文、轻转化"的情况；从成果转化上看，我国科研机构的成果转化率长期处于世界落后水平，与发达国家差距极大，有学者基于统计数据和论文文献，推算出中国和美国的科技成果转化率数值分别为 6% 和 50%，以"科技成果转化效率"指标衡量则差距进一步拉大，中国和美国的数值分别为 6% 和 100%。现有的体制限制了科研机构的成果转化动力，导致许多企业至今仍然处于产业价值链低端环节。

江苏省省内高校及科研院所资源丰富，截至 2020 年江苏省共有世界一流大学建设高校 2 所，世界一流学科建设高校 15 所，整体高校资源（167所）全国排行第一名（如表 19 - 3 所示）。江苏省内有国家重点实验室 2个，排行全国第三名，仅次于北京市和上海市。依托众多高校的优质研发资源，南京市在新型电子信息产业、智能汽车产业、高端智能装备产业与生物医药产业发展迅猛，南京航空航天大学作为我国著名的航空院所，为中航工业等企业提供了先进的研发技术与人才储备，中国矿业大学则带动了徐州采矿、冶金、装备制造产业的转型升级，不断推动制造业迈向产业价值链中高端环节。

表 19 - 3　　江苏省"双一流"大学、985、211 及"双一流"学科高校资源情况

	全国（所）	江苏（所）	占比（%）
"双一流"大学	42	2	4.76
985	39	2	5.13
211	115	11	9.57
"双一流"学科	140	15	10.71

资料来源：国家教育部统计数据.

19.3.2 消费者主体分析

（1）领导企业。产业技术创新生态领导企业主要指某一领域内的龙头企业，该类企业在其行业中，对同行业的其他企业具有较强的影响、号召力和一定的示范、引导作用。因为企业规模与技术处于行业中的领先水平，产业生态领导企业一方面对产业技术升级有着最迫切的需求与动力，是产业技术创新的主力军，另一方面因其自身的体量与实力，能够对全产业链的其他参与者产生极大的影响，能够推动全产业的技术升级。因此对于产业技术创新生态体系而言，产业生态领导企业是生态体系的核心，为生态体系提供了流量与需求。

江苏省作为我国的工业强省，其产业覆盖全面，企业数目众多，多数产业规模在全国处于领先水平，江苏省产业发展的初期，以"苏南模式"为代表的发展模式取得了巨大的成功，造就了大量优秀的乡镇企业，国有企业的改制也取得了较大的成功。经过多年的发展，以徐工集团、中航工业、国睿集团等为代表的各领域领军企业逐渐崭露头角，并带动了多个产业的快速发展与技术升级。徐工集团是我国工程机械行业规模最大、产品品种与系列最齐全、最具竞争力和影响力的大型企业集团。自改革开放以来，苏北地区装备制造产业在徐工集团成熟的产业链体系作用下不断发展壮大，并于 20 世纪 90 年代先后吸引小松、卡特彼勒等外资制造企业投资设厂，这进一步巩固并强化了苏北地区装备制造产业的产业链优势，使徐州如今获得了"中国工程机械之都"的称号。南京市拥有高精传动、西门子数控、菲尼克斯电气、埃斯顿、中车浦镇、中航工业、南京机电、莱斯信息等一大批高端智能装备产业领导企业，近年来在智能控制系统、自动化成套生产线、工业机器人、齿轮传动、关键基础零部件、系统解决方案提供等高端智能装备领域发展迅速。

然而与广东省、北京市等国内其他发达地区相比，江苏省内龙头企业的数量与质量仍然存在明显不足。根据企查查发布的近五年（2016～2020年）发明专利数量 TOP20 企业名单（如图 19-4 所示）可知，江苏省内企业无一家企业在名单上，而广东省企业则有 9 家，这足以体现出江苏省内各领军企业在创新能力与质量上仍然存在问题。龙头企业扮演着产业引导者的角色，缺乏龙头企业的带动，产业的凝聚力与创新能力将会因为缺乏市场标杆而大大减弱。因此，如何解决好这一问题成为近年来江苏省产业技术创新体系构建的一大关键[271]。

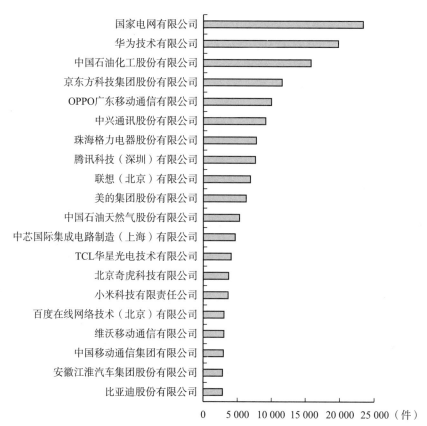

图 19 - 4　近五年（2016 ~ 2020 年）发明专利数量 TOP20 企业排名

资料来源：企查查专利数据库.

（2）合作企业。产业生态合作企业主要包括产业供应链上下游各中小企业，这类企业通常具有"小而精"的特点。产业生态合作企业是产业技术创新生态中数量最多的主体，这些企业构成了产业链的主体部分，产业技术创新的最终目标，就是通过带动全产业内的各类企业实现技术突破，从而实现全产业的技术升级。

作为最早引进外资的地区之一，江苏省自 20 世纪 80 年代开始便作为外资企业重要的供应链中心，发展至今，已经具备了我国最完整的产业链资源，江苏省先进制造业重点产业链统计情况如表 19-4 所示。2019 年，全省规模以上中小工业企业数为 44 422 家，占全省规模以上工业企业数量的 97.7%，实现主营业务收入 68 913.3 亿元，占全省规模以上工业企业收入的 58.0%，是江苏省产业发展的基石。这些企业在很长一段时间内主要从事外贸出口、代工等产业链分工，但是随着国际贸易环境的改变与国内产业的快速迭代更新，传统的代工模式已经无法满足这类企业的发展需求。由于中小企业在研发能力、市场探索与投融资等方面存在先天的劣势，只有得到调控者正确引导与龙头企业的带动，才能够不断得到发展，从而推动产业技术的创新。

近年来，随着江苏省加大对创新创业的支持与鼓励，一批具有高新技术的新兴中小企业逐渐发展壮大。这些企业通常表现出强大的创新与研发能力，并在产业链某一环节上掌握了核心技术，是产业技术创新生态体系中技术创新的新源泉。根据江苏省高新技术创业服务中心发布的"2020 年江苏科技型中小企业评价数据"显示，累计有 40 294 家科技型中小企业经过遴选，进入全省科技型中小企业评价库，占全国 18.1%，入库企业数较上年增长 73.8%，成为全国首个突破 40 000 家的省份，总数居全国第一。

19.3.3 调控者主体分析

（1）政府。江苏省产业技术创新生态体系的最核心与关键主体就是政府，其调控者职责作用于产业技术创新的不同阶段。对于技术创新处于起步阶段的产业，江苏省人民政府有针对性地进行主导与引导。江苏省自改革开放以来，政府就深度参与产业的规划与建设过程。"苏南模式"在 20 世纪 80 年代初作为改革开放的成功案例被提出，其特征就是政府主导乡镇企业的发展，并在当时取得了巨大的成功。江苏省政府充分发挥政府的产业规划职能，针对江苏产业技术创新生态体系建设与发展中存在的各种问题，政府充分尊重市场的决定性作用、不断探索体制机制改革、坚持开放合作的原则，不断整合各类产业创新资源，引导产业技术创新的良性发展。

针对江苏省产业链杂而不精的情况，江苏省政府办公厅 2020 年 12 月印发了"产业强链"三年行动计划，明确江苏省将实施"531"产业链递进培育工程——用 3 年时间，重点培育 50 条具有较高集聚性、根植性、先进性和具有较强协同创新力、智造发展力和品牌影响力的重点产业链，做强其中 30 条优势产业链，促进其中的特高压设备、起重机、车联网等 10 条产业链实现卓越提升（如表 19 – 4 所示）。政府先后出台大量政策对相关产业进行重点扶持，不断促进产业的技术创新，引导产业做强做大。此外，政府作为产业技术创新生态体系中市场机制失效时的补充，充分利用政府自身信用资源与资本优势，在产业融资、技术合作等领域起到重要的补充作用。

表 19 – 4　　　　江苏省先进制造业重点产业链统计

先进制造业集群	重点产业链
新型电力（新能源）装备集群书 + B4	特高压设备＊，晶硅光伏，风电装备，智能电网
工程机械集群	起重机＊，农业机械装备，应急装备，挖掘机，路面机械
物联网集群	车联网＊，工业互联网，传感器
高端纺织集群	品牌服装＊，化学纤维，纺织加工，纺织设备
前沿新材料集群	先进碳材料＊，纳米新材料，特钢材料，高温合金材料
生物医药和新型医疗器械集群	生物医药＊，新型医疗器械，化学药，中药
集成电路集群	集成电路
海工装备和高技术船舶集群	高技术船舶＊，海洋工程装备，豪华邮轮游艇
高端装备集群	轨道交通装备＊，航空发动机和燃气轮机，工业机器人，高档数控机床，民用航空装备
节能环保集群	水污染防治设备，高效节能装备，大气污染防治设备，固体废弃物处理设备
核心信息技术集群	大数据 + ＊，信息技术应用创新，工业软件，5G，人工智能
汽车及零部件（含新能源汽车）集群	动力电池，新能源汽车充电桩，氢燃料电池汽车
新型显示集群	新型显示，液晶显示（LCD），有机发光二极管（OLED）
绿色食品集群	酿造（酒），食品机械

资料来源：江苏省"产业强链"三年行动计划.

对于技术创新体系较为成熟的产业，江苏省人民政府履行产权保护、规范统一、制度制定的职责。

2020 年 8 月，中共江苏省委印发《关于强化知识产权保护的实施意见》（以下简称《意见》）推出六个方面 23 条举措，加快推进引领型知识产权强省建设。《意见》旨在落实知识产权"严保护、大保护、快保护、同保护"要求，以健全知识产权政策法规、完善知识产权司法审判制度、健全知识产权行政执法制度为首要任务，规划出台《江苏省知识产权促进和保护条例》《江苏省专利商标行政执法规程》等文件以完善知识产权制度；强化知识产权司法和行政保护力量、推动知识产权纠纷多元化解决及引导各方力量参与共治来构建知识产权立体保护网络以增强保护合力；同时，加大知识产权司法保护力度与行政执法力度、强化互联网知识产权保护，强化展会、进出口、自由贸易试验区知识产权保护及加大失信联合惩戒力度以切实提升保护实效。

在立法制规和打击违法上，通过严制度、严执行、严惩戒，体现"严保护"的刚性要求；在责任主体和工作协同上，通过构建汇聚立法、司法、行政、行业协会商会、仲裁调解机构、维权援助机构等在内的立体保护网络，体现"大保护"的治理格局；在办案程序和机制创新上，完善快速协同保护体系，着力解决维权"周期长"问题，回应"快保护"的群众诉求；在保护对象和执法标准上，平等对待各类市场主体，畅通与国内外权利人沟通渠道，保护知识产权合法权益，体现"同保护"的庄重承诺。

落实知识产权"严保护、大保护、快保护、同保护"要求，是江苏省推进知识产权治理体系和治理能力现代化的具体部署。全面落实《意见》要求，将有助于改善营商环境、提升创新能力，促进江苏省科技创新与成果转化事业又好又快发展。由此可见，本研究提炼出江苏省产研院产业技术创新生态体系在法律维度的构成要件为"严保护、大保护、快保护、同保护"的要求、格局、诉求、承诺等。

（2）新型研发机构。新型研发机构是聚焦区域主导产业的技术创新需求，主要从事科学研究、技术创新和研发服务，能够实现多元化投资、国际化建设、市场化运行和现代化管理的，具有可持续发展能力的独立法人组织。其承载着将市场需求、体制内外科技资源、资金、人才、产业技术开发进行融合的职责与功能（三融合，融体制、融资源、融市场），可以打破各类组织的边界，让资源流动（技术流、资金流、人才流动、需求流动），可以解决在原来边界分明的组织中无法解决的问题。

以江苏省产业技术研究院省级创新生态系统和大连理工大学江苏研究院为代表的新型研发组织已经在多个产业技术关键领域实现了技术突破，并已经逐步形成了一套完整的产业技术创新关系集群，极大地激活了江苏省各主体的技术创新能力。截至 2020 年 7 月，江苏省已建立新型研发机构438 家，共吸纳就业人员超 1.6 万人，年开展技术服务 4.5 万多项（次），转化科技成果近 1 000 项，累计引进、孵化企业 4 000 余家，年收入超 100亿元。疫情期间，江苏省长江智能制造研究院依托"智能化系统集成应用体验验证中心"项目成果，迅速建立了防疫口罩所需的智能化无纺布生产线，首次将自动引导运输车（AGV）物流系统与智能仓储系统应用在无纺布行业，全面采用自动化、信息化和柔性化制造；江苏省集萃先进高分子材料研究所持续开展"分析测试服务免费周"活动，为降低广大企事业单位分析测试成本提供了力所能及的帮助；宿迁南航新材料与装备制造研究院引入南京航空航天大学创新资源，承担新型冠状病毒医卫防护材料应急专项"可循环再生病毒防护用熔喷非织造材料开发"项目，同时促进与上海交通大学、西北工业大学产学研合作和成果转化，为当地企业解决技术难题，为推动区域创新发展和产业转型升级等提供了有力支撑。

（3）中介服务机构。中介服务机构是江苏省产业技术创新生态体系提供各类服务保障的主体，是推动产业技术创新实现、实现产业结构升级优化的关键保障。

截至 2018 年，全省科技服务业机构共 5.5 万家，从业人员数量达 120万人，有力地支撑着全省经济高质量发展。2017 年全省科技服务业总收入达到 7 481 亿元，较上年增长 14.6%。各市积极推动地方科技服务业发展，以南京市、苏州市为代表的苏南地区在服务收入、机构数量和从业人数上仍然占据较大优势，苏北地区服务收入首次超过苏中地区。同时，全省建有科技服务业特色基地（示范区）16 家，拥有研发、检测等服务场所 421万平方米，年服务量超过 78 万项（次），服务企业 30 000 多家，实现服务收入 160 亿元。另外，江苏省技术转移服务体系日益健全，2020 年登记技术合同 37 348 份，成交额达 872.92 亿元，较上年增长 15%，居全国第五位。

19.4 江苏省产业技术创新生态体系运行机制

通过对江苏省产业技术创新生态体系构成要素与参与主体的梳理，不难看出江苏省产业技术创新的优势与劣势。充分发挥各要素与主体的技术创新优势，同时尽可能改善当前存在的各类问题，是构建良性可靠的产业技术创新生态体系的关键。

以政府为核心的调控者是江苏省产业技术创新生态体系建立和运行的主导角色。调控者主体一方面充分吸收引入各类外部资源要素，丰富创新生态系统的资源供给，另一方面组织协调各类创新主体充分发挥自身创新能力，引导产业集群体系的构建。为了确保生态体系的稳定运行，各主体间在调控者主体的引导下相互配合，不断突破旧有体制对于创新的束缚，规划和布局各类前沿共性技术领域，并努力打造高质量产业创新主体。调控者主体充分发挥自身能力，建立了全方位高效的支撑保障体系。在各主体的作用下，江苏省产业技术创新生态体系呈现出良好的发展态势，不断实现了各类产业技术的突破与应用，充分促进了江苏省产业实现高质量发展。

依据理论篇的研究，结合江苏省实践，总结得到江苏省产业技术创新生态体系运行机制（如图 19-5 所示）。

（1）调控者主导。调控者主导是江苏省产业技术创新生态体系最大的特点。由于江苏省内各行业资源相对分散，能够独当一面的头部企业相对不足，难以自发形成完善的产业技术创新生态体系。因此，以政府为核心的调控者主体在做好监管者、服务者职能的同时，也深入参与到产业技术创新生态体系的建设过程中，促进产业技术创新生态体系的不断完善，并不断培育产业内表现优秀的企业发展壮大，使产业能够保持持续的创新动力。

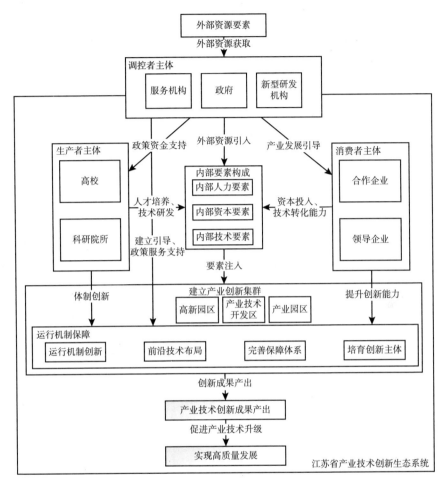

图 19-5 江苏省产业技术创新生态体系运行机制

针对产业技术创新生态体系构建过程中技术创新协同性不足、核心技术开发能力较弱的情况，调控者主体积极协调各类资源，充分发挥主观能动性，不断加强技术创新支撑体系建设。从高新园区的筹建工作，到产业集群的建立，从各参与主体的体制机制变革，到全方位建立完善的支撑保障体系，调控者主体密切参与到产业技术创新生态的各个环节中，充分利用市场机制并合理使用政策工具引导产业健康发展。

具体来说，政府对产业技术创新生态的引导通常通过资金税收补贴、战略投资或第三方机构而间接实现，全力避免了行政措施对产业生态的破坏。而新兴研发组织与行业协会等调控者就是资源对接、平台建立的实施者。江苏省鼓励行业协会、商会参与制定行业发展相关公共政策，推动行业协会、商会类社会组织承接相关政府职能，鼓励行业协会商会类社会中介组织发展，充分发挥其服务、咨询、沟通、监督、公正、自律、协调等职能，从而为产业技术创新生态的持久稳定运行打下基础[272]。

（2）建立产业集群。产业集群是指在特定区域中，具有竞争与合作关系，且在地理上集中，有交互关联性的企业、专业化供应商、服务供应商、金融机构、相关产业的厂商及其他相关机构等组成的群体。创建能够接纳各参与主体、充分吸收各类构成要素的产业集群，是建立产业技术创新生态体系的基础。

高新园区是江苏省创新驱动的核心区和重要载体，也是江苏省高新技术产业参与国际竞争的重要平台，是江苏省区域创新能力的重要标志。为此，江苏省各高新区坚持高端定位、前瞻布局，围绕产业创新重大需求，集聚创新资源、厚植创新生态、培育创新型产业集群，各类创新要素的活力得以不断激发和释放，通过建立一系列国家级经济技术开发区和系列省级经济技术开发区，为江苏省产业升级提供了有力的科技与经济支撑。截至2020年，江苏省共有200个开发区，其中省级经济技术开发区128个，国家级经济技术开发区26个，海关特殊监管区23个，国家级高新区17个，国家级自贸区1个，国家级新区1个，国家级自创区1个（如图19-6所示）。近年来，江苏省各个国家高新区总体发展势头良好，在科技部新公布的国家高新区评价排名中实现全面进位，有16个国家级高新区进入了前100名，苏州工业园区排名第5位，苏州高新区排名第17位，常州高新区、南京高新区、无锡高新区、南通高新区和徐州高新区等5家高新区进入前50位。

有了产业技术开发区的资源汇聚基础，江苏省据此建立了大量的产业集群。目前，江苏工程机械产业集群、物联网产业集群、高端纺织产业集群、前沿新材料产业集群、集成电路产业集群等13个世界级产业集群正快速崛起。以高端纺织产业集群为例，规模总量多年保持全国第一，该集群拥有恒力、盛虹、海澜3家千亿企业，江阴、吴江、常熟3个千亿基地，东方丝绸市场、常熟服装城、叠石桥家纺城3个千亿级交易市场。以苏州亨通集团为代表的江苏核心信息技术产业集群，聚合了高端软件、新一代软件和人工智能，嵌入式、工业软件水平全国领先[273]。

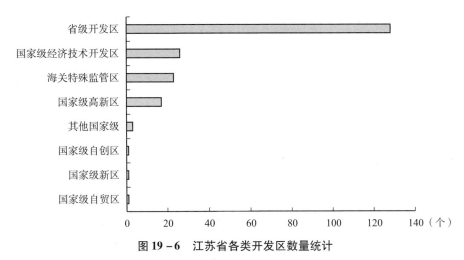

图 19 – 6 江苏省各类开发区数量统计

资料来源：中国开发区审核公告目录（2018 版）．

（3）创新运行机制。产业技术创新生态的高效运行必须依赖于各主体充分激发创新能力，充分利用自身优势达到创新能力的最大化。为此，各参与主体需要积极推动自身体制机制变革。

运行机制变革的核心原则，就是充分发挥市场的决定性作用，市场导向能够最大限度地激发市场主体活力，促进各创新要素的激发与融合。坚持需求导向、问题导向、效果导向，完善市场导向的成果转移转化机制，不断强化市场对产业技术创新的推动力量。

江苏省作为我国改革开放的先行者，经过长期市场经济建设的探索，充分认识到市场机制在产业技术创新生态中的决定性作用，因此能够更充分地利用市场机制充分调动各创新主体与各类创新要素。江苏省不断深化市场准入制度改革，政府采取既具弹性又有规范的管理措施，建立了适合江苏产业发展的政府监管新理念、新能力和新服务。

（4）布局前沿共性技术。为增强产业技术创新能力，引导产业技术升级，实现高质量发展的目标，江苏省以战略性新兴产业为重点，通过实施产业前沿领域培育计划，在纳米科技、生命科技、新一代信息技术等具有高成长性、渗透性和辐射性的产业前沿领域，设立十大产业前沿科技专题，突破了一批产业前沿共性技术，打造了一批高质量产业技术创新中心，力争在前沿先导技术、核心关键技术和重要技术标准研究等方面取得重大突破[274]。

此外，江苏省每年拨款 10 亿元实施高校优势学科建设工程，瞄准科技发展前沿，加强高水平学科团队和创新平台建设，夯实前瞻性、战略性产业研发的前沿基础。2019 年，江苏省开展前沿引领技术基础研究项目，主要围绕光子芯片研发核心材料、天地一体化通信技术、新型光电成像技术、重大战略工程用材料等重点领域进行技术部署。

通过以上举措，江苏省实现了一批产业共性技术的突破，掌握了一批具有自主知识产权和广泛应用前景的重大原始创新成果。为加速创新成果产业化进程，江苏省积极引导企业参与和主导各类行业标准的制订工作，及时将先进技术转化为标准，不断促进产业各企业与新技术的融合，实现技术创新、标准研制与产业化的协调发展。

（5）建立全方位支撑保障体系。全方位支撑保障体系是产业技术创新运行的重要条件，江苏省从金融服务、科技服务、人力资源保障、制度保障四个方面落实，为产业技术创新生态体系的良性运行保驾护航[275]。

①金融服务支撑。良好的金融服务体系支撑能够为产业技术创新生态提供充足的资本。政府出台支持实体经济发展的最低信贷保证金相关制度，构建面向技术创新合作企业的融资租赁机构和综合服务中心，加大对技术创新合作企业的信贷支持，将实体经济相关信贷指标纳入考核范围，增强金融机构落实倾斜性信贷政策的动力，实现金融行业从自我循环向服务实体经济转变。同时，民间资本通过 PPP 融资模式参与实体经济的发展，分享实体经济发展的成果。

政府鼓励发展债券市场、股票市场、商业票据市场和金融租赁市场，引导资本流向那些发展前景较好的优质企业。将"新三板"作为多层次实体市场体系建设的重要措施，对创新型、成长型的小微企业，实施低门槛、高效率的入市政策，并创新监管、诚信、交易制度，为中小型实体企业提供差异化的直接融资服务。

江苏省充分发挥制造业发达的产业优势，大力发展各类制造业产业金融，形成金融服务业与制造业发展的良性互动。近年来，如徐工集团等领军企业与各大金融机构都在大力探索供应链金融业务，即利用先进的信息基础设施实现全产业链的检测，并以此保障资本在供应链间的自由流动。

②科技服务支撑。高效的科技服务体系能助力产业技术更好更快的普

及并推广，并进一步提高全产业的技术优势，因此江苏省不断建立功能完善的技术创新服务体系，引导、规范技术创新服务朝着市场化、专业化方向发展。

江苏省积极与国家级科研院所共建开放式研发机构，创新发展设计服务业，构建服务于制造业的科技服务支撑体系，逐渐开放非涉密公共部门信息数据库，建立基于"互联网＋"的重大科研基础设施、大型科研仪器、公用信息资源等社会化服务平台，实现信息共享、资源共用，推进科技服务的供需对接。

此外，与广东省、上海市等地区相比，江苏省在技术创新成果转化方面处于劣势，科技成果产业化机制不活，大部分科技成果处于"休眠"状态，急需"激活"。因此江苏省努力深化科技成果产权制度改革，推进科技成果资源开放共享，完善转移转化市场体系，构建了多元化完善科技中介体系。江苏省不断发展技术交易市场，目前已与各科技服务主体合作建立了具备技术咨询评估、成果推介、融资担保等多种功能的技术转移服务机构。江苏省建立了上百家科技企业孵化器、生产力促进中心和大学科技园等机构，以此推动产业创新的市场化运营。

③人力资源支撑。江苏是人力资源大省，但人力资源供给质量还不能满足现代化产业体系建设的需要。近年来，江苏省不断加强技术创新人才培养，引导科技人员在产学研协同创新活动中发挥更大的作用，激发高校、科研院所和大型企业科技人员技术创新的积极性。

江苏省不断加大高等教育投入力度，以学科为基础，着力打造学科领域高峰，支持一批接近或达到世界先进水平的学科，加强建设关系国家安全和重大利益的学科，鼓励新兴学科、交叉学科，布局一批国家急需、支撑产业转型升级和区域发展的学科。江苏省引导企业、高校、科研院所集中优势资源，合办新型股份制研究生院，专门培养对口相关产业的高端人才。

通过股权激励、人才基金、技术转让分红等方式奖励有突出贡献的技术人才和管理人才，企业、高校及科研院所积极引进国内外优秀人才，并通过实施项目经理制等措施，充分发挥技术人才的研究能力，以此推动更高水平的产业技术创新。

同时，各创新主体积极联合共建引才平台，充分发挥"百名海外博士江苏行"、苏州国际精英创业周、中国南京留交会、南通江海英才创业周等平台作用，吸引高层次人才聚集。不断加大海归团队引进支持力度，打造海外人才创新创业基地，扩大产业发展引导基金规模，鼓励创新创业项目与科技金融形成互动直通机制，构筑国际化、专业化、一体化引才载体。吸引国际性科技组织、智库和论坛机构落户，不断拓展国际化引才渠道。

④制度保障支撑。为产业技术创新生态提供坚实的政策与法律保障，并确保各项政策与制度的落实，是江苏省各级政府的重要使命。完善的制度保障为江苏省产业技术创新生态的发展提供了坚实的保护，为产业技术的发展注入了不竭的动力。

江苏省是我国行政体系最高效的地区之一，对产业的布局与规划通常远远领先我国其他地区。作为我国产业技术创新的试验田，江苏省不断探索新的产业政策与管理制度，逐渐推行产业负面清单与产业准入的审管分离制度，原则上实现了"法无禁止即可为"。近年来，江苏省重点加强了自身在知识产权保护领域的法律与制度保障。2015年，江苏省委、省政府在全国率先印发了《关于加快建设知识产权强省的意见》。2016年，江苏省被国家知识产权局列为首批引领型知识产权强省试点省，此后，陆续成立了南京市、苏州市知识产权法庭，并获批建设常州市、南京市、苏州市、徐州市、南通市5个国家级知识产权保护中心，推动知识产权维权援助机构增加到80家。全省20家专业市场入选国家知识产权保护规范化市场，数量位居全国第一。

（6）培育高质量产业创新主体。为了更好地支撑产业技术创新生态的运营与发展，江苏省全力培育了一批适合江苏省实际情况，能够有效地推进产业技术创新生态体系建设的产业创新主体。

科技创新是现代化产业体系构建的基础，而企业则是科技创新的主体。江苏省力图针对当前重点领域发展所需的若干关键技术，通过财政和金融手段，支持高水平创新主体加大关键技术的研发投入，加快产品创新、工艺创新、流程创新和生产链创新过程，提高企业创新、承接和应用科技成果的能力，打造一批具有核心关键技术、国际知名自主品牌、全球竞争力强的世界500强企业，培育一批"独角兽"企业和"隐形冠军"企业。

为了加速产业技术的升级,江苏省组织建立了江苏省产业技术研究院等新型研发机构,在产业创新生态建设的探索中找到了一条卓有成效的道路,江苏省产业技术研究院作为我国新兴研发机构的优秀典范,在产业技术创新合作、产业技术担保、产业金融领域发挥了重要的作用。另外,江苏省依托省内已有的国家高新园区,由省、市、区三方共建多个产业技术创新中心,力图进一步整合各类创新资源,推动产业技术的快速发展。

国内外高校充分参与到产业创新主体的建设中,充分发挥自身技术与人才优势,扎根于产业集群,建立了大量的产业研究院,助力产业技术成果转化。大连理工大学江苏研究院利用自身平台优势,助力科技成果迈过"死亡之谷",为产业技术的落地做好了服务保障工作。同时,高校借此机会培养了大量产业所需的高技术人才,这进一步助力了产业技术创新生态的发展。

江苏省不断强化企业的技术创新主体地位,引导支持企业建立服务业创新中心、技术中心、研发中心、工程实验室等科研机构,加大研发投入,强化研发团队建设。鼓励龙头企业牵头建立产业技术创新战略联盟,形成优势互补、利益共享、风险共担的产学研结合新机制,开展关键共性技术联合开发和推广应用。目前,江苏省主要产业龙头企业纷纷建立产业研究院,将被制度禁锢的研发能力充分释放,这些产业研究院的研究成果一方面持续为企业增强技术优势,另一方面为全产业的技术升级带来巨大促进。徐工集团南京研究院 2011 年 7 月 26 日正式挂牌成立,研究院由江苏省科技厅重点支持,主要承担工程机械和汽车等相关产业的开发研究,成为打造国内一流、世界先进的综合研发平台,并推动着江苏省重型工程机械产业再上新台阶。

┃ 20 ┃

江苏省产业技术研究院产业技术创新生态体系的构成与运行机制

20.1 江苏省产业技术研究院概况

20.1.1 江苏省产业技术研究院简介

江苏省产业技术研究院（以下简称"江苏产研院"或"JITRI"）成立于2013年12月，其定位于科学到技术转化的关键环节，着力打通科技成果向现实生产力转化的通道，为产业发展持续提供技术。

江苏产研院发挥两个桥梁的作用。一是搭建高校及科研院所与工业界的桥梁，着力于产业共性关键技术和前瞻性技术研发，根据企业技术需求，将高校及科研院所的基础研究成果转化为应用技术，助推企业转型升级；二是搭建全球创新资源与江苏省的桥梁，通过与世界顶级高校及科研院所建立战略合作关系、建设海外平台，集聚创新资源落地江苏省。

江苏产研院坚持健全产业技术创新市场导向机制，突出服务企业创新与引导产业发展两大功能，引导高校优势科学平台、科研院所研发力量、国际一流创新成果三类资源相汇聚，同时实施一所两制、合同科研、项目经理、股权激励等改革，将"研发作为产业、技术作为商品"，构建促进产业技术研发与转化的创新生态体系，打造研发产业梦想。

20.1.2 江苏省产业技术研究院专业研究所简介

江苏产研院面向先进材料、生物与医药、能源与环保、信息技术、先进制造等重点行业建设与共建专业研究所体系。专业研究所实行预备制和动态管理，截至 2020 年底，在先进材料、生物医药、能源环保、信息技术、装备制造等产业领域布局建设了 59 家专业研究所，并参与共建了国家超级计算无锡中心。专业研究所现有人员约 10 700 人，其中院士 90 名、产业领军人才 174 位，场所面积合计近 80 万平方米，设备总值约 26 亿元，实现研发业产值 200 亿元。各专业研究所累计转移转化技术成果5 700 多项，累计衍生孵化企业约 1 014 家，其中已上市和拟上市的衍生孵化企业 18 家。江苏产研院专业研究所建设概况如表 20 - 1 所示。

表 20 - 1　　　　　　　　　江苏产研院专业研究所建设概况

行业	研究所名称
先进材料	膜科学技术研究所、碳纤维及复合材料研究所、石墨烯材料研究所、纳米材料与器件研究所、纺织丝绸技术研究所 ＊先进冶金技术研究所、＊北大分子工程苏南研究院、＊先进高分子材料技术研究所、＊先进金属材料及应用技术研究所、＊先进能源材料与应用技术研究所
生物与医药	生物材料与医疗器械研究所、工业生物技术研究所、转化医学与创新药物技术研究所、医药生物技术研究所、生物医学工程技术研究所、食品生物技术研究所 ＊脑空间信息技术研究所、＊生物大分子药物研究所、＊新型药物制剂技术研究所
能源与环保	水环境工程技术研究所（宜兴）、水环境工程技术研究所（盐城） ＊工业过程模拟与优化研究所
信息技术	无线通信与信息传输技术研究所、未来网络技术研究所、移动通信技术研究所、专用集成电路技术研究所、半导体封装技术研究所、国家超级计算无锡中心 ＊智能液晶技术研究所、＊有机光电技术研究所、＊智能传感技术研究所
先进制造	先进激光技术研究所、精密与微细制造技术研究所、数字制造装备与技术研究所、机器人与智能装备技术研究所、先进汽车技术研究所、流体工程装备技术研究所 ＊智能制造技术研究所、＊道路工程技术与装备研究所、＊新能源汽车技术研究所、＊微纳自动化系统与装备技术研究所、＊超精密加工技术研究所

注：＊表示为共建制研究所.

20.1.3 江苏省产业技术创新中心简介

江苏省产业技术创新中心是江苏产研院的重要组成部分，主要依托省内国家高新园区，按照"一区一战略产业"的布局原则，重点面向省内已有产业优势和创新基础的战略性新兴产业，以地方政府及高新区为主建设，主要开展产业技术创新、创新资源和要素整合、海内外高层次人才创新创业、产业技术扩散和企业孵化、产业创新投融资服务等，努力打造一批区域新兴产业培育发展的核心引擎和策源地。

目前已在苏州工业园区、苏州高新园区、常州科教城、南京新港高新园、江宁高新园、宜兴环科园等高新园区内布局建设了纳米技术、医疗器械、智能装备、激光与光电、通信与网络、环保装备、物联网 7 家产业技术创新中心，共引进了新型研发机构近 120 家，高层次人才近 1 500 人，创投资金总额约 300 亿元，启动 20 余项重大产业技术创新项目，已布局的创新中心概况如表 20-2 所示。

表 20-2   江苏产研院已布局创新中心概况

序号	创新中心名称	研发方向	重大平台
1	江苏省纳米技术产业创新中心	纳米新材料、纳米光电、微纳制造、纳米生物医药	纳米科技真空互联综合实验装置平台、微纳机电制造（MEMS）中试平台、纳米地图——全国纳米技术产业资源平台
2	江苏省医疗器械产业技术创新中心	医疗影像、体外诊断、医用光学	医疗器械工程化平台、医疗器械市场准入服务平台
3	江苏省智能装备产业技术创新中心	无人机、机器人、智慧工厂、智能激光加工、核心高精密铸件	无人机试飞检测平台
4	江苏省环保装备产业技术创新中心	新型环保装备、水/废气/固废/流域/土壤污染、环境医院	环境医院、城市污水处理概念厂工程化平台、基于环保物联网的大数据应用平台

序号	创新中心名称	研发方向	重大平台
5	江苏省通信与网络产业技术创新中心	新一代无线技术、未来网络	未来网络试验设施（CENI）、芯片检测平台、微波暗室
6	江苏省激光与光电产业技术创新中心	智能激光制造装备、新型光电显示与照明、光电与激光检验检测	南京智能激光制造公共技术服务平台
7	江苏省物联网产业技术创新中心	高性能低成本智能传感器成套共性技术、物联网应用	集成电路基础服务平台、微系统技术创新服务平台、应用产品测试验证服务平台

20.2 江苏省产业技术研究院产业技术创新生态体系现状

江苏产研院通过与海外顶级高校及科研院所建立战略合作关系作为"资源端"，与江苏省细分领域的龙头企业建立联合创新中心作为"需求端"，开展战略研究和制定技术路线图，征集提炼江苏省产业发展的真实技术需求，以专业研究所和集成创新平台作为"载体端"，共同构成了一个完整的产业技术创新生态体系。江苏产研院依据"研发作为产业、技术作为商品"的理念，运用市场化手段推动产业技术研发和技术转移。

截至 2020 年 4 月，江苏产研院已在先进材料、能源环保、信息技术、装备制造、生物医药五大领域布局建设了 53 家专业研究所，与江苏省细分领域的龙头企业共建了 61 家企业联合创新中心，拥有各类研发人员约 8 000 人；聘请产业领军人才担任项目经理 114 人，引进 JITRI 研究员 131 位，集聚近 1 000 名高层次人才；在产业孵化方面，累计衍生孵化 760 家科技型企业，转化 4 500 多项科技成果，服务企业累计超过 10 000 家，实现研发产业产值 200 亿元。

江苏产研院构建的产业技术创新生态体系如图 20 - 1 所示。

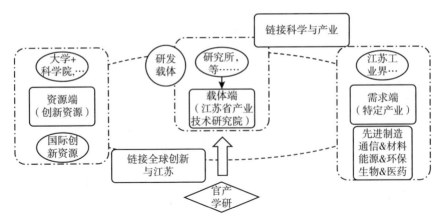

图 20 - 1　江苏产研院产业技术创新生态体系

该体系主要有资源端、载体端和需求端三个部分。其中，资源端是江苏产研院通过与海内外高校及科研院所建立战略合作关系而建成；在需求端，江苏产研院与行业细分龙头企业建立联合创新中心，征集细分领域龙头企业的真正需求，同时与园区合作成立产业升级促进中心，为中小企业解决技术难题提供帮助和支持；载体端则是建设和培育具备核心技术研发能力及集成创新能力的专业研究所和各类技术创新中心，在资源端与需求端之间形成链接与通路。

从远景来看，江苏产研院构建了由人才、金融、空间和政策等多要素组成的开放式创新生态环境，有效地促进了创新要素的有序流动、综合集成和高效利用。

在人才生态中，构建由天才科学家（顶尖人才）、项目经理（产业领军人才）、集萃研究员（研发骨干人才）和集萃研究生（产业基础人才）共同组成的人才生态，打造以知名科学家为领军、高层次人才为骨干、创新实践人才为主体、结构合理的创新创业人才队伍。同时，在产业技术人才培养方面，江苏产研院充分发挥自身优势，与高校及科研院所共建集萃研究生联合培养基地，设立集萃奖学金，实行双导师制，建立以产业需求为导向的研究课题设立机制，合力培养面向市场的、具备实践能力的产业创新人才。

在金融生态中，构建促进原创成果转化和产业化的金融生态，推动建设专业化投资基金，优化财政资金使用效率。通过市场化手段，吸引社会资本积极介入，放大财政资金效能，挖掘、引进更多具有前瞻性、颠覆性、引领性的早期高科技项目和技术。

在空间生态方面，结合地方产业基础、特色和需求，联合地方政府（园区）通过建设一批新型研发机构、引进一批高端研发公司、集聚一批高水平创新创业团队，共同打造集聚各类产业技术研发机构和研发型公司的专业研发产业园区，规划建设研发产业集聚区。在长三角沿江沿海地区重要节点城市选择基础条件好、创新能力强的园区，按照"研发作为产业、技术作为商品"的理念，布局建设若干研发小镇和研发产业社区，打造沿江、沿海两大主轴研发产业带。

在政策生态中，制定落实专项人才政策、项目政策、平台政策和税收政策，构建良好的政策环境生态。针对以自主研发技术、技术服务、技术转移为主营业务，为其他企业提供整体技术解决方案的研发型企业，牵头制定《江苏省研发型企业培育管理暂行办法》。2019 年首批认定 30 家研发型企业，主要分布在软件和集成电路、生物技术和新医药，以及高端装备制造领域。JITRI 将其纳入自身创新体系，对接全球创新资源、承接企业技术需求，进一步提升了企业创新能力。

20.3 江苏省产业技术研究院产业技术创新生态体系构成要件

运用 PESTEL 模型对江苏产研院产业技术创新生态体系的构成要件进行分析，主要以江苏省全省为考察边界，分析江苏产研院的产业技术创新生态体系在政治维度（Political）、经济维度（Economic）、社会文化维度（Sociocultural）、技术维度（Technological）、环境维度（Environmental）和法律维度（Legal）等维度的构成要件。

20.3.1 政治维度

江苏产研院在成立之初便定位为科技体制改革的"试验田"，着力破除制约科技创新的思想障碍和制度藩篱，探索促进科技成果转化的体制机制，打通科技成果向现实生产力转化的通道。习近平总书记指出"当今全球科技革命发展的主要特征是从科学到技术转化，基本要求是重大基础研究成果产业化"。江苏产研院的建设是践行习近平总书记指示精神的重大举措。2014 年 12 月习近平总书记考察江苏产研院，进一步对科技创新工作提出"强化科技同经济对接、创新成果同产业对接、创新项目同现实生产力对接、研发人员创新劳动同其利益收入对接"四个对接，为江苏产研院的发展指明了方向。

2015 年 5 月，江苏省人民政府颁布《省政府办公厅关于支持江苏省产业技术研究院改革发展若干政策措施的通知（苏政办发〔2015〕49 号）》（以下简称《通知》），以政府主导建设、配套政策体系的形式支持江苏省产业技术研究院改革发展，进一步完善技术研发体系，提升产业创新能力，推动创新驱动发展战略深入实施。《通知》明确了江苏产研院的独立法人性质，尤其在科技成果的使用权、处置权、收益权等方面权益的独立处置权；支持江苏产研院建设科技成果转化服务平台；明确省产业技术研发专项资金的用途；明确省有关部门要为江苏产研院建立高新技术企业认定、知识产权服务、企业研发费用加计扣除等政策落实的专门服务渠道；明确指出对投资江苏产研院衍生企业的创业投资机构，省天使投资引导资金在原来支持额度的基础上，省级部分的补偿提高 20%；以及在国内人才引进与人才计划、工商营业服务、"个性化"税收服务、国外专家引进、国际科技交流合作等方面的服务支持与政策倾斜。在组织设置上，实现了由省政府直接牵头成立理事会，理事会成员涵盖各个主要政府部门、重点高校校长及龙头企业的董事长等，由理事会指导江苏产研院工作。省财政直接拨款到江苏产研院，下属研究所在进行项目申请及项目落地时能获得地方政府的配套资金。

江苏产研院自成立以来、特别是习近平总书记视察指导以来，着力破除制约科技创新的思想障碍和制度藩篱，紧紧围绕江苏省产业基础与产业链部署创新链，完善人才链、资金链和价值链，推动管理机制创新与技术创新深度融合，深度释放了创新主体巨大活力，切实提高了科技创新的质量和效益。由此可见，本研究提炼出江苏产研院产业技术创新生态体系在政治维度的构成要件为党中央精神的践行、省委省政府主导建设、配套政策体系的构建等。

20.3.2 经济维度

江苏省的经济发展主要经历了三个时期，从劳动密集型产业依托要素驱动发展，到资本密集型产业依托投资驱动发展，到现在知识技术密集型产业依托创新驱动发展，江苏省处于产业转型升级的关键期。建设新型研发机构，能够为产业转型升级和高质量发展持续提供技术支撑。

改革开放以来，江苏省坚持走规模与质量齐头共进的发展之路，形成了完善的工业体系，积累了较为充裕的物质资本、科技基础和管理经验。与全国平均水平相比，江苏省具有"高起点开局"的优势，发展水平、产业基础和创新能力居全国前列。以 2019 年数据为参照：第一，江苏经济运行态势"稳"。全年地区生产总值为 99 631.52 亿元，增长 6.1%，全年经济增速始终稳定在 6%~7% 的中高速增长区间；第二，三次产业发展"新"。从工业看，全年规模以上高技术产业增加值增长 6.8%，比全部规模以上工业高 0.6 个百分点，占规模以上工业的比重达 21.8%，比上年同期提高 1.3 个百分点，战略性新兴产业、高新技术产业、新兴行业快速发展。从服务业看，新业态新商业模式蓬勃发展。从农业看，农业新产业新业态增幅连续多年保持在 20% 左右；第三，三大需求结构"优"。从消费看，全年全省社会消费品零售总额增速稳定在 6%~7%。从投资看，全年高新技术产业投资增长 23.3%，工业技术改造投资增长 8.6%。从出口看，全年人民币计价出口总额达到 2.7 万亿元；第四，实体经济活力"强"。小微企业生产较快增长，全年小微工业企业增加值同比增长 9.2%，服务业企业规模持续壮大，营业收入规模超 10 亿元的企业有 180 家。第五，居民生活"富"。全省居民人均可支配收入增长 8.7%，继续快于经济增速。

改革开放至今，江苏省经历了完整的工业化进程，形成产能强大、门类齐全的工业体系，并积累了丰富的物质资本，深度推动道路仓储、信息网络等基础设施建设，并进一步推动服务经济全面发展。由此可见，本研究提炼出江苏产研院产业技术创新生态体系在经济维度的构成要件为发达的区位经济、雄厚的产业基础、活跃的政府与专项资金等。

20.3.3 社会文化维度

江苏省素有亲商、安商、富商的优良传统，近年来不断营造更优的创新发展环境，集聚更多的创新资源要素，积极推动各类企业转型发展。江苏省各市县更是把创造一流营商环境作为"头号工程"，深入推进"放管服"改革，深入推行经济网格化服务管理，构建既"亲"又"清"的新型政商关系，全力推动经济健康发展。

2017年5月，江苏省人民政府印发《省政府办公厅关于创新管理优化服务培育壮大经济发展新动能的实施意见》，着力建立政府改革创新便捷服务新模式、探索包容创新的审慎监管新制度、激发生产要素流动的新活力及强化统筹协调保障有力的新支撑；2018年4月，中国共产党江苏省委员会颁布《关于营造企业家健康成长环境弘扬优秀企业家精神更好发挥企业家作用的实施意见》，重点营造依法保护企业家合法权益的法治环境、重点营造促进企业家公平竞争诚信经营的市场环境、重点营造尊重和激励企业家干事创业的社会氛围、重点弘扬优秀企业家精神更好发挥企业家作用、重点加强对企业家优质高效务实服务、重点加强优秀企业家培育及重点加强党对企业家队伍建设的领导。

从企业税费负担来看，2019年江苏全省企业税费负担明显下降。江苏省全年新增减税降费2 200亿元。2019年1至11月，全省规模以上工业企业应交增值税同比下降6.2%，增速比上年同期回落10.6个百分点；税负率为1.86%，比上年同期下降0.39个百分点。2019年1至11月，全省规模以上服务业企业三项税金增长2.0%，增速比上年同期回落4.3个百分点；企业销售费用增长2.1%、管理费用下降5.1%，增速比上年同期分别回落1.5个、10.6个百分点。市场主体数量增多，"放管服"改革纵深推进，全年新登记市场主体184.1万户，平均每天5 044户，其中企业54.3万户，平均每天1 488户。除此之外，各市县政府不定期召开"党政亲商会"构建畅通有效的政企交流机制，为企业切实解决现实难题；开辟办事绿色通道，依据"互联网＋政务服务"模式有效提高办事效率；整合优化窗口服务，减少群众"跑腿"次数，全方位推动各地营商环境持续优化。

江苏省作为我国最早实行对外开放的省份之一，坚持服务国家开放发展大局，以开放促改革，以开放促发展，引资金、引项目、引技术，率先探索、积极作为，并积累了许多好经验、好做法，为进一步建设开放型经济，使全省经济社会与国际接轨的程度不断加深。由此可见，本研究提炼出江苏产研院产业技术创新生态体系在社会文化维度的构成要件为：重商、亲商的文化底蕴，切实打造服务型政府，活跃开放的政府施政理念民间思想，以及允许试错的干事氛围等。

20.3.4 技术维度

从科技成果转化的全过程来看，在科技成果尤其是高新技术实现转化的过程中，具有很大的技术风险、市场风险、资金风险，需要中试环节的放大、检验、试制、试销，以解决在成果研发阶段考虑不到或不全的问题。科技成果由试验室进入中试放大试验是高新技术成果转化为商品的关键环节。然而，当前的技术研发与转化过程中存在环节缺失，即中试放大二次开发环节。目前，我国科技成果的中试环节缺失，全国每年列入中试的重大成果不到全年重大成果的5%，科研单位和企业也因为中试放大的风险性而不愿意承担中试工作。高校及科研院所等创新主体往往以完成科研成果为目标，而企业往往希望拿到成熟的技术投入生产，或片面追求经济利益，直接将实验室成果投入工厂生产，这极易导致成果转化以失败告终。因此，瞄准技术中试二次开发环节，充分运用产学研嫁接能力、提供服务以消除科技成果转化过程中的各种不确定性，才可能有效解决知识形态的隐性生产力与产业化的现实生产力之间的矛盾。

从科技活动与企业创新基础来看，截至2017年江苏省科技机构达2.54万家，科技活动人员达122万人，全社会研发经费支出占GDP比重达2.7%，企业研发意愿较高，2016年规模以上工业企业中有研发活动的企业为1.9万家，占比达40.1%，企业专利申请数为13.1万件（其中发明专利申请数为4.9万件），企业拥有有效发明专利数为11.8万件。与此同时，江苏省原有一批体制内科研院所进行转制并取得成效，具有很强的技术研发能力，但是依托这些科研院所的中小企业失去了共性技术的来源与支撑，如何既保持活力又能专注于产业共性关键技术的研发与供给，既是江苏省推进科技与产业发展的重中之重，同时也成为江苏产研院工作局部的关键性切入点。

　　江苏产研院从技术中试二次开发环节薄弱的普遍现象切入，围绕新材料、电子信息、生物医药、先进制造等优势产业发展的战略性需求，实施了一批填补国内空白的前沿项目，形成了一批有自主知识产权的关键核心技术，建设专业化产业园培育了一批前沿高技术企业，并建成了一批专业化科技创新创业平台。由此可见，本研究提炼出江苏产研院产业技术创新生态体系在技术维度的构成要件为瞄准技术中试薄弱环节提供服务、聚焦产业共性关键技术缺失部分布局产业、利用信息网络基础打造科技创新创业平台等。

20.3.5　环境维度

　　从前文的介绍来看，江苏省产业技术研究院所处的环境条件优良。基础设施方面，以高铁、飞机、高速公路、内河航运等为主的运输设施较为完备；全省信息基础设施近四年总投资达到 2 000 亿元，农业信息化、工业互联网、大数据与人工智能产业发展势头良好，信息基础设施构建较为完备，对产业培育与发展的拉动效应较为明显。市场活跃度与营商环境方面，江苏省市场监管局统计数据显示，截至 2020 年 6 月全省市场主体总数 1 111 万户。江苏省政府调控财政、金融、银行等多方机构，优化担保、贷款等方面政策，为工商户提供了低息快速贷款。

　　《2019 中国城市营商环境报告》指出，从基础设施、人力资源、金融服务、政务环境、普惠创新五个方面来看，江苏省南京市位于 36 个直辖市、副省级及省会城市综合评价排名的第 6 位，江苏省苏州市、无锡市、常州市、南通市、盐城市、泰州市、徐州市、宿迁市 8 个城市进入经济活跃城市综合排名前 20 强。从创新能力来看，南京市已建成各类重点实验室 45 家，占全省的 76%，其中包括 18 家国家重点实验室、27 家江苏省重点实验室，涉及能源与环保、电子信息、新材料、现代农业、生物医药、现代制造和社会发展等领域，庞大的实验室数量、广泛的业务范围都彰显了南京市较强的创新能力。从企业成长性来看，截至 2021 年 6 月共有独角兽企业 17 家，培育独角兽企业 306 家，瞪羚企业 210 家，总计 533 家。南京市企业的高成长性，不仅体现了其区域创新体系的优越性，还得益于其良好的产业创新环境的构建。

由此可见，本研究提炼出江苏产研院产业技术创新生态体系在环境维度的构成要件为硬件基础设施、民营企业与创业活跃、良好的创新环境等。

20.3.6　法律维度

实施好创新驱动发展战略要依靠知识产权保护。加强知识产权保护是促进科技创新的基础和保障，知识产权保护可以促进科学技术的发展。江苏省为保护知识产权实施系列举措，包括《关于强化知识产权保护的实施意见》《江苏省知识产权促进和保护条例》《江苏省专利商标行政执法规程》等文件以完善知识产权制度。在立法制规和打击违法上，"十三五"时期以来，江苏省连续 3 年开展打击网络侵权盗版集中办案周活动，连续 8 年开展作品免费登记服务，连续 10 年开展打击侵犯知识产权和制售假冒伪劣商品专项行动、连续 15 年打击网络侵权盗版"剑网行动"，连续 19 年推进机关和企业实施软件正版化。成功举办两届江苏（南京）版权贸易博览会，实现版权交易超 4 亿元，成立了江苏国家版权贸易基地，版权贸易额累计超 45 亿元。

由此可见，本研究提炼出江苏产研院产业技术创新生态体系在法律维度上基于江苏省知识产权工作"严保护、大保护、快保护、同保护"的要求，知识产权治理体系和治理能力正迈向现代化。

20.4　江苏省产业技术研究院产业技术创新生态体系构成要素与运行机制

20.4.1　主体维度

江苏产研院产业技术创新生态体系的构成主体可以分为直接主体与间

接主体两类，具体涉及研发种群、企业种群、政府种群、金融机构种群等
多种主体。江苏产研院产业技术创新生态体系的构成主体情况如图 20 - 2
所示。

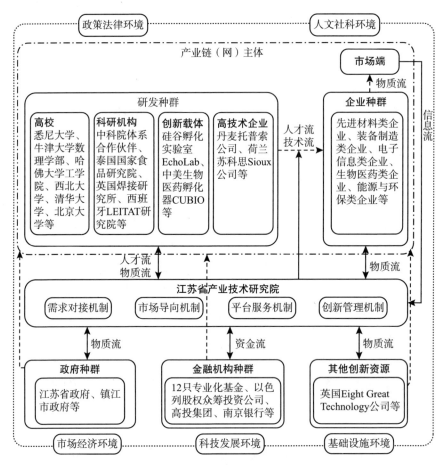

图 20 - 2　江苏产研院产业技术创新生态体系的构成主体

直接主体包括：江苏产研院（含专业研究所）和产业技术创新中心
（以下简称"创新中心"），企业中重点行业的龙头企业、江苏省相关政府
部门等。

间接主体包括：（1）研发种群：中国科学院体系合作伙伴、泰国国家
食品研究院、英国焊接研究所、西班牙 LEITAT 研究院等科研机构，悉尼

大学、牛津大学数理学部、哈佛大学工学院、清华大学等国内外知名高校，丹麦托普索公司、荷兰苏科思 Sioux 公司等高新技术企业，硅谷孵化实验室 Echo Lab、中美生物医药孵化器 CUBIO 等研发创新载体；（2）企业种群：先进材料、装备制造、电子信息、生物医药类、能源与环保类等重点行业的企业；（3）金融机构种群：通过江苏省相关政府部门与江苏产研院连接的金融机构与间接与江苏产研院产生投资关系的金融机构等，如以色列股权众筹投资公司、高投集团、南京银行。同时，为促使技术专家与金融专家合作，设立了细分领域投资基金，截至 2020 年上半年已组建的 12 只专业化基金，总规模达 18.24 亿元。

总体而言，绝大部分直接主体与部分间接主体共同构成了江苏产研院的创新生态域，这也是江苏产研院的远景建设目标。更进一步地，以中国科学院系为代表的科研院所与产业技术创新中心构成国内科研主体域；涉及先进制造、能源与环保、先进材料等重点行业的企业及龙头企业构成产业主体域；海外平台、高校、科研院所等的国际创新资源主体与项目经理构成国际科研主体域；江苏省相关政府部门及通过其与江苏产研院直接或间接连接的金融机构共同划为政府主体域。

20.4.2 关系维度

江苏产研院的产业技术创新生态体系形成了以江苏产研院为核心，直接或间接与国内科研主体、产业主体、国际科研主体及政府主体等建立创新合作关系，并在资源集聚、技术研发与技术转移、产业发展三个维度实现价值创造和价值获取。如 2019 年年底以江苏产研院材料板块为基础，由江苏省、中国科学院、中国宝武钢铁集团和中国钢研科技集团共同支持发起的长三角先进材料研究院在苏州市成立。长三角先进材料研究院吸纳聚集了一批发挥塔尖效应的科技人才，参与了一批材料研发主导型企业的技术创新活动，攻克了一批材料产业前沿和共性关键技术，推动了先进材料多个领域形成发展潜力大、带动作用强的创新型产业集群，满足了新材料产业的重大创新需求。江苏产研院产业技术创新生态体系建设的三维度关系如图 20-3 所示。

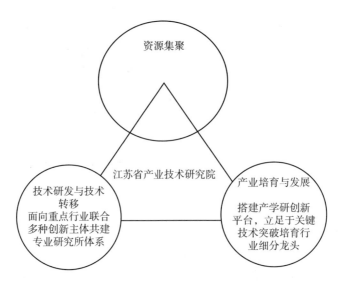

图 20 - 3　江苏产研院产业技术创新生态体系建设的三维度关系

从资源集聚关系角度来看，江苏产研院是资源集聚关系构建的核心：面向创新资源端，江苏产研院聘请战略顾问、集聚创新人才，与海内外高校及科研院所开展战略合作，建立海外代表处及孵化器，以及在全球范围内选聘国际一流领军人才担任项目经理；面向技术需求端，江苏产研院与龙头企业共建联合创新中心、与园区合作成立产业升级促进中心；面向研发载体端，江苏产研院建设专业研究所并积极创建国家技术创新中心。

从技术研发与技术转移关系角度来看，江苏产研院面向先进材料、生物与医药、能源与环保、信息技术、先进制造等重点行业建设与共建专业研究所体系，与细分行业龙头企业共建联合创新中心，并按照"一区一战略产业"的布局原则建设江苏省纳米技术产业创新中心、激光与光电产业技术创新中心等 7 家产业技术创新中心，进而实现产业技术研发与创新、对接全球创新资源与整合全球创新资源要素、成果转化与企业孵化及面向企业技术难题寻找解决方案等，为江苏产业发展持续提供技术支撑。

从产业培育与发展角度来看，江苏产研院目前已经在先进材料、能源环保、信息技术、装备与制造、生物与医药领域，通过建设行业专业研究院、研究所平台、技术研发与应用示范创新基地等形式实现系列化平台建设，通过立足于突破行业发展需求的关键技术以实现创新引领，通过新技术、新材料、新工艺等的开发对接企业实际需求以实现服务企业，通过聚焦培育行业细分龙头以实现带动产业培育。

20.4.3 结构维度

江苏产研院位于与之相关联的国内科研主体域、国际科研主体域、产业主体域，以及政府主体域的交集与核心位置，并形成以江苏产研院为焦点的多层次立体式多维交互结构。

从创新资源汇聚角度来看，江苏产研院一方面重点面向省内已有产业优势和创新基础的战略性新兴产业，依托地方政府及高新区为主整合国内创新资源，另一方面聚焦前瞻性和战略性产业领域，以面向全球引进一流领军人才来组团队、搭平台的项目经理制集聚国际创新资源，形成以"江苏政府部门—江苏产研院—国内科研主体—国际科研主体"的闭环结构。

从技术研发与转移角度来看，江苏产研院在集聚国内外创新资源的基础上，利用地方政府提供的园区、税收、金融等支持政策，将专业研究所、产业技术创新中心的技术研发资源与重点行业企业及重点行业细分龙头企业的现实技术难题与技术需求对接，针对性地进行技术研发与需求攻关，在破解技术难以解决现实需求的过程中实现技术成果转化与转移，形成"江苏政府部门—江苏产研院—创新中心—龙头企业"的闭环结构。

从产业培育与发展角度来看，江苏产研院在集聚国内外创新资源、地方政府支持政策资源的基础上，进一步利用地方金融机构直接或间接的支持，以"四两拨千斤"的模式进一步通过驱动重点行业龙头企业技术能力与市场竞争力的提高，通过针对性地布局与国内外创新资源传递，以实现以点带面地带动整个聚焦行业的培育与发展，形成以"金融机构—江苏政府部门—江苏产研院—创新中心（项目经理）—龙头企业—重点行业"的闭环结构。

结合构成要素进一步提炼绘制江苏产研院产业技术创新生态体系的运行机制如图 20 – 4 所示。

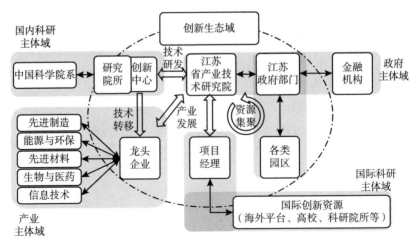

图 20 - 4　江苏产研院产业技术创新生态体系的运行机制

在江苏产研院产业技术创新生态体系的运行机制方面。首先，江苏产研院施行理事会领导下的院长负责制与无行政级别的运行管理机制，其协调功能纵向到底、横向到边，整体性、系统性、协同性很强，既各负其责、又融为一体，既能够激活企业微观主体的创新活力，又能够发挥政府部门的组织合力，能够及时协调解决科技创新遇到的各类矛盾和问题，进而具象到有效推动科技创新与成果转化落到实处。

其次，江苏产研院施行团队控股轻资产运营公司的专业研究所管理运行机制，突出表现为"团队控股"与财政资金有机结合，形成了市场主导与政策引导双向拉动科技创新的强大引擎，一方面能够充分释放研发团队巨大创新活力，另一方面能够巧施政策引导彰显财政资金"四两拨千斤"作用，这样既发挥了财政资金对原始重大创新项目和团队的支持作用，又保障了研发团队早期研发的主导权，还能够有效利用市场机制确定支持强度和获得研发成果收益。

最后，江苏产研院施行专业研究所研发、孵化和投资功能三位一体的融合机制，能够开放整合全球创新资源，形成高端化、国际化、多元化的创新资源网络，能够从微观层面与过程层面切实推动科技与经济对接、创新成果与产业对接、创新项目与现实生产力对接、创新劳动与利益收入对接，最终实现协调有力、运营灵活和开放高效的科技管理局面。

综上所述，江苏产研院实行了理事会领导下的院长负责制与无行政级别的运行管理机制；团队控股轻资产运营公司的专业研究所管理运行机制；专业研究所研发、孵化和投资功能三位一体的融合机制。

20.5 江苏省产业技术研究院的经验借鉴

传统的政府职能机构在产业转型升级的过程中，受限于自身体制机制与职能，难以充分发挥足够的支持与引导作用。江苏省产业技术研究院作为一个新型产业技术研发组织，其设计初衷即是为了有效促进产业技术创新，建立产业创新生态系统。作为江苏省实施创新驱动战略、引导产业转型升级的政府机构，江苏省产业技术研究院在性质与定位、部门设计与运行机制、人员管理、薪酬设计及激励制度上既继承了先驱们的诸多可取之处，又结合本省经济、科技、产业、企业发展实际做出新的尝试，成为我国新型研发机构崭露头角的一颗新星。江苏产研院的经验和启示可以概括为坚持一个方向、突出两大功能、引导三类资源、实施四项改革。

（1）坚持一个方向。江苏产研院坚持技术创新的市场导向机制。市场导向机制在技术创新中起到了决定性作用，江苏产研院不断致力于推进产业创新资源配置市场化。江苏产研院坚持课题来自市场需求、成果交由市场检验、绩效通过市场评估、财政支持由市场决定，充分发挥了市场的决定性作用。积极推动其下辖科研院所构建企业化管理、市场化运营的运作模式，建立了市场导向、绩效优先的薪酬分配机制。各科研院所根据市场需求进行产业技术研发，从技术来源、行业调研、项目研发、成果转化的各个环节发挥着市场的决定性作用。

（2）突出两大功能。江苏产研院的两大功能是服务企业创新、引领产业发展的功能。一方面，江苏产研院服务于企业创新。通过推动各行业共性、关键性和前瞻性技术的突破，加强产业技术发展预判和趋势把握，不断引领江苏省产业向高端攀升。具体措施上，江苏产研院首先通过筛选省内各细分行业领域的龙头企业，指派专业技术人员，针对企业当前遇到的关键技术瓶颈问题，编制详细专业的技术指标报告。通过这种方式，江苏产研院了解到各行业最真实的技术需求，并依据此进一步发挥平台功能，广泛向海内外高校及科研院所征集各类切实可行的技术解决方案。在这一过程中，江苏产研院充分发挥服务与中介作用，链接企业与研发机构展开针对性合作，为行业的共性关键技术解决起到了重要的支持作用。另一方面，为了引领产业发展，江苏产研院积极开展合同科研、技术转移、成果转化等专业化服务，努力服务于广大科技中小微企业发展。针对中小微企业产学研合作难以实现的现状，江苏产研院积极利用自身资源与平台优势，积极促进需求与资源的融合，并为产学研合作提供信用担保，以促进相关技术资源的流动与转化。

（3）引导三类资源。江苏产研院通过改革举措，加快引导高校优势学科平台、科研院所研发力量、海内外高层次人才这三类优质创新资源向企业和产业集聚。

首先，引入高校优势学科平台。江苏产研院通过推行"一所两制"、人才双向培养等体制，将高校运行机制和市场化运行机制有机结合，充分地调动了高校团队的参与热情。此外，江苏产研院将目光放眼于全球，目前已与国内外 51 所知名高校建立合作关系，并在国外多所高校建立联络处。

其次，集聚科研院所研发力量。江苏产研院对各研究所给予集成项目支持，通过省产业技术研发协会，鼓励研究所与高校、企业及其他研发机构建立产业技术创新联盟。采取"项目＋课题"的方式，由研究所联合省内重点行业骨干企业或科教单位，协同开展行业重大技术集成攻关。

最后，招纳海内外高层次人才。为了鼓励高层次科技人才创新创业，江苏产研院引入股权激励机制，健全技术创新机制，积极探索人才流动、股权激励、成果转化等机制，大幅提高创业创新者在成果转化收益中的分配比例，充分调动广大科技人员积极性和创造性，加快科技成果向市场转化。同时，"项目经理制"是江苏产研院对重大科技项目组织实施模式的一种创新。通过聘请产业战略顾问作为"伯乐"，在全球范围内为研究院引荐"千里马"担任项目经理，高效集聚国际一流领军人才和原创性技术项目落地。通过赋予项目经理组织研发团队、提出研发课题、决定经费分配的权力，初步打造形成了具有江苏产研院特色的项目经理品牌效应，使越来越多的欧美高水平人才愿意成为江苏产研院的项目经理。

（4）实施四项改革。为了能够更好地实现自身战略目标与角色定位，江苏产研院分析自身目标定位，充分借鉴了国内外产业合作机构的先进经验，结合改革试点及各研究所实际情况，重点提出了四项极具特点的改革举措。

首先，"一所两制"，助推科研成果由"纸"变"钱"。"一所两制"是江苏产研院引导高校院所资源服务企业创新的一项重要体制变革。江苏产研院实行理事会领导下的院长负责制，不设行政级别，坚决防止体制回归。"一所两制"，促进了专业研究所快速发展，服务了地方产业转型升级，推动了高校科研成果转移转化，形成了多方共赢、共同发展的良性循环。

其次，"项目经理"，让财政资金用在"刀刃"上。江苏产研院以"项目经理"模式创新重大项目组织与资源引进机制，研发内容"自下而上"提出，项目牵头单位和项目经理由各承担单位推荐产生。

再次，"合同科研"，让新技术瞄准"市场靶向"。在江苏产研院的辐射带动下，江苏省已在移动通信等相关重点领域抢占了产业发展的制高点。江苏产研院瞄准国家重大战略和企业创新需求，实施技术发展和军事需求的双轮驱动，采取人员流动、岗位竞争、任务竞争、人员考核的方式，设立专项奖励的考核激励机制。

最后，"股权激励"，为创业注入"活力因子"。江苏产研院制定了项目团队持股一般不低于30%，江苏产研院参股不控股，所占股份一般不高于30%的原则，同时积极鼓励引进社会资本参与。各专业研究所根据产业特点建立符合自身发展实际的激励机制，通过机制的改革创新，进一步激发了科技人员的创新积极性，加快了创新成果的产出和转化。目前，江苏产研院正推动股权激励从项目团队的激励进一步扩大到对研究所运行管理团队的激励。

┃21┃
苏州工业园区创新生态体系的构成与运行机制

21.1　苏州工业园区概述

苏州工业园区始建于 1994 年，是中国政府借鉴和运用新加坡经济和公共管理经验而设立的集国家级经济技术开发区和国家高新技术产业开发区于一身的城市级创新创业集聚区，隶属于江苏省苏州市，行政区划面积 278 平方公里，由苏州市政府的派出机构苏州工业园区管委会行使行政管理职能。

苏州工业园区具有优越的区位优越（如图 21-1 所示）。苏州市地处长江三角洲中心，东邻上海，西枕太湖，北依长江，南接浙江，处于以上海市浦东新区为龙头的长江三角区的东南西北交叉点[276]。苏州工业园区位于苏州市东部，距离上海虹桥国际机场 60 公里，上海浦东国际机场 120 公里，距离苏南硕放国际机场 40 公里。沪宁城际园区站 20 分钟到达上海、60 分钟到达南京，与上海市、南京市、杭州市融入同城高铁网。境内拥有沪宁高速公路、苏嘉杭高速公路、312 国道等国家骨干路网及 1 000 余公里的城市道路，区位优势显著，有助于吸引一大批企业入驻园区，方便国际性经济文化交流。

苏州城市环境优美，苏州工业园区从一开始便秉持"产城融合、以人为本"的园区规划准则，建成了"九通一平"基础设施，保持了城市规划建设的高水平和高标准。以绿为脉、以水为魂的园区，绿化覆盖率达 45% 以上，是全国著名的生态宜居城市，吸引了一大批高科技人才落户苏州，研发实力较强。

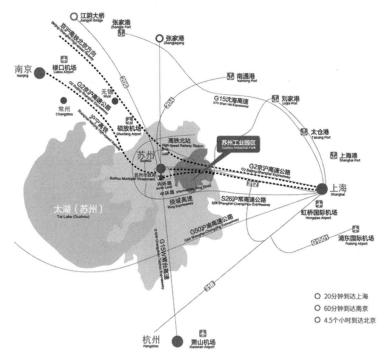

图21-1 苏州工业园地理位置图示

苏州工业园区经过 26 年的发展，目前已成为全国著名的经济技术开发区和高新技术产业开发区，2019 年苏州工业园区共实现地区生产总值 2 743 亿元，公共财政预算收入 370 亿元，进出口总额 871 亿美元，社会消费品零售总额 543 亿元，城镇居民人均可支配收入超 7.7 万元。在商务部公布的国家级经济技术开发区综合考评中，苏州工业园区连续四年（2016～2019 年）位列第一名，在国家级高新区综合排名中位列第五名，并跻身科技部建设世界一流高科技园区行列。苏州工业园区与国家级经济技术开发区和国家高新技术产业开发区的平均值对比如图 21-2 所示。

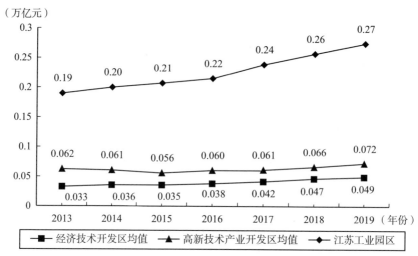

图21-2 苏州工业园生产总值、国家级经济技术开发区和国家高新技术产业开发区年均生产总值

资料来源：作者根据国家商务部、科学技术部火炬中心数据绘制而成.

苏州工业园区目前已布局四大功能区，形成多种战略新兴产业集群。围绕80平方公里"中新合作区"，布局商务、科教创新、旅游度假、高端制造与国际贸易四大功能板块，形成"产城融合、区域一体"的城市发展架构。苏州独墅湖科教创新区作为产学研合作的重要功能服务区，已形成生物医药、纳米技术应用、人工智能三大新兴产业集群。金鸡湖商务区作为金融科技发展的核心区，已形成金融科技企业集聚态势。高端制造与国际贸易区是园区高端制造的集聚地，已聚集工业企业约1 500家，高新技术企业超过200家，规模以上制造业企业达414家，初步形成技术知识密集、附加值高、成长性好、关联性强、带动性大的六类产业集群，包括半导体产业集群、健康医疗产业集群、汽车零部件产业集群、商贸物流产业集群、航空零部件产业集群、高端机械产业集群。苏州阳澄湖半岛旅游度假区作为园区第三产业发展的重要支撑部分，注重打造园区优质的环境生态，形成生态旅游、环保产业集群。苏州工业园区的主要功能区布局如图21-3所示。

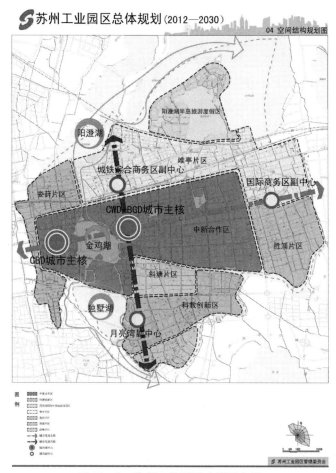

图21-3　苏州工业园区功能区布局

21.2　苏州工业园区产业技术创新生态体系构成要件

　　产业技术创新生态体系的形成往往具有一定的先决条件，这些条件决定了苏州工业园区能否形成一个较为完善的产业技术创新生态体系。厘清苏州工业园区产业技术创新生态体系形成的要件，对于理解苏州工业园区如何形成产业技术创新生态具有重要意义，也对国家政府部门后续推动其他地区产业技术创新生态体系形成具有重要的实践指导意义。本章内容利用PEST模型分析苏州工业园区产业技术创新生态体系构成要件。

21.2.1 政治维度

苏州工业园区的历史渊源是邓小平同志南方视察中提及的借鉴新加坡经验的重要讲话。1994 年 2 月 11 日，国务院正式发布《关于开发建设苏州工业园区有关问题的批复》（国函〔1994〕9 号）。1994 年 2 月 26 日，中国和新加坡（简称"中新"）双方签署《关于合作开发建设苏州工业园区的协议书》《关于借鉴运用新加坡经济和公共管理经验的协议书》和《关于合作开发苏州工业园区商务总协议书》三个重要文件。苏州工业园区是由中新两国政府共同主导建设的产业创新园区，中新两国政府成立联合协调理事会，通过学习、借鉴新加坡建立高新园区方面的管理经验，以及引进众多新加坡高科技企业落户苏州工业园区，初步建立了与国际接轨的管理体制和运行机制。

作为承接国家间合作使命的园区，既有举国体制下的制度优势，又有新加坡依托"强政府"信用背书提供的外资。苏州工业园区能够从最开始摆脱国内众多高新园区处于的劳动密集型为主的低级阶段，而较快进入技术密集型、资金密集型为主的阶段，得益于"强政府"和"强资本"合作的发展路径[277]，故而苏州工业园区产业技术创新生态体系形成在政治维度的构成要件为国家主导举国体制优势，中新合作经验借鉴、吸引外资等。

21.2.2 经济维度

苏州工业园区位于长江三角洲中心的苏州市东部，区域经济发达。长江三角洲是我国经济发展最活跃、开放程度最高、创新能力最强的区域之一，其经济总量约占全国 1/4，全员劳动生产率位居全国前列。区域科创产业紧密融合，大数据、云计算、物联网、人工智能等新技术与传统产业渗透融合，集成电路和软件信息服务产业规模分别约占全国 1/2 和 1/3，在电子信息、生物医药、高端装备、新能源、新材料等领域形成了一批国际竞争力较强的创新共同体和产业集群，有力地带动了区域整体的创新活力，促成了高技术产业的规模经济效应，有力地支撑了苏州工业园区高新技术产业的发展。

苏州市综合实力较强，产业结构持续优化升级。以 2019 年为例，第一产业增加值 196.7 亿元，下降 6.5%；第二产业增加值 9 130.2 亿元，增长 5.1%；第三产业增加值 9 908.9 亿元，增长 6.3%。苏州市具备先进的制造能力，且工业基础雄厚，2019 年全市实现规模以上工业总产值 33 592.1 亿元，比上年增长 1.4%[285]。苏州工业园区的发展离不开长江三角洲区域经济一体化、高新技术产业集群效应的推动，而苏州市雄厚的经济基础、工业基础，优良的产业结构，先进的制造能力，进一步吸引了大量外资企业的集聚，奠定了高新技术产业发展的基石。故而苏州工业园区产业技术创新生态体系形成在经济维度的构成要件为长江三角洲区位优势、苏州市发达的经济基础、优良的产业结构基础及雄厚的工业基础。

21.2.3　社会维度

苏州市自古以来具有经商的传统，随着中国经济重心的难移，有着"鱼米之乡"，"丝绸之乡"美誉的太湖流域，城镇星布，樯橹相接，店肆如鳞，客贾云集。这种重商、亲商的文化传统也使政府部门坚持"亲商""亲才"的理念，苏州市目前已经深入推进"放管服"改革，全面实行"证照分离"改革，95% 依申请类政务服务事项实现不见面审批，并实施支持民营企业发展"三项机制"，企业家沙龙、企业家微信群、信息直报三项工作机制，通过三项工作机制将线上服务与线下服务紧密联系在一起，从而使企业家的呼声、诉求能够及时反馈到政府，也有助于政府及时掌握省内企业经营动态，制定更为适宜的方针政策服务于大中小企业，做到"听得到""看得到""办得到"，使企业能够安心在苏州投资、发展。围绕科技企业的成长需要，苏州工业园区专门设立企业发展服务中心对域内中小企业提供全过程的一站式服务。

为进一步营造良好的营商环境，2020 年 3 月 28 日发布的《苏州市优化营商环境创新行动 2020》，将"法治"和"诚信"作为营商环境提升的重要内核，通过优化营商法治保障体系，为各类市场主体投资兴业营造稳定、公平、透明、可预期的法治环境。2020 年 11 月 27 日江苏省第十三届人民代表大会常务委员会第十九次会议通过《江苏省优化营商环境条例》，为了打造国际一流的营商环境，维护各类市场主体合法权益，激发市场主体活力，推动高质量发展，制定了聚焦市场环境、政务服务、监管执法和法制保障的 81 条法则。故而苏州工业园区产业技术创新生态体系形成在社会维度的构成要件为重商、亲商的文化传统、一站式政务服务机制、良好的营商环境。

21.2.4　技术维度

苏州市是全国制造业第二大城市，2018 年全市新兴制造业产值为 1.73 万亿元，占规模以上工业企业总产值比重达 52.4%，2019 年制造业新兴产业产值 1.8 万亿元，占规模以上工业企业总产值比重达 53.6%，比上年提高 1.2 个百分点，具备稳质提升的先进制造力，为苏州工业园区产业技术创新生态的构建奠定了产业创新的制造基础。在我国工业行业体系分类标准 41 大类、201 中类、581 小类中，苏州市分别涵盖 35 类、162 类、440 类，形成了以装备制造业、电子信息产业等先进制造业为主，纺织、化工、冶金等产业为补充的相对完备的工业产业体系，完备的工业产业体系也为培育战略新兴产业积累了一定的互补技术基础、研发经验，并有助于形成相互关联的战略新兴产业集群。

苏州市技术创新实力雄厚，重视高新技术产业的研发投入和人才引进。2019 年全市拥有省级以上工程技术研究中心 852 家，省级以上企业技术中心 632 家，省级以上工程中心（实验室）106 家。全市财政性科技投入达 131.1 亿元，增长 21.1%，新增国家级重大人才引进工程入选者 12 人，累计 262 人，其中创业类人才 135 人，继续保持全国大中城市第一。全市有效发明专利拥有量达 6.25 万件，增长 10%[286]，其全年发明专利授权量排在北京市、深圳市、上海市、南京市、广州市、武汉市、杭州市、成都市之后，位列 25 大重点城市第 9 名。故而苏州工业园区产业技术创新生态体系形成在技术维度的构成要件为先进制造能力、完备工业体系、雄厚的研发实力。

综上所述，苏州市政治维度方面政府的大力支持，中新合作契机，经济维度方面有利的区位优势、发达的经济基础和工业基础、优良的产业结构，社会维度方面"重商、亲商"的文化传统、一站式政务服务、良好的营商环境，以及技术维度方面先进制造能力、完备工业体系、雄厚的研发实力等条件，促使有实力的外资企业和高新技术企业在园区集聚，并带来了苏州工业园区的快速发展。

21.2.5　环 境 维 度

苏州市企业环境优越性主要体现在其产业科技含量较高、新兴产业和高新技术产业发展势头迅猛。截至 2019 年 12 月，苏州战略性新兴产业产值、高新技术产业产值分别占规模以上工业企业总产值的 53.5%、47.9%；苏州市全社会研发投入占地区生产总值比重突破 3%，高新技术企业认定数、有效数、净增数分别为 3 160 家、7 052 家、1 643 家，位居江苏省全省第一。在高层次人才培养方面，苏州市拥有国家级人才工程入选者 262 人，其中创业类 135 人，位居全国大中城市首位。国内外 230 多所高校及科研院所在苏州市建立了 2 300 多个产学研联合体，15 家国际创客育成中心，与 31 个海外合作组织开展合作，并设立海外离岸创新中心。

可见，苏州市产业技术向高新科技趋势发展，具有良好的人才供给系统、国际化视野和科技扩散环境。

21.2.6　法 律 维 度

苏州市创新环境法治化发展是其最为突出的特点之一。苏州市委市政府高度重视营商环境的建设与优化，并将法治化营商环境列为主要议题，推动优化营商环境工作进一步法治化、规范化。在全国范围内首发《苏州市法治化营商环境建设指标体系》，围绕立法、执法、司法、守法、普法等环节构建三级指标体系，全面、系统、科学评估法治化营商环境建设情况。

苏州市政府明确《苏州市优化营商环境办法》为规章预备项目，加强对涉及市场准入、权属登记、许可、确认等相关规章、规范性文件的合法性审查，推动严格实施公平竞争审查制度，以法治手段严控行政权力，充分激发市场活力。

在司法保护方面，持续发挥苏州市知识产权法庭、中国（苏州）知识产权保护中心功能，完善知识产权跨区域快速协同保护及海外维权机制。优化法律服务，开展"法企同行百所进千企"等专项活动，开展无偿法制体检，累计走访企业 7 300 余家。启用全省首个服务企业法制需求平台，研发"全生命周期"公共法律服务产品，围绕企业需求提供"线上 + 线下"个性化、定制化、快捷化的普法产品和法律服务。

在苏州市创新环境法治化发展的趋势下，其在《2019 中国城市营商环境报告》100 个经济活跃城市综合排名中，位列第一。

21.3 苏州工业园区产业技术创新生态体系构成要素及运行机制

纵观苏州工业园区发展史，其发展阶段可以大致分为两个阶段：一是高新技术产业要素集聚阶段（1994～2006 年），采取产业集群生态体系运行机制；二是高新技术产业创新发展阶段（2007 年至今），采取产业技术创新生态体系运行机制。通过对两种运行机制的考察，从动态视角明晰苏州工业园区如何通过迭代发展构建产业技术创新生态，从而形成区域级创新创业集聚区。

21.3.1 苏州工业园区产业集群生态体系构成要素

苏州工业园区成立之初便秉持规划先行的园区发展策略，中国政府汇聚中新两方专家共同编制了苏州工业园区的首期总体规划方案，方案借鉴了新加坡建设裕廊长廊的经验，以产城融合发展理念为准则，以开发建设和工业土地招商为主要发展任务，并以"九通一平"的高标准进行基础设施建设，以及水、电、气、热等配套服务体系构建。1994 年 5 月 12 日首期开发建设正式启动，1997 年年底首期 8 平方公里基础设施建设基本完成，1999 年一些著名的外资企业如艾默生、飞利浦、诺基亚等品牌企业已入驻园区，信息技术（Information Technology，IT）产业要素集聚开始显现。2001年3月23日，苏州工业园区第二、第三期开发同步启动，园区进入大动迁、大开发、大建设、大招商、大发展阶段，开始着力打造高技术产业集群，并于2002年起动工建设"苏州研究生城"（后来的"独墅湖科教创新区"），2003年开始建设金鸡湖大桥，加快区域联通发展。截至2006年，苏州工业园区经过12年的快速发展，园区内基础设施和基本的公共服务设施已经建成，产业集聚已初见成效，其国际科技城已形成以软件开发、集成电路设计、数码娱乐和行业应用高新科技为主的四大特色产业集群。

在这一阶段，苏州工业园区以园区开发建设和招商引资为主要目标，其产业技术创新生态体系的构成要素主要有资源要素（土地资源、人力资源、资金资源、知识资源）、服务要素（公共服务、公共基础设施、产业配套服务）、主体要素（苏州工业园区管理委员会、中新园区开发有限公司、外资企业、中介服务公司、苏州研究生科技城）。其运行机制主要由两大主体承担，苏州工业园区管理委员会——资源要素构建者和公共服务提供者，中新苏州工业园区开发集团股份有限公司（以下简称"中新集团"）——园区基础设施建设者和中介服务提供者，通过这两大主体的开发运营，完成资源要素构建和服务要素供给，从而构架国际化、基础设施完善的吸引创新人才、国际知名外资企业汇聚的高新技术产业集聚区。具体分析如下：

（1）苏州工业园区管理委员会，公共服务平台，资源要素构建者和公共服务提供者。苏州工业园区管理委员会是由苏州市政府派出的行使行政管理职能的机构，下设有经济发展委员会、企业服务处、规划建设委员会等部门组织，是园区规划建设、企业落户、行政审批的主管部门。园区管理委员会负责将土地要素按照协议价格出让给中新集团，进行公共基础设施和公用服务设施建设，并协助其进行招商引资，获取资金要素，并于2000年成立招商局，与合资公司共同负责招商引资事宜。在此基础上，为吸引人才要素聚集，促进知识要素在园区的流动，园区管理委员会规划建设苏州研究生城，初步形成对土地要素、资金要素、人才要素和知识要素的构建。

园区管理委员会自1995年起便在国内率先推行"一站式"服务，并在2001年设立了"一站式服务中心"，园区管理委员会各部门分别在服务中心设置服务窗口，集中受理企业的各项申报业务。通过一站式服务，有助于构建公共服务平台和多部门即时响应、反馈和共享机制，提高行政审批效率，极大地缩短了园区企业入驻申报、材料审批的时间，有力贯彻了"重商、亲商"的服务理念，从而更好地服务园区企业。

（2）中新集团，园区开发载体平台，基础设施建设者和中介服务提供者。中新集团是由中新两方政府倡导下于1994年8月13日由中方财团与新加坡财团联合组建的园区开发建设合资公司，规定中方持股35%，新方持股65%，但是由于前期开发投资风险大，成本很难短时间内快速回收，合资公司于1999年将持股比例调整为中方持股65%，新方持股35%，开始由中方承担园区的开发建设及管理工作。中新集团的开发模式是通过协议价格，从政府手中取得土地，而后进行基础设施和公用设施建设，并负责对外招商工作，其具体业务主要为土地一级开发、房地产开发与经营、市政公用和多元化服务四项主营业务。土地一级开发主要涉及商业用地的开发与建设，形成产业聚集的载体——企业办公场所，房地产开发与经营涉及工业厂房、民用商品房的开发和销售，市政公用主要指水务、电力、燃气等业务，而多元化服务既包含教育、旅游等第三产业服务，也包含与产业集聚相关的中介、招商代理等配套业务。通过这些主营业务的开发，中新集团初步完成基础设施构建，并通过一系列第三产业服务为外资企业提供中介服务、产业配套服务，有力地吸引外资企业汇聚，形成了产业集群生态体系。

苏州工业园区在经过多年的招商引资后，已初步形成工业要素聚集区，但是对于高新产业培育与聚集效应的形成，还需要充足的人才支撑，以及知识链前端的高校、科研院所等的聚焦。为此，苏州工业园区管理委员会在2002年决定建设苏州研究生城，旨在通过吸引国内外知名高校、科研院所、研发机构入驻，培养研究生为主的高层次人才，推进高校科研与高新技术企业的产业合作，促进科研开发与科研成果的转化，形成多学科、创新型研究生教学基地，形成科研产业化基地，成为引进国内外优秀人才的桥梁和载体。

综上所述，通过苏州工业园区管理委员会和中新集团两大主体构建公共服务平台、园区开发建设及招商平台，以及人才、知识供给平台，使苏州工业园区完成土地要素、资金要素、人才要素和知识要素汇聚，在公共基础设施、公用设施、政务服务和产业配套服务等方面提供高质量供给，使苏州工业园区很快发展成为国内一流的由外资企业推动的高新技术产业集聚区，从而形成高新技术产业集群生态运行机制（如图21-4所示）。

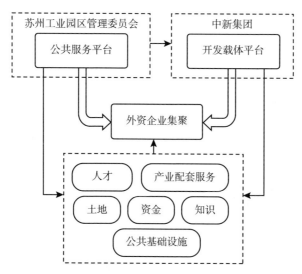

图21-4　苏州工业园区产业集群生态体系运行机制

21.3.2　苏州工业园区产业技术创新生态体系运行机制

在形成高新技术产业集聚后，苏州工业园区对外资企业依赖程度过高的问题开始显现，加之2008年金融危机、园区土地资源紧缺，低成本和政策优势削弱使其难以成为企业成长的助力，苏州工业园区开始进行转型升级，进行产业创新、战略新兴产业的培育及生态构建。自2006年起，苏州国际科技园相继开发创意产业园、创意泵站、云计算产业园、人工智能产业园，围绕人工智能等新一代信息技术产业，引进和培育创新企业。2007年，国家纳米技术国际创新园落户苏州工业园，苏州生物医药产业园正式启用，中新生态科技城成立，标志着苏州工业园开始大力引进培育纳米技术、生物医药、生态环保、绿色节能等产业。2017年年底，成立高端制造与国际贸易区，目的是形成技术知识密集、附加值高、成长性好、关联性强、带动性大的多种产业集群。2018年，成立金鸡湖商务区，助推苏州工业园区核心区域产业转型升级。

在这一阶段，苏州工业园区以培育新兴产业，促进园区转型升级为主要目标。产业技术创新生态体系的构成要素主要有资源要素（金融资源、知识资源、人才资源）、服务要素（技术创新孵化服务、共性技术研发服务、中试、生产服务、商业化服务、宜居环境、休闲娱乐服务）、主体要素（高学、科研院所等科研机构，产业创新孵化平台，产业创新共性技术平台，金融机构、中介服务机构，生产制造企业、中试平台，环保、旅游、休闲、娱乐企业、高新技术企业）。其运行机制主要由通过构建产业创新孵化平台完成知识源到技术创新的转换过程，通过构建产业创新共性技术平台攻克转化过程中的关键共性技术难题，加速科技成果的转化，并实现多个战略新兴产业的协同发展，通过推动四大功能区的形成构建金融资源、知识资源和人才资源供给，提供中试、生产、商业化和休闲娱乐服务，并进一步通过打造生态宜居的生活环境、商业环境，构建质量高、关联性高、附加值高的区域产业技术创新生态体系，从而实现区域产业和经济的高质量发展。具体分析如下：

（1）产业创新孵化平台。在产业集群生态模式的助推下，通过构建促进产学研合作的产业创新孵化平台，能够解决苏州工业园区面临的价值链低端锁定、园区产业后续发展乏力等问题，因而苏州工业园区管理委员会设立独墅湖科教创新区，先后引进中国科学院苏州纳米所、中国医学科学院系统医学研究所等 14 家"国家队"科研院所，并在该区设置苏州国际科技城、苏州纳米城、苏州医药产业园等多个产业创新孵化平台，重点孵化生物医药、纳米技术应用、人工智能三大新兴产业领域里的创新企业。依托这些产业创新孵化平台，新兴产业加速布局、快速成长，聚集了信达生物、同程艺龙、旭创科技、南大光电、苏大维格、康宁杰瑞、华为、思必驰信息科技等超 4 000 家技术先进、具有良好产业化前景的企业。截至2020 年，苏州工业园区已拥有省级及以上科技企业孵化器 19 家，国家级科技企业孵化器 9 家及 107 家众创空间，园区内上市公司数量达到 43 家。苏州工业园区通过产业创新孵化平台，连接高校及科研院所与新兴产业创新创业企业，加速科技成果转化，有力地促进了科技企业的创新和发展。

（2）产业创新共性技术平台。产业创新的实质是产业共性技术的突破[278]，产业共性技术会影响多个关联产业的发展，产业创新就是致力于解决这些关联产业发展的共性问题，然而产业共性问题往往具有复杂性和不确定性，需要耗费巨大的时间和资金，单一企业难以攻克，因而很大程度上依赖于企业、研究机构、政府及其他主体的协同合作，通过构建产业创新共性技术平台，采取多元主体开放式创新合作形式，聚焦多个关联产业关键共性技术的发展和突破，是构建高质量产业创新生态、促进战略新兴产业发展的重要环节。目前，已累计建成公共技术服务平台近40个，如建立为生物医药企业提供药物测试、临床试验的生物医药共性技术平台，为高技术软件公司提供软件测试、人才技术培训服务的软件共性技术平台，搭建提供环境检测服务和研究的生态环保共性技术平台，以及组建大型研究设备仪器资源共享、关键技术攻关的纳米产业共性技术平台等。产业创新共性技术平台对于产业创新生态构建具有重要的作用，通过产业共性技术平台，能够攻克新兴产业创业企业面临的核心技术不成熟、互补技术不连续，产品难以成型、中试及商业化难以实现等面临的诸多问题，有助于在产业创新孵化平台的基础上进一步加速科技成果转化，促进新兴产业的发展和集群的产生。

（3）四大功能区＋双平台，形成区域产业创新生态集群。四大功能区与产业创新孵化平台、产业创新共性技术平台相辅相成。独墅湖科教创新区既是产业创新孵化平台的聚集地，又是苏州工业园区产业技术创新知识源和高端人才的供给地，园区内聚集众多国内外知名科研院所，为其他功能区产业创新提供知识、人才支撑。金鸡湖商贸区目前已成为金融、中介服务企业集聚区，是苏州工业园区产业技术创新生态中为新兴产业创业企业提供融资、孵化基金的重要构成要素。高端制造与贸易区聚集了一大批制造企业，形成了六类关联性强的高技术产业集群，有助于为苏州工业园区攻克产业共性技术难题提供一定帮助，为创业企业在中试和生产环节提供可靠的合作伙伴，并为产业创新孵化平台转化高校科技成果产出提供可能的企业需求方。而阳澄湖度假旅游区是产业创新生态高质量建构的重要组成部分，是苏州工业园区贯彻产城融合发展理念的重要举措，通过提供生态宜居的旅游环境、休闲娱乐场所，有助于更好地吸引人才、留住创新人才，并实现由第二产业创新生态的高质量构建带动第三产业发展的可持续循环经济。

苏州工业园现阶段产业技术创新生态体系的运行机制，首先是通过构建产业创新孵化平台、产业创新共性技术平台，形成多个产业创新生态培育，在此基础上，通过开辟四大功能区提供金融、人才、知识、中试和规模化生产支撑，使多个产业创新生态得以构建，最终呈现出高质量的区域级产业创新生态：各个功能区内嵌套小的产业创新生态，并源源不断获取来自四大功能区的资金流、人才流、知识流、物质流，使新兴产业创业企业能够优异发展，从而不断在四大功能区内形成新兴产业集群效应，促使四大功能区能够保质提升，各子系统共生演化，协同创造价值。现阶段产业技术创新生态体系运行机制如图 21－5 所示。

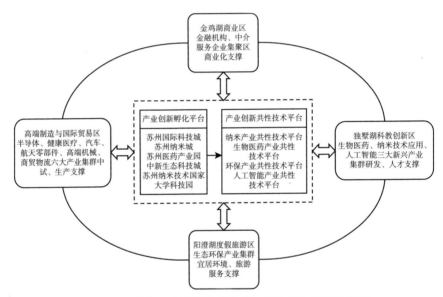

图 21－5 苏州工业园区产业技术创新生态体系运行机制

21.4 苏州工业园区的经验借鉴

苏州工业园区历经 26 年的发展，已成长为中国一流的经济技术开发区和高新技术开发区，并克服了经济技术开发区和高新技术产业开发区面临的共性问题，成功培育出纳米技术、电子信息技术、生物医药等多个战略新兴产业集群，成为我国著名的创新创业集聚区，其成长历程对于成功构建城市级产业技术创新生态体系具有一定的经验借鉴，主要如下：

（1）规划先行，科学布局，完善基础设施是园区高质量发展的基石。

苏州工业园区是在中国和新加坡两国政府共同倡导下成立的，其在成立之初就秉持新加坡裕廊"规划先行"的理念，1994年中国方面派出了园区筹委会10人专家与新加坡重建局、裕廊环境工程私人有限公司和驷马国际私人有限公司的专家共同编制了苏州工业园区中新合作首期开发区总体规划，此后苏州工业园区沿用"先规划，后建设"的园区管理理念，先后又编制了《苏州工业园区总体规划（2012～2030年）》《建设世界一流高科技园区规划（2020～2035年）》等，旨在明确苏州工业园区的战略发展方向，通过强有力的执行确保规划落地。通过规划先行，苏州工业园区从一开始便对园区发展进行可控管理，避免了园区发展的混乱状态，从土地规划、房屋建造、水电暖基础设施等园区工程建设到招商引资、人才引进等园区管理建设，再到政府管理、行政职能、园区规章制度等均进行了详细的规划。

在基础设施建设方面，基于苏州园区的区位优势，以及宜居的环境和中新合作的契机外，园区筹委会进一步打造"九通一平"的高标准基础设施，作为外资企业入驻最主要的吸引力之一。通过规划先行，苏州工业园区于2006年基本完成基础设施建设，并完成了工业产业要素集聚，形成了产业集群生态体系。而后，逐步通过转型升级规划，形成了苏州工业园区产业创新生态系统。

（2）产城融合，生态宜居与产业创新发展并行是园区高质量发展的保障。

产城融合是苏州工业园区规划的重要指导方针，苏州工业园区借鉴裕廊"办工业就是办城市"的理念，走出了一条工业化与城市化有机结合的新路径。苏州工业园区既注重产业的发展和培育，又注重在园区打造适宜人的居住环境、商业环境和生态环境，从而使园区内产业、环境、人处于一体化的系统中，它们相互促进、共同发展、融为一体[279]。

园区内构建了独墅湖科教创新区，作为和谐便利的人居环境绿色生态示范区，以月亮湾商务区为代表，设置人才公寓、学校、邻里中心、图书馆、体育馆、影剧院等生活和教育配套项目。设置阳澄湖度假旅游休闲区，并在该区重点培育生态环保产业，打造旅游、休闲等第三产业，使产业发展进一步与生态宜居环境融合，打造集总部办公、商务休闲、时尚文娱、交通集散等功能于一体的门户枢纽和总部经济集聚区，成为园区转型发展新引擎、总部经济新高地、魅力城市新门户。

依据产城融合理念打造工业园区，将产业发展与构建生态宜居环境、城市化发展、绿色环保产业融为一体，是园区吸引人才、留住人才及激发人才的重要举措，有助于构建低碳、环保的绿色产业技术创新生态体系和循环经济体系，推动工业园区高质量发展，促进园区产业与城市协同发展，进一步驱动经济发展。

（3）两阶段发展路径是政府构建城市级产业技术创新生态体系的重要举措。

苏州工业园区的发展历经产业集群生态体系和产业创新生态系统两阶段运行机制，从而构建了高质量发展的城市级产业技术创新生态体系和创新创业集聚区。由此可知，政府主导的高新园区形成的城市级产业技术创新生态体系和创新创业集聚区可以采取两阶段发展路径。

第一阶段，构建产业集群生态体系，形成工业要素集聚和高新技术外资企业集聚区，由政府组建园区管理委员会构建公共服务平台，并组建实力强劲的商业公司形成园区开发载体建立高标准的公共基础设施，进行招商引资，同时提供人才支撑及产业化配套服务，有助于形成外资企业集聚，促进产业发展和为区域经济发展贡献重要的力量。

第二阶段，为克服园区制造企业面临低端锁定的问题，将新兴产业作为园区进一步发展的引擎，开始构建政府主导的产业创新生态系统。在该模式主导下，通过构建产业创新孵化平台形成从高校、科研院所等科研机构知识源到企业技术创新的联结，并通过构建产业创新共性技术平台，解决产业发展过程创业企业面临的关键技术研发困难、互补资产不连续等共性问题，从而加速科技成果转化和新兴产业培育。此外，通过构建四大功能区，进一步为产业创新孵化平台和产业创新共性技术平台提供人才、金融、中试及规模化生产及绿色生态环境支撑，使多个产业创新生态得以构建并分别嵌套在四大功能区中，从而形成多个新兴产业集群，最终形成高质量的城市级产业技术创新生态体系和创新创业集聚区。

| 22 |

大连理工大学江苏研究院

22.1 大连理工大学江苏研究院概况

22.1.1 大连理工大学江苏研究院简介

大连理工大学江苏研究院坐落于江苏省常州市,成立于 2008 年 11 月。研究院前身为大连理工大学常州研究院,于 2018 年 4 月更名为大连理工大学江苏研究院,运行主体是大连理工大学江苏研究院有限公司。大连理工大学江苏研究院是常州市人民政府、江苏省产业技术研究院与大连理工大学为满足校地合作全面深化的要求,推动大连理工大学科技成果向长三角地区转移转化,由校地双方共建的技术创新和成果转化机构。以技术创新为核心,实现政府支持、大学支撑、扶持新创、企业需求的有机结合,以提供知识、技术、人才等创新要素向企业集聚的综合性服务为着力点,围绕产业链,以企业需求为导向,整合知识、技术、人力、资金等资源,将各创新主体连接起来,建立创新链,孵化创业实现产业化,提升知识产权能力,让企业技术创新变得更简便、更高效。其主要职能包括:科技服务、知识产权服务、技术交易服务、科技成果转移转化、检验检测服务、应用技术开发、校企联合技术攻关、产业技术人才培养、创业孵化、投融资服务、信息服务、高端人才引入服务、国际交流合作、众创空间服务等。

价值观：热情 诚恳 利他 担当。

使命：推动创新要素向企业集聚，帮助企业建立自主创新的体系与能力。

经营理念：以知识产权为核心，实现政府支持、大学支撑、企业需求的有机结合；以提供知识、技术、人才等创新要素向企业集聚的综合性服务为着力点，围绕产业链整合建立创新链，让企业技术创新变得更简便、更高效。

发展定位：企业技术创新的开发商，建设一流的科技成果孵化基地、一流的企业科技服务平台、一流的研发平台。

发展概况：研究院坚持以服务地方经济社会发展为己任，围绕先进材料、绿色精细化工与制药、智能装备等领域，累计服务企业 260 余家，孵化培育企业 122 家，培养硕士学位人才 400 余人，承担各级科技、人才和平台类项目 40 余项，与企业合作开展技术攻关项目 120 余项，转移转让技术 20 余项。研究院科技产业大厦 1.87 万平，在孵企业 45 家、毕业企业 70 家，高新技术企业（含入库）11 家，纳斯达克拟上市企业 1 家。

22.1.2　大连理工大学江苏研究院建设背景

据统计，2018 年中国研发经费约 3.8 万亿元，但高校及科研院所的转化率却一直维持在 6% 的较低水平。高投入带来的高产出的科研成果却不能及时转化支撑社会和经济的发展。高校及科研院所的科研成果转化率偏低成为现如今亟待解决的问题。高产出的科研成果可以说明高校及科研院所都在很好地履行自己的职责，但是却出现高校及科研院所的科研成果不被采纳开发，而企业寻求的创新却没有基础研究支撑的情况。究其原因是产学研之间存在主体差异性和信息不对称的问题，进一步导致了产学研之间的交互脱节。

创业能为市场带来新的活力，为国家经济发展提供强劲的动力。创业与创新还有着密不可分的关系，创业是实现创新的过程，而创新是创业的本质和目的。如今，在激烈的市场竞争背景下，我国创业形势较为严峻，国内创业成功率为 3%，远低于美国等众多发达国家。其原因是技术优势单一，缺乏技术支撑；创业者缺乏专业而综合的知识，缺乏敏锐的市场感知能力；融资渠道单一，绩效差，入不敷出等问题导致的。

不难看出，中国高校和科研院所的科研成果转化率低，企业创新成果少，创新存活率低等问题都是由于缺乏相互的导向和支撑造成的。

1996 年 5 月颁布的《中华人民共和国促进科技成果转化法》，确定了成果转化的基本原则、管理体制、组织实施方式、保障措施等制度，对科技成果转化为现实生产力提供了法治支撑和保障，提出了鼓励高等院校建立技术转移机构等产学研合作方式，开展成果应用于推广活动等意见。在这种背景下，各地产学研领域的合作不断升温，校地接触愈加频繁。2008年，常州市作为有着深厚基础的制造名城，与"四大工学院"之一的大连理工大学顺理成章共同建立了大连理工大学江苏研究院的前身——大连理工大学常州研究院。2017 年年底，大连理工大学与常州市委常委、宣传部部长、科教城党工委书记徐光辉率政府相关部门及 30 余家企业代表赴大连理工大学洽谈共建科技创新服务平台，双方签订了《新一轮全面战略合作协议（2018～2023 年）》与《共建常州大连理工大学智能装备研究院协议》。双方在第一个十年合作的基础上，探索新的科技创新服务策略，将科技创新服务体系平台化，进一步推动了大连理工大学江苏研究院引进人才、集聚资源、更新创新模式、提升科技服务标准。研究院科技创新平台化的关键决策为产学研深度融合，以及创业企业孵化、生存和发展提供了强大的助力。2019 年 7 月 5 日，研究院与江苏省产业技术研究院签订全面合作协议，共建大连理工大学江苏研究院。

22.1.3　大连理工大学江苏研究院建设过程

2018 年 3 月，大连理工大学和常州市共建的事业单位"常州大连理工大学智能装备研究院"成立。2019 年 7 月，大连理工大学和江苏省产业技术研究院签约共建大连理工大学江苏研究院。常州市人民政府分别于 2008年、2018 年和 2020 年与大连理工大学签订协议共建大连理工大学江苏研究院。十几年来，研究院不断创新，从科技成果转化的实践者，到技术创新的开发商，再到企业技术创新"微生态"的构建者，大连理工大学江苏研究院正加速进化，不断向企业复制技术创新的体系与能力（如图 22 - 1所示）。

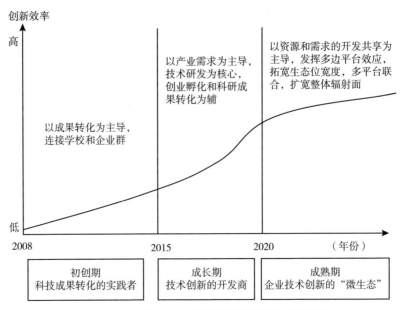

图 22-1　大连理工大学江苏研究院发展周期演化

依据企业生命周期理论，大连理工大学江苏研究院的发展周期可以分为三个阶段（如图 22-1 所示）。伴随着生命周期的演进，研究院的生态位属性也发生着相应的变化，生态位属性的变化促进了高校、科研院所、在位企业和创业企业的交互融合、协同共生。当然，图 22-1 中所示的三个发展阶段及应对模式是相辅相成、迭代演进而非割裂跳跃的，知识经纪人为后续科技创新服务商、科技创新服务平台策略的顺利实施奠定了基础。

（1）初创期：科技成果转化的实践者。在初创期阶段，大连理工大学江苏研究院在生态体系中的角色定位是科技成果转化的实践者，扮演知识经纪人的角色。作为创新生态系统的分解者，研究院将作为生产者的大连理工大学与作为消费者的企业联系起来，前端高校种群的单一性导致了生态体系中较小的生态位宽度。

研究院依托教育部三束材料表面改性重点实验室，搭建了材料表面工程技术与装备创新平台（如图 22-2 所示），构建了江苏省产学研联合重大创新载体（如图 22-3 所示）。

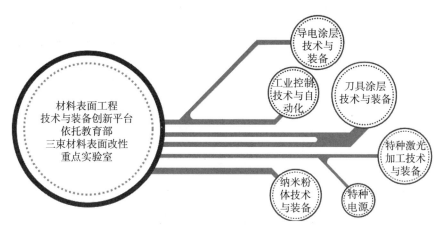

图 22 - 2　材料表面工程技术与装备创新平台

图 22 - 3　江苏省产学研联合重大创新载体

依托上述创新平台和载体，大连理工大学江苏研究院转化了一批重要科技成果，"等离子体蒸发纳米粉体技术与装备""刀具图层技术与装备""氢燃料电池双极板图层技术与装备""新一代等离子渗氮技术与装备"及"起重机、塔机安全监控物联网系统"等多个项目进入了快速发展阶段（如图 22 - 4 所示）。

图 22-4　科技成果转化实效展示

（2）成长期：技术创新的"开发商"。在成长期，大连理工大学江苏研究院扮演技术创新开发商的角色，以产业需求为主导。研究院以大连理工大学为基础，重点围绕关键产业，以技术研发为核心，以创业孵化和科研成果转化为辅助，以提供知识、技术、人才等创新要素向企业集聚的科技服务为着力点，目的是满足产业创新需求，提升企业知识产权能力。此时，研究院在后端和终端连接种群的丰度有所提升，前端高校种群仍相对单一，在位企业与新创企业端的生态位宽度有所提升，异质性主体进一步耦合，实现协同共生。

这一阶段，研究院在"培育重大成果、搭建重大平台、共建创新网络"三个方面取得了重要突破（如图 22-5 所示）。

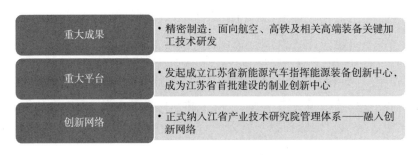

图 22-5　江苏研究院成长期的建设重点和创新成效

在重大成果方面，研究院高航教授 2016 年获批江苏省高层次创新创业人才，并领衔江苏省重点研发计划《航空碳纤维复合材料构件高效加工关键技术研发》项目。该技术于 2017 年获得国家技术发明一等奖。大连理工大学王立鼎院士团队和中车戚墅堰所合作的创新成果，于 2017 年获得国家科学技术进步二等奖。

在重大平台方面，研究院发起成立了江苏省新能源汽车智慧能源装备创新中心，成为江苏省首批建设的制造业创新中心。2018 年 7 月，在江苏省工信厅指导下，万帮新能源投资集团有限公司、大连理工大学江苏研究院与国内能源行业、整车行业、能源服务领域领军企业和知名高校科研院所等 11 家股东单位，共同发起成立了江苏省新能源汽车智慧能源装备创新中心，国创移动能源创新中心（江苏）有限公司作为该中心的运营载体，并于 2018 年 12 月 10 日正式获得省级创新试点授牌，目前是江苏省新能源领域唯一一个省级制造业创新中心。

在创新网络方面，2019 年 7 月 4 日大连理工大学与江苏省产业技术研究院签署协议，共建大连理工大学江苏研究院，研究院正式纳入江苏省产业技术研究院管理体系。同时，也意味着研究院正式融入了江苏省产业技术创新网络。研究院发挥自身优势，积极推进知识产权事业与人才培养事业的发展。承担并帮助常州申报和建设中国第一家知识产权保护中心——机器人及智能硬件知识产权保护中心，推进成立了大连理工大学——江苏产业技术研究院集萃研究生联合培养基地。

（3）成熟期：企业技术创新的"微生态"构建者。

技术创新的"开发商"模式，是对新技术到产业应用过程进行科学分析而建立的基于科技成果转化项目管理模式，这个模式能够对一些企业的技术需求快速响应，但是实际情况是很多企业有技术需求，却无法提炼出准确的需求。科技成果转化，仅仅"交钥匙"是远远不够的，需要提高企业自身的创新能力，授企业以"鱼"不如授之以"渔"。

在成熟期，研究院角色转变为企业技术创新的"微生态"构建者，以资源和需求的开放共享为主导，充分发挥科技创新服务平台的多边平台效应。多科技创新服务平台的联合进一步拓宽了总的辐射面，各系统中大量生产者和消费者相连接，使得异质性主体由松散耦合变为紧密耦合，创新生态系统由协同共生转为价值共创。物质流、信息流、知识流、资金流在创新生态系统的各主体之间进行高效循环流动。大连理工大学江苏研究院的企业技术创新的"微生态"如图 22-6 所示。

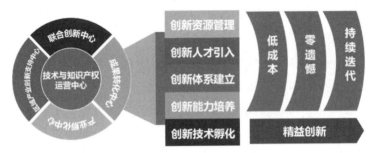

图 22-6 大连理工大学江苏研究院的企业技术创新的"微生态"

如图 22-6 所示，大连理工大学江苏研究院以推动创新要素向企业流动为使命，以建立企业技术创新"微生态"为目标，围绕创新资源管理、创新人才引入、创新体系建立、创新能力培育、创新技术孵化五个方面，帮助企业建立"低成本、零遗憾、持续迭代"的精益创新模式，让企业技术创新变得更高效、更简单。

对于广大中小企业群体来说，人才、技术等内部创新资源本来就不足，更缺少专业的部门或人员负责统筹整合科技创新资源，有的企业尽管有人员负责相关日常事务但专业性不够，导致他们的科技创新成本高、创新资源利用效率低、创新成果保护意识淡、持续迭代能力弱。基于此，大连理工大学江苏研究院立足于建立标准化的企业科技创新管理知识体系，培养"企业科技创新资源管理师"，作为企业科技创新资源的管理者和运营者，聚焦于企业科技创新资源的战略整合、有效管理、高效利用、精益创造、充分保护和商业化运营，为企业的科技创新可持续发展提供全链条的高效资源管理与运营保障，推动企业科技创新的可持续发展。2021 年 8 月，研究院首批启动了超过 30 人的"企业科技创新资源管理师"培训计划，通过理论与实践的紧密结合，三年一个班次，力争培养"企业科技创新资源管理师"100 人。研究院以与企业联合招聘和培养的"企业科技创新资源管理师"为纽带，向企业复制创新资源管理能力，建立中小企业链接创新生态系统的"管道"。

基于以上研究，绘制出大连理工大学江苏研究院产业技术创新生态体系的演化过程如图 22-7 所示。

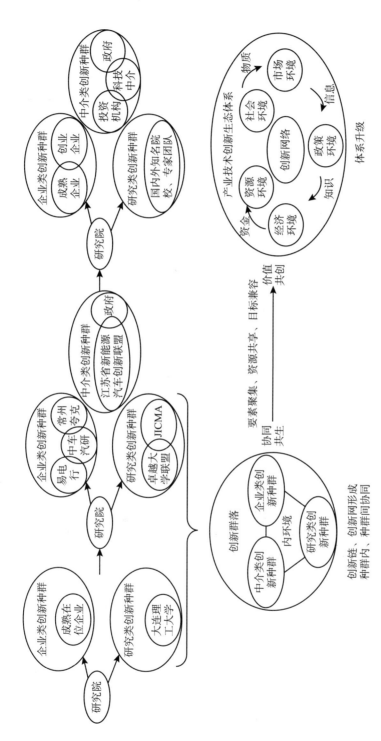

图22-7 大连理工大学江苏研究院产业技术创新生态系统的演化过程

如图22-7所示，在初创期阶段，大连理工大学江苏研究院在生态体系中的角色定位是科技成果转化的实践者，主要连接企业类创新种群的成熟在位企业和研究类创新种群的大连理工大学。

在初创期的基础上，第二阶段的成长期拓展了连接创新种群的类型，丰富了种群内物种的丰富度。在研究类创新种群中，研究院开展与卓越大学联盟成员、中科院大连化学物理研究所、机械科学研究总院江苏分院等10余所国内高校院所的合作。国际上，研究院积极与多家国际知名大学和研究机构建立联系，与德国慕尼黑工业大学、俄罗斯莫斯科航空学院、莫斯科理工大学、莫斯科国立机械制造技术大学建立了联系渠道，为平台上企业提供了国际化视野和借鉴。在企业类创新种群方面，研究院联合高校与天合光能、江苏恒神股份有限公司、中车戚研所有限公司等开展合作。此外，研究院还以技术转移转化方式支持常州翊迈、常州夸克等创业企业发展。基于前两个阶段，研究院促进了其所属创新群落内创新链、创新网络的形成，使种群内部及种群间协同共生。

在成熟期，研究院角色转变为企业技术创新的"微生态"构建者，多科技创新服务平台的联合进一步拓宽了总的辐射面。研究院与江苏万帮德、凯达重工、易电行等20余家企业共建联合创新中心，构建事业共同体；作为理事长单位牵头成立常州市专精特新"小巨人"企业创新联盟，作为国家级平台助力常州市中小企业向专精特新方向发展；联合万帮新能源投资集团有限公司及国内能源行业、整车行业、充换电领域、零部件领域领军企业、知名高校及科研院所等11家股东单位共同发起成立江苏省新能源汽车智慧能源装备创新中心；此外，还与多方联合共建衍生新创企业。这一阶段，研究院所在的产业创新生态系统由上一阶段的协同共生升级为价值共创。

22.2 大连理工大学江苏研究院产业技术创新生态体系现状

本节旨在进一步分析、解构与提炼大连理工大学江苏研究院产业技术创新生态体系的内涵、构成与基本模式。首先，对大连理工大学江苏研究院产业技术创新生态体系组织架构的分析切入，详细阐明构成大连理工大学江苏研究院产业技术创新生态体系的五大核心功能中心及其定位、功能与内部运行机制；其次，从产业技术创新生态体系相关利益主体的角色、行为与资源流动情况切入，揭示产业技术创新生态体系相关利益主体的关系与动态演化情况；最后，基于对大连理工大学江苏研究院服务模式的回溯性归纳，进一步提炼出大连理工大学江苏研究院产业技术创新生态体系的构建情况。

（1）大连理工大学江苏研究院产业技术创新生态体系组织架构。

大连理工大学江苏研究院产业技术创新生态体系由联合创新中心、区域产业创新支持中心、成果转化中心、产业孵化中心、技术与知识产权运营中心五大核心功能中心构成，分别定位于孵化企业创新能力、创造高质量知识产权、提升技术商业化能力、助推技术转化落地，以及服务区域产业有效载体等功能。

①联合创新中心。联合创新中心是企业创新资源的管理中心、企业知识产权的保护中心、企业战略研发的决策支持中心、企业技术贸易中心与企业高端人才引育中心，能够链接全球开放式创新网络，实现研究院创新资源管理和技术运营能力向企业复制。同时，在科技将成为企业继生产资料、资本和人才的第四生产要素，成为驱动企业发展的核心能力与第一生产力的背景下，联合创新中心的目的与定位是孵化一个企业自身创新能力中心，使大连理工大学江苏研究院能够最终具象为向企业转移一个创新机制、一个创新团队、一个创新能力及一个链接全球的创新网络（如图22－8所示）。

②区域产业创新支持中心。区域产业创新支持中心目前由徐州工程机械研究中心、高邮研究院、金坛创新中心、苏州相城创新中心，以及常州本地研究院构成，承担了区域产业需求搜集、区域创新支持团队建立、区域技术商业运营、技术孵化器运营与管理，是大连理工大学江苏研究院服务区域的有效载体和具体形式（如图22－9所示）。

建立区域产业技术创新支持中心，将产业链与创新链深度融合，让创新支持产业、产业拉动创新，是创新微生态系统的能量之源。通过数字化的人工智能网络，在创新要素非集聚的区域建立创新支持中心，最终实现低成本创新。

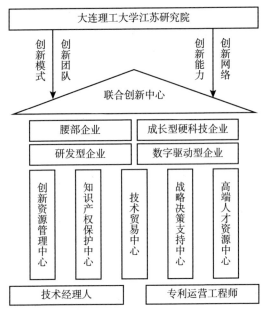

图 22 - 8 大连理工大学江苏研究院联合创新中心架构与功能

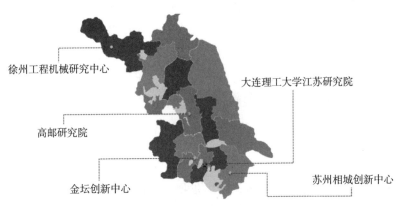

图 22 - 9 大连理工大学江苏研究院区域产业创新支持中心分布情况

③成果转化中心。成果转化中心的设立在于有效链接科学家队伍、研发型企业与需求型企业，从而促进相关方收益共享并形成长期合作的良性循环关系。正如前文所述，研究院定位于企业技术创新的"开发商"，将合作的研发型企业打造成成果转化平台，也即"建筑商"的角色，而将科

学家队伍定位于"设计院"的角色，通过"开发商"研发项目总承包能力、收益分配能力、知识产权与风险管理能力，以知识产权为纽带，促进"建筑商"与"设计院"建立长期合作和收益共享机制，将技术合同履约风险降到最低，有效减少企业研发风险。"开发商""建筑商"与"设计院"三方关系如图22-10所示。

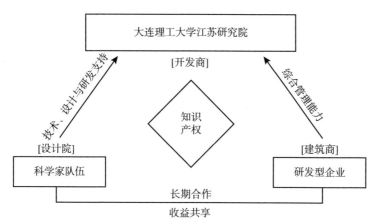

图22-10　大连理工大学江苏研究院成果转化关系

　　成果转化是一个系统工程，建立以企业为主体的技术创新体系就是要把转化能力强、数字化水平高的企业作为成果转化的平台，来实现成果的快速转化。知识产权能力可以保障合作过程高质量的知识产权创造，保障商业化阶段的知识产权利益分享，让知识产权成为既是合作安全垫、压舱石，又是发展的驱动力。具体而言，在成果转化中心中，大连理工大学江苏研究院作为链接科学家队伍、研发型企业与需求型企业的枢纽，以结果为导向进行成果转化，通过与科学家队伍的长期合作促使后者形成持续的技术供给，通过与研发型企业持续进行技术开发与集成实现收益共享，更进一步地，通过对科学家队伍与研发型企业中人才、技术与资金等资源的汇聚、集聚与创造，实现面向企业技术需求以提供高端人才、科技管理、知识产权与联合攻关等综合服务解决方案。成果转化中心运行机制如图22-11所示。

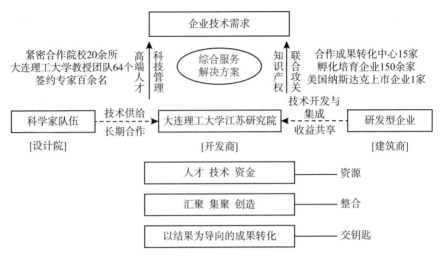

图 22 – 11　大连理工大学江苏研究院成果转化中心运行机制

④产业孵化中心。产业孵化中心依托产业链的链主企业的产业链优势和大学的创新资源优势，结合研究院帮助创业团队在商业计划、经营模式、市场对接、技术支撑、知识产权战略和规划、人才支持、资金支持等方面提供全过程的创业孵化服务优势，并为产业链的创新项目提供落地服务，帮助创业团队在长三角各地寻找最适合的发展空间；同时，大连理工大学研究院通过建立各级校地合作创新中心，输出孵化器管理能力，帮助地方建立科技人员创业和科技企业的集聚区。

产业孵化中心的建设与运营理念在于，一流的科技企业孵化器需要产业链链主和大学共同支撑，需要一流的孵化器人才，要以产业渠道为牵引、以知识产权能力为保障、以一流的技术团队与科技资源为后盾，提升技术的商业化能力。未来大企业创新、产业创新表现为网络化、平台化和生态化的趋势，技术创业孵化的空间会更大。经过多年建设，大连理工大学研究院运营的国家级科技企业孵化器是江苏省孵化器 30 年综合孵化器 10 强，连年获得江苏省科技厅国家级孵化器 A 类评价，并获得 2020 年常州市 A 类第一名。

⑤技术与知识产权运营中心。技术与知识产权运营中心旨在通过建立企业技术需求的网络，帮助企业引进全球的创新资源。建立一支技术商业化队伍，集合技术创业、技术孵化、人才引进、专利运营等手段，助推技

术落地转化（如图 22 – 12 所示）。

2017年帮助常州科教城建立
江苏知识产权服务业集聚区

2021年运营
常州技术产权交易中心

2015年开始为企业申请专利
进行"质检"提高专利质量

2016~2018年帮助常州建立
中国第一家知识产权保护中心

图 22 – 12　大连理工大学江苏研究院技术与知识产权运营里程碑事件

在技术与知识产权运营过程中，最为重要的影响因素是专利代理师（专利律师）队伍素质，这是保证专利质量的关键，而高质量的专利才能进一步保护创新。现实中，企业、产业、国家的科技战争，在商业上是专利代理师的战争，保护科技创新需要至少有研发经验的、懂技术、懂法律、逻辑思维和表达能力出色的理工科硕士和博士水平的专利代理师。提供专业高质量的专利代理服务，正是技术与知识产权运营中心的核心功能与定位。

（2）大连理工大学江苏研究院产业技术创新生态体系的价值创造与获取。

大连理工大学江苏研究院在生态体系中作为科技创新服务平台，通过技术交易、合作研发、专利转让、承包研发等活动进行多主体间的资源交换与共享，在此基础上实现了价值创造与价值获取（如图 22 – 13 所示）。

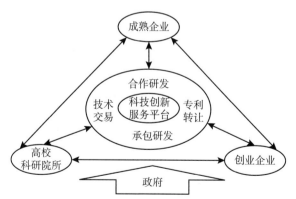

图 22 – 13　大连理工大学江苏研究院价值创造与价值获取模式

在此基础上，大连理工大学江苏研究院产业技术创新生态体系相关利益主体可以进行细分，大连理工大学江苏研究院产业技术创新生态体系相关利益主体由企业、高校及科研院所、需求企业，以及政府等主体构成，根据各类相关利益主体的角色与定位不同，进一步将其定义为后端需求者、前端供应者、终端实现者与支撑者等不同角色定位的相关利益主体。作为科技创新服务平台的大连理工大学江苏研究院与各利益相关者的关系是多个嵌套的循环链路结构（如图 22－14 所示）。

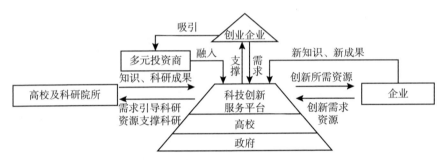

图 22－14　大连理工大学江苏研究院与各利益相关者的关系

①后端需求者。后端需求者是创新生态系统的主体——企业。激烈的竞争环境下，创新成为企业发展的核心竞争力。在如今技术演替速度逐渐加快的环境下，原始的封闭性创新已无法满足企业的需要，创新方式变得越来越开放，创新主体之间的关系也由原来的单一化转为多元化。因此，企业作为需求者迫切需要外部资源的引入来支持其进行研发。同时，高校及科研院所也可能成为需求者，这种需求更多的是科研过程中所需资金和基础专利技术的需求。

②前端供应者。供应商的主体是高校及科研院所。基础研究是高校及科研院所的本职工作，但是科研成果的转移转化却制约了创新的产生，每年大量科研成果的背景下科研成果转化率低。高校及科研院所需要将其知识资源、科研成果和服务提供给资源需求者，进一步推动创新，使基础研究成为推动国家经济发展的重要力量。此外，企业也可能通过投资和专利授权等方式成为供应商。

③终端实现者。终端负责创新项目落地并产业化的机构是创业企业。

创业是创新实现的途径，创新是创业的本质和手段。创业企业是创新产业化的推动者，是实现创新经济效益的重要载体。在此过程中还需要多元的投资商围绕创业企业，辅助项目成功产业化。

④支撑者。支撑者是政府和高校及科研院所。政府的规范和激励会引导产学研更加紧密的结合，也会给创业企业带来生存和发展的诸多机遇。高校及科研院所具备专业性和综合性的人才团队，专业的人才团队使科技服务平台能够更加快捷精准匹配供需关系。专业化的视角也能帮助审视创业的机会、时机、可行性等，帮助科技服务平台合理分配孵化资源，使创业投资收益最大化。

高校和政府作为最基础的支撑，依托学校带来的科研成果和专业化综合性团队为面向平台的创新需求企业提供了科技创新服务，后端的初始集聚能发挥双边平台效应，吸引高校及科研院所加入平台。通过积极参与联盟协会、学术交流会等手段，早期科研成果向产业转移转化的成功，吸引了更多高校及科研院所的加入。扩展了与卓越大学联盟成员、产业研究院、区域科研院所等众多高校及科研院所的合作，集聚前端供应者的种类和数量，为后端创新需求企业提供多种选择，并基于高校的专业化团队为企业提供完备的解决方案，吸引了后端创新需求企业的加入。进一步发挥了平台规模效应，提升了平台价值，吸引了更多利益相关者加入平台，保证了平台长久平稳发展。

科技创新服务平台在前端负责高校及科研院所知识与科研成果的系统集成与模块整合。后端积极布局技术创新需求网络和产业技术资源网络，空间上可采用多点布局，在各区域设立分支机构，收集创新需求和资源信息，以点带面形成区域协同联动。针对系统集成的前端知识、科研成果，后端的创新需求和资源，依托高校的综合性专业化人才团队，将供需关系精准快速对接，为后端创新需求企业提供了创新所需的知识技术资源，并向前端反馈产业需求，以需求引导科研，使创新不再是科学推动的结果，而是需求拉动的结果，并辅以产业资源支撑科研。科技创新服务平台的建立不仅促进了高校及科研院所科研成果的转移转化、为科研提供了产业需求导向，还使创新需求企业跨越了基础研究阶段，大大缩短了创新周期并节省了成本。此外，信息流、物流、知识流、资金流等的流动方式并不限于前端与后端的对接，也可能是不同类型需求者之间、不同类型供应者之间、平台与平台之间的流动。信息流、物质流、资金流、知识流在前后端高效的循环流动促进了新知识、新技术的产生，创新需求企业将新知识、新成果反馈到科技创新服务平台，为终端创业实现产业化，并完成创新打下基础。

科技创新服务平台的新型孵化平台根据新创企业的发展需求，将系统集成的资源、积累的新知识和新成果、自有孵化资金、产业链合作伙伴的精准匹配、高校专业化综合性团队的指导，以及政府创新政策的集成作为创业支撑，吸引了众多创业企业加入孵化平台。孵化企业数量和种类的提升，平台专业化的指导和分析评价，能吸引更多的投资者融入平台的创业投资体系，拉动并引领社会资本，充实平台孵化器的种子资金池，更好地服务于项目和企业的孵化。当有更多投资者通过平台投资到有成长性和发展潜力的项目和创业企业时，平台必然会更加吸引优质项目和创业企业的入驻。

（3）大连理工大学江苏研究院产业技术创新生态体系服务模式与构建情况。

大连理工大学江苏研究院的服务模式是以知识产权服务为业务核心，面向并整合科技企业、高等院校、产业园区、政府部门资源，以创新要素整合、创新能力集聚、孵化基地管理为手段，以知识产权运营、技术商业化为主要内容，辅以科技咨询服务、创新创业服务、技术成果运营为重要方式的模式。当前主要聚焦的行业包括信息技术与物联网、绿色化工与制药、先进制造、机械装备、节能环保、先进材料等行业。总体服务模式如图 22 - 15 所示。

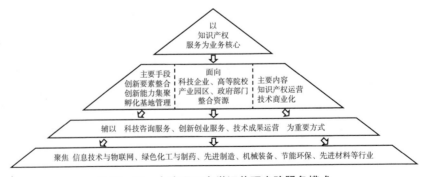

图 22 - 15 大连理工大学江苏研究院服务模式

根据大连理工大学江苏研究院的服务模式可知，当前江苏研究院产业技术创新生态体系的构建主要包含创新要素整合、创新能力集聚及孵化基地建设三个方面。其中创新要素包含了人才团队、创新网络、创新联盟及分支机构等六大类资源；在创新能力集聚方面，不仅包括塑造江苏研究院自身的成果开发转化能力，还集聚了输出端诸如合作高校教授团队、全国大学科学家大数据平台和国际学术交流合作平台等研发机构的成果设计输出能力，以及面向企业的成果实施转化能力；在孵化基地建设方面，以江苏研究院为核心相继建成了高邮研究院、金坛创新中心、相城创新中心和徐州工程机械研究中心等，提升了江苏研究院的载体服务能力。通过以上三个方面的行动，江苏研究院能有效链接政府部门、产业园区、科技企业和高等院校等主体，综合推出知识产权服务、技术商业化、技术成果运营、科技咨询服务及创新创业服务等。

大连理工大学江苏研究院产业技术创新生态体系构建情况如图 22-16 所示。大连理工大学江苏研究院通过设置以联合创新中心、区域产业创新支持中心、成果转化中心、产业孵化中心、技术与知识产权运营中心五大

图 22-16　大连理工大学江苏研究院产业技术创新生态体系

核心功能中心的组织架构，实现了全方位的资源引入、全链条的创新支持、全过程的技术支撑、全阶段的资金支撑及全渠道的产业合作对接，并通过成果转化平台化、创新要素集聚与创新网络形成、高质量的技术供给、技术创业与企业孵化、技术投资与技术运营等机制设计，实现了对创新要素、创新能力与创新体系的管理、集聚与整合，从而构建出产业技术创新生态体系，并为进一步链接产业创新生态链条、区域创新生态系统与全球创新资源网络奠定结构与功能基础。

更进一步地，产业技术创新生态体系构成了技术创新的"微生态"组织与结构基础，并通过与区块链技术、人工智能技术、大数据技术等先进新兴技术的结合与应用，改变企业的信息收集方式，保护企业在经济全球化网络中的知识产权，为企业积极探索开放式创新提供保障，改变传统的以人为创新主体的创新模式，提高企业适应外部多变环境的动态能力。技术创新"微生态"的形成，将进一步打通基于全球创新链、全球用户、全球科技资源及维基型组织的创新，从而在更宽、更广、更深的维度链接全球开放式创新生态系统。大连理工大学江苏研究院"微生态"与全球创新生态链接情况如图 22 – 17 所示。

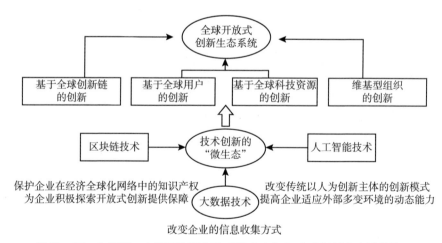

图 22 – 17　大连理工大学江苏研究院"微生态"与全球创新生态链接情况

22.3 大连理工大学江苏研究院产业技术创新生态体系构成要件

本节主要借鉴与利用 PESTEL 分析模型大连理工大学江苏研究院产业技术创新生态体系的构成要件进行分析。PESTEL 分析模型又称大环境分析，是通过分析组织外部宏观环境进而识别对组织机构有影响作用的有效工具。PESTEL 分析模型包含六个维度：政治维度、经济维度、社会文化维度、技术维度、环境维度和法律维度。

22.3.1 政治维度

国家层面：1996 年 5 月颁布的《中华人民共和国促进科技成果转化法》，确定了成果转化的基本原则、管理体制、组织实施方式、保障措施等制度，对促进科技成果转化为现实生产力提供了法治支撑和保障，提出了鼓励高等院校建立技术转移机构等产学研合作方式，开展成果应用与推广活动等意见。2015 年 8 月全国人大常委会通过了关于修改《中华人民共和国促进科技成果转化法》的决定，着重解决了高校转化科技成果过程中的瓶颈问题，极大地激发了高校和科技人员开展科技成果转化和创新创业的热情。2016 年和 2017 年国务院密集出台了《中华人民共和国促进科技成果转化法》若干规定、《促进科技成果转移转化行动方案》《国家技术转移体系建设方案》等政策文件，这些政策一方面呼吁和号召加强对科学成果的转化与应用，另一方面也为如何促进科技成果转化提供了指南和方向。

地方政府与学校层面：2008 年 3 月常州市科学技术局印发《关于加强江苏省科技成果转化专项资金项目实施管理工作的通知》，强化对常州市省科技项目转化的实施。2008 年 10 月 8 日时任常州市委书记、市人大常委会主任范燕青率领政府企业代表团访问大连理工大学，时任大连理工大学党委书记张德祥接待了代表团一行。双方在加大产学研合作力度，打造合作基地和平台，特别是共建大连理工大学常州研究院，将学校的科技资源和优势向长三角地区辐射，通过更广泛的产学研合作，为企业实现自主创新注入活力，推动常州市地方经济发展等进一步达成共识。2010 年大连理工大学投资建设大连理工大学常州研究院科技产业大厦，助力研究院的建设与发展。与此同时，大连理工大学先后出台了《促进科技成果转化实施办法》和相关细则，将相关政策措施落到了实处。2017 年年底江苏省确立了"推动江苏高质量发展走在前列"的目标，并进一步全面完善了创业孵化、创新支持的政策措施。随后，常州市政府积极响应，从多个方面进行了贯彻落实。2019 年常州市政府办公室发布《常州市深化在常高校院所与地方产业创新驱动融合发展三年行动计划（2019～2021 年）》，全面深化了在常高校、科研院所与产业创新驱动融合发展。

由此可见，本研究提炼出大连理工大学江苏研究院产业技术创新生态体系在政治维度的构成要件为宏观环境政策呼吁、地方政策响应与支持、高校践行指导与扶持等。

22.3.2　经济维度

根据柯布道格拉斯—生产函数，国民经济增长主要依托技术、资本和劳动力。由于人口红利结束，当前增长受限于劳动力投入程度。由此，技术开始发挥主导作用，经济发展逐渐迈入到以技术驱动社会转型的轨道上。随着技术市场（专利）容量的不断增加，技术与生产生活的结合日益紧密，对技术应用的速度提出了新的要求。

作为具有深厚基础的智造名城，常州市在产业、政策和资金方面具有显著优势。以 2019 年的数据为参考，2019 年常州市以 7 400 亿元 GDP 跃升为中国十强地级市之一。首先，规模以上工业增加值按可比价计算增长9.1%，增速位列苏南地区第一、全省第二；其次，常州智能制造装备产业集群入选首批国家战略性新兴产业集群；此外，2019 年十大产业链规模以上工业企业产值增长 9.5%，对工业产值增长的贡献率为 43.2%，占工业产值的比重为 43.4%，提升 1.4 个百分点。其中新能源产业链增长23.4%、新能源汽车及汽车核心零部件产业链增长 18.9%、智能电网产业链增长 14.2%、新医药及生物技术产业链增长 13.9%。2020 年，中国社会科学院与经济日报共同发布《中国城市竞争力第 18 次报告》，报告显示常州市位列全国 291 个城市的第 19 位，位列江苏省第 4 位。常州市的产业结构调整以科技为先导，旨在加速高新技术产业化进程，极大地促进了产业结构升级。高新技术产业链对工业产值增长的贡献率逐年提升。

由此可见，本研究提炼出大连理工大学江苏研究院产业技术创新生态体系在经济维度的构成要件为技术驱动型社会、产业布局潜力型区域等。

22.3.3 社会文化维度

常州市正处于转型升级、创新发展的加速期与关键期，重视吸引各类创投资本的加盟与助力，注重产学研合作平台的构建。为了加快集聚创新资源，孵化创新企业，引育创新人才，融通创新资本，优化创新环境，江苏省教育厅、省科技厅与常州市人民政府共同建设常州市科教城。2008 年江苏高校科技成果转化平台建设项目落户常州市科教城，并先后引入了中国科学研究院、牛津大学、北京大学、清华大学、南京大学、大连理工大学、东北大学、哈尔滨工业大学等著名高校及科研院所在此设分中心、研发机构和孵化基地，招引培育具有高端产品和核心技术的高科技公司，构建产业技术创新生态体系。

2018 年，常州市政府印发《关于进一步深化行政审批制度改革的实施意见》，试图将常州市打造成为行政审批少、行政效率高、发展环境优、市场活力强的地区，建设成为法治政府和服务型政府。2019 年，常州市政府办公室印发《常州市深化"放管服"改革优化营商环境重点任务分工方案》，旨在营造市场化、法治化和国际化的营商环境。

由此可见，本研究提炼出大连理工大学江苏研究院产业技术创新生态体系在社会文化维度的构成要件为重科技、亲商环境与服务型政府等。

22.3.4 技术维度

以信息技术为代表的新一轮科技产业革命爆发，本轮革命不再由单向技术的创新和应用驱动，而集中体现为多领域技术的群体突破和跨界融合，催生出很多新的业态。作为技术交叉融合和集成创新的重要基础，关键共性技术重要性凸显，日益成为新的全球产业竞争焦点。

由于对高质量技术保护不足，当前大部分专利质量不过关，并且部分委托者对专利技术所有权界定不清晰，极大地影响了技术的转化。《2019 中国知识产权产业运行数据监测与创新案例研究报告》显示，尽管中国企业有效专利实施率超过 60%，但是专利申请周期长、保护范围有局限仍然是制约中国知识产权产业发展的主要障碍。这使知识产权服务具有很大的应用空间。

从常州市的科技活动来看，2007 年常州市技术产权交易中心的科技成果转化合同金额已突破亿元大关，截至 2019 年年底常州市科研开发机构数 45 家，从业人员 4 557 人，技术性收入 7.4 亿，专利申请量 4.78 万件（发明型专利 1.18 万件）。2020 年 12 月常州市科教城科技成果转移转化中心暨智慧园区一体化平台正式发布，旨在为产业转型升级和培育未来新兴产业助力。此外，2018 年常州市科技局与知识产权局印发《关于开展 2018 年度常州市企业知识产权标准化工作的通知》，旨在推动全市企业知识产权的标准化，有助于提升专利质量，促进核心关键技术突破与专利转化。

由此可见，本研究提炼出大连理工大学江苏研究院产业技术创新生态体系在技术维度的构成要件为技术供给与技术需求不匹配、信息技术发展使围绕知识产权服务成为可能等。

22.3.5 环境维度

技术就绪指数（TRL）又指技术成熟度，是对技术本身研发水平的客观描述和评价。技术成熟度 1~9 的阶段中，4~6 的中试阶段被称为"死亡之谷"，这是由于高校科技人员更擅长 1~3 的基础研究工作，不适合介入后续的产品开发与产业化；而企业追求利润与规避风险的双重压力下更偏向进行 7~9 的技术发展与商业化。可见，"死亡之谷"的存在会极大阻碍科技成果的转化，从而极大地阻滞了产业技术创新的实现。

常州市是江苏省的创业投资创新发展示范城市，当前全市创业投资和股权投资机构已突破 500 家，资本认缴规模突破 1 000 亿元，近年年均增幅均保持 10% 左右。2018~2019 年常州市共支持 3 万余人成功自主创业并带动就业 16 万余人，其中引领大学生创业 0.81 万人，扶持农村劳动力创业 0.73 万人。2019 年常州市人力资源和社会保障局发布《常州市创业扶持政策经办指南》，鼓励和扶持创业活动的开展。这表明，常州市的创业活跃度高、营商环境较为优渥。

由此可见，本研究提炼出大连理工大学江苏研究院产业技术创新生态体系在环境维度的构成要件为"死亡之谷"的潜在机会、创业活跃度高及营商环境优渥等。

22.3.6 法律维度

随着高新技术的不断发展，国内企业的品牌意识与知识产权保护意识不断增强。《2019 中国知识产权产业运行数据监测与创新案例研究报告》显示，2008～2018 年中国专利申请受理量从 82.8 万件增长到 432.3 万件。这表明，国内知识产权环境不断改善，中国已经初步形成了良好的创新环境。

2020 年 11 月，习近平总书记在中共中央政治局就加强我国知识产权保护工作的第二十五次集体学习中指出，创新是引领发展的第一动力，保护知识产权就是保护创新，要全面加强知识产权保护工作。响应中央精神，常州市公安局先后开展"蓝剑 1 号""护航 2020""昆仑 2020"等专项行动，大力推动知识产权行政执法与刑事保护紧密衔接，精准打击妨害企业发展的侵犯知识产权犯罪和制售伪劣商品犯罪，全力护航常州市高质量发展。2020 年常州市共受理侵犯知识产权和制售伪劣商品案件 330 起，破案 235 起，抓获犯罪嫌疑人 635 人，捣毁制售窝点 79 个，挽回经济损失 2.77 亿元；其中破获知识产权案件 56 起，比上年同期增长 200%。与此同时，常州市成立新"知识产权保护中心"，促进了知识产权的保护和维权。

由此可见，本研究提炼出大连理工大学江苏研究院产业技术创新生态体系在法律维度的构成要件为知识产权保护意识与建设提升等。

22.4 大连理工大学江苏研究院产业技术 创新生态体系构成要素与运行机制

本研究从主体、关系和结构三个维度对大连理工大学江苏研究院产业技术创新生态体系的构成要素进行解读。

22.4.1　主体维度

产业技术创新生态体系中以江苏研究院为核心建立起了多主体之间的联系，包括企业家、生态合作伙伴（包括科技中介、互联网商、市场渠道）、高校及科研院所，以及技术经理人与经纪人等主体。需要强调的是，在创新资源主体中可以大致分为大连理工大学与第三方创新主体，这是因为大连理工大学作为江苏研究院的依托单位，不仅仅为江苏研究院提供了政策供给，还提供了源源不断的科研资源与技术供给。

22.4.2　关系维度

江苏研究院分别与不同主体之间建立联系，并在不同主体之间建立关联，通过不同主体的关联与集聚分别连通了技术成熟度 1~9 阶段中的一部分。具体而言，高校及科研院所等创新资源主体与江苏研究院形成创新资源供给关系，通过建立与企业家、生态合作伙伴、技术经理人与经纪人的联系，实现对这三类主体的资源传递与供给，同时侧重为生态合作伙伴提供进一步的合作渠道，通过与技术经理人及经纪人形成深入合作关系进而形成针对性的解决方案。

22.4.3　结构维度

江苏研究院作为中小企业科技服务平台、创新创业孵化平台及产业共生技术创新平台的交集与核心，成为大连理工大学江苏研究院产业技术创新生态体系结构中的核心连接点（Hub），形成了组织层面的"结构洞"并连接了企业家、生态合作伙伴、技术经纪人与经理人、高校及科研院所等创新资源等主体。更进一步地，在中小企业科技服务平台结构范围中，江苏研究院与大部分企业家、生态合作伙伴等构成了资源与服务供给的闭环；在创新创业科技孵化平台结构范围中，江苏研究院与大部分企业家、高校及科研院所等创新资源构成了资源供给的闭环；在产业共性技术创新平台结构范围中，江苏研究院与高校及科研院所等创新资源，以及技术经理人与经纪人等构成了方案提供与资源供给的闭环。

由此可见，本研究进一步提炼绘制出大连理工大学江苏研究院产业技术创新生态体系的运行机制如图 22 – 18 所示。

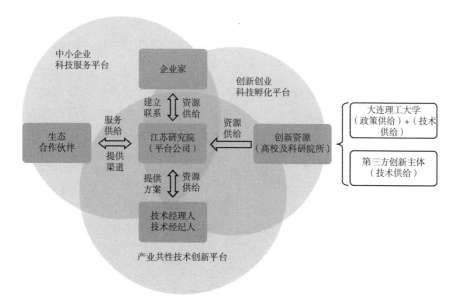

图 22 – 18 大连理工大学江苏研究院产业技术创新生态体系的运行机制

22.5 大连理工大学江苏研究院的经验借鉴

大连理工大学江苏研究院在科技创新成果转化、共建创新平台、人才联合培养等方面做出了很多努力和工作，结合大连理工大学江苏研究院发展的开发与管理经验，使其他产业研究院在对外开放的市场经济体制下能更好地深入发展，并实现可持续发展，为其他产业研究院的进一步发展提供参考，推动园区经济持续、快速、健康发展，为中国科学发展、跨越发展做出更大的贡献。因此，对大连理工大学江苏研究院这些年的发展总结了一些经验与启示。

（1）跨空间布局。大连理工大学江苏研究院在空间上多点布局，有利于区域间协同联动。在各地方建立分支机构，可以很好地完成收集创新需求和资源信息，构建技术创新需求网络和技术资源网络，以点带面形成区域协同联动。

（2）发挥多边平台联合效应。大连理工大学江苏研究院作为科技创新服务平台，链接的组织种类越丰富，数量越大，平台模式运营就可以充分发挥多边平台的平台效应，其余相应的两端也会在数量和种类上有所提升，极大扩展了平台的辐射面，促进了知识流、信息流、物质流和资金流围绕平台的高效流动。

多平台联合，拓宽整体辐射面，调动全要素进行创新、支撑创业、引导科研。不同科技创新服务平台的服务体系、服务内容、整合资源等都不尽相同，单个科技创新服务平台能力有限，只有多个科技创新服务平台相结合，增加平台的辐射面，将资源进行共享，弥补自身服务体系不足才能最大限度地调动全要素进行创新、支撑创业、引导科研。

（3）多元投资体系。多元投资体系助力孵化企业生存成长，提升平台价值和吸引力。多元投资体系不仅可以吸引创业企业大量入驻孵化器，还可以根据创业的不同培育路径、不同阶段提供不同性质的资本助力，解决了创业企业融资难、融资渠道单一的问题。

大连理工大学江苏研究院还共建研发机构的参与主体共同出资入股，使企业、高校及科研院所形成紧密的利益共同体，共同致力于产业技术创新。

（4）建立科技创新服务平台。大连理工大学江苏研究院作为科技创新服务平台，它的建立使知识流、信息流在高校、科研院所、企业、创业企业之间的流转形成闭环回路，新知识、新技术的回流为创新生态系统中的生产者——高校及科研院所的下一轮知识革新做准备；同时，企业和创业企业反馈的创新需求也为科研提供了导向，使创新不再是科研推动的结果，而是需求拉动的结果。科技创新服务平台的建立进一步促进了前文产业技术创新生态体系共享关系的形成，科技创新服务平台承担了科技中介、孵化器、投资机构的职责，使资源在核心层主体间流动更加顺畅。大连理工大学江苏研究院基于科技创新服务平台构建的主体间共享关系如图22－19所示。

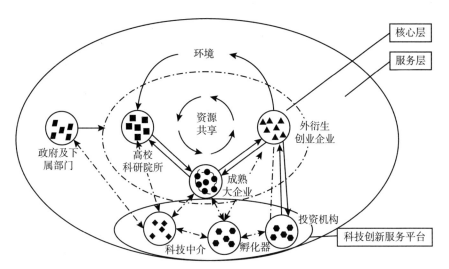

图 22 - 19 大连理工大学江苏研究院基于科技创新服务平台构建的主体间共享关系

► 第 2 部分 ◄

广东省产业技术创新
生态体系的实践探索

广东省产业创新生态体系的构成与运行机制

23.1 广东省产业技术创新生态体系发展概述

23.1.1 广东省产业发展现状

广东省地处中国南部，是中国第一经济大省，下属广州市为国家中心城市，深圳市为副省级市及计划单列市，深圳市、珠海市和汕头市为经济特区，广州市和湛江市为中国首批沿海开放城市。广东省统计局显示，2020 年广东省生产总值高达 110 760.94 亿元，经济总量连续 32 年居全国首位。

从产业结构来看，第二产业和第三产业成为广东省生产总值的主要贡献力量，近年来出现经济重心向第三产业转移的情况。此外，尽管工业生产总值出现下滑趋势，但是仍占据广东省生产总值大量份额，工业对国民经济的发展仍不容小觑，产业结构详情如表 23 - 1 所示。

表 23 - 1　　　　　　　　广东省各产业生产总值占比　　　　　　（单位：%）

年份	第一产业	第二产业	第三产业	工业
2015	4.3	45.4	50.3	41.9
2016	4.3	43.2	52.5	39.8

续表

年份	第一产业	第二产业	第三产业	工业
2017	3.9	42.1	54.0	38.6
2018	3.8	41.4	54.8	37.7
2019	4.0	40.5	55.5	36.6

资料来源：广东省统计局.

2020 年，广东省规模以上工业实现增加值 33 050.50 亿元，从主要支柱行业看，计算机通信和其他电子设备制造业、电气机械和器材制造业、电力热力生产和供应业、汽车制造业作为四大支柱行业，合计完成增加值 15 826.67 亿元，占全省规模以上工业增加值的 47.9%。

从企业规模来看，大中型企业成为增加值增长的主要力量，大中型企业完成增加值 23 450.26 亿元，而小微企业增加值仅有 9 600.24 亿元。

从创新能力看，据《2020 中国区域创新能力评价报告》显示，2020 年广东省创新能力得分为 62.14，连续四年排名全国第一，具体排名如图 23 - 1 所示。据《国家创新型城市创新能力监测报告 2020》和《国家创新型城市创新能力评价报告 2020》显示，其公布的创新型城市榜单中，深圳市和广州市分别位列全国创新型城市的第一名和第二名，东莞市排名全国第 22 位，佛山市排名全国第 27 位，多个城市的上榜体现了广东省在创新治理、技术创新、成果转化、创新驱动等多方面的先进性。

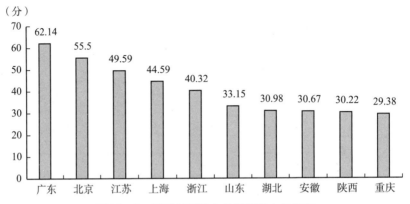

图 23 - 1　区域创新综合效用值前十名省市

资料来源：2020 中国区域创新能力评价报告.

23.1.2 广东省产业技术创新生态体系现状

广东省产业技术创新生态体系以区域性集成、差异化发展为显著特点。广东省产业技术创新生态体系由北部生态区群落、西翼群落、东翼群落、珠三角核心区群落、政府共同组成。北部生态区以发展旅游业等第三产业为主；西翼则以钢铁、石化等现代临港工业和海洋战略性新兴产业为主；东翼则以生物医药、石化等战略性新兴产业为主；珠三角核心区则以电子、电气机械和石油化工三大支柱产业为主。

23.2 广东省产业技术创新生态体系的构成要素

世界正处于百年未有之大变局，大变局中"变"的原动力在于技术革命[280]，以大数据、人工智能、新材料、新能源等为首的新兴产业技术正席卷全球，为我国实现技术跃迁提供了机会。我国目前仍存在核心技术创新能力羸弱的情况[281]，要想在经济上实现赶超，降低对他国核心技术的依赖，必然要塑造与高质量发展相匹配的创新能力，进一步解决不平衡不充分问题，让对外贸易不再受制于人。

在贸易结构不断向中高端推进的过程中，中国学习和吸收国外技术的限制因素越来越多，后发优势也越来越小，"卡脖子"技术问题凸显，这就要求中国必须实现从要素驱动向创新驱动发展，自主创新成为必由之路[282]。

对企业而言，创新正成为企业获取持续竞争优势的主要手段。产业技术创新不再是静态资源的积累和技术模仿，而是动态知识的更新换代。面对瞬息万变的外部环境和消费者需求，企业必须提升知识创造能力，以应对外部环境的诸多不确定性，不断推出新的产品，获取持续竞争优势。本节将围绕广东省产业技术创新生态体系的层次、成分与结构、流动三个要素对广东省产业技术创新生态体系进行分析。

（1）层次。创新群落是在一定时间与空间内，各创新种群与环境相互作用，形成的具有一定结构和功能的创新组织集合体，在广东省的四大创新群落中，分别包含企业类种群、科研类种群和中介类种群。珠三角核心区由广州市、佛山市、肇庆市、深圳市、东莞市、惠州市、珠海市、中山市、江门市9个城市组成，占地55 368.7平方公里，占据广东省80.8%的经济总量。珠三角核心区的支柱产业包括绿色石化。据广东省统计局统计，珠三角核心区绿色石化实现增加值占全省超70%。东翼由汕头市、潮州市、揭阳市、汕尾市四个地级市组成，位于广东省东部沿海，占广东省经济总量的6.4%。西翼由湛江市、茂名市、阳江市组成，占广东省经济总量的7.0%。北部生态区有韶关市、河源市、梅州市、清远市、云浮市5个地级市组成，占广东省经济总量的5.8%。

创新种群是指在一定区域内具有相似能力的创新组织集合，企业类创新种群包括平台类企业、主导企业、配套企业等，以制造能力为核心。研究类创新种群包括高校、科研院所、设计开发组织等，以研发能力为核心。中介类创新种群包括科技服务机构、金融投资机构等，以资源能力为核心。

创新种群由多个具备独立创新能力的创新个体组成，是具有创新所需近似资源和能力的组织集合。广东省产业技术创新生态体系层次如图23-2所示。

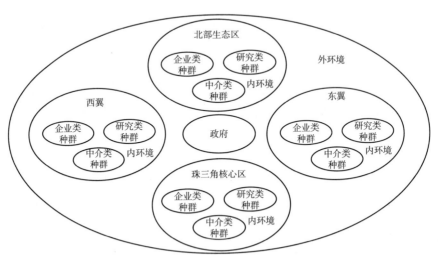

图23-2　广东省产业技术创新生态体系层次

（2）成分、主体及功能。创新主体可对应自然生态系统中的生产者，它是生态体系中最基础的部分，在产业技术创新生态体系中，创新主体可以是科研类种群中的高校、科研院所等，具备知识吸收、创造、储备，人才培养，基础研究等功能。

创新成果消费者对应自然生态系统中的消费者，可对初级生产物进行加工与再生产，还对生物种群数量进行调控。在产业技术创新生态体系中，创新成果消费者通常为制造类企业，在现有科研成果的技术上，与同一产业链或不同产业链的企业进行合作，开展应用研究，将内部优势、外部环境和消费者需求相结合，推出新产品或新技术。

创新成果次级消费者对应自然生态系统中的次级消费者，它们属于食物链中较高营养级，以草食动物或体积较小的食肉动物为食。在产业技术创新生态体系中，创新成果次级消费者通常是在孵企业、创业者和初创企业，创业是创新实现的途径，创新是创业的本质和手段。创业企业是创新产业化的推动者，是实现创新经济效益的重要载体。

中介者可分为两类，一类是科技中介服务机构，其可作为各类创新主体沟通连接的纽带，一方面促进高校、科研院所与企业对接，进行科技成果转化；另一方面，推动企业与其他异质性企业进行合作，进行协同创新。另一类是孵化服务机构和金融投资机构，辅助在孵企业、创业者等实现新技术、新产品的产业化。广东省产业技术创新生态体系的成分、主体及功能情况如表23-2所示。

表23-2　广东省产业技术创新生态体系的成分、主体及功能情况

成分		主体	功能
创新主体	科研类种群 ↑	高校、科研院所、设计开发组织	知识吸收、创造、储备，人才培养，基础研究
中介者	中介类种群 ↑	科技服务机构	各创新主体沟通连接的纽带，一方面促进高校、科研院所与企业对接，进行科研成果转化；另一方面促成企业与企业间合作，进行协同创新

续表

成分		主体	功能
创新成果消费者	企业类种群	大中小企业	在科研类种群现有科研成果基础上，联合同一产业链或不同产业链的企业主体进行应用研究，推出新产品或技术
中介者	中介类种群	孵化服务机构、金融投资机构	辅助在孵企业、创业者等实现新技术、新产品的产业化
创新成果次级消费者	企业类种群	在孵企业、创业者、初创企业	实现新技术、新产品的产业化
生态环境	创新环境	政策环境、文化环境，市场、消费者需求、技术等的变动	政策和文化提升创新主体创新意愿，消费者需求变动为创新提供方向，技术变动为创新提供工具

（3）流动。知识、信息、物质、资金在各创新主体间的循环流动是产业技术创新生态体系健康运转的保障。广东省各类创新主体交流情况如图 23 - 3 所示。

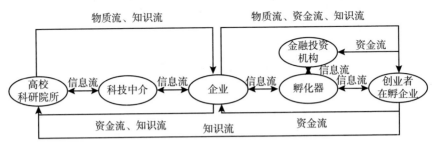

图 23 - 3　广东省各类创新主体交流情况

从图 23 - 3 中可以看出，在广东省产业技术创新生态体系中，具有中介服务性质的科技中介和孵化器主要负责信息流的传递。科技中介一方面收集整合高校及科研院所的科研成果、学科知识、人才信息，整合企业的创新需求，并将两者进行精准匹配，回馈给高校及科研院所产业创新需求，让需求引导科研；另一方面，为企业提供可以应用的科研成果、人才、学科知识信息，促进科研成果转化为生产力。孵化器一方面将企业作为项目源，收集整理新产品、新技术的信息，另一方面收集整理创业者和在孵企业信息，将二者信息进行匹配，合适的创新项目交由合适的孵化企业完成产业化。此外，孵化器不仅可以为在孵企业拓宽融资渠道，提升在孵企业的孵化率，还可以为金融投资机构寻找有潜力、有成长性的创新项目。

基于中介服务机构的沟通连接作用，知识流、信息流、物质流、资金流可以在各创新主体间畅通无阻循环流动。高校及科研院所可以将以人才为代表的物质流、以学科知识和科研成果为代表的知识流传递给有创新需求的企业，企业还可以将资金流和以产业技术为代表的知识流传递给高校及科研院所，以供高校及科研院所在现有基础上进行新一轮技术革新。企业可以将以人才为代表的物质流、以新技术或新产品为代表的知识流和资金流传递给在孵企业和创业者以供其实现新技术、新产品的产业化。金融投资机构将资金流传递给在孵企业，以提升其创业成功率。完成产业化的在孵企业和创业者又可以将资金流回馈给企业和金融投资机构，而完成产业化的新技术、新产品又可以作为新的学科知识、产业技术回馈给高校及科研院所，帮助高校及科研院所革新自身储备知识。知识流在各主体间的嵌套循环流动使技术和知识始终处于一种动态革新过程，而不再是静态知识的积累和储备。

23.3　广东省产业技术创新生态体系的参与主体

创新包含基础研究、应用研究、开发、产业化等诸多环节。高校是技术研发和创新的主体，是科技成果产出的发源地。企业是在现有成果上进行应用研究和开发的主体。创业者是将最新成果实现产业化的人。虽然近年来我国高校科研成果产出数量逐年攀升，已超过英国、美国等国家，但是科研成果转化率却低于很多发达国家，大量科技成果无法转化成实际生产力。科技成果转化是一个非常复杂的过程，需要高校及科研院所、政府、企业、中介服务机构、金融投资机构等多主体共同参与，多方力量协同才能促成科研成果的顺利转化。

（1）政府。政府主要行使政策制定、政策服务、宏观调控的职能。政府将高校及科研院所、企业、创业者、中介服务机构、金融投资机构等相互连接，构建良好的政策环境，促进市场资源的有效配置，使知识流、信息流、物质流、资金流在各主体间循环流动。广东省人民政府将人才、资本、技术、知识等创新要素汇集在一起，合理分配资源，制定了一系列有利于多主体协同创新的税收、财政、金融等政策措施或法律制度，规范主体行为，构造持久有效的创新激励环境。此外，政府还通过科技管理部门，掌握前沿科技动态，制定政策引导创新方向，为产业创新生态体系划拨科研经费、提供直接的资金支持，或是通过减免税费等提供财政税收上的支持。

（2）企业。企业是产业技术创新生态体系中的核心，为科研成果转化为生产力作出了主要贡献。一个区域内，高新技术企业数量、规模、成长性等都能直接决定该地区创新能力水平的高低。产业创新生态体系中的创新主体企业可以在高校及科研院所现有科研成果的基础上进行应用研究，将内部优势、外部环境和消费者需求相结合，推出新产品或新技术。此外，企业间也存在协同创新的可能，同一产业链的企业主体存在资源上的差异，如果可以依托各企业的知识流、物质流、信息流、资金流进行资源上的整合，就可以形成优势互补、利益共享、风险共担的利益共同体，创新效率将大大翻倍。不同产业链的企业也可以通过组织间的相互学习，通过资源的整合，将其他产业的先进技术移植到本产业，形成新一代的产业技术。

广东省高技术制造业可分为信息化学品制造、医药制造业航空航天器及设备制造、电子及通信设备制造、电子计算机及办公设备制造、医疗设备及仪器仪表制造六大类，26 个小类，企业 9 000 余家。2019 年高技术制造业工业增加值 1 022.97 亿元，占比全省规模以上工业增加值的 31.46%，其中电子及通信设备制造业贡献突出，占比 82.73%。从工业增加值率来看，产业的研发、设计、关键零部件制造、一般零部件生产、原材料生产、组装与总成等环节的工业增加值分布不是均匀的。在研发、设计和关键零部件制造环节，往往需要较高专业知识和技能水平的科研人员，人力资源投入占比重大，物质投入主要体现为设备折旧，成果具备不可替代性和垄断性，所以其工业增加值率要高于一般环节[283]。医药制造业和医疗设备及仪器仪表制造业的工业增加值率较高，说明其产业内企业的附加值较高，盈利水平较高，投入产出效果更佳，研发、设计、关键零部件制造等高新技术环节较为集中；而信息化学品制造业和电子计算机及办公设备制造业的工业增加值率偏低，说明产业内多是围绕一般零部件生产、原材料生产、组装与总成等低技术水平环节运营，更加突出了该产业大而不强的特点。2019 年广东省高技术制造业运营情况如表 23 – 3 所示。

表 23 – 3　　　　　　　　2019 年广东省高技术制造业运营情况

产业类别	企业单位数（个）	2019 年工业增加值（亿元）	2019 年工业总产值（亿元）	工业增加值率（％）
信息化学品制造业	19	6.93	61.98	11.18
医药制造业	484	528.09	1 646.86	32.07
航空航天器及设备制造	19	46.69	167.54	27.87
电子及通信设备制造业	6 945	8 457.70	39 578.76	21.37
电子计算机及办公设备制造业	1 036	651.88	4 283.75	15.22
医疗设备及仪器仪表制造业	1 039	531.67	1 748.85	30.40
总计	9 542	10 222.97	47 487.73	21.53

资料来源：广东省统计局.

广东省先进制造业可分为高端电子信息制造、先进装备制造、石油化工、先进轻纺制造、新材料制造、生物医药及高性能医疗器械六大类，22 个小类，企业 32 997 家，具体情况如表 23 – 4 所示。先进制造业 2019 年工业增加值合计 17 848.93 亿元，占比全省规模以上工业增加值的 54.93％，其中先进装备制造业和高端电子信息制造业对工业增加值的贡献较为突出，分别占先进制造业工业增加值的 45.11％、42.64％。从工业增加值率来看，生物医药级高性能医疗器械和先进装备制造业的工业增加值率较高，说明其产业内企业的附加值较高，盈利水平较高，投入产出效果更佳，研发、设计、关键零部件制造等高新技术环节较为集中；而新材料制造业的工业增加值率偏低，说明产业技术水平偏低，研发、设计、关键零部件生产等高技术生产活动不多，也在一定程度上突出了该产业大而不强的特点。2019 年广东省先进制造业运营情况如表 23 - 4 所示。

表 23 - 4　　　　　　　　2019 年广东省先进制造业运营情况

产业类别	企业单位数（个）	2019 年工业增加值（亿元）	2019 年工业总产值（亿元）	工业增加值率（%）
高端电子信息制造业	5 030	7 611.20	34 986.55	21.75
先进装备制造业	8 067	8 052.45	29 512.23	27.29
石油化工产业	2 617	1 705.70	8 194.19	20.82
先进轻纺制造业	11 454	2 379.45	9 753.39	24.40
新材料制造业	6 144	1 543.80	7 996.64	19.31
生物医药及高性能医疗器械	925	665.81	1 982.45	33.59
总计	32 997	17 848.93	79 773.77	22.37

资料来源：广东省统计局.

（3）高校及科研院所。高校及科研院所有着较强的科研能力和丰富的知识储备，是进行基础研究的最佳主体，其科研成果可直接转化为创新项目，产业化后再转化为实际生产力。高校及科研院所不仅可以产出新的知识与技术，还可以提供创新活动所需的丰富知识、技能等。此外，高校及科研院所还培养了大量创新所需的高层次高技术人才。

区域内是否拥有较高水平的高校及科研院所直接决定了该地区的创新能力和人才素质。广东省共有 154 所高等学校，其中有 2 所国家"985 工程""双一流" A 类大学，4 所国家"211 工程"大学，4 所中央直属大学，学校类别占比较高的是综合型、理工、财经、医药。广东省内研发机构共 187 家，任职研发活动人员 24 335 名。整体来看，广东省具备较强的创新能力和人才素质。

（4）中介服务机构。中介服务机构是一种介于企业、高校、科研院所、金融投资机构、政府等的中间组织，有着沟通连接、咨询服务等桥梁作用，其形式多样，比如有科技中介、行业协会、孵化器、法律财会事务所等。中介服务机构虽然不是创新活动的主体，但是却是创新活动不可缺少的辅助者。

中介服务机构广泛整合外部资源，一方面可以作为各创新主体沟通连接的纽带，通过将高校及科研院所的知识、人才、科研成果、企业的创新需求和产业技术资源等进行系统集成与模块整合，精准匹配产业链合作伙伴，促成相关主体相互连接，促进科研成果快速转化，协同创新，进一步构建产业技术创新网络；另一方面，中介服务机构又是政府代言人的角色，通常各创新主体与政府间存在信息不对称的情况，中介服务机构可以帮助各创新主体选择适合的扶持政策、政府项目申报、研发或高端人才补贴、法律条款等。另外，中介服务机构作为平台，能发挥平台规模效应，吸引众多创新相关的主体加入，促进区域创新生态体系持续健康发展。

（5）金融投资机构。金融投资机构主要服务于创新项目和在孵企业的孵化，以投资为主。产业技术创新是一个高风险、高成本的过程，对于中小企业、在孵企业而言，资金短缺、融资渠道不畅已成为其生存发展的首要障碍。金融投资机构的存在大大缓解了在孵企业、中小企业的资金压力。通常金融投资机构拥有丰富的外部资源关系网络，市场敏感度较高，相关行业专业知识丰富，能较为敏感地识别具有成长性和发展潜力的先进技术、项目、公司等。因为自身作为投资公司的利益相关者，金融投资机构还可以为项目或在孵企业在投融资方面提供指导。

据"投资界"统计，广东省现有投资机构共4 035家，其中热点投资领域包括光电设备、机械制造、医疗健康、金融、清洁技术、娱乐传媒、化工原料等。分属投资阶段较为合理，种子期596家，初创期805家，扩张期1 155家，成熟期880家，可以保证企业在整个生命周期全阶段都有可能获得资本支持。机构种类呈现多元化，包括私募股权投资、风险投资、天使投资、战略投资、组合基金（FOFs）等，实际上，技术创新正是靠不断有企业和投资者在不同阶段介入、不同阶段获利退出这样的接力方式完成的。此外，广东省内也不乏较为知名的投资机构，如同创伟业、深创投、达晨财智等。

23.4　广东省产业技术创新生态体系的运行机制

（1）培育发展战略性产业集群。广东省人民政府，基于目前发展支撑点不多、新兴产业支撑不足、关键核心技术受制于人、高端产品供给不足、发展载体整体水平不高、稳产业链供应链压力大的现状，认为目前在提升供应链、产业链和价值链，增强自主创新能力，培育本土领军企业和自主知名品牌等方面仍有较大提升空间。近年来，广东省人民政府将重心放在建设战略性支柱产业集群和战略性新兴产业集群上。

产业集群是能有效提升产业竞争力的发展模式之一。产业集群并不是简单的产业内企业的聚集，而是具有产业间及产业与其他机构之间的联系和互补性，即共生机制[284]。这种机制的建立可以为集聚企业带来外部规模经济，一方面企业在区域内的集聚有利于新知识、新技术、新创意在企业之间的传播和应用；一方面，产业集群可以支持中间投入品的大规模生产，从而降低成本，而靠近市场也大大降低了采购和销售成本；另一方面，产业集群内集聚了大量潜在的劳动力需求和供应，降低了工人的失业率，保障了厂商的劳动力需求；此外，产业集群还有着促进集体行动和降低进入壁垒的优势[285]。战略性支柱产业集群的建立是战略性支柱产业企业与上下游企业、高校及科研院所、中介服务机构、金融投资机构等在一定区域内的集中，多个创新主体的集中使他们能够共享产业集群内的资源，享受规模经济。

目前，广东省战略性支柱产业集群有 10 类，分别为新一代电子信息产业集群、绿色石化产业集群、智能家电产业集群、汽车产业集群、先进材料产业集群、现代轻工纺织产业集群、软件与信息服务产业集群、超高清视频显示产业集群、生物医药与健康产业集群、现代农业与食品产业集群，这十大战略性支柱产业集群在 2019 年实现营业收入合计 15 万亿元，具有稳定增长的趋势和坚实发展的基础，高端产品的供给能力显著增强，逐渐摆脱对国外进口的依赖，目前已经成为广东省重要的经济支撑点。广东省战略性新兴产业集群分为 10 类，分别为半导体与集成电路产业集群、高端装备制造产业集群、智能机器人产业集群、区块量与量子信息产业集群、前沿新材料产业集群、新能源产业集群、激光与增材制造产业集群、数字创意产业集群、安全应急与环保产业集群、精密仪器设备产业集群，这十大战略性新兴产业集群在 2019 年实现营业收入 1.5 万亿元，收入年均增速保持在 10% 以上，具有相当大的成长性和潜力。

为支撑战略性产业集群的发展，广东省各地各部门纷纷出台政策支持产业集群发展，引导社会各界围绕产业集群发展需要配置要素资源；设立产业发展、创新、农业等多个政策性基金；帮助产业拓宽融资渠道，支持产业集群中符合条件的重点企业境内外上市、挂牌；为加强产业集群区域土地、交通等保障，将产业集群建设内容纳入各地国土空间规划。

（2）"一核一带一区"战略。"一核"为珠三角核心区，是广东省经济发展的重要支撑点，"一带"是沿海经济带，由沿海 7 市和东西翼 7 市组成，是新时代全省发展的主战场；"一区"是北部生态发展区，是全省重要的生态屏障。

2019 年 7 月，广东省政府印发《关于构建"一核一带一区"区域发展新格局促进全省区域协调发展的意见》（以下简称"《意见》"），《意见》强调广东省将坚持协调发展和分类指导的战略，以功能区为引领，各功能区的产业向不同方向发展。

（3）坚持创新引领，重点突破。虽然广东省的总体研发强度全国领先，但是仍然存在产学研脱节、"卡脖子"技术制约等问题存在。近年来，广东省政府不断推动产业技术创新，从重点领域和关键环节取得了突破性进展，实现了要素驱动向创新驱动的转变。为了在关键共性技术、前沿引领技术方面取得突破，广东省做了如下几个方面的努力。

①推进国家自主创新示范区建设。国家自主创新示范区是经中华人民共和国国务院批准，在推进自主创新和高技术产业发展方面先行先试、探索经验、作出示范的区域。科学技术部指出，建设国家自主创新示范区对于进一步完善科技创新的体制机制，加快发展战略性新兴产业，推进创新驱动发展，加快转变经济发展方式等方面将发挥重要的引领、辐射、带动作用。广东省大力推进珠三角国家自主创新示范区的建设，充分发挥创新引领经济发展的策略，争取在关键技术上取得突破性进展，珠三角国家自主创新示范区内重点创新平台如表 23-5 所示。

表 23 - 5　　　　　　珠三角国家自主创新示范区内重点创新平台

广州	广州大学城—国际创新城
	中新广州知识城
	广州科学城
	琶洲互联网创新集聚区
	广州国际生物岛
	南沙资讯科技园
佛山	佛山三龙湾高端创新集聚区
东莞	东莞松山湖高新区
	东莞滨海湾新区
	东莞中子科学城
惠州	惠州潼湖生态智慧区
中山	中山翠亨新区
江门	江门高新区
肇庆	肇庆新区

②推进实验室体系建设。近年来，广东省注重实验室体系建设，截至2020 年年底广东省已建设国家重点实验室 30 家，国家工程实验室 15 家，国家工程技术研究中心 23 家，省实验室 10 家，省级工程技术研究中心5 944家，国家—地方联合工程研究中心 45 家、国家认定企业技术中心 87家，省工程实验室 108 家，省级企业技术中心 1 434 家，粤港澳联合实验室 20 家，在人工智能、量子信息、集成电路、生命健康、脑科学、空天科技、深地深海等领域进行前瞻性布局。此外，广东省政府还建立了广东省实验室体系管理平台，加强了实验室之间的沟通与联系，开放课题促进多实验室的共同参与，问题攻克效率大大提升，还增强了相关科研基金的支撑作用。

③推进技术创新中心建设。技术创新中心是科技创新力量的重要组成部分，广东省政府致力于突破制约产业发展的关键共性技术问题，培育本土领军企业，结合自身优势支柱产业及战略性新兴产业，引导骨干企业牵头，联合高校及科研院所，共同建设了若干技术创新中心。

2019 年 7 月，广东省科技厅制定了《广东省技术创新中心建设方案》

（以下简称"《方案》"）。《方案》强调，省技术创新中心对标国家技术创新中心建设要求，以广东省较有影响力和主导地位的支柱产业、战略性新兴产业及若干重点领域为重点，探索建立科技创新的新型体制机制，聚集高端创新人才，形成从基础研究到应用研究、规模化生产的完整技术创新链和产业配套链。同年，广东省大力推进技术中心建设，由珠海格力电器股份有限公司牵头建立广东省智能化模具技术创新中心，省政府拨款1 500万元；由深圳市第三代半导体研究院牵头建立广东省第三代半导体技术创新中心，省政府拨款1 500万元。

④完善科技成果转化服务。为加强科技成果信息交汇与发布，广东省科技厅牵头建立广东省重大科技成果转化数据库——"粤创粤新"。该数据库涉及应用型科学研发专项领域、重大专项领域、电子信息、先进制造与自动化、生物与新医药、新材料、新能源与节能、资源与环境等领域，与中山大学、华南理工大学、暨南大学等高等院校，广东省科学院、中科院广州分院、广东省农业科学院等科研院所，水污染控制与给水净化、能量转化与储存系统团队、新型能原材料与器件团队等创新团队展开合作。帮助政府充分发挥基金引导作用，帮助企业进行成果筛选、市场化评估，帮助高校、科研院所、创新团队等进行投融资服务、成果推介等，极大地提升了广东省科研成果转化效率与成功率。

另外，广东省科技厅、经济和信息化委员会、教育厅等机构都牵头组织举办重大科技成果与产业对接会，帮助高校及科研院所建设科技成果转移转化机构，举办各类创新创业大赛，并采取了构建"互联网＋"创新创业人才服务平台等诸多举措。

⑤推动建设"一元多生态位"群体中介平台。"一元多生态位"群体常用于生态学研究中，具有群体目标性、种群组成一元性，所形成的群体各生态元具有特定的生态位宽度、生态位重叠与生态位分离，"一元多生态位"群体具有群体生产能力的高效性和单个生态元生产能力的差异性特征[286]。不同中介服务机构的服务体系、服务内容、整合资源等都不尽相同，单个中介创新服务机构能力有限，即各中介服务机构生态位存在差异，只有多个中介服务机构相结合，共建"一元多生态位"群体，将资源进行共享，弥补自身服务体系不足才能最大限度地调动全要素进行创新、支撑创业、引导科研。

广东省人民政府通过统一规划、统一建设、统一部署，建立了广东省网上中介服务超市（以下简称"中介超市"），作为全省各类有关中介服务网上交易的综合性信息化服务和信用管理平台，为项目业主购买中介服务、中介服务机构承接中介服务项目、行业主管部门对相关单位和人员实施监管并提供服务。中介超市面向全国符合条件的中介服务机构常态开放、实时入驻。入驻中介超市的中介服务机构可在全省范围内依法开展从业活动，自主参与竞争。中介超市按照"一个平台、全省共用，一地入驻、全省通行，一处失信、全省受限，一体管理、分级使用"的原则进行运营、服务和监管。中介超市现有入驻机构共 8 599 家，服务分类共 58 类，遍布各行各业。

（4）政府分阶段参与产业建设。广东省政府对于不同性质不同发展阶段的产业采取不同的支持办法。对于具有发展潜力的战略性新兴产业，政府进行主导，给予政策上的支持，调控完善产业链条，推动战略性新兴产业集群化发展，产业集群内企业特色化、错位化发展。对于传统产业，政府进行引导，市场进行推动，共同促进了传统产业的转型升级，一方面政府做好顶层设计，优化产业布局，合理配置各要素资源；另一方面，市场需求的变动为传统产业转型提供方向，市场上新兴技术的发展为传统产业升级提供了有效手段。对于战略性支柱产业，采取市场主导策略，充分发挥市场在资源配置中的作用，强化企业主体地位，激发主体的创新活力与竞争实力。

| 24 |

深圳清华大学研究院产业技术创新生态体系的构成与运行机制

24.1 深圳清华大学研究院概况

24.1.1 深圳清华大学研究院简介

深圳清华大学研究院（以下简称"深研院"或"RITS"）是深圳市政府和清华大学于 1996 年 12 月 21 日共建的、以企业化方式运作的事业单位。深研院坐落于深圳市南山区高新技术产业园南区。

20 世纪 90 年代初期，支撑深圳经济发展的加工贸易业出现严重滑坡，促使深圳市践行创新发展战略，寻找科技资源以支撑高新技术产业发展，力求突破技术缺乏、人才缺乏的制约；同一时期，国务院提出了"科技工作面向国民经济主战场"的口号，号召强化技术开发和推广，加速科技成果商品化、产业化的进程。为了在高校和企业之间、科研成果和市场产品之间建设桥梁，清华大学与深圳市政府创建了深研院，其战略目标为"服务于清华大学的科技成果转化、服务于深圳的社会经济发展"，从此开启了中国新型科研机构的崭新探索。

24.1.2　深圳清华大学研究院创新体制简介

深研院首创"四不像"创新体制：既是大学又不完全像大学，既是科研机构又不完全像科研机构，既是企业又不完全像企业，既是事业单位又不完全像事业单位；形成了研发平台、人才培养、投资孵化、创新基地、科技金融和海外合作六大功能板块，探索把科研成果转化融入企业孵化的新途径中，把科技经济"两张皮"贴在创新创业企业的载体上。深研院累计投入9亿多元，成立了面向战略性新兴产业的60多个实验室和研发中心，拥有包括国内外院士7名、973首席科学家5名在内的数百人研发团队，5支队伍获孔雀计划支持；累计孵化企业2 500多家，培养上市公司22家；在珠三角地区成立了一批创新中心及孵化基地；为中小微科技企业提供"一揽子"科技金融支持，用投贷结合、投保结合等创新方式为科技企业提供服务；先后创立北美（硅谷）、英国、俄罗斯、德国、以色列、美东（波士顿）、日本等七个海外中心，引进国际人才和高水平科技项目，在国际技术转移领域进行了有益探索。

24.1.3　深圳清华大学研究院研发平台简介

深研院以8所自有研究机构和5所与大企业共建研究机构为依托构建研发平台，聚焦战略性新兴产业，关注全球前沿核心技术，重点引进、培育和孵化对我国经济和社会发展具有较大贡献的科技项目，为我国新一代信息技术、先进制造、生态环保、新能源、新材料、生命健康等新兴产业领域实现跨越性发展提供了动力。深研院的8所自有研究所聚焦半导体、新能源、新材料等八大行业领域，下设若干重点实验室或研发中心等机构，自有研究机构概况如表24-1所示。

表 24 – 1 深研院自有研究机构概况

自有机构名称	自有机构下设单位名称
光机电与先进制造研究所	高端半导体激光器研究中心、微纳工程重点实验室、光机电一体化实验室
新能源与环保技术研究所	低碳能源与节能技术重点实验室、工业分离实验室、生态与环境保护实验室、环境物联网研发中心
新材料与生物医药研究所	等离子体纳米生物芯片研发中心、创新中药及天然药物重点实验室、先进储能材料与器件实验室、生物医用材料及植入器械实验室、分子诊断及测序研发中心、抗肿瘤创新药物研发中心、智慧医疗影像与健康中心、光电新材料研发中心、脑重大疾病诊疗技术研发中心、人体微生态与健康研发中心
电子信息技术研究所	数字电视系统实验室、云计算与容灾技术实验室、微电子与智能技术实验室
宽带无线通信研究所	宽带无线通信实验室、电子设计自动化重点实验室、宽带无线网络技术实验室
综合技术研究所	复眼计算视觉技术与智能装备研发中心、高端海洋工程装备研发中心、下一代互联网研发中心、智慧油气研发中心、城乡发展研究中心、数字化建筑研发中心、自主式机器人研发中心、先进功能材料与装备研发中心、数字智慧城市系统研发中心、脉冲电磁场技术研发中心、空间智能与信息工程研发中心、工程再担保研究中心、智慧能源研发中心、电池材料研发中心、应用技术研发中心、创新战略研究中心、文化创意产业研究中心、核安全及高效利用研发中心、生态环境人工智能研发中心、先进光子传感研发中心、产业规划研究中心、人工智能研发中心、第三代半导体材料与器件研发中心、振动能量回收及应用研发中心、海洋岩土工程技术研发中心、公共安全研发中心、太空数字技术研发中心、能源管理及热利用研发中心
航空航天技术研究所	智能控制与先进制造研发中心
超滑技术研究所	超滑技术研究所

深研院与大企业共建的研究所 5 所，聚焦企业现实需求，以解决科技成果转化中的高层次、综合性、前沿性等理论与实践问题为目标，共建研发平台、开展资源对接、提供科技服务等，深研院共建研究机构概况如表24 –2 所示。

表 24 – 2　　　　　　　　　　深研院共建研究机构概况

共建机构名称	共建机构简介
华润联合研究院	"华润化学材料高性能热塑性复合材料实验室"是华润科学技术研究院—深圳清华大学研究院设立的首个实验室，聚焦具有力学性能优越、可循环利用和绿色环保等特点的高性能热塑性复合材料研发，属于轻质高强新材料，产品可广泛用于交通运输、能源环保、建筑建材、3C电子等领域的市场
中国海油联合研究所	依托深研院的机制体制和创新资源优势，借助海油发展公司的技术和产业优势，双方共建联合创新研究院，携手打造一个高层次、综合性、前沿性、开放式的产学研平台。该平台将成为海油发展公司和清华研究院践行粤港澳大湾区国家战略的重要创新产业基地，为加速海上能源产业的创新，以及相关技术研发、孵化和项目产业化提供了重要支撑
中国商飞研究中心	依托深研院的机制体制和创新资源优势，借助中国商飞北研中心的技术和产业优势，双方共建联合研究中心，共同努力将其打造成为高层次、综合性、前沿性、开放式的产学研平台
中外运联合研究所	基于深研院的创新机制和科研资源优势，依托华南外运的业务场景和网络优势，共同研究疫情冲击下制造业的物流技术需求及物流行业的新生态。双方将携手共建联合创新中心，同时推进研发项目合作，主要聚焦于智慧物流技术研发与应用，集聚供应链管理领域的前沿科技项目、团队和人才
西门子能源联合创新中心	重点关注能源数字化、氢能应用、工业去碳化等细分领域，整合能源行业头部企业、技术、人才、资金、载体、合作伙伴等资源，共建研究开发平台，开展资源对接。具体合作内容包括能源领域企业合作、政府项目申报、商业化项目合作、能源企业联盟和其他科技生态、科技服务等

24.1.4　深圳清华大学研究院市场化平台机构简介

力合科创集团有限公司（以下简称"力合科创集团"）成立于1999年，是深圳清华大学研究院打造和培育的科技创新服务平台公司，以进行科技成果的产品化与市场化运作。力合科创集团是国家高新技术企业，于2019年与上市公司通产丽星完成重组。

力合科创集团以科技创新服务为主业，推进科技成果转化和创新企业孵化，有效聚集创新产业链的技术、人才、载体、资金四大要素，逐步形成应用研发、人才培训、创新基地、投资孵化深度融合的科技创新服务体系。力合科创集团现已在国内重点城市建设和运营 32 个科技企业孵化器和创新基地；与深圳清华大学研究院共同在北美、欧洲、以色列、日本等地设立了七大海外创新中心；累计孵化服务企业 3 100 多家，培育上市公司 33 家、新三板挂牌企业 50 多家、国家高新技术企业 300 多家及众多明星科技项目。

力合科创集团的业务分为研发平台、人才培养、投资孵化、创新基地、科技服务及国际合作六大板块。其中，研发平台主要连接国内外高校、科研院所与科研人员，形成科技成果与技术专家资源池，以此推进科技成果转移转化工作，为所服务企业对接自有研发机构或国内外高校及科研院所进行委托开发，帮助科技企业提高技术研发能力，或以新技术支持传统企业升级转型；人才培养主要是培训高素质经营管理人才和技术人才，同时建立了科技经营管理与技术人才库，为所服务的各类企业提供人力资源支撑；投资孵化聚焦大健康、新材料、电子信息、环境保护等领域，与集团内业务板块联动，坚持高新技术导向型投资以加速科技成果转化和创新孵化；创新基地主要是在创新产业重点区域布局孵化器和加速器，形成完整的创新孵化网络；科技服务主要包含推广产学研深度融合的科技创新孵化体系，服务地方政府，助力当地经济在创新驱动下的高质量发展，为具有技术转型升级诉求的传统成熟企业提供产业研究、转型升级解决方案等多种服务；国际合作方面，主要在欧洲、美洲等国际重点科技创新区域架设国内外科技创新资源的联通网络以扩大力合科创区域性优势的覆盖范围。

24.2 深圳清华大学研究院产学研科技创新孵化体系现状

经过二十余年的发展，深研院目前已经形成由 8 所自有研究机构和 5 所与大企业共建研究机构构成的研发平台基础硬件体系，为创新企业提供小试、中试及产品研发和资源对接，并进行人才团队引进及科技成果转化。目前，深研院已经构建起覆盖亚洲、北美、欧洲等高科技发达地区的全球创新服务网络，其服务平台公司力合科创集团也逐步成长为国际领先的跨境综合科技服务平台；着力打造科技创新服务体系，有效聚集科技创新产业链的技术、人才、载体、资金等创新要素，推动科技成果转化和创新企业孵化；享有清华大学、深圳，以及珠三角、大湾区等地区得天独厚的科技成果、创新人才等资源优势，并建设起了在科技创新服务领域极具专业性且富有经验的人才队伍。深研院的科技创新孵化体系如图24-1所示。

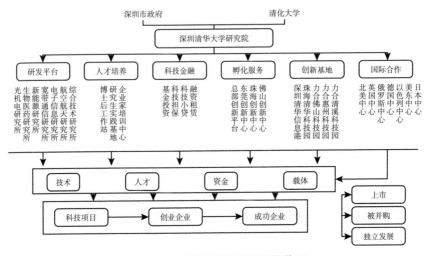

图 24-1 深研院科技创新孵化体系

聚焦现实中科技资源配置不合理、利用效率低，大量科研成果不能转化为应用技术，以至于阻碍了生产效率和经济增长速度的提高这一重要现实问题，深研院通过研发平台、人才培养、科技金融、孵化服务、创新基地及国际合作的体系架构，着力为自有研究团队、国内外创新团体、孵化企业、园区企业等创新主体提供科技研发和产品测试服务，以及科研资源对接和科技成果转化，促进创新链条上的技术、人才、载体、资金等要素合理流动，实现实验室与企业之间的良性互动，关注重大技术创新、跟进国际领先项目、解决产业痛点问题、为社会创造价值。基于深研院、力合科创集团及相关机构主体在技术创新、创新孵化、产业服务等方面的实践，本研究进一步提炼深研院产业技术创新生态体系如图24-2所示。

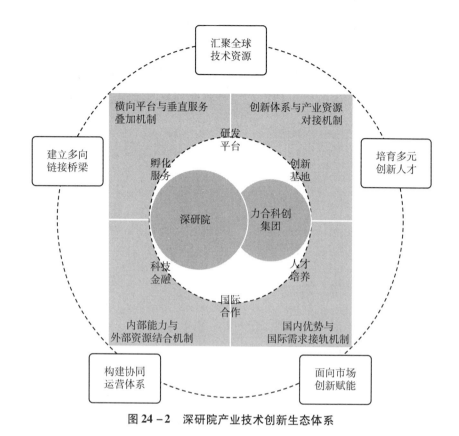

图 24 − 2　深研院产业技术创新生态体系

　　深研院产业技术创新生态体系可以概括为"两套核心、四个机制、五项功能"。其中，两套核心是指分别以深圳清华大学研究院与力合科创集团为主体的、涵盖各自下属机构与单位的这两套相互嵌入、相互支撑、相互赋能的产业技术创新行动主体；四个机制是指横向平台与垂直服务叠加机制、创新体系与产业资源对接机制、内部能力与外部资源结合机制，以及国内优势与国际需求接轨机制；五项功能是指汇聚全球技术资源、建立多向链接桥梁、培育多元创新人才、构建协同运营体系、面向市场创新赋能。两套核心通过四个机制实现五项功能的过程，本研究将安排专门的章节进行阐述。

　　深研院产业技术创新生态体系体现在围绕科技创新与产业技术创新的各项服务中，主要包括科技规划服务、科技创新要素集聚服务、科技成果应用服务、科技成果产业化服务、科技活动组织及研发技术服务、专业技术与综合技术服务等诸多服务内容，通过这些具体服务将科技创新与成果转化嵌入研发、生产、运营、销售、售后等产业链环节当中。深研院与其专业的市场化运营平台力合科创集团与其他投资机构、园区开发机构、教育培训机构、科技服务机构相比有很大差异，主要体现在机构性质不同、市场定位不同、体制机制不同、资源禀赋不同、经验优势不同、价值创造不同等方面，深研院与力合科创集团现阶段不但不会与上述机构形成同业竞争关系，反而在某种程度上会形成相互促进、甚至相互依赖的产业链上下游关系，从而更易与相关机构或单位形成协同创新、共同创造和价值分享的良性合作关系或合作潜力。因此，探索凝练深研院作为能够提供集成高效科技创新服务的新型研发机构，其特有的业务模式有助于产业技术创新与科技服务行业的进一步发展，有助于推动科技服务的集成化、专业化、协同化、网络化发展，有助于通过其开放性平台汇集政府、高校、科研机构、企业等科技创新相关主体，进而有效持续推动科技服务行业的融合发展，从而不断促进新经济、新动能、新业态的培育与发展，最终为地区经济与社会发展做出探索性贡献。

24.3 深圳清华大学研究院产业技术创新生态体系构成要件

本节内容继续借鉴与利用 PESTEL 分析模型对深研院产业技术创新生态体系的构成要件进行分析，主要以深圳市为考察边界，分析深研院的产业技术创新生态体系在政治维度、经济维度、社会文化维度、技术维度、环境维度和法律维度等维度的构成要件。

24.3.1 政治维度

深研院扎根深圳市二十余年，瞄准粤港澳大湾区这一创新战略高地主动"连横"布局，"合纵"打造上下游齐备的科技创新和产业化链条，充分利用清华大学体系与资源优势，打通高校及科研院所科技成果向高科技产品和企业转化的渠道，为基础研究和产业应用架设桥梁；着力探索体制机制创新，首创"四不像"创新体制，在投入机制、用人机制、激励机制等方面探索出产学研深度融合的科技成果转化模式，打造出高效立体的孵化体系。2020年10月14日，习近平总书记在深圳经济特区建立40周年庆祝大会上发表重要讲话，对深圳市围绕产业链部署创新链、围绕创新链布局产业链，前瞻布局战略性新兴产业，培育发展未来产业，增强发展动能和产业韧性而言具有重大指导意义，同时也为深研院的发展布局指明了方向。

深圳市作为我国最早实施改革开放、影响最大、建设最好的经济特区，以一个又一个"第一"为中国改革发展创新探路。面临转型发展期，深圳市出台经济特区国家自主创新示范区条例、推进创新"十大行动计划"等，成为人们心目中的"创客之都""创新之城"。深圳市出台科技创新相关的系列政策，也为深研院开展有关产业技术创新服务做好了顶层设计与行动指南。2015年6月，深圳市人民政府颁布《关于推动新一轮技术改造加快产业转型升级的实施意见（深府办〔2015〕19号）》，以企业为主体、市场为导向，紧紧围绕产业发展的新要求，以提升企业自主创新能力为目标，并鼓励培育重点行业和骨干企业核心技术达到国际先进水平。2018年11月，深圳市政府颁布《深圳市战略性新兴产业发展专项资金扶持政策》，采用直接资助、股权投资、贷款贴息、风险补偿等多元化扶持手段，支持相关单位组织实施创新能力建设、产业化、应用示范推广、产业配套服务体系建设等项目。其中，对于鼓励企业与高校、科研院所加强合作，围绕深圳市战略性新兴产业发展的瓶颈和薄弱环节，组织实施重点领域核心技术攻关项目，并予以最高1 000万元支持。2018年12月，深圳市政府印发了《深圳市关于加强基础科学研究的实施办法（深府规〔2018〕25号）》，明确指出要瞄准世界科技前沿，并强调发挥高等院校、科研院所和企业创新主体作用，着力实现基础研究和产业技术创新融通发展，还明确提出2022年、2025年、2035年发展目标，并提出建立五大体系，实现五大转变。

深研院坐落于我国改革开放最前沿城市，如今又赶上打造可持续发展的全球创新创意之都、建设中国特色社会主义先行示范区、社会主义现代化强国的城市范例的契机，才得以持续探索并创新体制机制，在投入机制、用人机制、激励机制冲破旧束缚、开辟新模式，才得以形成"文化不同、功能不同、目标不同、机制不同"的新型研究机构，成为联系创新主体之间的桥梁与纽带。由此可见，本研究提炼出深研院产业技术创新生态体系在政治维度的构成要件为深圳市作为改革开放前沿的政治精神、策划以创新驱动为内核的顶层设计、构建完整完善长远的政策体系等。

24.3.2 经济维度

改革开放以来，深圳市由一个边陲小镇发展为一座现代化国际化创新型城市，创造了世界城市发展史上的奇迹。深圳市的经济发展主要经历了三个阶段：第一阶段是1979～1992年，主要是进行经济体制改革、基础设施建设和发展外向型经济；第二阶段是1993～2012年，主要是建立社会主义市场经济体制，并形成高新技术、金融、物流、文化四大支柱产业；第三阶段是党的十八大以来，是深圳市创新发展和高质量发展阶段，先进制造业和现代服务业"双轮驱动"，战略性新兴产业成为经济发展新引擎。

深圳经济特区的设立，使深圳市的生产力得到空前释放，经济呈现高速增长，深圳市的城市综合实力与综合竞争力位居我国发达城市前列。以2019年数据为参考：第一，深圳GDP高速增长，实现地区生产总值达26 927.09亿元，增长6.7%，提前完成"十三五"规划目标任务，人均GDP达到203 489元，居内地副省级以上城市首位，公共财政收入9 424亿元，其中一般公共预算收入3 773.2亿元，规模以上工业总产值达到36 800亿元，社会消费品零售总额达到6 582.85亿元；第二，经济结构产生深刻变革，深圳市的服务业比重上升，高新技术、金融、物流、文化四大支柱产业和战略性新兴产业成为经济发展的主要动力，工业和服务业内部结构不断向中高端水平迈进；第三，产业优化升级显著，高端产业持续快速发展，现代服务业占服务业增加值比重达76.1%，2018～2020年深圳市战略性新兴产业增加值年均增长7.0%，仅2019年国家级高新技术企业新增2 500家，累计达17 000家，高新技术产业实现产值达26 277.98亿元；第四，发展动力加快转换，创新示范引领特征越来越明显，深圳市研发经费投入从2015年到2019年年均增长16.0%，全社会研发投入强度达到全球领先水平，R&D支出占GDP比重、符合专利合作条约（Patent Cooperation Treaty，PCT）国际专利申请量均居世界前列，专利申请量和授权量继续居全国前列，高新技术产业实现跨越式发展。

雄厚的经济基础为深圳市创新发展提供了强有力的支撑。进入新时代，深圳市在中国的制度创新、扩大开放等方面肩负着试验和示范的重要使命，在中国高新技术产业、金融服务、外贸出口、海洋运输、创意文化等多个方面必将占有越来越重要的地位。由此可见，本研究提炼出深研院产业技术创新生态体系在经济维度的构成要件为战略性的经济区位、雄厚的经济基础、发达的服务业基础、完整的工业配套、拔群的创新型产业基础、充足的专项资金支持等。

24.3.3 社会文化维度

深圳市是一座因改革开放而生的城市，同时也是一座移民城市，经过40年的发展形成了独特的"来了，就是深圳人！"社会文化氛围，开放包容写入了深圳这座城市的基因当中。据统计，在深圳平均每四个人中就有一个创业者，无论是数量还是创业密度均为全国大中城市第一，反映出深圳良好的创业环境与营商环境，并构筑了科技创新与产业技术创新的沃土。

为营造良好的营商环境与创新创业氛围，深圳市政府提供了系列创新创业政策，建立了完善的创新创业服务体系、专项资金支持体系及减税降费专项政策等。目前，深圳市市场经济体制机制作用发挥较为充分，民营经济充满活力，各类市场主体平等参与竞争，构建了"企业没有事，政府不插手；企业有好事，政府不伸手；企业有难事，政府不放手"的新型亲清政商关系，是国内营商环境最优、民营经济最活跃的城市之一。2019年6月发布的《2019中国城市营商环境报告》指出深圳市位列中国城市营商环境综合评价排名前三，该报告从基础设施、人力资源、金融服务、政务环境、普惠创新五个维度，覆盖制度、市场、资源、技术、人才、资金等影响企业经营发展的关键环节，全方位反映并肯定了深圳市营商环境状态水平。在此基础上，2020年3月，深圳市政府推出《深圳市2020年优化营商环境改革重点任务清单》，涉及14个重点领域，共提出210项具体改革举措；2020年10月，深圳市人民代表大会常务委员会第四十五次会议通过了《深圳经济特区优化营商环境条例》，进一步聚焦市场主体全生命周期重点环节、打造高效便民的政务服务体系、营造优质平等便捷的经营环境、创新市场主体融资便利模式、提升行政机关监管执法效能及健全市场主体权益保障机制；同月，《全球数字人才发展年度报告（2020）》指出，欧洲数字人才近半数流向亚太，深圳市位列全球吸引力城市第四名，而在消费品行业，深圳市的数字人才占比居全球主要城市首位。从企业税费负担来看，2019 年 4 月深圳市新一轮大规模减税降费落地实施，发布"减税降费措施 10 条"、上线"微税务"，并与社会组织管理局签约，精准落地国家减税降费"大礼包"，持续推进经济高质量发展。2020 年 1～11 月深圳市新增减税降费 796.6 亿元，税收服务经济高质量发展成效进一步显现。

作为我国对外开放的窗口，深圳市一直敢闯敢试，敢为天下先，率先实行以市场为导向的经济体制改革，"时间就是金钱，效率就是生命""空谈误国，实干兴邦"等观念影响广泛而深远，商事主体数量、创业密度全国第一，成为中国营商环境最优的城市之一。由此可见，本研究提炼出深研院产业技术创新生态体系在社会文化维度的构成要件为开放包容的城市基因、新型亲清的政商关系、求真务实的政府施政理念及"敢为天下先"的干事氛围等。

24.3.4　技术维度

深研院的科技创新与产业技术创新生态体系得以建立要得益于深圳市独特的经济特征与产业结构。深圳市的经济增量以新兴产业为主，新兴产业对 GDP 增长贡献率达 40.9%；工业以先进制造业为主，先进制造业占工业比重超过 70%。一方面，粤港澳大湾区东岸主要为知识密集型产业带，以新兴产业与高科技产业为主，而沿海则为生态保护型产业带，以先进制造业、现代服务业等为主；另一方面，深圳市立足文化创意、高新科技、现代物流、金融四大支柱产业，加快培育战略性新兴产业，精准布局未来产业（如表 24-3 所示）。从支柱产业、培育产业与布局产业的行业属性与技术特征来看，总体意味着相关技术已逐步处于产品化、商品化甚至产业化阶段，为深研院开展科技创新与产业落地等服务提供了成熟的创新土壤。

表 24 – 3   深圳市支柱产业、培育产业与布局产业概况

四大支柱产业	战略新兴产业	未来产业
文化创意产业 高新科技产业 现代物流业 金融业	生物产业 新能源产业 互联网产业 文化创意产业 新材料产业 新一代信息技术产业 节能环保产业	生命健康产业 海洋产业 航空航天产业 机器人产业 可穿戴设备产业 智能装备产业

借着粤港澳大湾区建设东风，深圳市的创新能力在不断增强、创新型产业在不断壮大，并形成以企业自主创新为主体的产业集群。在创新能力方面，随着国家基因库投入运营，深圳市成为全球最大的基因库之一。深圳市的科研中心建设也已取得突破性进展，已建立 11 家由诺贝尔奖、图灵奖、菲尔兹奖得主领衔的实验室，12 家新设基础研究机构，以及 5 家制造业创新中心、10 家海外创新中心挂牌成立。2019 年，深圳市新增市级以上各类创新载体 85 家，截至 2020 年 6 月底累计达 2 642 家。获国家科学技术奖 20 项，前瞻布局 5G、人工智能、4K/8K 超高清视频、集成电路、生物医药等产业，获批建设国家人工智能创新应用先导区。新型显示器件、智能制造装备、人工智能 3 个产业集群入选国家战略性新兴产业集群发展工程；在创新型产业方面，深圳市目前国家级高新区综合排名全国第二，其中可持续发展能力指标排名第一，光明科学城、深圳湾超级总部基地、西丽湖国际科教城、留仙洞战略性新兴产业总部基地、宝安"互联网＋"未来科技城、龙岗阿波罗未来产业城、坪山聚龙山智能制造未来产业聚集区等加快规划建设。2019 年，国家级高新技术企业新增 2 500 家，累计达 17 000 家，高新技术产业实现产值达 26 277.98 亿元，实现增加值 9 230.85 亿元；在创新型企业集群方面，本土创新型企业集群的形成是深圳市创新最重要的特色。"头部企业"全面领跑，新锐企业多点开花，中小企业雨后春笋。深圳市从零起步培育了华为、腾讯、大疆、平安等知名企业。2019 年全球 PCT 专利申请量前 10 位的公司有两家来自深圳。

深圳市具有得天独厚的科技创新资源与高科技产业基础，能够有效助力高新技术成果转化为商品的关键环节，高度发达的生产力与丰富的生产资料汇聚能够有效解决科技成果产业化过程的技术转化矛盾，并对冲在科

技成果转化过程中可能存在的技术风险与各种不确定性，成为深研院顺利开展产业技术创新及服务的先决条件。由此可见，本研究提炼出深研院产业技术创新生态体系在技术维度的构成要件为以高科技为核心的产业基础能力、以高度发达生产力为内核的产业技术创新能力、科技成果转化经验与基础、丰富的科技资源与生产资料等。

24.3.5　环境维度

从城市基础设施角度来看，深圳市拥有世界级集装箱枢纽港、亚洲最大陆路口岸、中国第五大航空港，与全球 56 个国家的 88 个省市（地区）建立了友好城市关系。水、陆、空、铁口岸俱全，截至 2019 年年底，深圳市拥有 15 个 20 万吨级靠泊能力的集装箱泊位，成为华南地区超大型集装箱船舶首选港；设有深圳站、深圳北站、深圳东站等 8 个火车站，是全国重要的铁路枢纽；深圳宝安国际机场是国际枢纽机场，开通运营国际航线 60 条，港澳台航线 4 条，为中国十大机场之一，世界百强机场之一；是中国拥有口岸数量最多、出入境人员最多、车流量最大的口岸城市，拥有经国务院批准对外开放的一类口岸 15 个。2019 年，深圳市实施机场口岸外籍人员 144 小时过境免签政策，新增罗马、特拉维夫等 15 条国际航线，国际客运通航城市总数达 60 个，机场旅客吞吐量突破 5 000 万人次，其中国际旅客吞吐量超过 500 万人次、增长 32%。与此同时，深圳市已加紧对新型基础设施建设进行谋篇布局，2020 年 7 月深圳市政府颁布《关于加快推进新型基础设施建设的实施意见（2020～2025 年）》，超前部署信息基础设施，全面升级融合基础设施，统筹布局创新基础设施，高效配置关键要素资源，构筑数字经济生态系统，抢抓数字经济发展新机遇，培育壮大经济发展新动能，为粤港澳大湾区和中国特色社会主义先行示范区建设提供坚强支撑。

从城市治安环境来看，深圳市是全国最安全稳定、最公平公正、法治环境最好的城市之一。深圳市公安局全面推动"智慧新警务"深度运用，其中"深微"平台创新推出"刷脸办""掌上办"等模式，上线"零跑动"业务 112 项、"一次跑动"业务 148 项，实现了民生警务事项"网上办""就近办""全城办"。从生态环境来看，截至 2019 年年底深圳市绿化覆盖面积 10.18 万公顷，建成区绿化覆盖率 43.40%，建成区绿地率 37.38%；共有公园 1 090 个，公园面积 3.11 万公顷；城市污水处理率 97.72%，生活垃圾无害化处理能力 20 827.32 吨/日，生活垃圾无害化处理率 100%。从市场主体创新活动来看，截至 2019 年年底深圳市各级创新载体 2 258 个，其中国家级重点实验室、工程实验室和技术中心等创新载体 116 个，部级创新载体 604 个，市级创新载体 1 537 个。全年专利申请量与授权量分别为 26.15 万件和 16.66 万件。其中，发明专利申请量与授权量分别为 8.29 万件和 2.61 万件，PCT 国际专利申请量 1.75 万件。

完善的基础设施是创新主体开展创新活动的基础，新型基础设施建设进一步为深圳市抢占新兴产业发展先机奠定了良好的基础，良性循环的趋势已然形成。与此同时，良好的生态环境、治安环境与活跃的市场活动在构成科技活动与科技创新土壤的同时，能够进一步吸引创新人才并对各类创新主体积极投入到创新活动中产生促进作用。由此可见，本研究提炼出深研院产业技术创新生态体系在环境维度的构成要件为完善的基础设施、良好的生态环境与治安环境、活跃的创新创业氛围等。

24.3.6 法律维度

深圳市政府按照建设法治政府、责任政府、阳光政府的要求，不断加强和改进自身建设，致力于为城市经济发展、社会进步和市民福利创造公平、透明、宽松的环境，提供高效优质的公共产品和服务。从 2009 年起，深圳市率先开展法治政府建设考评。从 2016 年起，深圳市每年制定全面、详尽的法治政府建设工作指引，方便各单位有效提升法治政府建设成效。截至 2020 年 6 月，深圳市共制定法规 235 项（其中经济特区法规 194 项），政府规章 332 项，是全国立法最多的城市。在完善法律机构体系建设方面，最高人民法院第一巡回法庭、第一国际商事法庭、中国（深圳）知识产权保护中心等法律机构落户，金融法庭、知识产权法庭正式运行，成立深圳国际仲裁院、前海法院、前海知识产权检查研究院，构建起集仲裁、调解、律师、公证、司法鉴定、知识产权保护、法律查明为一体的全链条法律服务保障体系。在提高政府服务效率方面，上线"i 深圳"统一政务服务 App，已整合汇聚 7693 项服务，发布"不见面审批"500 项、"全城通办"468 项，推出人才引进、商事登记等 254 项"秒批"服务等，推进自助服务终端整合，实现全市政务自助服务"一机通办"。

在知识产权保障方面，2017 年 8 月深圳市政府审议通过了《深圳市关于新形势下进一步加强知识产权保护的工作方案》，出台了加强知识产权保护的"36 条"。2018 年 12 月深圳市人民代表大会常务委员会表决通过《深圳经济特区知识产权保护条例》，实施最严格的知识产权保护。2016～2019 年深圳市市场监督管理局组织"有为""护航""雷霆""剑网""铁拳"等系列专项行动，建立知识产权"一站式"协同保护平台，通过法律保障助力知识产权发展，为科技创新赋能，使科技创新有更加稳定透明的环境和预期。目前，深圳市政府已与国家知识产权局签署合作框架协议，打造知识产权强国建设高地，推动深圳知识产权法庭、中国（深圳）知识产权保护中心、中国（南方）知识产权运营中心、国家知识产权培训基地等一批国家级平台落户，获批国家知识产权强市创建市、国家知识产权运营服务体系建设试点城市，并于 2019 年开始探索导入港区陪审员参与庭审的做法。

《深圳建设中国特色社会主义先行示范区综合改革试点实施方案（2020～2025 年)》提出，要将深圳市打造成为保护知识产权的标杆城市。正是对知识产权的保护无处不在，才使知识产权价值得到充分挖掘，促进了企业盘活创新资源、提升创新效益，最终让深圳市成为科技创新的热土。由此可见，本研究提炼出深研院产业技术创新生态体系在法律维度的构成要件为卓有成效的法治政府、切实可行的法治创新、运行高效的服务效率、无处不在的产权保护等。

24.4 深圳清华大学研究院产业技术创新生态体系构成要素与运行机制

本研究从主体、关系和结构三个维度对深研院产业技术创新生态体系的构成要素进行解读。

24.4.1 主体维度

深研院的产业技术创新生态体系包括深研院（含力合科创集团）及其下属各类机构主体、被孵化项目及企业主体、国内产业资源主体、海外创新主体，以及相关政府部门等。其中，深研院包括由自有研究机构与共建研究机构组成的研发平台系列机构、由企业家培训中心等组成的人才培养系列机构、由力合创投等组成的投资孵化系列机构、由深圳清华信息港等组成的创新基地系列机构，以及由北美中心等遍布世界各地的海外中心组成的海外合作系列机构，并以力合科创集团为主要依托的市场化平台；国内产业资源主体主要包括与深研院有科技创新合作、技术创新需求及科技项目孵化需求的国内企业；海外创新资源主体主要由海外中心网络，以及海外技术及其团队组成；政府部门主体以深圳市为主，同时涉及其他地区与深研院有合作的政府部门；这些主体以孵化科技项目、将科技项目孵化为各类创业企业、促进各类创业企业成长成为成功企业为目标，这一过程中自然而然涉及相关各类科技项目、创业企业与成功企业。更进一步地，各类科技项目、由科技项目成长成为或直接创业而生的创业企业，以及由科技项目或创业企业成长形成的具有上市、被并购或进一步独立发展的成功企业构成被孵化主体域；以华润、中国海油、中国商飞、中外运等为代表的合作企业构成产业企业主体域；海外中心网络、海外技术及海外团队等海外创新资源主体构成海外科研主体域；深圳市相关政府部门及深研院在珠海市、佛山市、东莞市等地有直接联系与合作的政府部门共同划为政府主体域。

24.4.2 关系维度

深研院的产业技术创新生态体系呈现出以深研院为核心主体，利用政府主体在政策、资金、场地等方面的支持，以及对接国内产业主体、海外科研主体等的创新资源，对科技项目、创业企业及成功企业进行技术供给、人才输送、资金支持与载体支撑。不同于大连理工大学江苏研究院与江苏省产业技术研究院，深研院的产业技术创新生态体系是以科技创新孵化为核心落脚，所有科技创新资源均汇聚于对科技项目与孵化企业的科技创新服务工作当中。从科技项目孵化来看，深研院利用自有研究机构体系与共建研究机构体系，结合国内产业与企业主体的各类技术研发资源，形成对孵化项目池的源源不断的技术供给，并通过深研院内自设博士后工作站、研究生实践基地、企业家培训中心等机构培养各类创新与实践人才，形成对科技项目的人才输送功能；从创业企业转化来看，深研院在持续不断对孵化科技项目形成技术供给与人才输送的基础上，将具有商业化、产业化价值的科技项目转化成为创业企业，并通过力合创投、深研院自设基金管理机构及各地政府设立的创新中心，实现对创业企业在融资担保、小额贷款、融资租赁等方面的科技金融支持，从而促进创业企业进一步成长；从成功企业培育来看，深研院在对具有商业化、产业化价值的创业企业持续不断形成人才输送与资金支持的基础上，进一步通过遍布深圳市、珠海市、佛山市、惠州市等地的信息港、科技园、信息产业园等创新基地为企业提供软硬件基础设施等载体支撑，以促进其进一步成长成为具有上市、被并购或独立发展潜力的成功企业。同时，深研院的海外合作中心网络也可以通过投资孵化的形式对海外技术及团队形成资金支持与载体支撑，从而帮助其在国内落地发展。

24.4.3 结构维度

深研院位于与之相关联的产业企业主体域、海外科研主体域、被孵化主体域，以及政府主体域的中心位置，起到链接多主体的桥梁与纽带作用，并形成以深研院为中心环节的多层面时序性多级支撑结构。

从技术供给的角度来看，深研院一方面利用清华大学及相关研究机构等丰富的研发与科技创新资源，积极向内挖潜、"连横合纵"，在光机电、生物医药、新能源、宽带通信、电子信息、航空航天、综合技术等领域持续发力。聚焦国家战略发展、市场与企业需求，服务于粤港澳大湾区建设战略，精准布局海上能源、智慧物流、高强新材料等领域以挖掘新的增长点，形成"深圳政府部门—深研院研发平台系列机构—科技项目"及"深圳政府部门—深研院研发平台系列机构—创业企业"的技术支撑结构。

从人才输送的角度来看，深研院将科技创新研究与企业创业实践相结合，面向企业实际需求培训高素质经营管理人才和技术人才，建立科技经营管理与技术人才库，为企业提供人力资源支撑，形成"人才培养系列结构—科技项目"及"人才培养系列结构—创业企业"的人力支撑结构。

从资金支持的角度来看，深研院主动增强与深圳市、珠海市、佛山市等地政府部门的沟通与合作，在各地设立创新中心以承接当地政策资金支持，并通过内部创业投资基金管理部门或机构实现对科技项目与创业企业的科技金融支持，形成"政府部门—投资孵化系列机构—创业企业"及"政府部门—投资孵化系列机构—成功企业"的资金支撑结构。

从载体支撑的角度来看，深研院主要将创新基地作为实施科技创新服务体系的重要平台，汇聚了包括众创空间、孵化器、加速器、创新基地等承载科技创新企业各个成长阶段需求的空间载体助力企业从初创阶段到快速成长阶段的发展，并通过全球创新服务网络对接海外资源，引进海外项目和海归团队并帮助其在国内落地发展，形成"政府部门—创新基地系列机构—创业企业""政府部门—创新基地系列机构—成功企业""海外创新资源—海外合作系列机构—创新基地系列机构—创业企业"及"海外创新资源—海外合作系列机构—创新基地系列机构—成功企业"的载体支撑结构。

结合深研院产业技术创新生态体系构成要素进一步提炼绘制深研院产业技术创新生态体系的运行机制如图 24-3 所示。深研院通过横向平台与垂直服务叠加、创新体系与产业资源对接、内部能力与外部资源结合及国内优势与国际需求接轨四项机制叠加联动的作用，实现了科技创新与产业技术创新生态体系构建与服务开展的整体性、系统性与协同性。

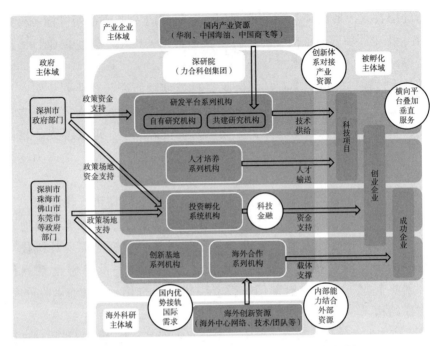

图24-3　深研院产业技术创新生态体系的运行机制

第一，横向平台与垂直服务叠加机制体现在，将自身打造成为集创新资源汇聚、创新能力培育、创新业务拓展、创新经验输出等于一身的平台，为科研成果产业化落地和新兴产业成长状态提供科研对接、孵化投资、企业赋能、载体服务、人才培训等多方面、多层次服务。

第二，创新体系与产业资源对接机制体现在，利用自身丰富的科技资源、专业的服务能力与完整的产业运营体系，为企业提供产业研究、科技智囊、资源对接、产品创新、技术赋能、人才培养、体系服务等个性与定制化的综合解决方案，切实实现创新项目与企业对接、创新成果与产业对接，真正助力企业创新需求、产业持续发展。

第三，内部能力与外部资源结合机制体现在，以市场化方式探索和实践灵活有效的科技创新体制机制，与外部行业企业创新合作模式以激发其内部创新发展的需求和潜力，充分调动产业资本以便更好地推动成果转化和产业化。

第四，国内优势与国际需求接轨机制体现在，利用海外国际创新中心,与国际知名创新孵化平台建立合作关系,将国际需求与国内优势衔接,搭建国外科技项目来华产业化的重要网络,并为国外科技企业进入中国提供加速服务。

综上所述,深研院立足学校与地方相结合、研发与孵化相结合、科技与金融相结合、国内与海外相结合,实行理事会领导下的院长负责制,在投入、用人、激励等方面进行创新,全员聘用、自收自支、自负盈亏、滚动发展,实行了横向平台与垂直服务叠加机制、创新体系与产业资源对接机制、内部能力与外部资源结合机制及国内优势与国际需求接轨机制的"四位一体"相融合的运行机制。

24.5 深圳清华大学研究院的经验借鉴

科技创新是提高社会生产力和综合国力的战略支撑,是进一步实现创新驱动发展战略的重要环节。以深研院这类大学与地方政府共建的科技创新服务机构作为具有灵活体制机制优势支持科技创新的实践主体,本质上属于国内新兴行业,且聚集了政府、高校、科研院所、企业等科技创新相关资源,可以持续有效地推动科技服务行业的融合发展,能在培育新兴的、更有前景的、且符合国家发展需要的新兴行业中发挥重要的桥梁与纽带作用,具有广阔的发展空间,其实践经验更是具有重要的借鉴意义,本研究从以下几个角度进行总结,为高质量发展条件下高校的驻外研究院、新型研发机构的实践探索贡献有益启示。

(1)区域科技创新和产业服务。为更好地为区域科技创新企业服务,应从精准选择项目区域、围绕需求定制方案、定向解决实际问题、持续跟进后期服务等方面来进行产业服务。

首先,以科技创新发展水平为主导因素进行客户企业项目区域的选择。在进行客户企业选择时,要以区域创新发展水平与区域产业发展水平为衡量因素作为选择标准,这两个因素直接影响到项目落地后的运营工作。应优先选择经济发达、工业基础好,高校、科研院所、科研资金投入和创新创业人才多,当地政府大力支持创新创业的城市、高新区和经开区,具备这些条件的区域合作更有利于项目落地之后产业和创新目标的达成。

其次，坚持围绕客户需求定制个性化的科技服务方案。将区域科技创新需求与地方政府产业发展需求相结合，全方位调研区域科技创新和产业发展情况，重点从外部产业导入、本地产业发展、产业运营、产学研融合、创新创业人才引进等多个方面切入，针对性地对区域经济发展、高校教育资源、科研院所资源、创新创业氛围、创新创业平台、人才资源、产业研究、产业运营发展等创新要素进行综合分析，结合自身优势与资源进行匹配，筛选出可以提供的科技创新服务产品，形成有针对性、可实现的科技服务方案。

再次，定向解决项目落地与发展中的实际问题。科技创新服务类项目自身具有独特性，要在客户实际需求与认可方案的基础上，进一步对资金、载体、政策等多个方面的实践操作问题进行深入追踪、定向解决，这就要求在项目前期对涉及的相关主体尤其是政府机构与管理部门等进行全方位多层次的沟通，设身处地满足政府对合作项目的考核诉求，从而在项目方案符合区域发展的前提之下，能够通过采取一事一议等方式争取政府支持以解决实际问题。

最后，实时跟进落地项目进展并适时改进服务方案。针对项目落地与实施过程中出现的现实情况与预计计划不相符或发生变动的情况，需要将调研项目发展情况与复盘项目方案相结合，排查问题锁定原因以优化后续方案。同时，要紧密结合地方实际情况，既要考虑地方政府的科技发展需求，又要结合地方实际发展的需求，同时还要实时掌握当地科研院所、科技平台、创新载体、重点产业、重点高校等相关主体随着项目推进过程中的情况变化，以便对原始方案做出更有针对性的校正与调整以满足实际需要。

（2）服务大型企业转型升级。目前，全国各地大型企业普遍面临转型升级需求，对大型企业的科技服务则要更有针对性地从精准客户选择、商定合作内容、构建合作格局等方面进行服务开展，以此深度介入企业转型升级过程，助力企业创新发展。

首先，挖掘潜在客户与精准筛选客户相结合。在合作意愿培养工作上，通过沟通交流使潜在客户对科技创新服务价值形成认同、对科技服务给企业可能带来的变化形成认识；在业务拓展对象选择上，侧重关注有产业投资意愿、或有建设产学研平台、或有园区建设需求、或本身转型升级需求的传统大型企业；在资源优势互补与整合上，侧重挖掘与自身发展与优势能够形成资源积累与互补的客户，以培育具有良好的强强联合的合作基础。

其次，深入沟通商定多向、多重、多种合作内容。以合作成立产业创新中心有限公司或专业孵化器形式搭建企业化的产学研孵化平台，共同进行产业创新研究、成果转化和企业孵化，以便为企业发展提供研发服务、智囊服务和资源对接服务；以合作建立产业发展投资基金形式共同进行产业链投资，协助企业培养产业投资人才和多元化投资发展，实现产业聚合发展；根据企业转型升级需要，从科技金融、创新教育、创新资源等方面提供专项服务，满足企业能力提升、产值提升、市值提升等需求。

最后，构建实践多赢的合作格局与利益共同体。每个企业的实际需求、诉求与情况各不相同，为大型企业提供转型升级整体创新解决方案，为其在产业规划、产业人才培养、项目运营、创新导入、创新教育、产业基金等方面提供全面服务以创造价值，可以在因地制宜地探索大型企业转型升级服务能够在开拓服务模式的同时，帮助客户提升业务能力和发展新业务，在产业创新领域挖掘与积累服务潜力，并为企业、企业所在区域与自身业务创造价值，进而形成良好的社会效益和经济效益，从而促进共赢共生的利益共同体的形成。

（3）深化拓展政产学研金服用合作。科技创新与产业技术创新生态体系建设的重点在于使政产学研金服用合作与联动，作为科技服务机构要充分发挥桥梁与纽带作用，尤其要肩负搭建企业与政府之间沟通桥梁的作用。

首先，要围绕现行科技服务体系全方位构建自身核心能力。构建并有效促进政产学研金服用深度融合的科技创新孵化体系的建设，必须以自身开展的科技创新服务为基础，不断在项目落地与实践中提高自身核心能力。要在现有科技创新服务体系的基础上，持续以应用研发成果转化为核心、夯实已有基础、面向市场需求、推广服务体系、增加服务内涵，进一步提升自身核心能力。需要重点增强服务变现能力，可以从加强服务标准化与交易简洁化等方面入手，培养培育客户对于科技创新服务的认同与依赖，从全业务流程与企业全生命周期的视角探索具有可持续性的服务变现能力和可持续盈利能力，从而培育、构建、发展自身应具备的核心能力。

其次，将企业需求与政府需求有机结合以形成科技创新与产业发展联动。一方面，服务于创新创业是科技创新服务与产业技术创新服务的核心价值所在。深刻理解政府对于区域经济社会发展的需求、准确把握政府对创新创业的促进及投入措施，将多方诉求、需求转换成开展科技创新服务的机会，是一项系统性任务，要读懂吃透当地政府的执政理念与施政方针，大力提升自身管理团队沟通协调能力，注重提供服务的时效性与链接资源的可靠性，并时刻重视落地执行能力的培育与增强；另一方面，要充分重视并挖掘科技创新的丰富内容与产业联动的巨大价值，着力探索打通科技与市场的途径与模式以促进技术有效、高效转化。可以依托研究机构的所属单位与研究机构所在地区的科研基础，在提升核心服务能力的基础上，进一步推动科技服务市场化，提升知识产权使用效率。

最后，促进科技创新循环再生发展，构建科创政策研究反馈沟通机制。一方面，要认识到技术转移转化不是"一锤子买卖"，它本质上是循环再生的过程，这就要求在根据需求持续引入高端科研团队、组建新的新型研发机构或应用型研究院创新平台等的同时，一定要充分结合本地创新资源的实际情况，有针对性地开展政产学研金服用合作，从而使研发出的新技术、设立好的新项目、孵化出的新企业，能够有效补充当地产业链、形成新的增长点，使科技研究与创新服务事业与区域形成共同发展、互惠共赢的局面；另一方面，要充分认识到科技创新是促进区域乃至全域发展的根本驱动力，而科技创新政策是动力源，如果没有政策引导与支持，就没有科技资源的释放，就不会形成科技与市场相融合的局面，更达不到科技成果产业化的最终目标。因此，作为企业、产业与政府部门沟通与联系的纽带，要充分发挥自身在科技创新政策制定与实施过程中的角色作用，在将最新政策转化为服务产品以产生效益的同时，适时将实践中的先进经验或改进措施反馈给相关或主管部门，以促进相关政策体系的设计和建设更加成熟。

第 3 部分

国际知名园区产业技术创新的实践探索

| 25 |

以色列工业园

25.1 以色列信息技术产业技术创新生态体系概述

以色列国（简称"以色列"）的信息技术产业是促进以色列国民经济增长的领头羊。由于以色列特殊的地理环境、恶劣的周边关系及有限的资源，以色列的信息技术产业多以零散的园区形式分布于以色列国内，各产业园区大小不一、形式各异，一方面形成了众多优秀的国内企业，另一方面吸引了微软、IBM、谷歌等众多高科技公司进入以色列进行生产和研发，海法 matam 科技园区也由此被称为第二硅谷。

以色列的信息技术产业形成了以政府为基础，以科研机构和社会资本为助推，创新创业文化和企业家为活力的产业体系，产业中的企业以零散的形式分布于以色列的各科技园区中。政府为信息技术产业提供政策支持和财务支持，政策支持包括扶持创业主体、提供良好的工作环境，以及提供工业补助和税收减免等。财务支持主要为引导民间资金设立更多的商业性投资基金，以杠杆效应放大对创新型企业的支持。同时政府会引导产业中企业与科研机构的充分合作，实现科技成果的快速转化。在以色列信息技术产业创新体系中有众多优秀的企业家，他们一方面会与体系内的其他企业分享他们的资源和经验，或者成为风险投资者对新创企业提供支持和指导；另一方面，他们会在政府的支持下积极在以色列各级教育中传播创新创业文化，形成浓厚的创新创业环境。以色列信息技术产业创新体系如图 25-1 所示。

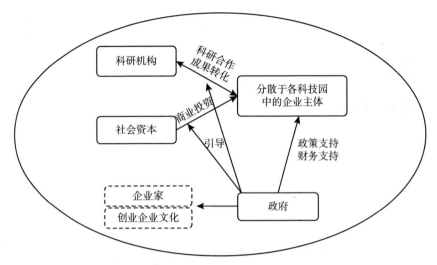

图 25 - 1　以色列信息技术产业创新体系

25.2　以色列科技园概况

根据 2019 年度彭博创新指数显示，以色列的科技创新能力在全球范围内排名第五位。众所周知，以色列的人均初创企业数量是世界上最多的，其中包括在过去 10 年中建立的 2 000 家。同时，以色列还是世界上一些最大跨国公司（例如微软、苹果和谷歌）的 350 多个研发中心的所在地。

以色列科技园的形成源于以色列恶劣外部环境，以色列为了发展和生存只能依靠仅有的资源，发展消耗资源较少的知识密集型高科技产业，因此从 20 世纪 70 年代开始，以色列开始在全国范围内建设大小不一、形式各异的科技工业园。今天的以色列有几十个高科技工业园区，其中许多是传统工业区的转型升级，也有不少是为科技型企业量身打造。伴随着企业白手起家到成为科技巨头，工业园区也被打上了其旗舰企业独特的烙印。其中著名的工业园区包括特芬工业园、海法 matam 高科技工业园、Herzliya 工业园等。

特芬工业园位于以色列北部加利利地区的特芬县，始建于 1985 年，由以色列前首富史蒂夫·维特海默创立。经过 30 多年的精心培育，特芬工业园已经成为以色列工业创新和产业园区的旗舰项目。有多个以色列著名的创新型出口商从这里走出去，其中包括 StePac、AquaShield、Kolsint 等，同时也有多家国际高科技公司在特芬工业园建立研发中心。特芬工业园将自身定位为基于卓越原则和高效工作环境的工业发展中心，有 200 多家公司在工业园区运营，创造了 4 000 多个高质量的工作岗位。每个工业园工作人员的平均年销售额达 22 万美元，远高于全国平均水平，其中 80% 用于出口。工业园区的经济优势和大量服务吸引了来自以色列和世界各地的众多工业家和企业家。

海法 matam 高科技工业园是以色列最大、最早的工业园区之一，吸引了众多高科技公司，例如微软、IBM、谷歌在此工业园区进行生产和研发，产生过 3 位诺贝尔奖获得者，被称为第二硅谷。海法 matam 的产业覆盖面非常广，涵盖了化工、生物医药、造船等产业。拥有 8 000 名员工的 220 000 平方米的公园主要由海法大学的人才和教育资源支持。海法 matam 高科技园区和特芬工业园一样，都在其工业园区内试图创造一种能够满足工人和企业家需求的环境，提供清洁、安全和高效制造活动所需的服务和基础设施。同时提供了专业的教育和培训，在工业园区内均设立了露天博物馆，不仅是为了宣传，更重要的是为了向以色列青少年传输创新文化。

25.3　以色列工业园发展与特点

总的来说，以色列工业园的发展模式可以概括为：在创新创业的文化氛围下，分散在全国的数十个零星式的工业园区采取适合自身发展的独特政策和对外合作方式，但是对于初创企业采取了相似的初创企业＋孵化器＋加速器的模式。并且这些工业园区同时受到了政府、大学、社会风投资本的支持。以色列工业园模式如图 25 － 2 所示。

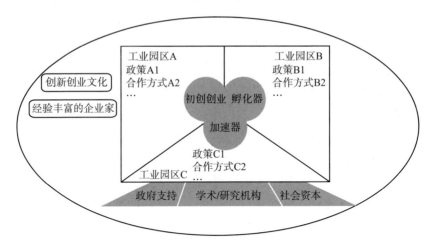

图 25 - 2 以色列工业园模式

政府层面的高度支持。以色列政府的支持主要包括三个方面：（1）扶持创业主体；（2）扶持创业投资；（3）创业扶助政策[287]。由于历史原因，以色列的特芬工业园、海法 matam 高科技工业园等最开始的建设目的是支持国防，力图在国防科技有所突破，因此以色列政府对整个工业园区的体系提供了充足且适度的支持，但是以色列政府并没有扮演一个控制者的角色，更多的是扮演引导的角色，通过赋予被支持机构足够的资源使用自由，政府营造了一个轻松的创业环境，使工业园区内产生了很多虽然高风险、回报慢但是有远景的企业，为了克服这些市场失灵并降低公司的风险，以色列政府通过"补偿"这些公司的形式来鼓励他们对所需的研发进行投资。同时，工业园区内的企业能够享受最高级别的优惠政策，包括工业补助和税收减免。

与高校、学术、研究机构深度合作，实现科技成果的快速转化。以色列的高校科研以基础研究为主，同时注重科技成果的转化，通过与工业园区合作建立科技转化公司对学校的发明、专利进行注册，对其知识产权进行保护，其中具有代表性的高校包括特拉维夫大学、以色列理工学院、魏茨曼科学研究院等。

极具活力的社会资本。以色列政府从 1993 年起推出了"YOZMA 计划"，通过引导民间资金设立更多的商业性投资基金，以杠杆效应放大对

创新型企业的支持。如果创新型企业获得风投注资，以色列政府会再进行
1:1的配对资金支持。这使企业不再受制于资金的短缺，创业环境在风投
公司存在的情况下变得更加完善。与硅谷、悉尼、滑铁卢或剑桥相比，以
色列提供了更多的早期投资机会，这是面向早期投资者的全球最具资本效
益的初创生态系统。

工业园区各自为政、每个工业园区都有自己的发展战略，自行制定工
业园区政策，但是在工业园区的发展中政府的引导作用十分明显。政府根
据地区优先发展战略，把全国分成不同的经济发展区，分别给予不同的优
惠政策，以实现工业发展在地理位置上的均匀分布，带动经济上相对不发
达地区的发展。同时，每个工业园区都有自己独特的成熟的企业孵化器，
成为了创业企业成长的沃土，以色列政府在起步阶段对初创企业承担最高
风险，却不分享其利润，并且孵化器会为企业提供两年的培训，并为其提
供一定的资金，在新创企业成功进行市场融资后，才会将一定的利润偿还
给政府。

经验丰富的企业家。就像特芬工业园的创始人维特海默一样，大多数
以色列的企业家在成功后，会与社会分享他们的资源和经验，同时他们中
的大部分会成为新创企业的风险投资者，为新创企业提供资金和指导。

以色列企业家的这种"传帮带"的行为源自以色列国内浓厚的创新创
业文化，在以色列的各级别的教育中，十分强调学生独立思考能力和创新
思维，同时在各个工业园区内都设有露天博物馆，紧邻工业园区类的各种
高科技公司，将创新创业教育融入了整个国民经济中。

25.4 以色列工业园的经验借鉴

（1）建立企业、高校之间更为密切的合作关系。我国的研究院可以支
持企业直接使用高校的实验室甚至人力，消化高校、研究所的科研成果，
开发成熟后再向附近的工业园区转移。同时，为企业、高校间的合作提供
自由的合作空间和一定的资金支持。引入更多的风投入驻机构，使高校和
企业敢于更多地尝试高风险、回报周期长的项目。

（2）采取定制化的发展策略。根据不同的产业划分建立不同的支持和

发展战略。建立高校—平台—企业之间专属的连接方式。可以借鉴以色列工业园对于工业园区内企业的划分，对不同类型的产业分别给予不同的优惠政策及与高校的合作方式。

（3）吸引更多的经验丰富的企业家加入。不论是科技成果的转化，还是新创企业的发展，经验丰富的企业家会对其产生良性的引导，能够提供经验和资源，形成良性循环。同时可以将这种模式引入创新创业教育当中，让更多的企业家能够引导学生的创新思维和创业精神，锻炼其创业实践能力，形成长周期、完整的创业教育体系。

26

日本筑波科学城

26.1　日本机器人产业技术创新生态体系概述

机器人产业是日本的支柱产业之一，日本政府从 20 世纪 80 年代开始有意引导机器人产业的发展，谋求机器人产业对人力的替代，最终在两代人的努力下，日本成为了世界上最大的机器人生产国和使用国，其中日本政府、机器人相关企业、教育科研体系和其他企业所产生的政策因素、法律因素、企业因素、金融因素是影响日本机器人产业快速发展的重要因素。

机器人产业作为代表性的高新技术产业，其在日本快速发展离不开日本政府多部门的通力合作，包括日本的产业部门、科教部门、财务部门和商务部门，他们会建立相应的产业政策，促进吸引消化吸收国外先进技术，并推进新技术在日本落地开花。日本机器人产业技术创新生态体系如图 26 - 1 所示。

日本政府注重调控企业出现恶性竞争，力图实现行业的规模经济。日本的科教政策使日本拥有资金分配合理的高质量科研教育体系，拥有大量高素质的技能熟练的产业工人，再加上日本独有的"官产学"相结合的制度，发挥政府在日本产业发展中的主导作用，使机器人相关企业能够在与科研教育机构协同创新的前提下短时间内得到迅速的发展。

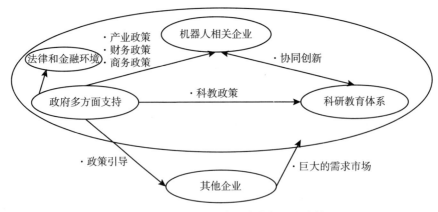

图 26-1　日本机器人产业技术创新生态体系

此外，日本的财政部门和商务部门也为日本的机器人产业提供了税收减免和保护机制。在法律方面，日本建立了充分的知识产权法律体系保护机器人产业当中的技术创新。企业因素方面，除了机器人生产企业外，在政府的引导下，其他企业也积极推动实行生产自动化，形成了巨大的工业机器人需求市场。在金融因素方面，日本政府为机器人产业建立了相关的低息贷款专项银行和扶持政策，在一定程度上促进了机器人产业中中小企业的发展。

26.2　日本筑波科学城概况

筑波科学城位于东京东北方向，距都心约 50 千米。从东京到筑波科学城的交通十分便利，从秋叶原乘坐筑波特快列车（TX）约 45 分钟即可到达，从成田机场出发走首都圈中央枢纽机动车道，开车约 45 分钟。筑波科学城涵盖茨城县与筑波市全域，有国家教育机构、商业设施、住宅以及公共设施等（约 2 700 公顷），作为科学园区，周边区域（约 25 700 公顷）为取得与研究学园地区相平衡的发展，被定位为周边开发地区，人口约 24 万人，其中，外籍人员约 1 万人，约占人口总数的 4%。

筑波科学城是通过有计划地迁移国家试验研究机关等来缓和东京过度密集的情况而建成的，目的是建成国家层面高水准的研究与教育基地。位于东京的国家研究与教育机关等有计划地向筑波市迁移，筑波市的配套设施同步完备，民营企业相继入驻，筑波市现已成为日本最大的科学城。截至 2020 年，筑波科学城聚集了产业技术综合研究所、筑波研究中心、筑波大学等 29 所国家研究与教育机关，由于靠近东京市中心，自然环境优越，众多的民营研究所也在此选址，成为日本最大的科学技术聚集地，约有 2 万名研究人员在此进行着各种各样的研究活动。

拥有高水准研究机构的筑波科学城，创造了众多的科技成果。尤其近年，发挥跨学科及优秀人才的聚集优势，不断推进创新创造业的发展，共诞生了 367 家风险投资企业，其中产学研类 147 家，筑波大学主创 154 家。大学主创的风险投资企业数排名中，筑波大学排名第三位，且近几年筹措资金额急速增加，2018 年突破 50 亿日元。由筑波大学主创风险投资数如图 26 - 2 所示，不难发现由筑波大学主导的投资数在逐年增多，这也说明"产学研"中"学"正在逐渐走向市场化。

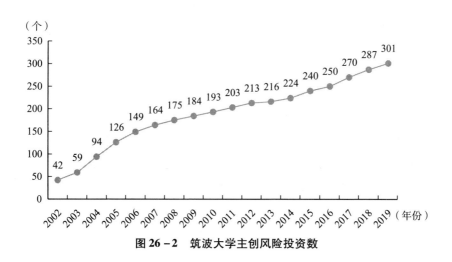

图 26 - 2 筑波大学主创风险投资数

26.3 日本筑波科学城的发展与特点

回顾筑波科学城的发展历程，最初的建立日期一直以来备受争议。本研究将内阁批准建设的最早年份（1963 年）视为筑波科学城启动的年份。

基于此，从三个不同的阶段对这座城市进行历史性回顾。

（1）第一个阶段是城市建设期，从 1963 年筑波与东京之间通过若板高速公路直接连接开始，到 1985 年筑波举办国际科学技术博览会结束。该项目的主要目的是分散东京地区人口，也作为一项全国性的事业，利用组织之间的一体化和合作，建立筑波科学城，使其成为一个拥有许多国家教育和研究机构的智力中心。国家教育和研究机构及城市基础设施相继建成，1970 年《筑波科学城建设法》生效，该立法对建设进程起到了重要而有效的作用，到 1980 年大部分国立大学和研究机构的搬迁工作已经完成，筑波作为一个城市开始正常运作，大规模的城市基础设施建设一直持续到 1985 年世博会开幕才开始。

筑波科学城建立的最初目的是将全国众多的教育和研究机构聚集到离东京不远的地区，建立一个设备齐全的自治国际城市和一个智力中心。正如《筑波科学城建设法》第一条所写："本法制定筑波科学城建设的综合计划。在实施后，它的设计是一个科学城，兼具实验研究和教育，基础设施完善，且是一个良好的花园城市。同时，它将有助于缓解大东京地区城市人口过多的问题"。就所有意图和目的而言，该法的重点是筑波科学城的建设。筑波研究所中心的成立，最初定位是促进国家教育和研究机构，后来成为促进私立研究机构之间交流的文部科学省（教育、文化、体育、科学技术部，原科学技术机构隶属于内阁总行政机构）。

（2）第二阶段是指 1986 年以后的城市扩张时期。在周边的开发区内建立了许多工业园区，与穗镇、樱村、丰佐人镇、筑波镇和八部镇，以及后来的多崎镇合并，形成了筑波市。1999 年，筑波会议中心作为筑波科学城的核心部门。2005 年，随着连接东京秋叶原和筑波市的筑波特快列车（TX）的开通，一项针对 TX 线沿线地区的广泛发展计划开始实施。新的城市形成和发展给筑波市带来了三大变化，一是第一阶段培育的"筑波品牌"得到了实际延伸；二是筑波市民可以通过 TX 直接进入东京；三是 TX 线沿线地区得到了进一步发展。

在第二阶段，筑波市意识到科学技术是国家未来发展的基石，1996 年制定了第一个科技计划，2001 年制订了第二个科技计划，国家对筑波市的期望和要求都在加大。2001 年国家研究机构转变为独立的行政机构，2004 年筑波大学修改为国立大学。此阶段与日本的行政改革和科技政策过渡相吻合，出现了一些实际变化，如城市扩大和直通东京。在筑波市内部，在新的组织制度下运作的国家教育和研究机构在决策和运作方面获得了更多的自主权，但是同时也承担了更多的责任。

（3）第三个阶段从 2006 年开始，是一个飞跃式增长和成熟的阶段。第三个科技计划目标是筑波市发挥其集中效应，促进研发合作与整合，进一步提升其作为国际研究中心的功能。为了响应这些愿景，众多项目仍在进行中，日本政府提出了具有挑战性的"Cool Earth 50"倡议，旨在到 2050 年将全球温室气体排放量在目前水平上减少一半，"筑波 3E（环境、能源、经济）论坛"应运而生。"筑波 3E 论坛"的成员承诺将把行业、学术界、政府和公民结合在一起，将研发收益回报给社会。

《基于体制改革和效率促进的研发促进法》（简称"《研发促进法》"）正式生效，新政策如雨后春笋般出现，其中包括旨在促进大学之间的合作和人员交流、培养年轻的研究人员和聘用外国研究人员的政策。特别是筑波科学城，通过积极利用《研发促进法》下的新制度，出台一系列措施增强该地国际竞争力，提高了人民的生活水平。

在该地区发展过程中，体现出的特点主要包括以下两个方面：

一是新经济发展的引擎，形成创业与环保系统。为开拓新经济模式，帮助创业型企业快速成长，解决社会问题，开发创新技术，为新产业的创造等做出了贡献，创造了新经济发展。2018 年 12 月筑波市制定《筑波市创业战略》，以"依托创业，用科学技术装备的城市"为目标，全力进行其创业的支援活动。此外，2019 年 11 月 18 日筑波市与世界最大级别的创新基地"剑桥创新中心"（Cambridge Innovation Center，CIC）之间签订了相互支援备忘录，同年 12 月 11 日茨城县与世界级加速器"企业家圆桌加速器"（Entrepreneurs Roundtable Accelerator，ERA）之间也签订了相互支援备忘录，不断强化面向海外展开的拓展。此外，筑波科学城成立三个孵化中心，包括筑波研究支援中心、筑波创业 plaza、筑波创业基地等，为创新创业提供了有力支持。

二是人才国际化。筑波科学城共有在籍研究人员约 2 万人，在此进行着各种各样的研究交流活动。此外，此处汇集了来自世界各地寻求高度研究环境的外国研究人员，包括商业及国际会议等目的来访的人员，成为世界屈指可数的优秀人才聚集活跃的都市。如图 26－3 所示，在筑波科学城人员分布中，不难发现日本研究员中博士人数占比很高，外籍研究人员主要来自中国、韩国、美国、泰国、印度、印度尼西亚等，其中中国的占比最多，为7.53%，韩国位居第二位，占比1.85%。筑波市政府为方便外籍人员生活，在城市的服务方面做得十分认真，公共设施、信息发布等使用日文、英文、中文、韩文等多种语言，并为外籍人员提供生活指南等。

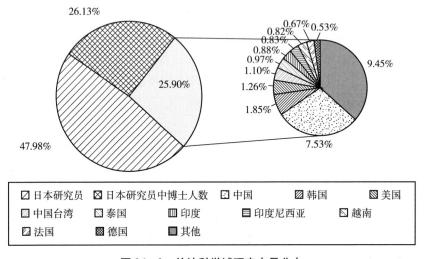

图 26-3　筑波科学城研究人员分布

资料来源：2016年度筑波研究学园都市外籍研究人员等调查.

26.4　日本筑波科学城的经验借鉴

（1）政府、市场导向结合。筑波科学城的建立初期，主要依托国家级科研项目与机构，研究经费等大多受政府支持，科研激励效果并不明显，大多数机构为国有机构，政府考核主要依据论文发表数目，成果转化程度低。此外，筑波科学城的私人企业很难在其中生存，这也是筑波科学城逐渐建立创新创业孵化基地的目的。在意识到这些问题之后，日本政府引入市场机制调节，使科技成果的转化从体制内转向体制外，为产学研合作奠定基础。马永斌将剑桥科学园与筑波科学城进行了对比，提出了政府主导模式的不足主要有科研成果利用不充分、高新技术开发落后、中央与地方政府存在矛盾、官僚气息盛行等[289]，所以在创新生态体系建设初期，应以政府干预为主，在后期逐渐增加市场导向，双管齐下更有利于体系的稳定发展[290]。

（2）绿色发展。在规划过程中，筑波科学城一直致力于绿色创新领域，成立筑波国际战略综合特区，以推进筑波"生命创新·绿色创新"科学技术与产业化。我国正处于经济发展的上升期，在高质量发展条件下的产业技术创新生态体系更需要"绿色发展"，决不能突破生态防线发展创新生态体系，做到创新为绿色服务，绿色带动经济高质量发展。

（3）积极聚集重点学科，促进科研机构多元发展。在筑波科学城内规模最大的综合性大学是筑波大学，其办学理念是"全方位打造开放型大学，促进学科之间的互补与融合"，作为创新生态体系的重要组成部分，大学在系统中扮演着许多角色，为此在建立创新生态体系时，应加大科研机构的进驻，强科研根基，重视科技发展，应借鉴筑波科学城为科研人员搭建的舒适科研环境，吸引更多的人才到此处进行扎根科研[291]。

| 27 |

印度班加罗尔软件园

27.1 印度软件产业技术创新生态体系概述

印度的软件产业兴起于 20 世纪 80 年代，并从 1998 年开始进入高速发展阶段，如今已形成了政府引领、人才培养机构、产业聚焦式园区、科研机构和知识产权保护机构共同为产业中企业服务的创新体系（如图 27 - 1 所示）。印度软件产业发展源于印度政府的大力支持，其在 1993 年发布的《新技术政策声明》和 2003 年发布的《科学技术政策（2003）》为软件产业的发展奠定了基础。

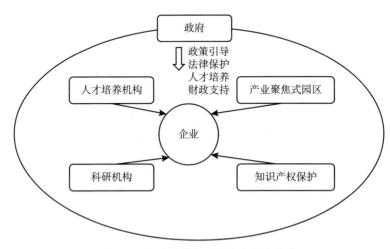

图 27 - 1 印度软件产业技术创新生态体系

（1）人才培养机构。印度政府早期在其全国内众多大学中设立了计算机专业，同时鼓励民办和私营机构进行计算机技能培训，并吸引留学人员归国，这为印度软件产业的腾飞提供了重要的人才基础。（2）产业聚焦式园区，通过建立相应的软件技术园区，例如班加罗尔、普内和布班斯瓦，提供特定的区域和优质的开发环境。（3）科研机构，印度政府作为科研体系的推动机构，大学、研究机构、企业作为科研体系的执行机构，将科学研究与政府及软件产业园的发展战略相结合。（4）知识产权保护，1994 年印度就将软件的版权保护列入了知识产权的法律中，阐明了版权人和用户的权利，保护了软件创新的成果。通过以上四个支柱，使印度软件产业快速发展，并逐渐发展为软件产业为主，物联网、区块链、人工智能（AI）、机器学习（ML）、计算机视觉等高科技产业共同发展的现状。

27.2　印度班加罗尔软件园概况

班加罗尔软件技术园是印度软件技术园区（Software Technology Parks of India，STPI）计划的重要组成部分，是政府电子和信息技术部（MeitY）旗下的自治团体。致力于促进信息技术（IT）行业创新、研发、创业、产品/IP 创造等新兴技术领域，包括物联网、区块链、人工智能（AI）、机器学习（ML）、计算机视觉等。自 1991 年成立以来，班加罗尔软件技术园一直致力于建立由 IT 主导的公平、包容的增长模式，进而帮助促进了软件出口、科学、技术与创新（STI）和软件产品开发。STPI 拥有 9 个司法管辖区首长和 60 个中心，已将其在印度的业务由 IT 行业扩展到 IT 相关的支持行业。STPI 与所有利益相关者紧密合作，推动了 IT 产业在印度的蓬勃发展，这一事实可以从 STPI 注册单位出口总额的惊人增长得以证明，1992～1993 年 STPI 注册单位的出口总额为 5 200 万卢比，2019～2020 年这一数字变为了 474 183 000 万卢比，约占全国软件出口总额的 50%，占印度 GDP 的 2.3%。

班加罗尔软件产业快速发展经历了五个阶段：1985～1995 年以软件组件与维修服务为主，客户主要是全球 100 强；1995～2000 年以电子商务、企业资源计划（Enterprise Resource Planning，ERP）为主，客户拓展到全球 500 强；2001～2004 年以系统整合、软件外包、商务流程外包（Business Process Outsourcing, BPO）为主，客户扩大至 2 000 家世界领先企业；2005～2010 年以 IT 顾问、IT 外包服务为主，业务范围、客户数量与服务内容、深度不断拓展；2010 年至今 STPI 提供的主要服务逐渐拓展为：STP 服务、互联网与云服务、技术服务（技术咨询和信息安全统计）、孵化服务以及 SMART LAB 实验室服务等。

STPI 计划的概念在 1991 年得到发展，并在当时阐明了以下目标：（1）建立和管理基础结构资源，例如数据通信设施，核心计算机设施，建筑空间和其他公共设施；（2）提供"单一窗口"法定服务，例如项目批准，进口软件评估和软件出口商的出口认证；（3）通过技术评估，市场分析，市场细分和市场支持来促进软件服务的开发和出口；（4）培训专业人员，并鼓励软件技术和软件工程领域的设计和开发。

随着经济社会及科学技术的发展 STPI 计划的目标逐渐升级为：（1）促进软件和软件服务的开发和出口，包括启用信息服务技术/生物技术；（2）通过实施软件技术园/电子和硬件技术园计划及政府经常制定和委托的其他此类计划，为出口商提供法定和其他促销服务；（3）提供数据通信服务，包括为 IT 相关行业提供增值服务；（4）通过创建有利于 IT 服务领域的创业的环境来促进中小型企业发展。

自 1996 年以来，州政府在促进 IT 行业方面发挥了非常积极的作用。在此之后，卡纳塔克邦的首个信息技术政策出台，许多州政府也纷纷效仿。STPI 的成功不仅限于首府城市，它还把自己的力量扩展到卡纳塔克邦的迈索尔这样的二级城市，并且在最近的两年内已扩展到多达 52 个城市，包括 59 个国家中心及 4 个重要子中心，4 个重要子中心分别为：（1）STPI 哈里吧（STPI Hubballi）于 2001 年 5 月成立，位于城市中心的 IT 园区。哈里吧的软件行业服务于 IT 和科技化服务（Information Technology Enabled Services, ITES）的各个部门，例如 Web 内容开发、电信软件、VLSI 服务、银行、金融服务、医疗转录等；（2）SIPI 曼加罗尔（STPI Mangaluru）成立于 2001 年，是班加罗尔软件园子中心中技术最为先进的，总建筑面积为 12 000 平方英尺，基础设施包括接待处、网络运行中心（NOC）工作区、孵化设施、宽敞的会议厅、图书馆和自助餐厅；（3）STPI 曼尼帕尔（STPI - Manipal）是 STPI 的互联网主要网关之一，主要提供互联网专线服务、托管 IT 服务、云服务等；（4）STPI 迈苏鲁（STPI Mysuru）于 1998 年成立。迈苏鲁是第一个在印度设有 STPI 中心的非首都城市，该中心成立后，迈苏鲁在促进软件行业的增长方面已显示出重大进展。

27.3　印度班加罗尔软件园的发展与特点

STPI 渴望成为该国最大的产业技术创新生态体系，并一直努力按照《2019 年印度软件产品政策》（NPSP）的规定，将印度转变为一个软件产品国家。为了实现这一目标，班加罗尔软件园通过协作政府、行业、学术界和其他利益相关者为初创企业提供"端到端"支持方面起着至关重要的作用。政府的产业政策起着引导支持的作用，企业战略与良性竞争在软件产业崛起中发挥核心作用，生产要素、需求状况、相关辅助产业、机遇是成功的基础和条件（如图 27 - 2 所示）。

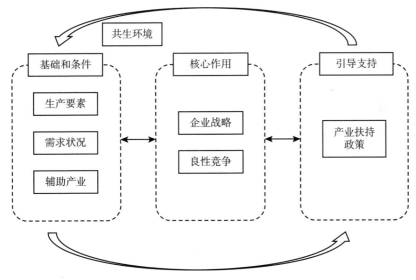

图 27 - 2　班加罗尔软件技术园模式

（1）政府产业政策的引导支持作用。从印度 1984 年的第一个计算机策略和 1986 年的第一个软件策略开始，便强调了通过数据通信链接进行软件开发和导出的概念，并且在之后的几十年中，在政策规划、促进投资、人才培养、税收优惠、基础设施建设、鼓励出口等方面采取了一系列措施。虽然班加罗尔软件园始于政府的影响，但是班加罗尔软件园更多承担的是与软件公司合作，同时运行机制也是像企业一样的机构，是可以为软件公司提供强力支持的服务供应商。

（2）企业战略和良性竞争的关键作用。STPI 始终选择了正确的发展战略：由低成本向高品质和服务提升，在 1991 年由于技术上的不足及印度人力成本的低廉，因此选择了低成本的单一通信服务及技术人员培育服务。随着印度软件产业的发展，STPI 逐渐将服务转向了高品质的科技服务，通过提升价值链来留住客户。

（3）生产要素条件。班加罗尔软件技术园最开始利用了印度低廉的人力成本来为国外提供低成本的服务，随着服务质量的提高，班加罗尔逐渐大力发展私营理工学院，吸引了数量众多的外地学生来班加罗尔的理工学院学习，使班加罗尔软件产业在起飞阶段能够得到充足的人才供应。

（4）国际市场需求。首先，印度抓住了 20 世纪 90 年代"千年虫"危机带来的发展机遇，利用印度大量低成本的软件人才承接欧美数据处理业务，并提供解决问题的软件升级方案；其次，是美国互联网泡沫破灭，美国公司为降低成本把更多的业务活动转移到班加罗尔软件技术园，为其发展注入了新的动力。

（5）软件产业的相关和辅助产业主要是硬件、可靠的通讯和电力行业。班加罗尔软件产业发展之初，许多公司安装了发电和卫星通信设备，市场出现为小型软件公司提供网络和硬件维护、销售和账务服务的专业公司，风险资本家提供投资基金，以及出现了为行业新进入者提供财务和咨询服务的公司，围绕软件行业建立起一整套支持生态系统。

班加罗尔软件行业在政府鼓励和扶持下，采取了正确的发展战略，通过良性竞争实现了价值链升级，拓展了产业发展空间，实现了软件产业的持续快速增长，使班加罗尔在和其他城市竞争中脱颖而出，发展成为印度的软件之都。同时 STPI 还着手启动下一代孵化计划（NGIS），该计划是一个未来的孵化计划，旨在提供全面的支持和服务，并将种子资金从位于印度阿加塔拉、比莱、博帕尔、布巴内斯瓦尔、德赫拉敦、古瓦哈提的 11 个 STPI 孵化设施扩展到初创企业，并成立例如计算机视觉、人工智能等多种类型的实验室，帮助初创企业能够利用这些设施构建创新技术产品和解决方案。

27.4　印度班加罗尔软件园的经验借鉴

（1）加强与高校的创新协同。在人口红利逐渐消退后，高品质技术服务才是未来的发展目标。不仅要与国内高校、科研院所相连接，还需要积极与国际知名大学和研究机构建立联系。不论是硅谷还是班加罗尔，高新技术企业与区域内的高校及科研院所都有着不同层次的合作，企业会将部分研发任务交予学校完成，也会在某些重大科研项目上提供设备、资金、技术专家等与学校展开深层次的合作。加强企业和高等院校的协同有利于促进创新知识的快速流动和创新资源的有效整合，也为优秀人才在双方间的自由流动提供便利。

（2）班加罗尔是经济全球化背景下抓住机会的产物。我们应该对于全球主流的技术和产业建立独立的园区发展模式并制定相应的优惠和扶持制度，将资源向全球主流的技术和产业倾斜。

（3）关注中小企业及创业企业。班加罗尔软件园中最开始多为大型企业，中小企业不活跃、创业不活跃。但是，随着市场的变化和移动互联网的兴起，其逐渐建立了多个孵化基地及多种类型的实验室帮助初创企业构建创新技术产品和解决方案，因此在发展过程中要注意对于中小企业和创业企业的关注，才能够适应市场环境的快速变化。

┃ 28 ┃

新加坡裕廊工业园

28.1 新加坡石化产业技术创新生态体系概述

早期的新加坡工业园主要分为两大类，一类是城市周边一些零散的小工业地块和标准厂房，另一类就是以裕廊港为依托开发建设的现代化综合产业园区——裕廊工业园区，它是为了吸引外资和本地企业搬迁而提供的一个大型承载体，是标准的"港—产—城"模式。以石化重工为核心代表的新加坡产业技术创新生态体系架构如图 28－1 所示。

裕廊集团的前身——裕廊镇管理局（JTC），隶属于新加坡贸易与工业部，虽然名字是管理局，但却是高度的企业化运作，因此属于一家典型的政府园区平台公司，其主要职能为发展和管理土地、园区、不动产、城镇和国外用于工商业发展的地产，以及为工商业发展提供便利条件。

新加坡经济发展局（简称"经发局"）是隶属于贸易与工业部的政府机构，负责规划战略，旨在加强新加坡作为全球商业、创新和人才中心的地位，负责为裕廊集团吸引研发项目进驻，以各类优惠和鼓励政策进行境外招商工作，也引进私人基金，非营利机构的私人研发试验室以支助战略产业的研发工作。

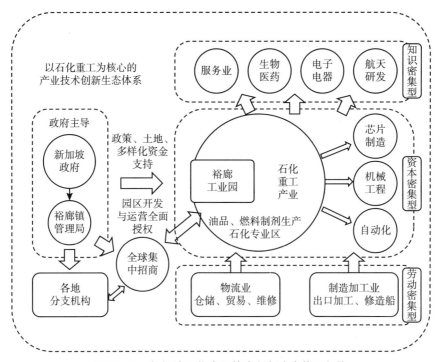

图 28 - 1 新加坡石化产业技术创新生态体系架构

新加坡科学技术局（简称"科研局"）隶属公共研究所，包括各大学研究所、医学院研究中心、跨国企业研发机构等，负责整合科技研发资源，协调与推动研发创新，扶持科技企业及培育与管理高端研究人员。

新加坡标准生产力与创新局（简称"标新局"）负责扶持中小企业发展，对产品质量进行监管，提升劳动员工生产力和技术创新能力，帮助中小企业积极参与创新科技活动，提供企业科技应用咨询和配对服务，提供技术专家为员工培训，资助科技基础设施，促进、帮助新加坡企业进行科技研发，推动产业升级。

新加坡工业园产业技术创新生态体系如图 28 - 2 所示。

通过采取政府垄断、平台运作的开发运营模式，新加坡对裕廊工业园区的资金筹集、土地运用、招商引资等进行统一规划，形成了新加坡工业园

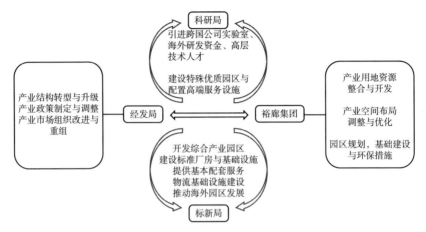

图 28 - 2　新加坡工业园产业技术创新生态体系

产业技术创新生态体系（如图 28 - 2 所示），能够高效地集中资源开发裕廊岛，避免无用功，快速并以较低成本获取私人土地，保证工业园区项目快速启动并尽快达到规模经济，同时有效吸引跨国公司的投资，降低了国内工业园区之间的恶性竞争。裕廊的现代规模化工业园区模式，将原来分散、杂乱、小规模的工业企业集中到统一规划建设的工业园区中，借此改善了工业的空间组织与布局，优化了企业之间生产协作流程，促进了企业之间共享基础设施，并加强了工业园区的生态环境保护。

28.2　新加坡裕廊工业园概况

　　新加坡是全球第三大炼油中心、最大的燃料供应港、全球三大石油交易中心之一、亚洲石油交易行业的价格发现中心，炼油厂的加工能力和复杂程度在全球遥遥领先。新加坡裕廊工业园，位于新加坡西南部的海滨地带，距离市区约 10 公里，占地面积超过 60 平方公里。1961 年新加坡政府决定在裕廊建设工业区，1968 年工业区的厂房、港口、码头、铁路、公路、电力、供水等各种基础设施建设基本完成，同年 6 月新加坡政府成立裕廊管理局（JTC），专门负责经营管理裕廊工业区和全国其他各工业区，2001 年裕廊管理局进行了改组，成为裕廊集团。

新加坡裕廊工业园现已形成了炼油、石油化工、特殊化工等完整的石化产业集群，并以石化产业为核心加强与其他行业的联系，形成了对其他产业的辐射和带动作用。新加坡石化产业的一个特征就是"化学集群"战略，上下游产品链接，产生出许多衍生产品，形成一个"大而全"的产品供应基地。目前有辛醇（伊士曼公司）、乙炔（塞拉尼公司）、苯乙烯（壳牌）、苯酚（三井化学）等"化学集群"。经过60余年的发展，裕廊工业园已形成了完整的石油和化学工业体系，主导产业为石油化工、修造船、机械工程、现代物流等，成为新加坡最大的现代化工业基地，是全球第三大石油炼制中心和全球十大乙烯生产中心之一。目前有超过一百家全球大型石油、石化和特种化工企业在裕廊工业园设有工厂，包括壳牌、埃克森美孚、杜邦、巴斯夫等诸多世界级石油化工巨头企业，产业涵盖炼油、化工、仓储、物流等石化产业链的各个环节。

裕廊工业园是以新加坡最大的综合现代化、世界第三大石化炼油中心和工业港为主，并辅以城市功能加以支撑的港城一体化的综合产业新城，形成了"港口—城市—产业"一体化的开发模式。港口，裕廊港是典型的商业港，依托裕廊工业园的产业发展而壮大，同时也带动了产业园区的发展。城市，工业园区内沿裕廊河两岸规划住宅区和各种生活设施，和园区内的港口、产业同步发展，兴建了学校、科学馆、商场、体育馆、银行、娱乐设施等，为工业园区内港区和产业提供金融、生活、通讯等服务，使裕廊工业园成为生产和生活的综合体，使生产和生活相得益彰，对园区的人才储备起到了非常大的促进作用。产业，裕廊工业园以石化、修造船、工程机械、一般制造业、物流等为主导产业。各主导产业由最初的初加工向深度加工、高附加值产品领域延伸，形成了完整的产业链，使工业园区经济渐趋成熟。裕廊工业园的成功建立使新加坡实现了快速工业化，并且形成了一整套的现代化经济管理经验，形成裕廊模式，强力推动了新加坡国民经济建设和发展，并为其他工业园区发展提供了可参考的经验借鉴。

28.3 新加坡工业园的发展与特点

回顾新加坡的工业发展历程，整个园区的开发过程基本上可分成五个阶段（如图 28 - 3 所示），分别为劳动密集型、技术密集型、资本密集型、科技密集型、知识密集型[292]，开发重点也从过去侧重于工业园区的基本建设和管理转向努力将工业园区营造成一个创新的源泉。在每一个阶段，以政府主导的工业园区都成为经济发展的新引擎和新动力，政府还积极推出不同的经济政策鼓励企业参与管理和开发园区，又能精准定位产业发展方向，以应对外部经济形势变化和内部发展需要，并及时提出相应对策更新工业园区的发展模式。虽然中国的工业化发展因条件差异不能完全照搬新加坡模式，但新加坡的发展模式在一定程度上对其他工业园区都能起到一定的借鉴作用。

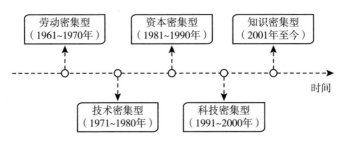

图 28 - 3　新加坡工业园发展历程

（1）劳动密集型（1961～1970 年）。1961 年政府在裕廊划定 6 480 公顷土地发展工业园区，并拨出 1 亿新元进行基础建设。此时产业布局还未成型，产业空间需求还在试探阶段，初期选择密布沼泽、人烟稀少、远离城市中心的裕廊建立 20 平方千米的工业园发展工业。新加坡政府制定经济扩张刺激法案和土地征收法案来给予外国企业税费减免优惠，并允许政府以非常便宜的价格征收土地，以此奠定了吸引外部投资及内部拓展的基础。一方面可帮助外资企业减少税金和租地成本，将企业有限资金用于产品生产和工厂建设；另一方面，政府建设基础设施，增加就业率，为快速工业化提供便利，以此形成了外企与政府共享繁荣，共担风险的运营模式。

此阶段失业率居高（14%），劳动力技能水平低下，主要是为了解决新加坡就业问题，改变其工业落后的面貌，注重于创造就业机会和出口型行业，对高资本项目实行风险共担的伙伴关系。政府也在海内外进行了广泛的宣传，以吸引国内外资本到裕廊工业园投资。到 1965 年，裕廊码头启用，工业园区内制造业不断开工投产，裕廊工业园开始有了全新的面貌。

（2）技术密集型（1971～1980 年）。此阶段新加坡的失业率快速下降（4%），发展培育本地中小企业以支持跨国公司，并抓住快速增长的行业—电子行业，与跨国企业联手设立技能发展机构（如表 28－1 所示）。

表 28－1　　　　　　　　　　　　联手跨国企业发展机构

时间	机构	行业
1972 年	Tata（印度）	机械制造
1973 年	Rolle（德国）	光机仪器
1975 年	Phillips（荷兰）	电子

为了吸引高附加值的资本与技术密集型产业，在 1971 年的新加坡概念规划中清晰地表达了产业空间总体布局，一方面产业区分布在新加坡中心"绿色中心环"的外围，另一方面则把新加坡的城市结构以"镇"层级关系和多中心划分。在技术培训和科技研发方面，新加坡政府设立国家培训中心并与其他国家联合设立科研机构。在政策方面，政府实施 3 年的工资增加政策，变相地增加了工业园区内企业的运营成本，迫使企业改进生产工艺，逐步淘汰落后的劳动密集型产业，发展技术型产业。经过这一阶段的发展，新加坡的经济结构发生了巨大的转变，到 20 世纪 70 年代末，新加坡失业率从 1965 年的 10% 下降到 3.3%；制造业占 GDP 的比重由 1965 年的 15% 上升到 27%。

（3）资本密集型（1981～1990 年）。新加坡从 20 世纪 80 年代开始，整体的经济结构从技术密集型开始向资本密集型转化，产业结构由传统制造业为主向包含制造业和服务业的高附加值产业进化。此阶段目标为以半导体、微电子和芯片制造/测试封装来完善产业链，发展机械模具、自动化设备、航空零部件等多样化的工程行业，充分利用国际开放合作来发展以海运、空运为主的现代物流中转配送枢纽，促进"生产性服务业"的发展，以现代物流业和先进制造业，来构建和完善经济增长的双引擎。政府功能主要是以调控"经济重组战略"为主，目标是使新加坡成为基于科学技术、技能、知识的现代工业体。

（4）科技密集型（1991～2000年）。从20世纪90年代开始，科学技术成为主导，新加坡政府采取的经济策略是向"经济上游"升级，其在工业园区中表现为产业集群和提高土地产业产出率，即加大对研发的重视、产业链的全面发展和最大化利用土地。新加坡利用海岸线和空港发展两港产业——裕廊集团规划裕廊化工岛和樟宜航空城。通过区域化发展，拓展外部经济空间，培育研发、实验室科技及知识型产业为主导的战略性新兴企业，将若干岛屿合并为裕廊岛，并将其发展成为世界级的石油化工中心，迈向生物科技和生物医学科学的新兴产业。在这个时期，新加坡在电子、石油化工，精密工程行业得到高速发展，JTC在1992年对裕廊东的旧工业区产业用地进行更新，开发了新加坡的第一个国际商务园（IBP），并成为新加坡工业园转型发展的新代表。

（5）知识密集型（2001年至今）。21世纪以来，新加坡在这个阶段一方面牢牢抓住知识经济和科技创新的价值与投入，另一方面则以长远规划的态度应对未来可能的变化，进一步深化石化产业，巩固世界级石油化工中心的地位。新加坡重新区划土地用地体系和增添白地理念，增加灵活性，增加用地功能混合度，兼容商务、商业、研发、低污染轻工业和休闲娱乐等功能，为工业园区的选择和未来发展提供多样的可能性。除此之外，新加坡工业园还大力发展生命科学，生物医药科技，媒体资讯业，以及环保洁净科技等高附加值产业。发展投资大、回收周期长、回报率高的战略性产业，并建设研发创新创业园——纬壹科技城。

28.4　新加坡工业园的经验借鉴

60年前，裕廊还是一片荒芜之地，大部分为沼泽与丘陵，如今它已发展成为世界著名的"花园工业镇"。只占用不到新加坡1/10国土面积的裕廊工业园区贡献了新加坡超过20%的GDP，吸收了全国1/3以上的劳动人口，堪称工业园区发展典范，借鉴新加坡经济发展的成功经验，探索对外开放和国际经济合作的新模式，使工业园区在社会主义市场经济体制下能更好地深入发展，并加快工业园区实现可持续发展，现总结出几点启示。

（1）构建核心产业框架。裕廊工业园区根据自身区位和资源禀赋特点，以及国际产业发展的趋势和机遇，从实际出发，不断调整产业结构和发展方向。20世纪60~70年代，新加坡工业化刚刚起步，为解决单一依赖转口贸易、工业基础薄弱和殖民统治时期遗留的严重失业问题，裕廊工业园区着力发展以出口为导向的劳动密集型制造业。20世纪80年代，为顺应国际产业发展潮流，裕廊工业园将制造业朝着高附加值的资本密集型和技术密集型方向转化，并积极促进服务业发展；从20世纪90年代到现在，以信息产业为中心的知识密集型经济开始兴起，高新技术、研发、工程设计、电脑软件服务业等知识密集型产业则成为裕廊工业园区的发展重心。在确立工业园区核心产业后，裕廊工业园区会围绕核心产业进行深入拓展，并按照产业链进行合理延伸，不断增强产业链各个环节的实力，提高相关企业的市场竞争力，在工业园区内形成产业集聚优势，从而保证工业园区的整体竞争力。新加坡裕廊工业园区在开发初期选择了传统加工业，但是新加坡从竞争优势出发，选择了市场前景好特别是适合发挥自己区位优势的炼油业作为主导产业，以后逐步推进升级，发展电子、通讯等高新技术产业。因此，工业园区应该根据自身的区位特点、从国际产业发展的趋势和机遇高度，立足实际，确定所扮演的产业角色，分阶段构建好园区产业框架和主导方向[293]。明确工业园区核心产业，并围绕核心产业搭建产业链条，有所针对地将与核心产业相关的各类要素在工业园区内进行有效整合，形成产业集聚优势，才能加速工业化进程，推动区域经济快速发展。

（2）强化基础设施建设。"硬环境"是工业园区发展的基础，"软环境"则是保障工业园区正常运作和健康发展的关键。新加坡政府始终认为，硬件建设只是办好工业园区的基础，软件建设则是保证工业园区正常运转和健康发展的关键，裕廊工业园区的成功在于有一套稳定有序的运行机制和合理高效的操作规程。为高效、迅速改善裕廊工业园区发展的"硬环境"，新加坡政府在园区建设初始阶段投入了大量资金，用于园区的基础设施建设，建成了总长达100多公里的工业园区内现代化公路网、发电量占全国一半以上的裕廊电厂、裕廊港码头、自来水厂及300多幢标准厂房等，为工业园区的未来发展打下了坚实基础。同时，裕廊工业园区还兴建了学校、科学馆、商场、体育馆等各种社会服务配套设施，成功将生产、商务、生活、娱乐、休闲融为一体，充分满足工业园区内人才的多方位需求。而软环境建设方面，裕廊工业园区则强调，在统一的宏观经济环境下，更加注重管理体制和职能创新，积极为入园企业创造稳定、透明、低廉、高效、舒适的营商环境，而并非只是简单的"政策特区"。比如，制度安排方面，裕廊工业园区是中央和地方政府合一的单一层次体制，可以为企业提供一站式服务，有效地提高了企业的投资许可、营业执照、城市规划与建设设计许可、劳动力、税收、进出口报关服务等与政府相关的交易速度，并且降低了交易成本[294]。工业园区制订运行机制和操作规则时，充分注意到宏观体制环境的变化，尽可能减少对优惠政策的依赖，在如何发挥自身的区位优势、营造产业集聚优势上多下功夫[295]。

（3）政府主导，市场化运作。政府是科技产业和园区建设发展的决定力量。新加坡对裕廊工业园区的资金筹集、土地运用、招商引资等进行统一规划，可以快速并以较低成本获取私人土地，保证工业园区项目快速启动并尽快达到规模经济，同时有效吸引跨国公司的投资，还降低了国内工业园区之间的竞争，该模式后来不断被亚洲其他发展中国家学习和效仿。尽管如此，裕廊镇管理局却不是传统意义上的政府机构，它实质上是一个房地产开发商及专业服务提供商，采用的是公司模式，通过投资于土地和设施并通过其产品和服务的销售来获得收入。在裕廊工业园区的开发运营过程中，裕廊镇管理局不断调整管理体制，目标是通过对法定机构的调整，使其行为更加企业化和市场化[296]。为更好地应对新经济，2001年裕廊管理局进行了改组，成为裕廊集团，下设腾飞公司、裕廊国际、裕廊港三个全资子公司，其中腾飞公司负责科学园、商业园、工业园等商务空间的开发和管理，裕廊国际负责咨询、规划设计及项目建设和管理，而裕廊港口与全球50多个国家和80多个港口保持贸易运输关系，被评为"亚太区最佳集装箱码头"。改组后，裕廊集团的经营运作更加企业化，对市场的反应更加灵敏，并在吸引、挽留和激励人才方面更具灵活性。建议工业园区的具体开发经营管理活动由工业园区开发有限公司独立负责，实行企业化经营、市场化管理机制，推动了工业园区经济的高速发展。

| 29 |

韩国大德科学城

29.1　韩国微电子产业技术创新生态体系概述

韩国微电子产业技术创新生态体系以微电子产业为核心代表产业，主要集中在动态随机存取存储器（Dynamic Random Access Memory，DRAM）领域。最初，韩国为了保护本国市场，政府实施了进口替代为主的一系列政策措施，后来随着经济发展的需要，韩国政府意识到了对外开放的重要性，放弃了原先的政策，提出了"成长第一、出口为先"的口号，制订了一系列对外开发市场的措施，鼓励外商在本国的微电子和计算机行业进行投资。

韩国微电子产业的发展壮大，政府的主导与支持发挥着重要的作用。韩国在发展微电子产业时，本身就有具有一定实力的财团企业（如三星、金星、现代品牌企业等），采取了与国外跨国公司相抗衡的竞争战略。韩国政府通过宏观调控政策、引导资金的流向，把95％的资金提供给大企业，充分保证大企业优先发展，以便更有效地与国外跨国公司抗衡。政府在吸引人才上，不仅用奖励，而且还打破传统行政习俗，给予这些科技人员优惠待遇，给他们配备助理人员和单独的实验室。伴随技术合作交流研发集群由单纯的研究开发功能向包括生产企业、供应商、金融机构、服务机构等复合创新功能发展，逐步形成了完善的区域创新体系。

韩国政府研究机构和企业纷纷在海外设立研究中心，大学优秀研究中心也在海外设立了科学合作中心。这些设在外国的工厂、公司和研究机构，尽量聘用外国专家和在国外的韩国人才，成为韩国吸聚人才的中心。另外，风险资本业蓬勃发展，包括新技术担保公司和风险投资公司。新技术担保公司由政府和企业建立，其目的是投资于产业化新技术的中小公司，创业基金由银行提供。

企业、高校及科研院所等的聚集，促进了科学园区内行为主体之间的密切合作，企业内部各阶层人员之间、企业与企业之间、企业与区内公共机构（高校、科研院所、商会等）之间的交流与合作，加快了知识和技术的流动及网络结点之间的交互作用，营造了区域发展的微电子产业技术创新生态体系（如图 29 - 1 所示）。以政府为主导，政府研究所和三大企业成立的联合研究开发项目，对韩国整体微电子行业的技术升级起到了关键作用，使韩国企业不仅能够在 4M 和 16M DRAM 实现自主开发的突破，而且能够在国际市场上形成强有力的竞争地位。

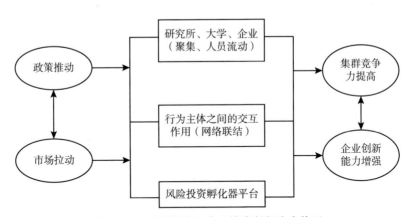

图 29 - 1　韩国微电子产业技术创新生态体系

29.2　韩国大德科学城概况

大德研究园区于 1973 年初朴正熙总统在韩国科技部年初视察过程中，

计划建设第二研究园区，从而被作为选址。随后成立了大德研究学院城市建设推进委员会，并制定了大德研究学院城市建设基本计划，从 1974 年起大德研究学院城市建设事业才正式开始。在过去的 46 年中，韩国大德特区通过创造新技术，在韩国的经济增长中发挥了举足轻重的作用。韩国的高科技产业的增长引擎，例如 CDMA 已经成为移动通信的全球标准，以及被称为"飞船"的地效翼船等韩国尖端产业都在韩国大德特区诞生。韩国大德特区是韩国研发能力最强的地方，这里的研发支出占韩国总研发支出的15%，拥有国内博士研究人员的 11%，研究领域主要有 IT、生物医学、纳米科技、精密仪器等。

大德科学城共有五个区域构成，分别为第 Ⅰ 区（大德综合研究中心）、第 Ⅱ 区（大德科技谷）、第 Ⅲ 区（大德工业园区）、第 Ⅴ 区（北部绿带区）、第 Ⅳ 区（国防科学研究所）。

29.3 韩国大德科学城的发展与特点

韩国大德科学城是研究机构和大学的集结地，集科研、生产和科技人才培养为一体，注重发挥科学城的技术辐射功能。韩国大德科学城设立 4 所大学和 49 个科研机构，其中包括三星、乐喜等大企业集团的研究所，形成了官民共同研发局面。韩国大德特区的历史是韩国的飞跃与变革象征，韩国大德科学城的发展可分为三大时期，分别为生长期、飞跃期与创新集群期。

（1）大德科学城的生长期（1973～2004 年）。1970 年韩国大德特区开始建设，为加强国家研发能力并打下基础，1973 年韩国制定了大德科学城建设基本计划，确定了大德的基本定位，在 1974 年成立了大德研究所，致力于大德的后期发展研究。从 1980 年开始着力于大德科学城的建设，在此阶段内，政府资助的各个研究机构逐渐入驻，1990 年开始民间企业研究所成立，为产学研合作奠定了基础，1992 年大德研究园区竣工，形成了多区域融合的科学园区，1993 年制定了《大德研究综合体管理法》，在法律层面上为大德科学城发展保驾护航。20 世纪初大德科学城发展加快，科技网络与创新集群迅速成长，高科技企业开始入驻，政府相应政策也逐渐落地，2004 年制定了大德研究开发特区的振兴政策。

（2）韩国大德特区的飞跃期（2005～2010 年）。本时期主要为产学研网络和高科技商业化创建了创新生态体系，2005 年制定《培育大德研发特区的特别法》等，法律体系更加完善，并设立韩国大德特区和特区支持总部，2010 年大德科学城建立全球化运营模式（K－STP），建立技术商业化基础设施，例如大德科技商务中心（TBC）和融合技术生产研究中心（CTCC）等。

（3）技术商业化的创新集群期（2011 年至今）。在此阶段内，大德科学城逐渐变为全球技术商业化的世界级创新集群，在大德科学城的基础上，2011 年制定第二研究开发特区振兴计划，增设光州特区和大邱特区，继续扩大科学城的范围，2012 年修订和实施《培育大德研发特区特别法》等，变更研发特区促进基金会的机构名称，并指定釜山特区。

到 2019 年 12 月，韩国大德特区共有 2 074 家机构进驻。研究领域机构有 45 家，教育机构有 7 家，其他研究机关有 9 家。非研究领域机构有 58 家，企业有 1 971 家。由此可见，韩国大德特区具备出色的 R&D 研究能力，并呈现持续增加的趋势（如图 29－2 所示）。

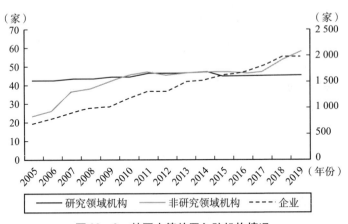

图 29－2　韩国大德特区入驻机构情况

韩国大德特区内的研究人员 2019 年共有 37 166 人，比 2012 年增加 35%，数据显示该地区的研究人员数量从 2010 年开始减少，过后几年再次显示出增加趋势。从表面上看，研究人力的减少会导致研究能力的不足，但是韩国大德特区的研究人员队伍不断扩大，为特区研究成果的不断涌现打下了很强的人才基础。在研究成果方面（如图 29-3 所示），韩国大德特区的国内专利数量、海外专利数量连年攀升，技术转让费的波动较大，在 2009 年技术转让费达到最大值。

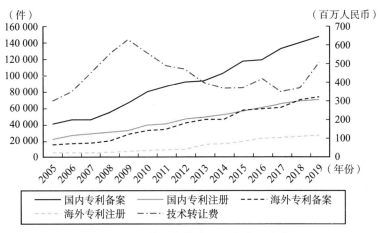

图 29-3 韩国大德特区研究成果统计

韩国大德特区的研究所自 2015 年开始数量增长速率加快，高新技术企业认定数量逐年增多，这也说明大德的科研实力正在逐渐增强（如图 29-4 所示）。

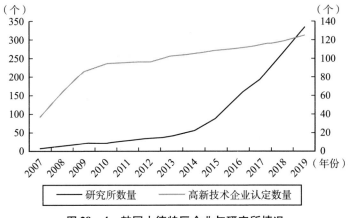

图 29-4 韩国大德特区企业与研究所情况

29.4　韩国大德科学城的经验借鉴

（1）完善的管理措施和法律法规。韩国政府以 5 年为单位制定大德特区综合培育计划，并据此实施创新集群政策。大德特区的法律涵盖了特区的各个活动，且规定了特区的特别法律（如图 29－5 所示）。

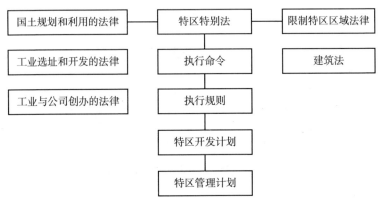

图 29－5　韩国大德特区法律体系

韩国大德特区法律体系体现了国家对特区的重视。在对特区的管理方面主要体现在以下两个方面：一是通过有效管理土地，确保土地利用的合理性，系统地配置教育、研究设施、居住、商业及文化福利设施，实现特区的均衡发展，在对土地管理的同时，特别注重绿色空间的保留，体现了可持续发展的理念；二是通过与地方自治团体的有机业务合作，引导研究开发特区的发展。

（2）政府科学干预。在创新集群的政策管理方面，仅依靠韩国大德特区的管理有些薄弱。大德特区因具有国家创新体制上的性质，形成了以中央政府为中心的自上而下的政府直接干预模式。中央政府有关管理部门创设了大德特区支援总部和地方中小企业管理厅、中小企业振兴公团等，企业上有特区内企业组成的大德风险投资协会，还有地方自治团等。

中央政府为培育韩国大德特区成为世界超一流创新集群，提出了促进研究成果产业化，构建风险生态体系，构建全球环境，跨地区联系及成果扩散的推进战略。这是将国家研究开发方向转换为市场化方向，扩大入驻企业的研发投资，谋求扩充研究力量，激活技术转让及市场化，通过企业创业和培养，将成果与其他地区联系起来的框架。

（3）特区基金会助推科学城战略发展。该基金会目的是有效促进特区项目的进行，主要职责与功能是通过技术商业化、为初创公司创造商业机会。在特区开发方面，进行技术发现、技术转让和商业化，助力科技初创公司的成立，支持特区公司的全球扩张，支持技术融资（例如特区资金和天使投资等）；在创新系统支持方面，减少研究型公司和高科技公司的国家和地方税，减免特区商业房屋入住所得税及地方税；在特区管理方面，营造舒适的研究及定居环境的社会管理，推进未开发地区的开发；在特区基础设施建设方面，成立技术商业化支援商务中心等。这些措施为特区的运作起到了很强的推动作用，也契合了韩国大德特区创新战略体系（如图 29－6 所示）。

（4）产学研合作网络完善。大德科学城正培养成为知识扩散及创新创造、科学技术融合枢纽的集成地，韩国大德特区创新生态体系（如图 29－7 所示），促进了"技术→商业化→企业成长→再投资"的良性循环。在构建某地区的产业技术创新生态体系的过程中，各个主体之间应积极合作，共同维持体系的成长与运转。

（5）完备的政策保障体系。为快速灵活地调配劳动力、技术等企业活动所需的要素，创造所需知识、促进技术接近性、便捷知识扩散，通过企业集中共享设施，节约物流费用，提高竞争力，大德科学城加强了创新集群政策。大德科学城的政策类型主要包括产业政策、区域政策与技术政策，三者共同构成了集群政策，为大德的技术与知识成长保驾护航。

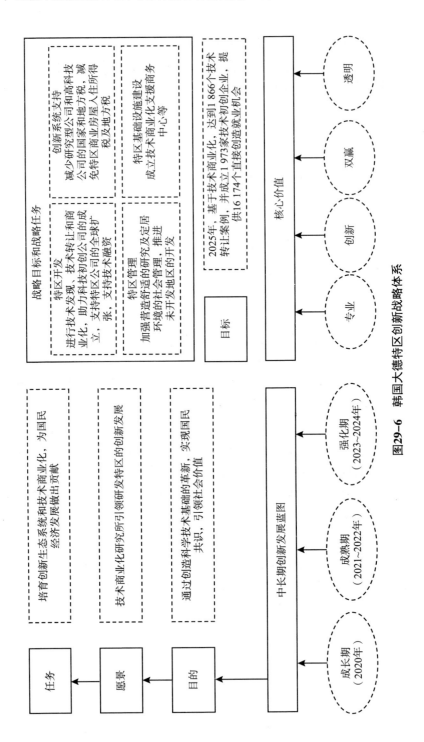

图29-6 韩国大德特区创新战略体系

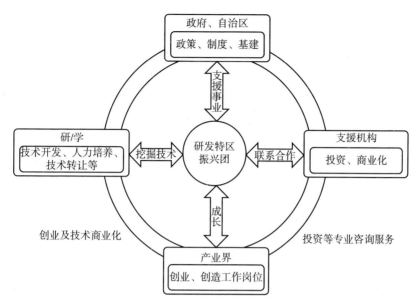

图 29 – 7　韩国大德特区创新生态体系

参 考 文 献

［1］敖明. 中国高新技术产业园区发展研究［J］. 商场现代化，2017（012）：249 – 250.

［2］北京市习近平新时代中国特色社会主义思想研究中心（马一德执笔）. 打好关键核心技术攻坚战要找准突破口［N］. 经济日报，2020 – 11 – 11（001）.

［3］蔡姝莎，欧光军，赵林龙，卞亚男. 高新技术开发区创新体系生态质量评价研究——以湖北省高新区为实证［J］. 科研管理，2018，39（S1）：87 – 94.

［4］［美］伯利，米恩斯. 甘华鸣，罗锐韧，蔡如海译. 现代公司与私有财产［M］. 北京：商务印书馆，2005.

［5］陈畴镛，胡枭峰，周青. 区域技术创新生态系统的小世界特征分析［J］. 科学管理研究，2010，28（05）：17 – 20，30.

［6］陈芳，眭纪刚. 新兴产业协同创新与演化研究：新能源汽车为例［J］. 科研管理，2015，36（01）：26 – 33.

［7］陈恒，初国刚，侯建. 基于系统动力学的产学研合作培养创新人才动力机制研究［J］. 管理学报，2018，15（04）：548 – 56.

［8］陈丽姗，傅元海. 融资约束条件下技术创新影响企业高质量发展的动态特征［J］. 中国软科学，2019（12）：108 – 128.

［9］陈印政. 创新文化与区域创新生态系统研究［J］. 技术与创新管理，2020，41（05）：539.

［10］程承坪，朱明达，大数据时代的政府与市场关系探讨［J］. 中国软科学，2019（09）：185 – 192.

［11］戴勇，胡明溥．产学研伙伴异质性对知识共享的影响及机制研究［J］．科学学与科学技术管理，2016，37（06）：66－79．

［12］丁志军．新加坡裕廊岛工业园成功因素分析［J］．东方企业文化，2011（23）：80－81．

［13］董铠军．创新生态系统的本质特征与结构——结合生态学理论［J］．科学技术哲学研究，2018，35（05）：118－123．

［14］董少鹏．优化和提升资本市场功能，支持深圳打造"创新高地"［N］．证券日报，2020－10－15（A02）.

［15］杜宝贵，王欣．科技企业孵化器政策变迁研究——基于政策文本的量化分析［J］．中国科技论坛，2019（02）：11－21．

［16］杜传忠，刘忠京．基于创新生态系统的我国国家创新体系的构建［J］．科学管理研究，2015，33（04）：6－9．

［17］杜晶晶，胡登峰，张琪．数字化赋能视角下突发公共事件应急管理系统研究——以新型冠状病毒肺炎疫情为例［J］．科技进步与对策，2020，37（20）：34－40．

［18］杜睿云，王宝义．新零售：研究述评及展望［J］．企业经济，2020，39（08）：128－135．

［19］段云龙，张新启，刘永松，杨立生．基于管理协同的产业技术创新战略联盟稳定性研究［J］．科技进步与对策，2019，36（05）：64－72．

［20］樊建锋，田志龙．大变局中的中国管理——"中国管理50人"论坛（2019年秋季）会议述评［J］．管理学报，2019，16（11）：1601－6．

［21］范德成，谷晓梅．高技术产业技术创新效率提升的多元模式——创新环境视角［J］．科技进步与对策，2020，37（18）：52－59．

［22］方刚，谈佳馨．互联网环境下产学研协同创新的知识增值研究［J］．科学学研究，2020，38（07）：1325－1337．

［23］方敏等．高质量发展背景下长江经济带产业集聚创新发展路径研究［J］．中国软科学，2019（05）：137－150．

［24］冯庆斌．基于群落生态学的产学研合作创新研究［D］．哈尔滨工程大学，2006．

［25］冯之浚，方新，李正风．塑造当代创新文化践行五大发展理念

[J]. 科学学研究, 2016, 34 (01): 1 – 3.

[26] 付晨玉, 杨艳琳. 中国工业化进程中的产业发展质量测度与评价 [J]. 数量经济技术经济研究, 2020, 37 (03): 3 – 25.

[27] 付俊超. 产学研合作运行机制与绩效评价研究 [D]. 中国地质大学, 2013.

[28] 傅羿芳, 朱斌. 高科技产业集群持续创新生态体系研究 [J]. 科学学研究, 2004 (S1): 128 – 135.

[29] 干勇. 我国产业技术创新支撑体系建设的问题及出路 [J]. 中国工业评论, 2016 (10): 52 – 58.

[30] 高江舟, 王素娟. 企业生态位与企业合作竞争分析 [J]. 太原科技, 2007 (02): 16 – 17, 20.

[31] 高娟. 新时代中国政府绩效评价研究 [J]. 中国软科学, 2019 (12): 62 – 71.

[32] 戈峰主编. 现代生态学 第 2 版 [M]. 北京: 科学出版社, 2008.03.

[33] 耿云明. 国家级高新技术园区产业迭代发展与园区空间演变关系研究 [J]. 中国高新科技, 2019 (013): 120 – 122.

[34] 苟尤钊. 论国家高新区与经开区的构建——基于科技创新链视角 [J]. 中国高新技术企业, 2014 (020): 1 – 3.

[35] 辜胜阻, 吴华君, 吴沁沁, 余贤文. 创新驱动与核心技术突破是高质量发展的基石 [J]. 中国软科学, 2018 (10): 9 – 18.

[36] 古志文. 群落生态学视角下的产业技术创新平台建设与发展 [J]. 科技管理研究, 2016, 36 (17): 117 – 122.

[37] 管理科学技术名词审定委员会.《管理科学技术名词》[M]. 科学出版社, 2016 (06).

[38] 郭百涛, 王帅斌, 王冀宁, 李雯. 江苏省新型研发机构共建模式研究——基于江苏省产业技术研究院膜科学技术研究所案例分析 [J]. 科技管理研究, 2019, 39 (12): 79 – 84.

[39] 郭亚婷. 大学科技园转型发展的困境与出路 [J]. 中国高校科技, 2018 (04): 84 – 85.

[40] 国务院发展研究中心课题组, 马建堂与张军扩. 充分发挥"超

大规模性"优势推动我国经济实现从"超大"到"超强"的转变 [J]. 管理世界, 2020, 36 (01): 1 - 7, 44, 229.

[41] 韩君, 张慧楠. 中国经济高质量发展背景下区域能源消费的测度 [J]. 数量经济技术经济研究, 2019, 36 (07): 42 - 61.

[42] 韩正忠. 台湾"硅谷"崛起的奥秘 [J]. 中国国情国力, 2001 (09): 47 - 49.

[43] 郝金磊, 尹萌. 分享经济: 赋能、价值共创与商业模式创新——基于猪八戒网的案例研究 [J]. 商业研究, 2018 (05): 31 - 40.

[44] 何菲, 王京安. 演化经济学视角下的技术范式转换预见探讨 [J]. 科技管理研究, 2016, 36 (16): 108 - 113.

[45] 何家媛. 创新创业生态系统中的政府作用 [J]. 唯实 (现代管理), 2018 (10): 20 - 23.

[46] 何向武, 周文泳, 尤建新. 产业创新生态系统的内涵、结构与功能 [J]. 科技与经济, 2015, 28 (04): 31 - 35.

[47] 洪林, 夏宏奎, 汪福俊, 叶美兰. 产学研协同创新的政策体系与保障机制——基于"中国制造2025"的思考 [J]. 中国高校科技, 2019 (04): 74 - 76.

[48] 侯秉正, 聂锐, 高伟, 倪蓉, 陈彤. 苏北地区产业联动现状分析 [J]. 江苏商论, 2009 (01): 9 - 10.

[49] 胡云华. 台湾新竹科学工业园区学习型创新体系研究及其启示 [J]. 特区经济, 2009 (05): 285 - 287.

[50] 黄鲁成. 区域技术创新生态系统的特征 [J]. 中国科技论坛, 2003 (01): 23 - 26.

[51] 黄鲁成. 区域技术创新生态系统的制约因子与应变策略 [J]. 科学学与科学技术管理, 2006 (11): 93 - 97.

[52] 黄速建, 肖红军, 王欣. 论国有企业高质量发展 [J]. 中国工业经济, 2018 (010): 19 - 41.

[53] 黄小瑜, 孙明贵. 产学研合作的形成与高校动机分析 [J]. 中国高校科技, 2016 (04): 39 - 41.

[54] 黄馨莹, 解佳龙. 韩国大德谷科技人才政策演进及其特征 [J]. 世界科技研究与发展, 2020, 42 (05): 549 - 557.

［55］黄永明，姜泽林．金融结构、产业集聚与经济高质量发展［J］．科学学研究，2019，37（10）：1775 - 1785．

［56］江小涓．"十四五"时期数字经济发展趋势与治理重点［J］．山东经济战略研究，2020（10）：48 - 50．

［57］姜春，丁子仪．新型研发组织运行治理的多层次利益分配与激励机制——以江苏省产业技术新型研发机构及其40家专业研究所为例［J］．中国科技论坛，2020（07）：60 - 72．

［58］姜睿思，谢富纪．政府应如何补贴委托代理关系下的产学合作［J］．科技管理研究，2020，40（02）：40 - 47．

［59］解学梅，王宏伟．开放式创新生态系统价值共创模式与机制研究［J］．科学学研究，2020，38（05）：912 - 924．

［60］解学梅．中小企业协同创新网络与创新绩效的实证研究［J］．管理科学学报，2010，13（08）：51 - 64．

［61］金碚，关于"高质量发展"的经济学研究［J］．中国工业经济，2018（04）：5 - 18．

［62］金碚，吕铁，邓洲．中国工业结构转型升级：进展、问题与趋势［J］．中国工业经济，2011（02）：5 - 15．

［63］金芙蓉，罗守贵．产学研合作绩效评价指标体系研究［J］．科学管理研究，2009，27（03）：43 - 46，68．

［64］蓝志威．金融创新驱动下产业生态圈打造的实践探索［J］．广东经济，2020（11）：62 - 65．

［65］黎文靖，郑曼妮．实质性创新还是策略性创新？——宏观产业政策对微观企业创新的影响［J］．经济研究，2016（04）：60 - 73．

［66］李博等．生态学［M］．北京：高等教育出版社，2000：146 - 147．

［67］李达，王崑声，马宽．技术成熟度评价方法综述［J］．科学决策，2012（11）：85 - 94．

［68］李德志，石强，臧润国，王绪平，盛丽娟，朱志玲，王长爱．物种或种群生态位宽度与生态位重叠的计测模型［J］．林业科学，2006（07）：95 - 103．

［69］李敦华．借鉴新加坡裕廊工业园发展的经验［N］．韶关日报，

2012 - 11 - 03（A03）.

［70］李海燕，吕焕方，曹蓓.产业技术创新联盟绩效评价指标体系的构建［J］.科技管理研究，2013，33（22）：56 - 58，67.

［71］李欢，蔡瑞林，张波，刘伯超.创新生态培育背景下专利管理转型研究［J］.创新科技，2020，20（04）：58 - 67.

［72］李欢，张波.创新生态背景下专利管理政策的研究［J］.中国发明与专利，2020，17（09）：6 - 11.

［73］李金龙，周宏骞，史文立.多中心治理视角下的长株潭区域合作治理［J］.经济地理，2008（03）：362 - 366.

［74］李梅芳，刘国新，刘璐.企业与高校对产学研合作模式选择的比较研究［J］.科研管理，2012，33（09）：154 - 160.

［75］李苗苗.创新环境要素对企业技术创新的影响研究［D］.大连理工大学，2013.

［76］李芊羽.辽宁沿海经济带建设中地方政府横向府际合作研究［D］.沈阳师范大学，2019.

［77］李钦.新加坡工业园区建设发展经验与启示［J］.青海科技，2015（04）：86 - 88.

［78］李盛楠，范德成.中国高技术产业技术创新效率影响因素研究——一个理论框架［J］.科技进步与对策，2020，37（07）：43 - 51.

［79］李万，常静，王敏杰，朱学彦，金爱民.创新3.0与创新生态系统［J］.科学学研究，2014，32（12）：1761 - 1770.

［80］李晓娣，张小燕.区域创新生态系统共生对地区科技创新影响研究［J］.科学学研究，2019，37（05）：909 - 918，939.

［81］李晓燕，赵洁，刘燕娜.基于阶段视角的农业科技成果产业化综合评价［J］.科技和产业，2014，14（04）：79 - 84，90.

［82］李晓玉.从智慧城市到智慧社会数字赋能实体经济整装出发［N］.通信信息报，2018 - 04 - 25（A06）.

［83］李星，企业集群创新网络内多主体间的合作创新机理研究［M］.中国社会科学出版社，2016.

［84］李艳华著.中国民航产业技术创新系统及路径研究兼论新一代民航运输系统的建设［M］.中国民航出版社，2008.

［85］李扬，沈志渔．战略性新兴产业集群的创新发展规律研究［J］．经济与管理研究，2010（10）：29－34．

［86］李晔，王舜．台湾新竹科学工业园区的发展模式及启示［J］．科学管理研究，2006（03）：118－120．

［87］李梓涵昕，卢雅华．非可控外部知识共享、意外知识泄漏与突破性创新绩效的关系研究［J］．科学学与科学技术管理，2019，40（05）：122－33．

［88］凌佳亨，喻修远，梁丽芝．经济技术开发区与国家现代化——对国家级经济技术开发区35年发展回溯［J］．深圳社会科学，2020（5）：93－104，160．

［89］刘钒，向叙昭，吴晓烨．面向高质量发展的创新生态系统治理研究［J］．社会科学动态，2020（08）：41－46．

［90］刘衡，王龙伟，李垣．竞合理论研究前沿探析［J］．外国经济与管理，2009，31（09）：1－8．

［91］刘婧姝，刘凤朝．产业技术创新能力评价指标体系构建研究［J］．科技和产业，2007（11）：8－12．

［92］刘兰剑，项丽琳，夏青．基于创新政策的高新技术产业创新生态系统评估研究［J］．科研管理，2020，41（05）：1－9．

［93］刘伟．考虑环境因素的高新技术产业技术创新效率分析——基于2000～2007年和2008～2014年两个时段的比较［J］．科研管理，2016，37（11）：18－25．

［94］刘伟忠．我国协同治理理论研究的现状与趋向［J］．城市问题，2012（05）：81－85．

［95］刘希宋，姜树凯．科技成果转化委托代理的博弈分析［J］．科技管理研究，2008（04）：196－197，204．

［96］刘贻新，张光宇，杨诗炜．基于理事会制度的新型研发机构治理结构研究［J］．广东科技，2016，25（08）：21－24．

［97］刘友金，罗发友．企业技术创新集群行为的行为生态学研究——一个分析框架的提出与构思［J］．中国软科学，2004（01）：68－72．

［98］刘友金，易秋平．技术创新生态系统结构的生态重组［J］．湖南科技大学学报（社会科学版），2005（05）：67－70．

[99] 刘哲. 创新生态体系研究演进及创新平台模式案例分析 [J]. 当代经济, 2019 (07): 102 - 105.

[100] 刘志彪, 凌永辉. 结构转换、全要素生产率与高质量发展 [J]. 管理世界, 2020, 36 (07): 15 - 29.

[101] 柳卸林, 孙海鹰, 马雪梅. 基于创新生态观的科技管理模式 [J]. 科学学与科学技术管理, 2015, 36 (01): 18 - 27.

[102] 鲁继通. 我国高质量发展指标体系初探 [J]. 中国经贸导刊, 2018 (020): 4 - 7.

[103] 陆立军, 郑小碧. 区域创新平台的企业参与机制研究 [J]. 科研管理, 2008 (02): 122 - 127.

[104] 逯承鹏. 产业共生系统演化与共生效应研究 [D]. 兰州大学, 2013.

[105] 吕建黎. 江苏生物医药产业创新发展的现状及问题研究 [J]. 市场周刊, 2019 (12): 27 - 28.

[106] 吕玉辉. 技术创新生态系统的要素模型与演化 [J]. 技术经济与管理研究, 2011 (09): 25 - 28.

[107] 马富裕, 邵继红, 李鲁华. "一元多生态位" 原理及其在棉花高产栽培中的应用 [J]. 应用生态学报, 2004 (07): 1285 - 8.

[108] 马茹, 罗晖, 王宏伟, 王铁成. 中国区域经济高质量发展评价指标体系及测度研究 [J]. 中国软科学, 2019 (07): 60 - 67.

[109] 马文聪, 叶阳平, 徐梦丹. "两情相悦" 还是 "门当户对": 产学研合作伙伴匹配性及其对知识共享和合作绩效的影响机制 [J]. 南开管理评论, 2018, 21 (06): 95 - 106.

[110] 马永斌, 刘帆, 王孙禺. 科学园区大学主导与政府主导模式的利弊分析——基于剑桥科学园与筑波科学城的对比 [J]. 科技管理研究, 2010, 30 (06): 32 - 34.

[111] 迈克尔·波特. 国家竞争优势 [M]. 北京: 中信出版社, 2007.

[112] 米歇尔·沃尔德罗普. 复杂: 诞生于秩序与混沌边缘的科学 [M]. 三联书店, 1997.

[113] 苗红, 黄鲁成. 区域技术创新生态系统健康评价研究 [J]. 科

技进步与对策，2008 (08)：146 – 149.

[114] 南宁市人民政府经济研究中心．经济特区开放城市政策汇编．广西人民出版社，1992.

[115] 聂长飞，简新华．中国高质量发展的测度及省际现状的分析比较 [J]．数量经济技术经济研究，2020，37 (02)：26 – 47.

[116] 潘成云．解读产业价值链——兼析我国新兴产业价值链基本特征 [J]．当代财经，2001 (09)：7 – 11，15.

[117] 逄锦聚．在世界百年未有之大变局中坚持和发展中国特色社会主义经济发展道路 [J]．经济研究，2020，55 (08)：24 – 40.

[118] 裴长洪，刘洪愧．中国外贸高质量发展：基于习近平百年大变局重要论断的思考 [J]．经济研究，2020，55 (05)：4 – 20.

[119] 彭文俊，王晓鸣．生态位概念和内涵的发展及其在生态学中的定位 [J]．应用生态学报，2016，27 (01)：327 – 334.

[120] 彭兴莲，陈佶玲．产城融合互动机理研究——以苏州工业园区为例 [J]．企业经济，2017，36 (01)：181 – 186.

[121] 彭珍珍，顾颖，张洁．动态环境下联盟竞合、治理机制与创新绩效的关系研究 [J]．管理世界，2020，36 (03)：205 – 220，235.

[122] 卜祥峰，寇小萱．高质量发展下科技企业孵化器发展研究——以天津为例 [J]．天津经济，2020 (05)：27 – 33.

[123] 钱学森．论宏观建筑与微观建筑 [M]．杭州出版社，2001.

[124] 秦玮，徐飞．产学研联盟动机、合作行为与联盟绩效 [J]．科技管理研究，2014，34 (08)：107 – 111，116.

[125] 全球化智库（CCG）与西南财经大学发展研究院《2017 中国区域国际人才竞争力报告》.

[126] 全世文，曾寅初，朱勇．我国食品安全监管者激励失灵的原因——基于委托代理理论的解释 [J]．经济管理，2015，37 (04)：159 – 167.

[127] 冉奥博，刘云．创新生态系统结构、特征与模式研究 [J]．科技管理研究，2014，34 (23)：53 – 58.

[128] 任志祥．大学科技园的发展历程及转型思考 [J]．中国高校科技，2018 (11)：88 – 90.

[129] 阮建青，石琦，张晓波. 产业集群动态演化规律与地方政府政策 [J]. 管理世界，2014 (12)：79－91.

[130] 邵勇，赖鸿展，张青玉. 新加坡发展工业园区的新动力对中国传统工业港区转型升级的启示在深圳自贸区赤湾片区产业升级和空间布局的实践 [J]. 时代建筑，2019 (04)：40－45.

[131] 史清琪，王昌林. 我国产业技术创新能力究竟能有多大 [J]. 中国经济信息，1999 (22)：14－16.

[132] 宋子健，董纪昌，李秀婷，董志. 基于委托代理理论的 PPP 项目风险成本研究 [J]. 管理评论，2020，32 (09)：45－54，67.

[133] 苏东斌. 中国经济特区的三大历史性贡献 [J]. 中国经济特区研究，2009，1 (02)：7－9.

[134] 孙次锁. 构建高质量发展的创新创业服务生态体系 [J]. 中国经济周刊，2019 (06)：102－104.

[135] 孙丽文，李跃. 京津冀区域创新生态系统生态位适宜度评价 [J]. 科技进步与对策，2017，34 (04)：47－53.

[136] 孙萍，闫亭豫. 我国协同治理理论研究述评 [J]. 理论月刊，2013 (03)：107－112.

[137] 孙早，许薛璐，产业创新与消费升级：基于供给侧结构性改革视角的经验研究 [J]. 中国工业经济，2018 (07)：98－116.

[138] 汤临佳，郑伟伟，池仁勇. 创新生态系统的理论演进与热点前沿：一项文献计量分析研究 [J]. 技术经济，2020，39 (07)：1－9，26.

[139] 汤临佳，郑伟伟，池仁勇. 智能制造创新生态系统的功能评价体系及治理机制 [J]. 科研管理，2019，40 (07)：97－105.

[140] 唐雯. 科技型中小企业创新生态系统构建机制研究 [J]. 技术经济与管理研究，2021 (03)：35－39.

[141] 陶平生，全球治理视角下共建"一带一路"国际规则的遵循、完善和创新 [J]. 管理世界，2020，36 (05)：161－171，203，16.

[142] 万力勇，黄传慧. 区域性科技创新资源共享影响因素及模型研究——基于路径依赖与创新扩散理论视角 [J]. 情报杂志，2016，35 (01)：182－187，1.

[143] 万立军，罗廷，于天军，王晓明. 资源型城市技术创新生态系

统评价研究［J］. 科学管理研究，2016，34（03）：72 - 75.

［144］汪毅. 深圳经济特区在过去与未来都在改革开放中起到重要的作用［J］. 财富时代，2020（09）：38 - 39.

［145］汪增洋，张学良. 后工业化时期中国小城镇高质量发展的路径选择［J］. 中国工业经济，2019（01）：62 - 80.

［146］王纯旭. 产业技术创新生态系统运行存在的问题及其对策研究［J］. 经济研究导刊，2020（17）：38 - 39.

［147］王发明，刘丹. 产业技术创新联盟中焦点企业合作共生伙伴选择研究［J］. 科学学研究，2016，34（02）：246 - 252.

［148］王海芸. 日本筑波科学城发展的启示研究［J］. 科技中国，2019（03）：20 - 27.

［149］王浩，梁耀明. 产学研合作绩效评价研究综述［J］. 科技管理研究，2011，31（011）：56 - 61.

［150］王宏波，张小溪. 关中—天水经济区地方政府间跨区域合作治理问题探析［J］. 西北农林科技大学学报（社会科学版），2011，11（04）：96 - 101.

［151］王金照，王金石. 工业增加值率的国际比较及启示［J］. 经济纵横，2012（08）：30 - 35.

［152］王晋斌. "三十而立"的中国资本市场回顾与展望［J］. 人民论坛，2020（36）：90 - 93.

［153］王丽娜. 委托代理理论视域下地方政府绩效考核目标偏离及矫治研究［D］. 湘潭大学，2020.

［154］王胜光，程郁，刘会武. 高新区创新中国——对 20 年国家高新区发展的总结评价及对未来发展的思考［J］. 中国科学院院刊，2012，27（06）：678 - 696.

［155］王守文，徐顽强，颜鹏. 产业技术研究院绩效评价模型研究［J］. 科技进步与对策，2014，31（17）：120 - 125.

［156］王伟，郭震洪. 政府权力资源的经济伦理价值及其建设［J］. 太平洋学报，2005（11）：19 - 24.

［157］王昕红，崔瑞锋，陆根书，席酉民，梁磊. 加强产学研合作，推动企业技术创新——基于企业的视角［J］. 高等工程教育研究，2007

（02）：26 - 30.

[158] 王秀芬. 推动产学研战略联盟发展的政策支持体系研究 [J]. 创新科技，2019，19（07）：51 - 55.

[159] 王玉冬，武川，王琳璐. 高新技术企业创新资金运营生态化及其水平测度 [J]. 中国软科学，2017（07）：101 - 115.

[160] 维克多·黄，格雷格·霍洛维茨. 硅谷生态圈：创新的雨林法则 [M]. 机械工业出版社，2015.

[161] 卫平，周凤军. 新加坡工业园裕廊模式及其对中国的启示 [J]. 亚太经济，2017（01）：97 - 102，176.

[162] 蔚鹏. 应用钻石模型理论提升苏州工业园竞争力的战略对策研究 [D]. 东南大学，2005.

[163] 魏宏森，曾国屏著. 系统论：系统科学哲学 [M] 北京：清华大学出版社，1995.12.

[164] 魏敏，李书昊. 新时代中国经济高质量发展水平的测度研究 [J]. 数量经济技术经济研究，2018，35（011）：3 - 20.

[165] 温铁军，谢欣，高俊，等. 地方政府制度创新与产业转型升级——苏州工业园区结构升级案例研究 [J]. 学术研究，2016.

[166] 温兴琦，黄起海，BROWN David. 共生创新系统：结构层次、运行机理与政策启示 [J]. 科学学与科学技术管理，2016，37（03）：79 - 85.

[167] 文丰安. 新时代中国高质量发展的判断标准、决定因素与实现途径 [J]. 改革，2018（004）：5 - 16.

[168] 邬建国. 耗散结构、等级系统理论与生态系统 [J]. 应用生态学报，1991（02）：181 - 186.

[169] 吴价宝，易爱军，吴佳玲，王葭薇，罗怡. 江苏省国家高新区创新资源集聚路径与融合机制研究 [J]. 江苏海洋大学学报（人文社会科学版），2021，19（01）：104 - 114.

[170] 吴江，费佳丽，王倩茹. 国家大学科技园政策变迁的演进逻辑与动力机制 [J]. 科学管理研究，2019，37（05）：31 - 37.

[171] 吴金希. 创新生态体系的内涵、特征及其政策含义 [J]. 科学学研究，2014，32（01）：44 - 51，91.

[172] 吴金希，孙蕊，马蕾. 科技治理体系现代化：概念、特征与挑

战 [J]. 科学学与科学技术管理, 2015, 36 (08): 3 - 9.

[173] 吴黎华. 科创板是科技创新的重要平台 [N]. 经济参考报, 2019 - 06 - 04 (001).

[174] 伍春来, 赵剑波, 王以华. 产业技术创新生态体系研究评述 [J]. 科学学与科学技术管理, 2013, 34 (07): 113 - 121.

[175] 武汉大学工业互联网研究课题组. "十四五"时期工业互联网高质量发展的战略思考 [J]. 中国软科学, 2020 (05): 1 - 9.

[176] 咸雄浩. 基于企业家精神的地方政府治理理念研究 [D]. 延边大学, 2019.

[177] 萧浩辉主编. 决策科学辞典 [M]. 北京: 人民出版社, 1995.

[178] 肖蕾. 科技服务中介机构参与下技术转移的演化博弈探析 [J]. 技术与市场, 2021, 28 (01): 47 - 48.

[179] 肖荣歆. 浅析人才中介服务机构如何在竞争中获得成功 [J]. 现代经济信息, 2012 (08): 78.

[180] 谢呈阳, 周海波, 胡汉辉. "园区升级"中区域创新集群的体系重构及创新效率评价: 基于苏州工业园区的分析 [J]. 科技进步与对策, 2015, 32 (15): 132 - 137.

[181] 邢喻. 众创空间生态系统的构建与生态赋能机制研究 [D]. 浙江工业大学, 2020.

[182] 熊杰. 快速消费品制造企业与第三方物流企业共生关系与共生能量研究 [D]. 杭州电子科技大学, 2011.

[183] 徐建中, 王纯旭. 基于粒子群算法的产业技术创新生态系统运行稳定性组合评价研究——以电信产业为例 [J]. 预测, 2016, 35 (05): 30 - 36.

[184] 徐梦周, 潘家栋. 特色小镇驱动科技园区高质量发展的模式研究——以杭州未来科技城为例 [J]. 中国软科学, 2019 (08): 92 - 99.

[185] 徐小钦, 杨红艳. 重庆市生物医药产业技术创新的现状、问题与对策研究 [J]. 科技管理研究, 2007 (11): 108 - 110.

[186] 许芳, 李建华. 企业主体生态位原理及模型研究 [J]. 中国软科学, 2005 (05): 130 - 139.

[187] 宣烨. 江苏产业发展报告 2018 [M]. 中国经济出版社, 2019.

[188] 晏艳阳，王娟. 产业政策如何促进企业创新效率提升——对"五年规划"实施效果的一项评价. 产经评论 [J]. 2018, 9（03）: 57 - 74.

[189] 杨彩琳，李恬，徐霞. 高新技术产业创新生态系统运行机制、问题及优化对策研究 [J]. 决策咨询，2020（01）: 60 - 63, 67.

[190] 杨柳. 中国为何缺乏高端创新型人才 [J]. 人民论坛，2017（01）: 74 - 75.

[191] 杨荣. 创新生态系统的界定、特征及其构建 [J]. 科学与管理，2014（03）: 12 - 17.

[192] 杨涛，赵庆展. 大学科技园发展现状、问题与对策研究——以石河子大学科技园为例 [J]. 新疆农垦经济，2016（06）: 87 - 92.

[193] 杨伟，周青，方刚. 产业联盟的组织复杂度、牵头单位类型与合作创新率 [J]. 科学学研究，2015, 33（05）: 713 - 22.

[194] 杨义兵. 创业孵化器运行效率与商业模式研究 [D]. 吉林大学，2020.

[195] 杨周彝. 台湾新竹科学工业园区对浦东开发的启示 [J]. 上海管理科学，1998（06）: 40 - 41.

[196] 于法稳，方兰. 黄河流域生态保护和高质量发展的若干问题 [J]. 中国软科学，2020（06）: 85 - 95.

[197] 于斐. 工业园区产业共生发展模式驱动力和环境绩效评价 [D]. 山东大学，2015.

[198] 余凌，杨悦儿. 产业技术创新生态系统研究 [J]. 科学管理研究，2012, 30（05）: 48 - 51.

[199] 余明桂，范蕊，钟慧洁. 中国产业政策与企业技术创新 [J]. 中国工业经济，2016（12）: 5 - 22.

[200] 俞荣建，李海明，项丽瑶. 新兴技术创新：迭代逻辑、生态特征与突破路径 [J]. 自然辩证法研究，2018, 34（09）: 27 - 30.

[201] 郁光华，伏健. 股份公司的代理成本和监督机制 [J]. 经济研究，1994（03）: 23 - 29.

[202] 袁纯清. 共生理论及其对小型经济的应用研究 [D]. 湖南大学，1997.

［203］岳瑁．论创新政策在高技术产业集群中的作用［J］．科学学与科学技术管理，2004（11）：45 – 47，78.

［204］曾媚．创新型人才队伍建设路径探析［J］．科技创业月刊，2019，32（05）：12 – 14.

［205］张超．国内府际关系研究综述［J］．法制与社会，2018（02）：112 – 116.

［206］张慈，熊艳，肖蕊．基于生态视角下的产业技术创新体系研究——以新能源汽车产业发展为例［J］．生态经济，2014，30（06）：106 – 108.

［207］张古鹏．小世界创新网络动态演化及其效应研究［J］．管理科学学报，2015，18（06）：15 – 29.

［208］张贵，温科，宋新平等．创新生态系统：理论与实践［M］．经济管理出版社，2018.

［209］张杰．中国关键核心技术创新的特征、阻碍和突破［J］．江苏行政学院学报，2019（02）：43 – 52.

［210］张紧跟．府际治理：当代中国府际关系研究的新趋向［J］．学术研究，2013（02）：38 – 45.

［211］张军扩等．高质量发展的目标要求和战略路径［J］．管理世界，2019，35（07）：1 – 7.

［212］张明志，姚鹏，产业政策与制造业高质量发展［J］．科学学研究，2020，38（08）：1381 – 1389.

［213］张涛，高质量发展的理论阐释及测度方法研究［J］．数量经济技术经济研究，2020，37（05）：23 – 43.

［214］张天琳，任利剑，运迎霞．日本筑波城市建设对雄安新区的双向借鉴［A］．中国城市规划学会、重庆市人民政府．活力城乡　美好人居——2019中国城市规划年会论文集（14规划实施与管理）［C］．中国城市规划学会、重庆市人民政府：中国城市规划学会，2019：9.

［215］张维迎，吴有昌，马捷．公有制经济中的委托人——代理人关系：理论分析和政策含义［J］．经济研究，1995（04）：10 – 20.

［216］张武保，任荣伟．藉以内部创业战略提升企业竞争力：行为与绩效——中国华为公司内部创业行动案例研究［J］．华南理工大学学报

（社会科学版），2011，13（04）：24－32．

［217］张小燕．我国区域创新生态系统共生性研究［D］．哈尔滨工程大学，2020．

［218］张秀娥，徐雪娇．全球创业观察视域下中国创业生态系统建设路径——中国与以色列创业生态系统的比较分析［J］．创新与创业管理，2017（01）：49－63．

［219］张琰飞．新兴技术产业研发主体协同创新研究［D］．中南大学出版社，2015．

［220］张银平．突破关键核心技术　解决"卡脖子"问题［J］．企业管理，2021（01）：31－32．

［221］张永民，赵士洞．全球生态系统服务的状况与趋势［J］．地球科学进展，2007（05）：515－520．

［222］张玉赋，汪长柳．区域网络化产业技术创新系统研究［J］．东南大学出版社，2017．

［223］张运生，郑航．高科技企业创新生态系统风险评价研究［J］．科技管理研究，2009，29（07）：7－10．

［224］张治河，黄海霞，谢忠泉，孙丽杰．战略性新兴产业集群的形成机制研究——以武汉·中国光谷为例［J］．科学学研究，2014，32（01）：24－28．

［225］章楷元．科创板为中国"硬科技"崛起营造沃土［N］．中国证券报，2020－12－28（J06）．

［226］郑刚，原诚寅，刘存福，邹广才．新型研发组织发展特点分析与对策建议［J］．科技和产业，2020，20（02）：28－32，99．

［227］中国社会科学院工业经济研究所课题组，张其仔．"十四五"时期我国区域创新体系建设的重点任务和政策思路［J］．经济研究参考，2020（18）：107－119．

［228］中国社会科学院工业经济研究所课题组，张其仔．提升产业链供应链现代化水平路径研究［J］．中国工业经济，2021（02）：80－97．

［229］中华人民共和国科技部等6部门．关于扩大高校和科研院所科研相关自主权的若干意见［Z］．2019－7－30．

［230］中华人民共和国科学技术部．关于促进新型研发机构发展的指

导意见 [Z]. 2019 - 9 - 17.

[231] 中华人民共和国商务部. 2019 年国家级经济技术开发区主要经济指标情况 [OL]. 2020. 7. http：//ezone. mofcom. gov. cn/article/n/202007/20200702987161. shtml.

[232] 周江华, 李纪珍, 刘子谮, 李子彪. 政府创新政策对企业创新绩效的影响机制 [J]. 技术经济, 2017, 36 (01)：57 - 65.

[233] 周劲波, 陈丽超. 我国创业政策类型及作用机制研究 [J]. 经济体制改革, 2011 (01)：41 - 44.

[234] 周明, 李欢. 基于宏观视角的产业技术创新团队建设研究 [J]. 科技进步与对策, 2014, 31 (22)：31 - 35.

[235] 周文辉, 陈凌子, 邓伟. 创业平台、创业者与消费者价值共创过程模型：以小米为例 [J]. 管理评论, 2019, 31 (04)：283 - 94.

[236] 周文辉, 邓伟, 陈凌子. 基于滴滴出行的平台企业数据赋能促进价值共创过程研究 [J]. 管理学报, 2018, 15 (08)：1110 - 1119.

[237] 周正, 尹玲娜, 蔡兵. 我国产学研协同创新动力机制研究 [J]. 软科学, 2013, 27 (07)：52 - 56.

[238] 朱本用. 我国科技治理体系研究 [D]. 厦门大学, 2017.

[239] 朱桂龙, 彭有福. 产学研合作创新网络组织模式及其运作机制研究 [J]. 软科学, 2003 (04)：49 - 52.

[240] 朱华友. 开发区建设对城市经济发展的贡献分析——以长春市经济技术开发区为例 [J]. 生产力研究, 2004 (05)：104 - 105, 113.

[241] 筑波科学城经验与教训 [J]. 决策, 2016 (08)：25.

[242] 庄卫民, 龚仰军. 产业技术创新 [M]. 上海：东方出版社, 2005.

[243] Andrea, Bonaccorsi, Andrea et al. A theoretical framework for the evaluation of university-industry relationships [J]. R & D Management, 1994：229 - 247.

[244] Andy Neely. The performance measurement revolution：why now and what next? [J]. International Journal of Operations & Production Management, 1999, 19 (02)：205 - 228.

[245] Barney J B . Firm Resources and Sustained Competitive Advantage

[J]. Advances in Strategic Management, 1991, 17 (01): 3 – 10.

[246] Bengtsson M, Raza – Ullah T, Vanyushyn V. The coopetition paradox and tension: The moderating role of coopetition capability [J]. Industrial Marketing Management, 2016, 53 (3): 19 – 30.

[247] Blattert C, Lemm R, Thees O et al. Management of ecosystem services in mountain forests: Review of indicators and value functions for model based multi-criteria decision analysis [J]. Ecological Indicators, 2017, 79 (08): 391 – 409.

[248] Carmen Mei Ling Leong, Shan L Pan, Peter Ractham, Laddawan Kaewkitipong. ICT – Enabled Community Empowerment in Crisis Response: Social Media in Thailand Flooding 2011 [J]. Journal of the Association for Information Systems, 2015, 16 (03).

[249] Chertow M R. Industrial symbiosis: literature and taxonomy [J]. Annual review of energy and the environment, 2000, 25 (01): 313 – 337.

[250] Chertow M R. "Uncovering" Industrial Symbiosis [J]. Journal of Industrial Ecology, 2007.

[251] Cloud E. Materials and posterity [J]. Geologische Runds-chau, 1997, 66 (03): 678 – 696.

[252] Conger, J A, R N. Kanungo. The empowerment process: Integrating theory and practice. [J]. Academy of Management Review, 1988, 13 (03): 471 – 482.

[253] Etzkowitz H, Leydesdorff L. The dynamics of innovation: from National Systems and "Mode 2" to a Triple Helix of university-industry-government relations [J]. 2000, 29 (02): 109 – 123.

[254] Freeman C. Networks of innovators: A synthesis of research issues [J]. Research Policy, 1991 (20): 499 – 514.

[255] Freeman C. Technology Policy and Economic Performance: lessons from Japan [M]. Printer Publishers, 1987.

[256] Frosch R A, Gallopoulos N E. Towards An Industrial Ecology in The Treatment and Handling of Wastes [M]. London: Chapman and Hall, 1992: 269 – 292.

［257］Galli R, Teubal M. Paradigmatic shifts in national innovation systems ［M］// Edquist, C. (Ed.). Systems of Innovation: Technologies, Institutions and Organizations. PinterPublishers, London, 1997: 23 – 36.

［258］George A. Akerlof. The Market for "Lemons": Quality Uncertainty and the Market Mechanism ［J］. The Quarterly Journal of Economics, 1970, 84 (03): 488 – 500.

［259］Graham, P. Mary Parker Follett – Prophet of Management: A Celebration of Writings from the 1920s ［M］. Boston, Harvard Business Press, 1995.

［260］Grinnell J. The niche – relationships of the California Thrasher ［J］. The Auk, 1917 (34): 427 – 433.

［261］Helfat C E, Finkelstein S, Mitchell W, et al. Dynamic Capabilities: Understanding Strategic Change in Organizations ［M］. Malden, MA: Blackwell, 2007.

［262］Hellsmark H, Mossberg J, Söderholm P. Innovation system strengths and weaknesses in progressing sustainable technology: the case of Swedish biorefinery development ［J］. Journal of Cleaner Production, 2016, 131: 702 – 715.

［263］https://baike. baidu. com/item/%E7%89%A9%E8%B4%A8%E6%B5%81/4000477? fr = aladdin.

［264］Hutchinson G E, The American Naturalist, Vol. 95, No. 882. (May – Jun., 1961), pp. 137 – 145.

［265］Iansiti M, Levien R. The Keystone Advantage: What the New Dynamics of Business Ecosystems Mean for Strategy, Innovation, and Sustainability ［M］. Boston: Harvard Business School Press, 2004.

［266］Jacques, R. Manufacturing the Employee: Management Knowledge from the 9th to the 21st Centuries ［M］. London: Sage Publications, 1995.

［267］Jason Li – Ying, Yuandi Wang, Lutao Ning. How do dynamic capabilities transform external technologies into firms' renewed technological resources? —A mediation model ［J］. Asia Pacific Journal of Management, 2016, 33 (04): 1009 – 1036.

［268］Jin Hong, Bing Feng, Yanrui Wu, Liangbing Wang. Do government grants promote innovation efficiency in China's high-tech industries? ［J］. Technovation, 2016 (57 – 58): 4 – 13.

［269］Johnson A. Functions in innovation system approaches ［R］. Electronic Paper at the Proceedings of the Nelson and Winter Conference, Aalborg, 2001.

［270］Jonah S. Beyond the food web: connections to a deeper industrial ecology ［J］. Journal of Industrial Ecology, 2002, 6 (01): 17 – 23.

［271］Joseph E. Stiglitz, Andrew Weiss. Credit Rationing in Markets with Imperfect Information ［J］. The American Economic Review, 1981, 71 (03): 393 – 410.

［272］Kumar C P. Industrial ecology, Proc ［J］. National A cad. Sc. i USA, 1992 (89): 798 – 799.

［273］Learned E P, Christensen C R, Andrews K R et al. Business Policy: Text and Cases ［J］. Harvard Business Review, 1978.

［274］Lincoln, N D, C Travers & P Ackers et al. The meaning of empowerment: the interdisciplinary etymology of a new management concept ［J］. International Journal of Management Reviews, 2010, 4 (3): 271 – 290.

［275］Lippman S, Rumelt R. Uncertain imitability: An analysis of interfirm differences in efficiency under competition ［J］. Bell Journal of Economics, 1982 (13): 418 – 438.

［276］Liu Zhiying, Chen Xiafei, Chu Junfei, Zhu Qingyuan. Industrial development environment and innovation efficiency of high-tech industry: analysis based on the framework of innovation systems ［J］. Technology Analysis & Strategic Management, 2018, 30 (4): 434 – 446.

［277］Luigi M. De Luca, Gianmario Verona, Salvio Vicari. Market Orientation and R&D Effectiveness in High – Technology Firms: An Empirical Investigation in the Biotechnology Industry ［J］. Journal of Product Innovation Management, 2010, 27 (03): 299 – 320.

［278］Macnaghten P, Chilvers J. The future of science governance: publics, policies, practices ［J］. Environment and Planning C: Government and

Policy, 2014, 32 (03): 530 – 548.

[279] Mckelvey M. Using evolutionary theory to define systems of innovation [M]//Edquist (Ed.). Systems of Innovation. Pinter, London, 1997: 200 – 222.

[280] Mercedes B, Pablo del Río. The market failure and the systemic failure rationales in technological innovation systems [J]. Research Policy, 2013, 42 (5): 1039 – 1052.

[281] Michael C. Jengen & William H. Meckling. Enterprise theory: manager behavior, agency cost and ownership structure [J]. Journal of Financial Economics, 1976 (03): 305 – 360.

[282] Michael Spence. Job Market Signaling [J]. The Quarterly Journal of Economics, 1973, 87 (03): 355 – 374.

[283] Mitleton – Kelly E. Ten Principles of Complexity and Enabling Infrastructures [M]. Amsterdam: Elsevier, 2003.

[284] Paracer S, Ahmadjian V. Symbiosis: an introduction to biological associations [M]. Oxford University Press on Demand, 2000.

[285] Penrose, E. The theory of the growth of the firm [M]. New York: Wiley, 1959.

[286] Perry B, May T. Governance, science policy and regions: an introduction [J]. Regional studies, 2007, 41 (08): 1039 – 1050.

[287] Peteraf M A. The cornerstones of competitive advantage: A resource-based view [J]. Strategic Management Journal, 1993 (14): 179 – 191.

[288] Pickett S T A, Cadenasso M L. The ecosystem as a multidimensional concept: meaning, model, and metaphor [J]. Ecosystems, 2002, 5 (01): 1 – 10.

[289] Pisano G P, Teece D J. How to capture value from innovation: Shaping intellectual property and industry architecture [J]. California Management Review, 2007, 50 (01): 278 – 296.

[290] Power T, Jerjian G. Ecosystem: Living the 12 Principles of Networked Business [M]. London: Financial Times Prentice Hall, 2001.

[291] Rickne A. New Technology – Based Firms and Industrial Dynam-

ics. Evidence from the Technological System of Biomaterials in Sweden [D]. Ohio and Massachusetts. PhD Thesis. Department of Industrial Dynamics. Chalmers University ofTechnology, Gateborg, 2000.

[292] Rumelt R P. Towards a strategic theory of the firm [J]. In competitive strategic management, Englewood Cliffs, NJ: Prentice Hall, 1984: 556 – 570.

[293] Simon Philbin. Measuring the performance of research collaborations [J]. Measuring Business Excellence, 2008, 12 (03): 16 – 23.

[294] Sirmon D G et al. Managing Firm Resources in Dynamic Environments to Create Value: Looking Inside the Black Box [J]. Academy of Management Review, 2007: 273 – 292.

[295] Sirmon D G, Hitt M A, Ireland R D et al. Resource Orchestration to Create Competitive Advantage: Breadth, Depth, and Life Cycle Effects [J]. Journal of Management, 2011, 37 (05): 1390 – 1412.

[296] Smith K. The relations between transactional characteristics, trust and risk in the startup phase of a collaborative alliance [J]. Management Accounting Research, 2008 (04): 344 – 364.

[297] Stephen A. Ross. The Economic Theory of Agency: The Principal's Problem [J]. The American Economic Review, 1973, 63 (02): 134 – 139.

[298] Tansley A G. The use and abuse of vegetational concepts and terms [J]. Ecology, 1935 (16): 284 – 307.

[299] Watts D J, Strogatz S H. Collective dynamics of small-world networks [J]. Nature, 1998 (393): 440 – 442.

[300] Wernerfelt, B. A resource-based view of the firm [J]. Strategic Management Journal, 1984 (05): 171 – 180.